本書受全國高校古籍整理研究工作委員會資助指導

古籍研究

《古籍研究》編輯委員會　編

總第 67 卷

鳳凰出版社

圖書在版編目（ＣＩＰ）數據

古籍研究. 總第67卷 / 《古籍研究》編輯委員會編.
-- 南京 ： 鳳凰出版社, 2018.10
ISBN 978-7-5506-2862-5

Ⅰ．①古… Ⅱ．①古… Ⅲ．①古籍－研究－中國
Ⅳ．①G256

中國版本圖書館CIP數據核字(2018)第254700號

書　　　　名	古籍研究(總第67卷)
編　　　　者	《古籍研究》編輯委員會
責 任 編 輯	韓鳳冉
裝 幀 設 計	徐　慧
出 版 發 行	鳳凰出版社(原江蘇古籍出版社)
	發行部電話025-83223462
出版社地址	南京市中央路165號,郵編:210009
出版社網址	http://www.fhcbs.com
照　　　排	南京凱建圖文製作有限公司
印　　　刷	江蘇鳳凰通達印刷有限公司
	南京市六合區冶山鎮,郵編:211523
開　　　本	787×1092毫米　1/16
印　　　張	20.25
字　　　數	468千字
版　　　次	2018年10月第1版　2018年10月第1次印刷
標 準 書 號	ISBN 978-7-5506-2862-5
定　　　價	88.00圓

(本書凡印裝錯誤可向承印廠調換,電話:025-57572508)

《古籍研究》主辦單位

安徽大學文學院

安徽大學古籍整理研究所

安徽省古籍整理出版辦公室

淮北師範大學古籍整理研究所

安慶師範大學文學院

安徽師範大學中國詩學研究中心

目　錄

"紐"與南朝詩歌的聲病

俞芝悅

中唐時期的著名日僧弘法大師空海撰有《文鏡秘府論》,摘抄彙總了六朝及唐代前期不少有關詩歌寫作技法的文本,是今人研究中古詩歌創作的重要文獻。在《文鏡秘府論·西卷》中載有"文二十八種病",介紹了二十八種在寫作有韻的詩文時易犯之病①。它們涉及到詩文的聲病、對屬、用事、佈局等多個方面。而其中占最大篇幅的,便是聲病,達十一項之多。它們分別是"一平頭、二上尾、三蜂腰、四鶴膝、五大韻、六小韻、七傍紐、八正紐、九水渾病、十火滅病(又九木枯病、十金缺病)、十三齟齬病"。細讀這十一項聲病之說,我們可以發現,"平頭、上尾、蜂腰、鶴膝、水渾、火滅、齟齬"所談的,都是一個字的聲調問題。如平頭:

> 平頭詩者,五言詩第一字不得與第六字同聲,第二字不得與第七字同聲。同聲者,不得同平上去入四聲,犯者名爲犯平頭②。

此處,作者特別指出"同聲者,不得同平上去入四聲"。顯然,"聲"即是今日我們所說的"聲調"。

其他如上尾要求"五言詩中,第五字不得與第十字同聲";蜂腰"五言詩一句之中,第二字不得與第五字同聲";齟齬病"一句之內,除第一字及第五字,其中三字,有兩字相連,同上去入是",均是對於聲調的要求。水渾、火滅等以五行命名的病犯解釋得不甚詳細,不過我們也可以從空海的注釋中推測一番:

> 第九,水渾病,謂第一與第六之犯也。假作《春詩》曰:"沼萍遍水纈,榆莢滿枝錢。"又曰:"斜雲朝列陳,回娥夜抱弦。"
>
> 釋云:"沼"文處一,宜用平聲;"池"好。"回"字在六,特須宮語。宜"趨"。……③

《文鏡秘府論·天卷》引元兢《詩髓腦》說過"宮商爲平聲"④,"宮語"是否如同元

---

① 按:據盧盛江考釋,弘法大師所撰"文二十八種病"前八病首段名稱、意義、例詩、釋曰應爲其概括齊梁、初唐兩三家之相關文本如《詩髓腦》、《文章儀式》、《文筆式》而成。(日)弘法大師著,盧盛江校考:《文鏡秘府論彙校彙考》,北京:中華書局,2006年,第915頁。

② (日)弘法大師著,王利器校注:《文鏡秘府論》,北京:中國社會科學出版社,1983年,第402頁。按:對平頭至正紐八病的解釋,齊梁至初唐各家細處各有不同,具體可見盧盛江教授《文鏡秘府論彙校彙考》,本文關注點不在此,故不再一一區別,只取擇《文鏡秘府論》爲文本進行細讀。

③ 《文鏡秘府論》,第437頁。

④ 《文鏡秘府論》,第54頁。

兢所説，也指平聲，我們並不能十分肯定。因爲劉善經《四聲輪》中曾言："論四聲者眾矣，然其以五音配偶，多不能諧"①，可見五音與四聲之關係，並無定論。不過，也總是在一個字的聲調範圍內討論，故而我們也可把水渾等看作是關注於聲調的病犯。

　　除此之外的四個病犯：大韻、小韻、傍紐、正紐，就與它們不甚相同了。

一、大韻、小韻、傍紐、正紐

　　　　大韻詩者，五言詩若以"新"爲韻，上九字中，更不得安"人"、"津"、"鄰"、"身"、"陳"等字，既同其類，名犯大韻②。

　　此處對大韻的解釋，因爲其具體的字例，而讓人一目了然。用現代漢語解釋，即以一句爲單位來要求，十字之中，不得出現與韻脚同韻之字。空海還補充説明"除非故作疊韻，此即不論"。

　　　　小韻詩，除韻以外，而有迭相犯者，名爲犯小韻病也③。

　　小韻比大韻更爲嚴格，也更易犯。大韻只要求上九字不與韻脚同韻，小韻更進一步，要求十字之內，不能出現同韻之字。這樣看來，大韻很像是小韻中的一個特例，即同韻之字中，恰好有一個處於韻脚的位置。所以空海引元兢説"此病輕於大韻"。另外同大韻一樣，劉善經認爲"若故爲疊韻，兩字一處，於理得通"，也是説疊韻不算聲病。

　　大韻與小韻是有關"韻"的問題，梳理起來相對清晰，而關於傍紐、正紐，要解釋就不太方便了。

　　　　傍紐詩者，五言詩一句之中有"月"字，更不得安"魚"、"元"、"阮"、"願"等之字，此即雙聲，雙聲即犯傍紐④。

　　空海引王斌、元兢之論都指出，如果雙聲兩字"不相隔越"，就非病。

　　此外傍紐另有一説：

　　　　傍紐者，據傍聲而來與相忤也。然字從連韻，而紐聲相參，若"金"、"錦"、"禁"、"急"，"陰"、"飲"、"蔭"、"邑"，是連韻紐之。若"金"之與"飲"、"陰"之與"禁"，從傍而會，是與相參之也⑤。

　　爲了避免下文混淆，我們不妨把第一種解釋稱爲傍紐①，第二種稱爲傍紐②。傍紐①注重的是今人所謂聲母，即一句中不可出現聲母相同的字；傍紐②關注的，則是今人所謂韻母，與聲調、聲母無涉。不過還是與今日之韻母尚有些許不同，因爲涉及到入聲韻配陽聲韻爲一紐的問題，留待下文再談。

---

　　① 《文鏡秘府論》，第 104 頁。
　　② 《文鏡秘府論》，第 424 頁。
　　③ 《文鏡秘府論》，第 426 頁。
　　④ 《文鏡秘府論》，第 428 頁。
　　⑤ 《文鏡秘府論》，第 430 頁。

　　除了以上二種說法,空海又在《文鏡秘府論》中轉引了劉善經《四聲指歸》中引用的梁代沈約、劉滔對傍紐的分析之言,其中有"小紐"、"大紐"、"正紐"三個名詞。總結劉氏的話便是:沈約把凡雙聲且相隔越的——即上文所說的傍紐①——稱爲小紐;把傍紐②稱爲大紐。劉滔"以雙聲亦爲正紐";以傍紐②爲傍紐。

　　這也引出了下一個病犯——正紐。

　　　　正紐者,五言詩"壬"、"衽"、"任"、"入",四字爲一紐;一句之中,已有"壬"字,更不得安"衽"、"任"、"入"等字。如此之類,名爲犯正紐之病也①。

　　此處之正紐,既不是傍紐①也非傍紐②。它關注的不僅是今人所謂聲母,還有韻母,但用今日聲韻母的概念,還無法概括它,因爲其立足點恰恰是現已消失的一個概念:紐。

二、紐

1. "紐"的含義

　　"紐"是音韻學中的一個重要概念,但在不同時期,它有著不同的內涵。最常見的,是用來指代輔音或聲母,如聲母又稱聲紐。而在中古時期的聲韻範疇中,它的概念與此不同。

　　"紐"這個字較早的解釋可見《說文解字》。《說文·糸部》有"紐,系也。一曰結而可解。從糸丑聲。"段玉裁注曰:"結者,締也;締者,結不解也,其可解者曰紐。"②而它被運用於南朝的音韻學範疇時,也因其結點的意義,被當作區分聲韻差別的分類標誌,成爲了一個單位名稱。

　　存於《文鏡秘府論·天卷》中的據任學良先生考證即爲沈約《四聲譜》的《調四聲譜》有這樣的話:

　　　　平上去入配四方。
　　　　東方平聲平伻病別　　南方上聲常上尚杓
　　　　西方去聲袪麩去刻　　北方入聲壬衽任入
　　　　凡四字一紐。或六字總歸一紐。
　　　　皇晃璜　鑊　禾禍和
　　　　滂旁傍　薄　婆潑跛
　　　　光廣珖　郭　戈果過
　　　　荒恍怳　霍　和火貨
　　　　上三字,下三字,紐屬中央一字,是故名爲總歸一入。③

　　無論是四字還是六字,把它們歸爲一個單位,便是稱作"一紐"。以四字一紐來

----

①《文鏡秘府論》,第434頁。
②(東漢)許慎著、(清)段玉裁注:《說文解字注》,上海:上海古籍出版社,1988年,第654頁。
③《文鏡秘府論》,第23頁。

説,是把聲母相同,韻頭、韻腹相同的陽聲韻與入聲韻之字配爲一紐。一紐中又因平上去入四聲之不同而選取四個代表字。無論是古漢語還是現代漢語,都有許多同音字,故而就如同後世韻書中區別讀音的最小單位"小韻"(同一小韻下的字都是同音字),一紐中平上去入四個字身後,也還有許多同音字,而此處的如"平怦病別"之類只是代表字罷了。

爲何説它們只是代表字呢?舉一個例子:"戈果過"分別是平上去三聲,"過"此處是去聲,但它是一個多音字,還有一音讀爲平聲,《廣韻》中與"戈"的音韻地位完全相同。都是"見母戈韻合口一等韻平聲果攝",連反切也是一致的"古禾切"。可見它們是讀音完全相同的兩個字,同音的尚有"鍋、渦"等字,此處只是以"戈"爲代表字①。

六字一紐區別於四字一紐之處在於,它把陰聲韻也配入了陽聲韻、入聲韻之中。陽聲韻與入聲韻都是以輔音結尾,韻尾的發音部位相似,故而四字一紐把它們相配。而陰聲韻以元音結尾,後世的韻書多不把它們與入聲韻相配,六字一紐比較特殊,把聲母相同,韻頭、韻腹相同的陰陽入聲韻配在一起。書中説"上三字,下三字,紐屬中央一字,是故名爲總歸一入。"事實上此處之"紐"更符合紐字的本義,即結點。入聲字就是上三字陽聲韻和下三字陰聲韻的結點,其實一共是七個字。

2. "紐"非雙聲

"紐"這一字在一些後人解讀看來,在那個時代還有"雙聲"的含義。

同樣是《調四聲譜》,有這麼一段話:

四聲紐字,配爲雙聲疊韻如後:
郎朗浪落　黎禮麗捩
剛啁鋼各　笄忯計結
羊養恙藥　夷以異逸
鄉響向謔　奚篲哇繐
良兩亮略　離邐詈栗
張長悵著　知伽智窒

凡四聲,豎讀爲紐,横讀爲韻,亦當行下四字配上四字即爲雙聲。若解此法,即解反音法。反音法有二種:一紐聲反音,二雙聲反音。一切反音有此法也②。

任學良先生在注中解釋:"凡四聲豎讀爲紐,即雙聲也。"然而細讀文本,似乎並非如此。"豎讀爲紐"是説"郎朗浪落"這四字爲紐,而非包括"黎禮麗捩"。後文提出,"當行下四字配上四字即爲雙聲",這才是雙聲。如果紐即爲雙聲的話,那反音二法便解釋不通,紐聲反音豈不是與雙聲反音在名目上完全相同了嗎?

如上文所講的,一紐中的字必須聲母相同、韻頭韻腹相同,它們最大的不同在於聲調,故而紐是在漢字聲調被發現之後才出現的概念。

二十八種病中的"正紐"就很容易理解了。以四字爲一紐,那麼同一紐中的字便不能在一句詩歌中重復出現,不然便犯了正紐。

---

① 郭錫良:《漢字古音手册》,北京:北京大學出版社,1986 年,第 15 頁"戈",第 27 頁"過"。
② 《文鏡秘府論》,第 26 頁。

兩種傍紐,也可以試著進行解釋。傍紐①著重於聲母,與每個單位四字一紐的正紐相鄰的,是聲母相同,韻母不同的另幾組紐,故而稱爲傍紐。相鄰的傍紐中的字不能在一句詩中出現。傍紐②關注韻母,與每個單位四字一紐的正紐相鄰的,是韻母相同,聲母不同的另幾組紐,故而也稱爲傍紐,相鄰傍紐中的字,也不能在一句詩中出現。可見當時人對“傍紐”的不同解釋,源於各自理解上的差異,他們都是基於“紐”這個被廣泛接受、認同的音韻單位來進行研究的。

3. “紐”與病犯

反切法以二分法把一個字分成聲、韻兩部份。在漢字聲調被發現之前,人們的概念裏一個字的讀音也僅與這兩部份有關,他們或許隱約意識到聲調的存在,但聲調尚不具有獨立性,而是依附於韻存在,反切中的下字,便是取其韻(事實上也取調,只是人們沒意識到)。例如,在漢魏詩歌中,不少都是同韻的平、上、去聲字在一首詩中通押。直到聲調在南朝被文人發現,它才爲音韻學開闢了一個新天地,也大大影響了後世與文字讀音密切相關的詩歌藝術等的發展。永明體的寫作便規定,詩歌必須押平聲韻,這直接影響了後來的近體詩創作。

我國早期的詩歌絕大多數都可以入樂。我認爲,在五言詩歌還不太能脫離音樂而獨立存在的年代,是很難發現聲調的。因爲詩歌一旦入樂,每個字的聲調宣之於口後必定發生變化。跟隨著宫商角徵羽的不同音調轉換,這些字的聲調也不是本身的聲調了。有一個廣爲流傳的例子,便是梁武帝不懂四聲①。錢志熙先生在《魏晉南北朝詩歌史述》中說:“與永明體詩家之重視文字聲律之美不同,武帝的詩歌,似乎更重視音樂的因素。今觀武帝詩集,新舊樂府曲特別多,其中如《子夜歌》二首、《子夜四時歌》十六首、《歡聞歌》二首、《團扇歌》一首、《碧玉歌》一首,都是用吳聲西曲。”②梁武帝更熱衷音樂,讓他接受文字的四聲,類似讓他承認文字中也存在音調的高低,不啻於改變其認識世界的眼光,確實不那麼容易。

而另一批文人發現四聲之後,也祇是大量運用於對於徒詩聲律的要求,而並非樂府。他們發現,詩歌作爲可以吟誦的聲音的藝術,其聲調是十分重要的,故而有了平頭、上尾、蜂腰、鶴膝等著力關注聲調的病犯。可是作爲音韻的一部份,很早就被發現的聲、韻也不可放棄。於是“大韻、小韻、傍紐、正紐”等病犯也緊隨其後。

“紐”便是這四個病犯,特別是後兩者被提出的基礎。只不過,時人發現了聲調,並且把它從“韻”中抽離出來,成爲獨立的存在,可被留下的一部份,也就是現代漢語裏剔除了聲調的“韻母”概念並未那麼早獨立。所以在解釋傍紐、正紐之時,才需不厭其煩地用四字一紐來舉例。因爲他們不知道“金”與“飲”、“陰”與“禁”的關係該如何

---

① 見《梁書·沈約傳》:“(沈約)又撰《四聲譜》,以爲在昔詞人,累千載而不悟,而獨得胸襟,窮其妙旨,自謂入神之作。高祖雅不好焉。帝問周舍曰:‘何謂四聲?’舍曰:‘“天子聖哲”是也。’然帝竟不遵用。”(唐)姚思廉:《梁書》,北京:中華書局,1973 年,第 243 頁。

此說又見《文鏡秘府論·天卷》劉善經著《四聲論》:“梁王蕭衍不知四聲,嘗從容謂中領軍朱異曰:‘何者名爲四聲?’異答曰:‘“天子萬福”,即是四聲。’衍謂異:‘“天子壽考”,豈不是四聲也。’故事雖有些微差異,內涵大致相同。《文鏡秘府論》,第 100 頁。

② 錢志熙:《魏晉南北朝詩歌史述》,北京:北京大學出版社,2005 年,第 170 頁。

描述，在古人看來，它們聲調既不相同，韻也不相同。這固然使得讀者很容易明白，卻也削弱了理論性，使這兩個病犯不太容易被今人歸納。

至於“大韻、小韻、傍紐、正紐”這四病佔有多重要的地位，不同人有不同的看法。如劉善經認爲正紐“凡諸文筆，皆需避之。若犯此聲，即齟齬不可讀耳。”似乎是嚴重的病犯了。然而元兢卻以爲它“近代咸不以爲累，但知之而已”。有一個小細節大概能解釋元兢的觀點。正文在解釋正紐之後，有一行注解的小字頗引人注意：

> 又曰：“心中肝如割，腹裏氣便燋。逢風廻無信，早雁轉成遙。”“肝”、“割”同紐，深爲不便①。

注解説“肝”、“割”同紐，深爲不便。因爲這兩字一爲名詞，一爲動詞，又是常見搭配，然而不巧的是，它們屬於一紐的範疇，故而寫詩之詩就無法自由揮灑，需要避開這個常用搭配，另選其他辭彙。這樣的例子應該還有不少，或許這就是元兢所處的初唐時期，此種病犯已經“咸不以爲累”的原因之一。

事實上，元兢對於另三個病犯的看法，也全都無一例外地認爲無傷大雅。大韻“此病不足累文，如能避者彌佳。若立字要切，於文調暢，不可移者，不須避之”；小韻“此病輕於大韻，近代咸不以爲累文”；傍紐“此病更輕於小病，文人無以爲意者”。可見元兢已然不太重視這四病的束縛，也就是聲母、韻母的束縛。

沈約提出四聲八病之説，爲後人熟知。然而後代的格律詩拋卻了後四病“大韻、小韻、傍紐、正紐”，更關注於平上去入四聲了。南朝時期被建立的關於“紐”的概念，其核心也在於四聲，聲母和韻等早期被發現的音韻概念已然不那麼新鮮了。儘管時人試圖在聲母和韻的要求上也制定出與前四病一樣嚴格的規定，卻終究漸漸爲時代淘汰。

（作者單位：復旦大學中國古代文學研究中心）

---

① 《文鏡秘府論》，第 434 頁。

《哀江南賦》"南陽校書"句釋證

左　鵬

一、問題的提出

庾信《哀江南賦》："南陽校書，去之已遠；上蔡逐獵，知之何晚！"對於"南陽校書"，清代以來詳注此賦者，如徐樹穀、徐炯、吳兆宜、倪璠等，皆引《吳越春秋》所載越大夫文種"南陽之宰，而爲越王之擒"一語以釋"南陽"，認爲庾子山取文種助勾踐滅吳後反被賜死之事，類比王僧辯平侯景之亂而功成見殺[①]。這一引證固然符合文意，但却難以對"校書"二字作出合理的解釋。高步瀛最早注意及此，其《哀江南賦箋》即謂："此與校書二字意終不合。又《英華》注曰：'一作南山。'案鄭康成在南城山注《孝經》。與此不合，疑別有事，俟考。"[②]許逸民亦認爲："這和'校書'似不合，疑別有典故。"[③]此後的注解者也往往對此或存疑問，或置而不論。

《哀江南賦》全文收載於《周書》卷四十一庾信本傳中[④]，這應該是現在所知此賦最早的來源。北宋時修《文苑英華》，又收入卷一百二十九中[⑤]。庾信詩文最早由北周滕王宇文逌編定爲《庾信集》二十卷，收錄其入北朝魏、周以後的作品。這個集子到了明代就已散佚，現今所見的庾信詩文集皆由明人重新輯錄編成，各家注釋也是以重輯本爲基礎，而《哀江南賦》則不外乎輯自《周書》本傳和《文苑英華》。《周書》本傳中"南陽校書"句各主要版本沒有異文[⑥]。而《文苑英華》卷一百二十九《哀江南賦》則在"南陽"二字下注："一作南山。"[⑦]是各本此處唯一的異文。倪璠注本於"陽"下注"一作山"，實際上也是參校《文苑英華》而注的[⑧]。但這一異文的價值並不大。其一，《文

---

① （清）徐樹穀、徐炯注《哀江南賦注》，《叢書集成續編》影印《昭代叢書》本，上海書店，1994年，第99冊，第16頁下。（清）吳兆宜注《庾開府集箋註》卷二，影印文淵閣《四庫全書》本，第1064冊，第45頁下。（清）倪璠注，許逸民校點《庾子山集注》卷二，北京：中華書局，1980年，第1冊，第149頁。文種語參見周生春《吳越春秋輯校彙考》卷十《勾踐伐吳外傳》，上海古籍出版社，1997年，第176頁。

② 高步瀛《哀江南賦箋》（續），載《師大月刊》第十八期，1935年，第255頁。

③ 許逸民《庾信詩文選譯》，成都：巴蜀書社，1991年，第82頁。

④ 《周書》卷四十一《王褒庾信傳》，中華書局標點本，1971年，第3冊，第734頁。

⑤ （宋）李昉等編《文苑英華》卷一百二十九，北京：中華書局，1966年，第1冊，第590頁下。

⑥ 百衲本《周書》影印宋蜀刻元明遞修本，中華書局點校本《周書》以武英殿本爲底本，參校衆本，於此句皆無異文。百衲本《周書》卷四十一，上海商務印書館，1934年，第10冊，第十五葉右。中華書局標點本《周書》卷四十一，第3冊，第740頁。

⑦ （宋）李昉等編《文苑英華》卷一百二十九，第1冊，第593頁上。

⑧ 《庾子山集注》卷二，第1冊，第146頁。按，倪注本於《哀江南賦》中所注異文皆與《文苑英華》相合，因知其是參校的《英華》文字。

苑英華》只有南宋嘉泰間刻本、明隆慶間重刻本兩個刻本，宋刻本只剩殘本，已不存《哀江南賦》，注有這條《哀江南賦》異文的正是明刻本①。而明刻本的校勘本來就是錯誤極多的，此處只說"一作南山"，而沒有具體說明是什麼本子或者文獻引錄時作"南山"，難以信據。其二，誠如高步瀛所説，即使作"南山校書"，與文意仍然不合，更加難以解釋。因此，《文苑英華》所注的異文只是一條可信度很低的孤證，在最原始的《周書》本傳沒有異文的情況下，此處文字當確定爲"南陽校書"，而不應改動。

那麼，"南陽校書"所指的本事究竟爲何，本文試釋證之。

二、庾信江陵校書事考

"校書"一詞在文獻中常見的有兩個義項：一是指校勘書籍，爲動賓結構②；二是指負責校理藏書的官職，如校書郎等職的省稱，三國魏時已置官，爲專有名詞③。《哀江南賦》中的"校書"由於與下句"逐獵"對偶，故可以確定是動賓結構。又此句前後自"司徒之表裏經綸"至"知之何晚"一段皆是追述王僧辯的事迹，因而這裏所指的就應該是回溯與王僧辯有關的一次校書工作。

梁太清二年（548），侯景叛亂。次年，攻入建康。叛軍在燒殺擄掠的同時，也對江左文化造成了極大的破壞，使得大量典籍圖書焚毀遺失。侯景軍圍臺城時，尚爲太子的蕭綱驚慌失措，"至夜，簡文募人出燒東宮，臺殿遂盡，所聚圖籍數百廚，一皆灰燼"④。這可謂是對梁朝宮廷藏書的一次重創。然簡文所焚爲東宮藏書，而武帝經年累月收聚的藏於文德殿的圖書尚未罹難。所以當王僧辯奉蕭繹之命東討侯景時，即盡收文德殿圖書，並注意網羅散逸，做了相當大的努力。《隋書》卷四十九載牛弘所上《請開獻書之路表》："及侯景渡江，破滅梁室，秘省經籍，雖從兵火，其文德殿內書史，宛然猶存。蕭繹據有江陵，遣將破平侯景，收文德之書，及公私典籍，重本七萬餘卷，悉送荆州。故江表圖書，因斯盡萃於繹矣。"⑤所謂"遣將"指的便是王僧辯。因此，當平定侯景之亂後，梁朝宮廷藏書的主體就隨王僧辯向西轉移到了蕭繹所在的荆州江陵。

---

① 參見中華書局影印本《文苑英華》書前《出版説明》，特別是影印工作説明的第一條及注釋 10，第 1 冊，第 5 頁、第 9 頁。

② 如《後漢書》卷八十上《文苑列傳》謂傅毅："以毅爲蘭臺令史，拜郎中，與班固、賈逵共典校書。"中華書局點校本，1965 年，第 9 冊，第 2613 頁。

③ 可參見《通典》卷二十六秘書監"秘書校書郎"條，（唐）杜佑撰，王文錦、王永興等點校，北京：中華書局，1988 年，第 735 頁。

④ 《南史》卷八十《侯景傳》，中華書局標點本，1975 年，第 6 冊，第 1999 頁。又（宋）司馬光編著《資治通鑑》卷一百六十一梁武帝太清二年："至夜，景於東宮置酒奏樂，太子遣人焚之，臺殿及所聚圖書皆盡。景又燒乘黃廐、士林館、太府寺。"（北京：中華書局，1956 年，第 11 冊，第 4987 頁。）又（宋）李昉等編《太平御覽》卷六一九"焚書"引《三國典略》："（景）夜於宮中置酒奏樂，忽聞火起，衆遂驚散。東宮圖籍數百廚，焚之皆盡。"（北京：中華書局，1960 年，第 2781 頁）

⑤ 《隋書》卷四十九《牛弘傳》，中華書局標點本，1973 年，第 5 冊，第 1299 頁。又卷三十二《經籍志》："元帝克平侯景，收文德之書及公私經籍，歸於江陵，大凡七萬餘卷。"（第 4 冊，第 907 頁。）（唐）封演撰，趙貞信校注《封氏聞見記校注》卷二"典籍"："元帝克平侯景，收文德殿書及公私經籍歸於江陵，大凡七萬餘卷。"（北京：中華書局，2005 年，第 10 頁）

這批從戰亂中收聚起來的圖書必定有不少錯亂和問題,並與江陵舊藏文獻有所重複出入,故蕭繹新即帝位後就命人組織整理。《陳書》卷二十四《周弘正傳》:"及侯景平,僧辯啓送秘書圖籍,勅弘正讎校。"①是知這次校書的組織者爲周弘正。然而校理群籍,非一人所能勝任,周氏之外必定尚需其他人參與。今考《北齊書》卷四十五載有顏之推《觀我生賦》全文並若干自注,賦文回顧自己的人生經歷,在敘述到蕭繹平侯景而即位稱帝後,有"或校石渠之文"句,自注云:

> 王司徒表送秘閣舊事八萬卷,乃詔比校,部分爲正御、副御、重雜三本。左民尚書周弘正、黃門郎彭僧朗,直省學士王珪、戴陵校經部;左僕射王褒、吏部尚書宗懷正、員外郎顏之推、直學士劉仁英校史部;廷尉卿殷不害、御史中丞王孝紀、中書郎鄧藎、金部郎中徐報校子部;右衛將軍庾信、中書郎王固、晉安王文學宗善業、直省學士周確校集部也②。

王司徒即是王僧辯,《梁書》卷四十五《王僧辯傳》:"世祖即帝位,以僧辯功,進授鎮衛將軍、司徒。"③據顏之推此文,可知庾信正好參與了這次建康殘餘典籍的校理工作。顏之推所稱"八萬卷"應即七萬餘卷之整數。參與校書的十六人中,彭僧朗、王珪、戴陵、劉仁英、王孝紀、鄧藎、徐報、宗善業八人已無可考。據《周書》卷四十一《庾信傳》,子山嘗奉簡文帝命,於建康朱雀門抵禦侯景,未陣而退。及臺城失陷,庾信逃奔江陵。元帝即位,始轉右衛將軍,封武康縣侯,加散騎常侍④。《資治通鑑》卷一百六十五梁元帝承聖三年:"(夏四月)丙寅,上使散騎常侍庾信等聘於魏。"⑤旋即江陵失陷於魏,庾信遂留長安,從此不復南歸。又《梁書》卷五《元帝紀》:"(承聖二年十一月)戊戌,以尚書右僕射王褒爲尚書左僕射。""(承聖三年十一月)己酉,降左僕射王褒爲護軍將軍。"⑥故從《觀我生賦》記述的庾、王二人官職來看,可以確定校書事當在承聖二年(553)十一月王褒任尚書左僕射後至承聖三年四月庾信聘使西魏之前。《梁書》卷五十《顏協傳》:"之推,承聖中仕至正員郎、中書舍人。"⑦所稱顏之推官職亦與此合。繆鉞《顏之推年譜》將此事繫於承聖元年下,云:"按承聖三年十一月西魏軍即陷江陵,之推校書之業,蓋在此兩年中也。"⑧實可以再細化精確。而庾信主要的幾種年譜,如倪璠《庾子山集注》附《庾子山年譜》、舒寶章《庾信選集》附《庾信年譜》⑨等,均不及此事。因此,江陵校書又可補庾信之生平行實。

進而考之,參與此次校書者皆爲一時之選,但不久後衆人又由於梁朝的滅亡而四

---

① 《陳書》卷二十四《周弘正傳》,中華書局標點本,1972年,第2冊,第308頁。

② 《北齊書》卷四十五《顏之推傳》,中華書局標點本,1972年,第2冊,第622頁。

③ 《梁書》卷四十五《王僧辯傳》,中華書局標點本,1973年,第3冊,第629頁。

④ 《周書》卷四十一《王褒庾信傳》,第3冊,第733頁。

⑤ 《資治通鑑》卷一百六十五,第11冊,第5113頁。

⑥ 《梁書》卷五《元帝紀》,第1冊,第135頁。

⑦ 《梁書》卷五十《顏協傳》,第3冊,第727頁。

⑧ 繆鉞《顏之推年譜》,載《冰繭庵讀史存稿》,《繆鉞全集》第一卷(下),石家莊:河北教育出版社,2004年,第546頁。

⑨ 《庾子山集注》卷首《庾子山年譜》,第1冊,第21頁。舒寶章選注《庾信選集》,鄭州:中州書畫社,1983年。

散各方。庾信名重當時，而在承聖三年出使西魏後便留於長安，已見上述。王褒“世胄名家，文學優贍，當時咸相推挹”①。宗懍正應即宗懔，余嘉錫《四庫提要辨證》卷八《荆楚歲時記》曾辨之②。《周書》本傳稱：“懍少聰敏，好讀書，晝夜不倦。語輒引古事，鄉里呼爲小兒學士。”而其爲元帝製《龍川廟碑》，一夜便成，深得元帝歎美③。殷不害則以事親至孝曾得簡文帝賞識，於《陳書》入《孝行傳》，《南史》入《孝義傳》④。王、宗、殷三人在江陵失陷後一同被帶至長安，《周書》卷四十一《王褒傳》：“褒與王克、劉毅、宗懍、殷不害等數十人，俱至長安。”⑤顏之推“博覽群書，無不該洽，詞情典麗，甚爲西府所稱。”隨後便去往長安之西的弘農，“大將軍李顯重之，薦往弘農”⑥。另外三人則沒有去往北方。周弘正於學擅長玄言、方術，《南史》卷三十四《周弘正傳》：“弘正博物，知玄象，善占候。”“弘正善清談，梁末爲玄宗之冠。”“及魏平江陵，弘正遁歸建鄴。”⑦周確“博涉經史，篤好玄言”，而爲弘正弟弘直之子⑧，因而他應該也隨伯父弘正到了建康。王固“少清正，頗涉文史。”“荆州陷，固之鄱陽，隨兄質度東嶺，居信安縣。”⑨

　　尤須注意者，以上去往長安的四位中，庾信、王褒、宗懍三人又參與了後來周明帝麟趾殿校書的工作。《周書》卷四《明帝紀》：“及即位，集公卿以下有文學者八十餘人於麟趾殿，刊校經史。”⑩《隋書》卷七十八《庾季才傳》：“武成二年，與王褒、庾信同補麟趾學士。”⑪《周書》卷四十二《宗懍傳》：“世宗即位，又與王褒等在麟趾殿刊定群書。”⑫兩相對比即可發現，周明帝時的校書人數衆多，且有固定的機構場所予以保障。相形之下，梁元帝的江陵校書雖彙聚了南方士人中的佼佼者，但人數畢竟不多，加之時局動盪，又有七萬餘卷的工作量，故很難在短時間內做出多大成果。庾信作爲南北兩次校書的親身參與者，對於其中的差異不能不有所體會。在其現存詩文中，關於江陵校書已不存隻字，而於北周的校書尚有《預麟趾殿校書和劉儀同》詩一首以述其事⑬，這可能也是一個側面的反映。

　　更爲遺憾的是，庾信等人所整理的這批書籍在魏軍攻入江陵之時，隨着梁朝一同煙消雲散。《資治通鑑》卷一百六十五梁元帝承聖三年：“（十一月）帝入東閣竹殿，命

　　①　《周書》卷四十一《王褒庾信傳》，第 3 冊，第 730 頁。
　　②　余嘉錫《四庫提要辨證》卷八《荆楚歲時記》，北京：中華書局，1980 年，第 440 頁。按，《梁書》卷五《元帝紀》：“（承聖三年）秋七月甲辰，以都官尚書宗懍爲吏部尚書。”（第 1 冊，第 134 頁）然此時庾信已出使西魏，校書必不可能。故《觀我生賦》注中宗懍官職當爲顏之推事後追記之誤。
　　③　《周書》卷四十二《宗懍傳》，第 3 冊，第 759 頁。
　　④　《陳書》卷三十二，第 2 冊，第 423 頁。《南史》卷七十四，第 6 冊，第 1848 頁。
　　⑤　《周書》卷四十一《王褒庾信傳》，第 3 冊，第 731 頁。
　　⑥　《北齊書》卷四十五《顏之推傳》，第 2 冊，第 617 頁。
　　⑦　《南史》卷三十四《周弘正傳》，第 3 冊，第 898 至 900 頁。
　　⑧　《陳書》卷二十四《周確傳》，第 2 冊，第 311 頁。
　　⑨　《陳書》卷二十一《王固傳》，第 2 冊，第 282 頁。
　　⑩　《周書》卷四《明帝紀》，第 1 冊，第 60 頁。
　　⑪　《隋書》卷七十八《庾季才傳》，第 6 冊，第 1765 頁。
　　⑫　《周書》卷四十二《宗懍傳》，第 3 冊，第 760 頁。
　　⑬　《庾子山集注》卷三，第 1 冊，第 266 頁。

舍人高善寶焚古今圖書十四萬卷。"①前引牛弘上表亦云:"及周師入郢,繹悉焚之於外城,所收十纔一二。"②蕭繹所焚之書必定包括有庾信等十六人所校讎整理的建康舊籍,梁朝自武帝以來五十餘年積蓄之藏書至此亦消亡殆盡。江陵校書之短暫,成果之不存,恰從另一個角度成爲了梁元帝江陵朝廷在文化上一個重要的縮影。

王僧辯將劫餘圖書保護運送至江陵,是庾信等人得以展開校書工作的前提,也是他對於梁朝文化的一大功績。《哀江南賦》在哀悼王僧辯的段落中追憶此事,既合情合理也十分必要,"南陽校書"所指的正是這一史實。而且,明確了此句的本事之後,對於其前後兩處賦文,還可獲得新的認識。此句稍前云:"仁壽之鏡徒懸,茂陵之書空聚。"注家皆認爲是指梁武帝,又引《漢武帝內傳》所載漢武帝隨葬茂陵的書籍最終流散的故事來解釋下句③,却並沒有將漢武帝與梁武帝在這一典故上的共同點道破。實際上,庾信正是借用"茂陵之書"來指梁武帝辛苦收集的書籍,先是遭到侯景的破壞,後又隨着梁朝而滅亡,所以才説"空聚"。《哀江南賦》後文在講到梁元帝出降的情形時又有:"乃使玉軸揚灰,龍文折柱。""玉軸"是以卷軸書籍的軸頭來代指書籍,所謂"揚灰"便是直接傷痛蕭繹焚毀圖書的慘狀了④。由此可見,在《哀江南賦》中始終貫穿着庾信對梁朝宮廷藏書命運的追述,"南陽校書"一句記錄了自己曾經校理過這些書籍的經歷,這在賦文中是前後呼應、一脈相承的。

三、"古典"與"今典"的疊加雜糅

陳寅恪曾在《讀哀江南賦》中提出庾信此賦將"古典"與"今典"交融運用的特點,認爲理解《哀江南賦》不僅要詮説文辭上的典故(即"古典"),還要考索作者當時的實事(即"今典"),因爲"子山作賦,非徒泛用古典,約略比擬。必更有實事實語,可資印證者在。"所以要將兩者"異中求同,同中見異,融會異同,混合古今",才能更加具體深入的解讀此賦⑤。"南陽校書"一句正是這種"古典"、"今典"疊加雜糅的體現。

庾信將文種"南陽之宰"的喟歎與王僧辯等江陵校書一事聯繫起來,首先在於兩者之間的關聯性,即文種本是江陵之人。《哀江南賦》常常用與楚國相關的典故來敘述自己的經歷,這是由於庾信雖祖籍南陽新野,但自八世祖庾滔便已徙居江陵⑥。故倪璠談到庾信用典的特點時指出:"子山本國江陵,世居楚地。言江陵引楚事,多以自喻。"⑦文種正是楚國郢人。《文選》卷四十六陸機《豪士賦序》:"文子懷忠敬而齒劍。"

　　① 《資治通鑑》卷一百六十五,第 11 冊,第 5121 頁。
　　② 《隋書》卷四十九《牛弘傳》,第 5 冊,第 1299 頁。
　　③ 《庾子山集注》卷二,第 1 冊,第 146 頁。
　　④ 《庾子山集注》卷二,第 1 冊,第 157 頁。
　　⑤ 陳寅恪《讀哀江南賦》,收入作者《金明館叢稿初編》,北京:生活·讀書·新知三聯書店,2001 年,第234、242 頁。
　　⑥ (北周)宇文逌《庾信集序》:"八世祖滔,散騎常侍、領大著作、遂昌縣侯。"(見《庾子山集注》卷首《滕王逌原序》,第 1 冊,第 51 頁。)《北史》卷八十九《庾季才傳》:"八世祖滔,隨晉元帝過江,官至散騎常侍,封遂昌侯,因家於南郡江陵縣。"(中華書局標點本,1974 年,第 9 冊,第 2947 頁)
　　⑦ 見《哀江南賦》"楚老相逢,泣將何及"句注。《庾子山集注》卷二,第 1 冊,第 97 頁。

李善注引《吴越春秋》:"文種者,本楚南郢人也。"①錢大昕亦曾考明其爲郢人,見《潛研堂文集》卷九《文種非鄞人》②。《説文解字》卷六下《邑部》:"郢,故楚都。在南郡江陵北十里。"③《漢書》卷二十八《地理志上》南郡江陵縣:"江陵,故楚郢都,楚文王自丹陽徙此。"④因而江陵本楚國故土,文種家鄉。所以,使用文種的典故既貼合對王僧辯最終命運的比喻,也暗合了江陵校書這一現實中的地點要素。

　　另一方面,"南陽校書"這種雜糅古典今事的做法,可能還與庾信辭賦的用典方式有關。即以《哀江南賦》爲例,庾信在單句之中雜用古典今事的就並不少見。如:"天子履端廢朝,單于長圍高宴。"下句中的"單于"用《漢書·匈奴傳》之典借指侯景,"長圍"則是直接敘述侯景用重兵築起長圍以隔絕內外的史實⑤。這種拼接方式與"南陽校書"是一致的。而將二事合爲一句的做法也不乏其例,如:"荆山鵲飛而玉碎,隋岸蛇生而珠死。""荆山"是用《韓非子》中和氏璧得於荆山的典故,"鵲飛"則是用了《鹽鐵論》"以玉璞抵烏鵲"的記載。本來毫不相關的兩件事,也被庾信糅合在了一起。

　　這樣的用典方式,體現了庾信辭賦追求大量用典而又必須恪守駢儷文體的矛盾。在"南陽校書"一句中,如果作"南陽之宰,去之已遠",在表達王僧辯功成被誅的文意方面已經足夠,但卻無法與下句的"上蔡逐獵"相對偶,於是便用當年與王僧辯同處江陵、校勘書籍一事,取"校書"二字而與文種"南陽"之典相疊加,雜糅成"南陽校書"一句。意謂:"王僧辯匡扶梁朝却被陳武帝殺害,與文種助勾踐滅吳後反被賜死的命運相類似,而自己在江陵還曾校勘整理過僧辯從建康收回的梁朝舊籍,這些都已是遙遠的往事了。"但這種用典方式畢竟過度縮略了詞句,雖然使文辭在表面上顯得順暢,却導致具體所指變得晦澀難懂,有礙於讀者準確的理解其意。錢鍾書《管錐編》評《三月三日華林園馬射賦》時已謂庾信作賦:"章法時病疊亂複沓,運典取材,雖左右逢源,亦每苦支絀,不得已而出於蠻做杜撰。"於《小園賦》亦云:"儷事乏材,遂左支右絀。"⑥"支絀"一語正指出了堆砌用典走向極端後的缺陷。這或許也正是"南陽校書"一句一直未被準確疏解的原因所在。

　　總結本文所考,庾信《哀江南賦》"南陽校書"中"校書"一語指的是王僧辯平定侯景之亂後,將文德殿殘餘典籍運送至江陵,庾信等人於承聖二年十一月至次年四月間參與校理這批圖書的史實。"南陽校書"則是庾信將"南陽之宰"這一"古典"與"江陵校書"這一"今典"疊加雜糅的結果,同時包含有傷悼王僧辯和追憶校書往事這兩項含義。

(作者單位:復旦大學古籍整理研究所)

---

　　①　(梁)蕭統編,(唐)李善注《文選》,北京:中華書局,1977年,第3冊,第644頁。按,此條不見於今本《吴越春秋》,當爲佚文。

　　②　(清)錢大昕《潛研堂文集》卷九《文種非鄞人》,《嘉定錢大昕全集》第九冊,南京:江蘇古籍出版社,1997年,第292頁。

　　③　(漢)許慎《説文解字》卷六下《邑部》,北京:中華書局,1963年,第134頁上。

　　④　《漢書》卷二十八《地理志上》,中華書局標點本,1962年,第6冊,第1566頁。

　　⑤　《庾子山集注》卷二,第1冊,第120頁。

　　⑥　錢鍾書《管錐編》之《全上古三代秦漢三國六朝文》第二五七則《全後周文卷八》,北京:生活·讀書·新知三聯書店,2001年,第4冊,第520、522頁。

淺談"賈島衝撞"繫列軼事的產生與意義

王　燁

在唐代文學史上,賈島(779—843)的意義,不僅在於他以苦吟風格開創一個詩派,還在於他本人也成爲一個文學現象:

> 《舊五代史》卷一百三十一:孫晟,本名鳳,性陰賊,好奸謀。少爲道士,工詩,於廬山簡寂觀畫唐詩人賈島像,懸於屋壁,以禮事之,觀主以爲妖妄,執杖驅出之,大爲時輩所嗤①。

> 《唐才子傳》卷九:(李)洞字才江,雍州人,諸王之孫也。家貧,啥極苦,至廢寢食。酷慕賈長江,遂銅寫島像,載之巾中。常持數珠念賈島佛,一日千遍。人有喜島者,洞必手錄島詩贈之,叮嚀再四曰:"此無異佛經,歸焚香拜之。"其仰慕一何如是之切也②。

到了唐末五代時,他不僅作爲偶像爲寒士詩人崇拜,而且,圍繞他還形成了各種傳説。這些傳説多是在賈島身後出現的,與歷史真實或多或少有些距離,但多反映了唐末到宋初人們對賈島形象的接受與理解。因此,在真僞之辯之外,對這些傳説進行綜合分析,考察這些傳説產生的背景,分析其背後的文化心理,可以更具體地認識賈島在文學史上的影響。賈島是一寒士,在科場蹭蹬多年,其遇合失意自然爲人津津樂道,自晚唐後,就流傳了衝撞要人的故事,衝撞對象有劉栖楚、韓愈、宣宗,已形成一個"衝撞"繫列。由現有材料看,這些傳説最初見於《唐摭言》、《鑒誡録》,從時間上看,何光遠《鑒誡録》要早於王定保《唐摭言》,但現存的《鑒誡録》卻更具小説家隨意成分。這些故事應是逐步衍生出來的,經歷了一個由詩家傳説到小説家漫説,再由小説到史家之説的過程,以下即對此進行分析,由這個故事的傳衍變化中可見出唐人科場文化的特色。

一、劉栖楚結党與衝撞劉栖楚

在幾個衝撞傳説中,一個稍有可信的説法是,衝撞京兆尹劉栖楚。其事最初見於《唐摭言》卷十一:

> 賈島字閬仙。元和中,元白尚輕淺,島獨變格入僻,以矯浮豔,雖行坐寢食,吟味不輟。嘗跨驢張蓋,橫截天衢,時秋風正屬,黄葉可掃。島忽吟曰:"落葉滿

---

① (宋)薛居正:《舊五代史》,顧頡剛等點校,北京:中華書局,2011年,第1732頁。

② 傅璇琮主編:《唐才子傳校箋》,北京:中華書局,1990年,第211—213頁。

長安"，志重其衝口直致，求足一聯，杳不可得，不知身之所從也。因之唐突大京
兆劉栖楚，被繫一夕而釋之①。

　　這一條材料，已爲《太平廣記》卷一百五十六所録，也應是流傳已久之説了。這次
的衝撞事件中，賈島衝撞的人物是"大京兆劉栖楚"。《唐代墓誌彙編》收有《唐故桂管
都防禦觀察等使桂州刺史兼御史大夫賜紫金魚袋贈左散騎常侍劉公墓誌銘》，署李逢
吉纂，文曰：

　　　　初公爲左拾遺，嘗言事，未即用。後朝紫宸，進諫懇直，因頓伏文石之上，奮
　　身連擊，自誓以死。余與奇章公方立侍左右，懼遂殞踣，遽前請罷，遣命扶而去
　　之，猶蒙袂疾趨，朱殷四流。上駭甚，使醫奔視，則骨已廢而血方注。即日賜銀艾
　　之服起居郎。公自度不起，移疾之洛中，居數月，聞其病已，以諫大夫徵。歲中，
　　遷刑部侍郎。會京兆尹缺，議未有所定，上遂特命授之②。

　　關於此人，史家正負評價皆有。《舊唐書》卷一百五十四有《劉栖楚傳》，亦詳述其
因廷爭一事而高升，與墓誌所述是一致的。劉栖楚（775—827）寶曆元年（825）十一月
爲京兆尹，大和元年（827）春離任，賈島見他的可能性也只有在這二年里，引詩言秋，
只有可能在寶曆二年秋。賈島有詩《寄劉栖楚》："趨走與偃卧，去就自殊分。當窗一
重樹，上有萬里雲。離披不相顧，髣髴類人羣。友生去更遠，來書絶如焚。蟬吟我爲
聽，我歌蟬豈聞。歲暮儻旋歸，晤言桂氛氳。"③本詩應是寫於劉栖楚由京兆尹到桂管
觀察使任後，從詩歌中傳遞的情緒來看，賈島與劉栖楚之間有著較深的友情。劉栖楚
之祖曾爲德州司馬，自己也曾爲吏鎮州，應在河北一帶活動頗久，賈島（779—843）爲
幽州人，年輩相近，早年可能有過交往。因此衝撞對方之後"被繫"一事，在真實生活
中發生的幾率很低，顯然也是在賈島身後的傳説。

　　其次，劉栖楚當時也是一個有故事的人物，他是李逢吉親信，《舊唐書·李逢吉
傳》言："朝士代逢吉鳴吠者，張又新、李續之、張權輿、劉栖楚、李虞、程昔範、姜洽、李
仲言，時號'八關十六子'，又新等八人居要劇，而胥附者又八人，有求於逢吉者，必先
經此八人納賂，無不如意者。"④劉當時處於一個非常特殊的位置，找他尋出路者自然
不少。如他就曾推薦過前進士熊望，《唐會要》卷五十七：

　　　　（寶曆）二年敬宗以翰林學士崇重不可褻狎，乃別置東頭學士，以備曲宴賦
　　詩。京兆尹劉栖楚薦前進士熊望文藝可充學士事，未行而帝崩⑤。

　　熊望，《舊唐書》卷一百五十四有傳，亦述其參與劉栖楚朋黨及被薦送東頭學士之
事。"東頭學士"是新設的詞臣之職，對當時文人一定有很大的吸引力，賈島求薦於
劉，或有其事。

①　（五代）王定保：《唐摭言》，上海：上海古籍出版社，1978 年，第 121 頁。
②　周紹良主編：《唐代墓誌彙編》，上海：上海古籍出版社，1992 年，第 2105—2106 頁。
③　（唐）賈島：《長江集》，上海：上海古籍出版社，1993 年，第 8 頁。
④　（後晉）劉昫等：《舊唐書》，顧頡剛等點校，北京：中華書局，2011 年，第 4366 頁。
⑤　（宋）王溥：《唐會要》，上海：上海古籍出版社，2012 年，第 1151 頁。

此外,劉栖楚任京兆尹時,確有繫衝撞之人之事:

> 《新唐書》卷一百七十九:"郭行餘者,元和時擢進士。……擢累京兆少尹。嘗值尹劉栖楚,不肯避,栖楚捕導從繫之。自言宰相裴度,頗爲諭止。行餘移書曰:'京兆府在漢時有尹,有都尉,有丞,皆詔自除,後循而不改。開元時,諸王爲牧,故尹爲長史,司馬即都尉、丞耳。今尹總牧務,少尹副焉,未聞道路間有下車望塵避者,故事猶在。'栖楚不能答。"①

兩事相連,只是衝者換了賈島,與賈島因專注苦吟而無意衝撞不同,郭行餘爲自己的衝撞之舉辯護得振振有詞。以上這些因素就是造成這一故事形成的一個背景。"衝劉"之事不一定可信,但反映了當時重視詩才的價值觀念,以及科舉之士的心態:對詩才極度崇拜,爲得詩才,不惜冒犯長官。當然,更重要的是反映了當時人對這類苦吟詩人創作方式的一個基本看法:"落葉滿長安"一句由景而生,但再求一對句,卻苦思不已,他們的詩就是這樣一句一句苦吟出來的,但表達上並無生澀怪僻之處。梅堯臣言:"作詩無古今,唯造平淡難。"(《讀邵不疑學士詩卷杜挺之忽來因出示之且伏高》)王安石《題張司業詩》云:"看似尋常最奇崛,成如容易卻艱辛。"這一故事就是寫出了他們"造平淡"的"艱辛"之處。

二、由韓、賈關係衍生出衝撞韓愈故事

僅從韓愈與賈島詩集看,他們當有過密切關係,在韓愈、賈島集子里存有多首二人的交往詩,如賈島有:《攜新文詣張籍韓愈途中成》《黃子陂上韓吏部》《臥疾走筆酬韓愈書問》《寄韓潮州愈》《和韓吏部泛南溪》等,韓愈亦有《送無本師歸范陽》等詩相贈。這種交往極大可能是韓愈身居高位時。

韓賈這麽密切的關係,自然會有傳說。何光遠(936年在世)《鑒誡錄》卷八:

> 島初赴洛陽日,常輕於先輩,以八百舉子所業悉不如己。自是往往獨語,傍若無人,或鬧市高吟,或長衢嘯傲。忽一日於驢上吟得"鳥宿池中樹,僧敲月下門",初欲著"推"字,或欲著"敲"字。煉之未定,遂於驢上作推字手勢,又作敲字手勢,不覺行半坊,觀者訝之,島似不見。時韓吏部愈權京尹,意氣清嚴,威振紫陌,經第三對呵唱,島但手勢未已,俄爲官者推下驢,擁至尹前,島方覺悟。顧問欲責之,島具對:"偶吟得一聯,安一字未定,神遊不覺,致衝大官。非敢取尤,希垂至覽。"韓立馬良久思之,謂島曰:"作敲字佳矣。"遂與島並語笑,同入府署。共論詩道,數日不厭,因與島爲布衣之交。故愈有贈二十八字,島因此名出寰海。詩曰:"孟郊死葬北邙山,日月風云頓覺閑。天恐文章聲斷絕,再生賈島向人間。"②

韓愈是在長慶三年(823)56歲時任京兆尹,這個故事,將一次衝撞當成韓、賈相

---

① (宋)歐陽脩、宋祈:《新唐書》,顧頡剛等點校,北京:中華書局,2011年,第5324頁。

② (五代)何光遠:《鑒誡錄》,《文淵閣四庫全書》,臺北:臺灣"商務印書館",1986年。

識之由,與賈島詩中所敘"石樓云一別,二十二三春"①(《黄子陂上韓吏部》)之事不符,顯然是不真實的。故事以此强調兩人相識的偶然性,顯然有戲劇化的成分。這一方面反映了人們對賈島苦吟之事的想象,突出其專注的心理,又體現了韓愈愛才惜才的品性。這樣與事實嚴重不符的傳說應産生於韓愈、賈島身後多年。

宋人葛立方《韻語陽秋》對此事有過評論:

　　賈島《攜新文詣韓愈》云:"青竹未生翼,一步万里道。安得西北風,身願變蓬草。"可見急於求師,愈贈詩云:"家住幽都遠,未識氣先感。來尋吾何能,無殊嗜昌歜。"可見謙於授業,此皆島未儒服之時也。泊愈教島爲文,遂棄浮屠學舉進士,《摭言》載島初赴名場,於驢上吟"鳥宿池中樹,僧敲月下門",遇權京尹韓吏部呵唱而不覺,泊擁至馬前,則曰:"欲作敲字,又欲作推字,神遊詩府,致衝大官。"愈曰:"作敲字佳矣。"是時島識韓已久矣,使未相識,愈豈肯教其作敲字耶②。

葛立方不懷疑此事的真實性,但仍强調此事應發生在韓、賈二人相識已久之後,這是給了這一材料一個新的解釋,他顯然不想破壞這個浪漫的故事。唯因如此,雖然它有諸多可疑之處,仍爲歷代詩話家採録。

《新唐書·韓愈傳》中寫賈島:"當其苦吟,雖逢值公卿貴人,皆不之覺也。一日見京兆尹,跨驢不避,讓詰之,久乃得釋。"③鑒於歐陽脩等編撰《新唐書》的審慎態度,此段軼事的可信度較高。雖然不能確認京兆尹是誰,但肯定不是韓愈。這一次的衝撞故事並没有帶來詩意的文學交流,而是讓賈島遭遇了呵和與責問。這一則被剥去了浪漫面紗的記録反倒更具真實性。

《別本韓文考異》卷五《送無本師歸范陽》題注:

　　《劉公嘉話》……其意與《摭言》合,而《嘉話》等集所云:公與島詩。東坡云:"世俗無知者所託,非退之語。"洪氏亦云:"按送無本時,公爲河南尹,不應至是方相知。又島初爲浮屠,後乃舉進士,此云後改名無本,乃傳者之誤。"又樊氏云:"按此詩元和六年冬作,而是年秋東野亦有詩與無本,云:'長安秋聲乾,木葉相號悲。'時東野尚無恙,何以云死葬邙山耶? 若以爲公爲京尹始識島故云,則公爲尹在長慶三年,而是年何以有此作也。"④

"衝韓"故事早在《劉賓客嘉話》中即有,劉禹錫是韓愈同時代人,其言自然可信,但今傳《劉賓客嘉話》中並無此條,宋人集本所説或許有誤,或許其所見《劉賓客嘉話》與今傳本有異。此處綜合了諸家材料,蘇軾、洪興祖、樊汝霖等人都對韓、賈交往之事提出了看法,雖然多表達一定程度的懷疑,但仍是不想否定這一詩壇佳話。

---

① (唐)賈島:《長江集》,上海:上海古籍出版社,1993 年,第 14 頁。
② (南宋)葛立方:《韻語陽秋》,上海:上海古籍出版社,1984 年,第 36—37 頁。
③ 《新唐書》,第 5268 頁。
④ (宋)王伯大:《別本韓文考異》,《文淵閣四庫全書》,臺北:臺灣"商務印書館",1986 年。

三、宣宗私訪與衝撞皇帝

關於賈島的衝撞繫列故事，最後衍生出了最高版本——衝撞皇帝。這個故事最早爲《唐摭言》記錄，《太平廣記》、《詩話總龜》卷十一也有抄錄：

> （賈島）又嘗遇武宗皇帝於定水精舍，島尤肆侮，上訝之。他日有中旨令與一官，謫去乃授長江縣尉，稍遷普州司倉而卒①。

由蘇絳《賈司倉墓誌銘》看，賈島於唐開成五年（840）61 歲時爲遂州長江主簿，會昌三年（843）爲普州司倉參軍，未受命而卒，終年 64 歲。賈島在武宗即位之前已離開長安了，武宗在位時，他不可能與之相會，其任長江主簿也與武宗無關。這一傳說應是在賈島身後多年出現的。另外，將賈島被貶之事與武宗相聯，或許緣於武宗滅佛的背景。故事的發生在佛寺，賈島曾是僧人，正處於武宗打擊的範圍。

這一傳說到了何光遠《鑒誡錄》中成爲了另一個版本：

> 島後爲僧，改名無本，又哀投蜀僧悟達國師知玄院中，或去法乾寺返初服，潛於鐘樓安下，日與師覺輝、無可上人、姚殿中合私相唱和，慮卿相所問，專俟宣宗微行，欲見帝，希特恩非時及第。及宣宗微行，值玄不在，上聆鐘樓上有秀才吟詠之聲，遂登樓，於島案上取吟次詩欲看。島不識帝，攘臂睨帝，遂於帝手奪之，曰："郎君何會耶？"帝慚報下樓。玄公尋亦歸院，島撫膺追悔，欲投鐘樓。帝惜其才，急詔釋罪，謂島曰："方知卿薄命矣。"遂御札墨制，除島爲遂州長江主簿。帝意令島繼長沙故事。勑曰："比者禮部奏卿風狂，遂且令關外將息。今既卻攜卷軸，潛至京城。遇朕微行，聞卿高詠。覯其至業，可謂屈人。是用顯我特恩，賜爾墨制，宜從短簿，別俟殊科。可守劍南道遂州長江縣主簿，仍便齋勑乘驛赴官。所管藩侯，放上聞奏。"大中八年九月七日制下，島因授此官，永難貢籍。初之任，屆東川，府主馮八座三十里出盛禮以迎之。既至館舍，見待甚厚，大具肴饌宴設。故島獻感恩詩曰："匏革奏終非獨樂，軍城未曉啟重門。何時卻入三台貴，此日空知八座尊。羅綺舞間收雨點，貔貅闈外卷雲根。逐遷屬吏隨賓列，撥棹扁舟不忘恩。"②

這個故事敘述比較完整，先説明賈島入寺原因，因爲作詩譏刺公卿，被逐出關外，再潛名入寺爲僧，有意等待宣宗，再有不識宣宗而冒犯之事，時間是大中八年（854）九月七日。有明確的時間、地點，有因有果，情節曲折，應是一個完整的君臣相失的故事。但是，如此一來，賈島卒年當在大中八年之後，年歲也當是七十五歲，這與唐人通常的仕宦年齡不符，顯然，更不真實。這一傳說説明了賈島失意及來蜀的原因，大大提升賈島遷蜀一事的影響。由《鑒誡錄》產生的背景看，這應是在蜀地形成的賈島傳說，也是對前一個"衝撞武宗"故事的改造。它以君臣相失之事，説明其時寒士求仕之

---

① （五代）王定保：《唐摭言》，上海：上海古籍出版社，1978 年，第 121 頁。

② （五代）何光遠：《鑒誡錄》，《文淵閣四庫全書》，臺北：臺灣"商務印書館"，1986 年。

難，又以賈島獲職之事，肯定了賈島詩藝之高，體現苦吟詩人對賈島的崇拜心理。

君王之所以由武宗換成宣宗，應與唐宣宗好學形象有關：

> 孫棨（僖、昭宗朝人）《北里志序》：自大中皇帝好儒術，特重科第，故其愛壻鄭
> 詹事再掌春闈，上往往微服長安中，逢舉子則狎而與之語，時以所聞，質於内庭，
> 學士及都尉皆聳然莫知所自，故進士自此尤盛，曠古無儔①。

> 孫光憲（901—968）《北夢瑣言》卷八：唐陝州廉使盧沆，在舉場甚有時稱。曾
> 於渭水逆旅，遇宣宗皇帝微行，意其貴人，斂身迴避。帝揖與相見，沆乃自稱進士
> 盧沆。帝請詩卷袖之，乘驢而去。他日，對大臣語及盧沆，令主司擢第。沆不自
> 安，恐僭冒之辱。宰臣問沆，與王上有何階緣？沆乃具陳因由，時亦不訝，以其文
> 章非叨忝也。……賈島遇宣宗微行，問秀才名，對曰：“賈島。”帝曰：“久聞詩名。”
> 島曰：“何以知之？”後言於宰臣，與平曾相次謫授長江尉，所謂不識貴人也②。

《舊唐書·宣宗紀》：“帝雅好儒士，留心貢舉。有時微行人間，採聽輿論，以觀選
士之得失。”③由以上二則材料看，唐末時已流傳宣宗好微服出行並私訪科場之士之
事，賈島因其名盛運背而進入到這個故事中了，已被寒士詩人偶像化的賈島已成爲供
人想像的小説素材。計有功《唐詩紀事》輯録另一則材料：

> 普州有岳陽山，島葬于此。唐安程錡從事倅岳陽，有詩曰：“倚恃才難繼，昂
> 藏貌不恭。騎驢衝大尹，奪卷忤宣宗。馳譽超前輩，居官下我儂。司倉舊曹署，
> 一見一心忡。”④

唐安是唐時蜀中縣名，上引程錡詩表明這是一個在蜀中流傳頗久的故事。

耐人尋味的是，衝撞宣宗的結果是賈島被授予了一個進士及第後也難以馬上取
得的官職。賈島無功名在身，卻因貶授官，這極具傳奇色彩的入仕經歷自然引來了眾
説紛紜的猜測。具體的貶謫原因，有説是遭遇飛謗，也有説是得罪了皇帝，尚没有確
切定論。由於衝撞帝王而被貶官，這更似爲了進一步塑造賈島形象而編撰出的吸睛
故事。《賈司倉墓誌銘》中述：“穿楊未中，遽罹誹謗。解褐授遂州長江主簿。”⑤顯然
也認爲賈島是由於遭遇誹謗而被貶官授職，這應該是更符合史實的。

四、衝撞軼事與賈島文學形象的塑造

賈島衝撞軼事，如按被衝撞對象，可分爲高官繫列和皇帝繫列；如按衝撞屬性，可
分爲以身體衝撞官員和以言語衝撞帝王；如按衝撞原因，又可分爲“專注苦吟”以及
“恃才自傲”。其中所塑造出的賈島形象，既與其自身氣質有一脈相承之處，也有完全
不同之點。因過於投入作詩而忽略外在，於賈島而言極有可能，因而衝撞京兆尹確有

① （唐）崔令欽等：《教坊記北里誌青樓集》，上海：古典文學出版社，1957 年，第 22 頁。
② （五代）孫光憲：《北夢瑣言》，賈二強校點，北京：中華書局，2002 年，第 177 頁。
③ （後晉）劉昫等：《舊唐書》，顧頡剛等點校，北京：中華書局，2011 年，第 617 頁。
④ （宋）計有功撰、王仲鏞校笺：《唐詩紀事校笺》，北京：中華書局，2007 年，第 1358 頁。
⑤ （清）董誥等：《全唐文》，北京：中華書局，1983 年，第 7937 頁。

創作的依據。但從另一方面來看,按照他的性格,在久不得第、滿懷抑鬱的情況下,也只能將一腔憤恨化爲病蟬之語以刺公卿,這正是典型的文人抗議方式,也是他能做到的挑戰權貴的極限。因而衝撞高級版本中的藐視宣宗等情節,與其真實性格相距甚遠。然而,正是這些被誇張與修飾過的故事,逐步塑造出了一個極具魅力的賈島的文學形象。這些衝撞事件帶來的"苦"果,無論是呼和責問的屈辱,還是科舉不第的苦境,亦或是遭遇貶官的不幸,都與其苦吟作風一脈相承。通過這些故事,逐步將其勇敢無畏、矢志不移的情懷襯托的更爲堅定,將一個悲苦落魄卻滿身傲骨的文人形象塑造的更爲豐滿。

　　繫列衝撞故事,主要發生於賈島在京活動期間,是他與主流政治文化圈關係最爲緊密之時,並以賈島和韓愈、劉栖楚等在現實中的交往關係爲基礎,雜糅拼接了同時代的人物衝突與情節。從時間上看,關於賈島的這些傳說多產生在賈島卒後三四十年里,多表達了唐末科場寒士對苦吟詩人的體認,其中由何光遠所記之事看,這一傳說最初又多流行於西蜀,反映了這個地區的文人對一個來自長安詩壇的名人的想像。有趣的是,賈島雖然僅在蜀中任過職,但關於他在蜀中之事少有傳說。可見,奇聞軼事的編撰者們也考慮到了受眾的欣賞趣味,他們著手以傲骨文人、科場風波、睥睨帝王等爲賣點,製造出了一個個吸引人眼球的傳奇故事,並由此將賈島的文學形象逐步推向高點。

(作者單位:復旦大學中文系)

明代詩學理性轉向的實學化路徑
——以《升庵詩話》爲中心

鄭妙苗

一、《升庵詩話》的形制與内容

楊慎,字用修,號升庵。新都人(今四川新都),祖籍廬陵(今江西吉安)。楊慎出身士大夫家庭,其祖父楊春曾任湖廣提學僉事;其父楊廷和於正德二年(1507)入閣,拜東閣大學士,正德七年(1512),李東陽歸鄉,楊廷和接任其職,歷任武宗、世宗二朝首輔,嘉靖七年(1528)辭官退休。楊慎則於正德六年(1511)狀元及第,官翰林院修撰。嘉靖三年(1524),楊廷和因"大禮議之爭"一事屢次辭官,終得批准,告老還鄉;楊慎則在其父退休離任後因諫言而獲罪,被貶雲南。其博學厚才聞名當時,閱覽群書,著述頗豐,《升庵詩話》是其詩學評論的代表作。

《升庵詩話》共四卷,"自明代以來無善本"①,另有《詩話補遺》三卷、《升庵外集·詩品》十二卷、《升庵詩品補遺》一卷。以上幾種形制一致、性質相同,因此本文論及《升庵詩話》,以上數種著作均包含在内。從形制上,《升庵詩話》是典型繼承了詩話"資閑談"功能的作品,採取分則點評式的形制,和前代詩話沒有差別,每卷和每則的排布之間沒有邏輯聯繫,沒有謀篇佈局的痕跡。

明代前中期比較重要的詩話作品中,除了"詩法"類兼具選本的部分功能,將詩歌按照體裁分門別類外,其餘詩話基本都以此種方式編排。其好處是容易體現出詩人、詩論家的思想前後期所發生的轉變,也使議題顯得靈活、廣泛。

其"資閑談"的特點,體現在内容涉獵的範圍廣度上。常見的内容有如"庾信詩"②、"清新庾開府"③等則,是對於前代某些詩人的評價;又如"岳陽樓詩"④等則,是對罕見詩歌或詩句的輯録;再如"詩用'惹'字"⑤、"右丞詩用字"⑥等則,是對於詩歌里一些字眼的評點。總的來説,這些都是傳統詩話中非常常見的内容,也體現了傳統詩話的一些基本關注點。另一些内容,雖不獨楊慎爲之,卻和他自身的知識儲備結合,成爲《升庵詩話》的特色。例如"多根樹":

> 佛經云:"西城多根樹,蔽芾而婆娑。東西南北中,五方不相見。國中有嫿

---

① 丁福保《重編〈升庵詩話〉弁言》,《历代詩話續編》,中華書局,2006 年第 2 版,第 634 頁。
② 《升庵集》卷五十四,《景印文淵閣四庫全書》本,集部 209,台北:台灣"商務印書館",1986 年版,第 475 頁。
③ 《升庵集》卷五十八,第 554 頁。
④ 《升庵集》卷五十九,第 562 頁。
⑤⑥ 《升庵集》卷五十七,第 524 頁。

女,求偶者衆多。初有一男求,女約中枝會。復有四男子,亦欲求之宿。女亦以言許,東西與南北。各各抱被去,至晚女不來。東枝郎唱曰:'旭日光已出,農夫向田去。妾語既不來,可捨多根樹。'西枝郎吟曰:'彼妙必然來,定是下妾語。如何旭日光,急速現下土。'南枝郎嘆曰:'旭日光已出,農夫早向田。我等如癡羊,一夜受凍眠。'北枝郎虔曰:'我等沒巴鼻,只爲求他妻。今遭寒與凍,各各被他迷。'中枝郎泣曰:'我不憂己身,一夜寒凍情。但恐多根樹,枝葉不復生。'樹神聞而笑曰:'汝勿憂外事,但憂身事急。樹枯生有時,欲苦無停息。'"①

此處引佛經故事及偈子,一爲存語典,二爲收録詩句,且幾乎不見於前代詩話中。許多詩話作品愛好搜羅稀見的詩句、典故、軼事,但能如同《升庵詩話》一樣做到真正罕見甚至獨家記録的,卻不太容易。正是在這個意義上,楊慎的博覽群書得以體現,他主張"觀書所以貴乎博證",也樂於展示自身的才學,而這一書寫客觀上拓寬了詩話寫作的視野,至少從材料上呈現出了顯著的豐富性。

在詩話中具體落實"博證",需要大量的知識儲備。因此,對知識的認可和強調,是《升庵詩話》乃至楊慎整個治學思想的落腳點,也成爲其詩話之中理性色彩的來源。《升庵詩話》中有不少內容其實都屬於詩話原本的題中之意,例如對詩體、音調的評論,對歷代詩人的點評,對語典的分析等等。楊慎與前人不同之處雖然細微,卻仍可辨別。例如"菩薩蠻"一則:

> 唐詞有《菩薩蠻》,不知其義。按小説,開元中南詔入貢,危髻金冠,瓔珞披體,故號菩薩蠻,因以制曲。佛經戒律云"香油涂身,華鬘被首"是也。白樂天蠻子朝詩曰"花鬘抖擻龍蛇動",是其證也。今曲名"鬘"作"蠻",非也②。

這樣依靠知識儲備的"考據"方式給詩話帶來了新的看點,儲備豐富,也自然形成了楊慎所提倡的"學養"。在《升庵詩話》中,不因襲前人舊説、倚靠自身閱讀和記憶寫就的意見不在少數,在這些內容當中,有因粗疏不慎而造成的錯誤,甚至成爲王世貞所批評的對象:"楊用修頗以綴屬稱,而疏鹵百出,檢點不堪。"③結合《升庵詩話》中的實例,這種批評也並不爲過。例如"卵色天"一則:

> 唐詩"殘霞蹙水魚鱗浪,薄日烘雲卵色天",東坡詩"笑把鴟夷一樽酒,相逢卵色五湖天"正用其語。《花間詞》"一方卵色楚南天",注以"卵"爲"泖",非也。注東坡詩者,亦改"卵色"爲"柳色",王龜齡亦不及此邪?④

此則在後世引用頗多,皆從楊慎處來,然而其中楊慎所謂的"唐詩",今查無出處,最早即見於其《詞品》和《升庵詩話》兩書中,陸游《劍南詩稿》中有"微風蹙水魚鱗浪,薄日烘雲卵色天"⑤句,與楊慎所引極爲相似,疑楊慎誤記其原文與時代。楊慎所引"唐

---

① 《升庵集》卷七十三,第 727 頁。
② 《升庵集》卷五十七,第 524 頁。
③ 《答胡元瑞第二書》,《弇州續稿》卷二百六,《景印文淵閣四庫全書》集部 223,第 895 頁。
④ 《升庵集》卷五十八,第 546 頁。
⑤ 《東門外遍歷諸園及僧院觀遊人之盛》,《劍南詩稿》卷八,《景印文淵閣四庫全書》集部 101,第 133 頁。

詩”如爲陸游詩，蘇軾的“相逢卵色五湖天”①就不可能是“正用其語”，實際上，唐人僞託沈約之名所作的“夜月琉璃水，春風卵色天”②可能才是東坡及後世所用語典的出處。有所疏失，但能在一衆出錯的文獻中，指出“柳色天”或“泖色天”的説法絶大多數爲“卵色天”之誤改誤校，仍可見其學力。

　　從以上兩則例證中，可以窺見《升庵詩話》展現學識的方法與特點：首先，楊慎點評詩歌的思路類似考據之學，借用前代的詩歌知識來考辨某些説法，而這種批評既涉及文字、音韻，又包括語典、事典。其次，他的“考據”和真正嚴謹縝密的考據功夫還有不小差距，疏失錯漏之處頗多，因此，涉及文字、音韻、語典、事典就顯得廣博而不專，楊慎所展示的也就更適宜於用“學養”而非“考據”一詞形容。

　　有當代的研究者認爲明代有“博學”的思潮③，並以楊慎爲例。的確，從他對於詩歌、詩論的主張中，都體現出了求博求厚的傾向，在他看來，廣博的詩歌知識既有利於更準確地理解、評鑒詩歌，也有助於寫出更優秀的作品。楊慎自身才高，因此《升庵詩話》在一些問題的論證上可能有失嚴密，不過這不影響《升庵詩話》作爲明代詩話中的一個示範，演示將學識大量運用到詩論中的可能，既保留了相當的可讀性，不喪失詩話原本“資閑談”的功能，又難得地建立起了和學術之間的關聯。

　　《升庵詩話》的出現其實也提示著明代詩話的逐漸轉變，一方面可以將之理解爲詩話的寫作者及閱讀者對這種體裁的著作要求更高了，卓越的知識儲備成爲其脫穎而出的一種路徑；另一方面，詩歌閱讀的知識化日漸發展，楊慎在《升庵詩話》中所做的一部分工作實際是將這種知識化落實，因此也使這部詩話理性色彩更強。

二、解詩與習詩：“博學”的冷遇

　　明代前期的文人詩壇，是臺閣體獨大的局面。新王朝的建立和皇帝的高壓政策，並沒有給文學寬闊的施展空間，這個時期的君主希望看到的，是雍容的頌聲，詩歌的政治功能得以最大化。與此同時，官方所認可和推廣的詩學典範，是以盛唐詩爲代表的唐音，這爲之後貫穿整個明代的學唐風氣打下了堅實的基礎。

　　李東陽身處臺閣體式微的轉折處。他在《懷麓堂詩話》中提出了一系列詩學問題，既有對前代詩學問題的回應，也有針對臺閣文學提出的反對。李東陽和楊慎的父親楊廷和有同僚之誼，對楊慎的才華更極爲賞識，因此，李東陽可説是楊慎在詩學上的導師之一。楊慎在理論主張上繼承了李東陽認爲詩主性情的看法，以他爲代表的文人幾乎直接站在了臺閣體的對立面，直接從精英階層內部革新詩壇面貌。同樣身爲李東陽門下高足的，還有李夢陽。李夢陽本身沒有專門的詩話作品。《缶音序》一篇聲名遠播，其中明確地表述了其詩歌流變論的觀點：“詩至唐，古調亡矣……宋人主

　　①　《和林子中待制》，《蘇軾詩集》卷三十三，中華書局，1982 年 2 月，第 1763 頁。
　　②　《登北固樓詩》，據劉躍進《門閥士族與文學總集》中的説法，“顯系唐人偽託之作”。《門閥士族與文學總集》，劉躍進，世界圖書西安出版公司，2014.6，第 117 頁。
　　③　呂斌《明代博學思潮與文論——以楊慎爲例的考察》，《文學評論》2010 年第 1 期，第 94—99 頁。

理不主調，於是唐調亦亡。"①在這篇文章中，非常明確地將唐詩、宋詩放置在了對立面上。他認爲，唐、宋詩最大的區別在於前者主調、後者主理，並據此進一步提出自己的思考，將"格調"看做評判是否成爲好詩的核心標準。"格調"從字面上來說，是一個相對抽象的概念，可以包含詩歌意脈的流暢、文字的華彩、意象的典麗等各個方面，而這個詞在李夢陽的言論中，一定程度上表示的是唐詩的風貌。在此，李夢陽並沒有討論詩歌的抒情傳統，而對説理的宋詩的反感，使其完全不強調知識在詩歌中的重要性。實際上，"格調"可以看做是一個新的詩歌理論範疇，它基於對唐詩的學習而提出，而同時將宋代説理詩風和明初臺閣風氣作爲自己的對立面。

　　李夢陽比楊慎年長十五歲，出身貧寒，弘治七年(1494)進士，初授户部主事，仕途幾起幾落。他的才學聲名，在明代遠不如楊慎，但在詩壇上，卻以領袖之姿引導了持續幾乎一個世紀之久的"復古"運動，極大影響了明詩的發展走向。

　　在傳統的文學史敘事中，李東陽是一個過渡，以李夢陽、何景明爲首的"前七子"則是明中期詩壇新局面的代表人物。"前七子"有相對完整的文學主張，也有較爲活躍的創作實踐。但如果以詩歌理論、尤其是"詩文評"的視野來考察，"前七子"的理論主張如何最終成爲範式則成爲值得討論的問題，而《升庵詩話》在詩學史中的作用和意義也同樣應該反思。

　　落實到《升庵詩話》中具體的詩歌創作理論，主要有以下幾點：第一，認可唐詩主情的特點。"唐人詩主情，去《三百篇》近；宋人詩主理，去《三百篇》卻遠"②幾乎是《升庵詩話》中最爲著名的論點之一，它實際上是肯定和重視了"詩緣情"的傳統。第二，強調詩歌的文體特性。在"詩史"則中，楊慎説："宋人以杜子美能以韻語紀時事，謂之詩史，鄙哉！宋人之見，不足與論詩也。夫六經各有體：《易》以道陰陽，《書》以道政事，《詩》以道性情，《春秋》以道名分。後世之所謂史者，左記言，右記事，古之《尚書》、《春秋》也。若詩者，其體其旨，與《易》、《書》、《春秋》判然矣。"③從反對宋人稱杜詩爲詩史的角度，他實際所批評的是詩文不分的創作現象，這段話背後所隱藏的，則是對詩歌的文體獨特性的重新提出。第三，雖然詩話中沒有明確以理論方式提出，但仍能看到楊慎"言詩不專一代"④以及以才學爲支撐的廣博取向。"言詩不專一代"，即不圍於一朝一代的風格特色中⑤；以才學爲支撐，則是閱讀整本《升庵詩話》及《詩話補遺》所得到的觀感。這兩點，是他"觀書所以貴乎博證"觀點的最佳體現。第四，講求語言的清新自然。"江平不流"則説："杜詩'江平不肯流'，意求工而語反拙，所謂鑿混沌而畫蛇足，必夭性命而失巵酒也。不若李群玉樂府云'人老自多愁，水深難急流'也，又不若巴渝《竹枝詞》云'大河水長漫悠悠，小河水長似箭流'。詞愈俗愈工，意愈

---

① 《空同集》卷五十二，《景印文淵閣四庫全書》集部 201，第 477 頁。
② 《升庵集》卷五十八，第 545 頁。
③ 《升庵集》卷六十，第 569 頁。
④ 李調元《〈升庵詩話〉序》，《升庵詩話箋證》，上海古籍出版社，1987 年 12 月，第 626 頁。
⑤ 關於《升庵詩話》中的"言詩不專一代"的具體體現，可參見吕斌《明代博學思潮與文論——以楊慎爲例的考察》，《文學評論》2010 年第 1 期，第 94—99 頁。

淺愈深。"①

　　總結以上幾點可以看到，《升庵詩話》的詩學主張及傾向較爲明確，然而，從詩歌創作角度來説，它並沒有提出更爲具體可行的方法論。其中，"言詩不專一代"和以才學爲支撐可説是最具象、最具有可操作性的主張，它要求詩歌創作者、評論者以多讀書的方式增加自身的知識儲備，再運用於詩歌的寫作和解讀中。而其他幾點主張，則更多地提供了立場，沒有提供辦法。這與李夢陽在詩壇的詩學主張非常不同，李夢陽的主張明顯帶有更強的實踐色彩，爲具體的寫作過程提供切實的方法論。這種差異性首先側面反映了《升庵詩話》的性質，仍然帶有濃厚的興趣色彩，換言之，其寫作目的並不著重服務於單純的詩歌創作者，而是具有一定學養水平的文人。因此，《升庵詩話》雖可被視作明代詩話"理性"轉向的代表之作，卻仍保留著相當的傳統詩話所具備的趣味性和閑散特質。詩話中或摘録前人、或暢抒己見、或總結知識點，其理性之處則充分體現在將詩歌的用字、用典以及一些詩本事通通知識化了，並以此爲倡，增加了詩話寫作的內涵。

　　然而，這樣的理性轉向不專門服務於詩歌寫作，也不提供更爲具體的操作方法。與之相反，李夢陽的主張極爲明確地針對了作詩的方法。他提出尊崇"法式"，以此獲得"格調"，即通過對唐詩的拆析，仔細研習其用詞、用韻、句法、審美傾向等因素，從語言的各個方面追求形似，以獲得唐詩風貌形成的全部秘密，這是李夢陽詩論實際上的邏輯。但是，不獨後人，何景明對此也提出過批評，因爲這非常容易令寫詩變作拼湊與復刻的活動。不過，這些批評不能阻擋其流行的趨勢，其主張清晰的可操作性爲他贏得了一部分支持，不僅"復古"的大旗就此樹立，也緊密地將"復古"和"模擬"兩個概念聯繫在一起，成爲明代中期詩歌的一大基調。

　　代表著明代詩話寫作出現理性轉向的《升庵詩話》並未獲得詩人在寫作上的呼應，所以"博學"的取向也未能在明代中後期的詩歌中鮮明體現。這並非楊慎詩學主張的失敗，而僅僅説明《升庵詩話》的寫作並不以指導詩歌寫作爲自覺，帶有更多文人的雅興和修養。實際上，他講求學養、知識的思想在明代後來的詩話、詩論中得到了大量呼應，也正是在這個意義上，可以將《升庵詩話》所作出的努力和表率，看做是明代詩學理性轉向過程中對於知識化、實學化的路徑②的探索。

三、《升庵詩話》意義的再檢視

　　將《升庵詩話》放置在明代詩學理論的大框架之下討論，則要從"詩緣情"談起。研究者們往往認爲楊慎詩學是"主性情"的，但同時從《升庵詩話》中又不難看出他重知識的傾向。既主性情，又重知識，《升庵詩話》實際上是對中國古典詩歌當中一個巨大的傳統命題的回歸和回應。

　　自南宋起，關於審美、知識和抒情三者在詩歌中的地位、關係已經得到充分的討

---

① 《升庵詩話》卷二，《明人詩話要籍彙編》，上海古籍出版社，2017 年 6 月，第 432 頁。
② 與之相應的另一條路徑則是詩學理論的體系化、抽象化以及詩學理論著作形式的更新和成熟。

論,嚴羽《滄浪詩話》中所面臨和處理的,即是"如何在讀書、窮理即知識的基礎上重建唐詩的抒情傳統"①這一重大詩學理論問題。宋代詩人因過分強調知識、學養,已經某種程度上形成了"抒情"——"知識"二元對立的格局,南宋詩論家的討論,很多就集中在如何將二者再度歸置於一個統一的詩歌傳統之中。這種努力,在楊慎處得到了繼承。因此,可以説,《升庵詩話》是楊慎在其對詩歌的理解和思考下走出的一步實踐之路,不僅提倡學養、重視知識,同時強調詩歌文體的獨特性,也即強調其抒情的特質。

因此,《升庵詩話》的貢獻或特殊意義,並不在於採用考證之法或主張言情之用的任意一個方面,而在於對於南宋以來詩論範圍内最核心問題的思考與回應,重新編排抒情與知識學養二者間的關係,並且以《升庵詩話》爲實踐場所,力證知識對於詩歌的重要性,對明初以來反宋風氣盛行、譏議之聲四起的詩壇時局做出了強有力的反對。嚴羽《滄浪詩話》在明代影響巨大,甚至是明初開始學唐風潮的誘因之一,明代詩壇的一部分主流詩人卻不能理解到嚴羽將唐、宋詩歸於同一個大的詩歌傳統的意圖,在這一點上,楊慎《升庵詩話》在傳統的詩學理論體系内,是不折不扣的南宋嚴羽以來的繼承者。

提倡學養,同時還具有另一方面的意義。從唐、宋以來,詩歌傳統悠久,作品眾多,已經形成厚實的積澱。從明初就開始由官方主導的學唐風潮則顯示出明代人一種回溯的思維路線,和宋人努力開拓詩歌邊界與可能性的嘗試不同,明初大量的詩人認爲作詩首要的是樹立典範並盡力學習,以求形神皆似,以此反對宋、元詩壇所出現的對詩歌的革新嘗試所帶來的不良影響。而要求詩人及詩論家增加學養,以"博"爲重,恰恰可對詩歌傳統產生深厚認識的同時,豐富詩歌所能表現的内容。因此,從這個意義上,對學養的重視實際有可能帶來的是對詩歌世界的探索和開拓。

再將《升庵詩話》放置在明代詩話寫作的線索中,可以發現自此開始,"博學"成爲了一個真正進入詩論家視野的要點。儘管在各部作品中所提出的背景、語境及所對話的對象不盡相同,但之後的《藝苑卮言》、《詩藪》、《詩源辯體》等明代詩論的代表之作也都紛紛強調"學"對於作詩的重要性。這樣的立場也使得明代詩論中的主情、主真的思想顯得有所支撐。可以説,明代自楊慎以來,開始提出了對詩人自身學養有所要求的主張,這既是出於一個精英階層的文人對自身閱讀及寫作經驗的充分總結,又實際上對其時代的詩歌寫作寄予著厚望。這種主張從《升庵詩話》漸漸延續到詩論的著作中,具備豐富知識儲備的"資閑談"的詩話類作品在明代反而較少再出現。這也構成了《升庵詩話》和明代後來理論框架完備、結構宏大、邏輯嚴密的詩論作品之間不可忽略的關係,成爲明代詩話寫作發展當中的一條重要線索,展示其一步步從零碎無序走向系統完整的過程。

回到《升庵詩話》寫作的歷史時間中,詩壇風氣從臺閣體的主導中剛剛有所鬆動,李東陽於臺閣之音之外兼顧詩的文體特質,實際是爲詩歌重回其抒情言志傳統打開了可能性。《升庵詩話》對時風似乎不以爲意,將視野投射在前代所真正能夠得到認

---

① 張健《宋代詩學的知識轉向與抒情傳統的重建》,《北京大學學報》2013 年第 2 期,第 60—71 頁。

可的詩人與作品上,其寫作目的也不僅是爲了宣傳某種風格取向或理論立場。這是屬於詩話獨有的空間,得以和詩論區別開來。與此同時,《升庵詩話》的寫作不再過多強調自己個人的觀感,而落實於切實的體裁之辨、典故溯源、名物考證等等,這部分可以稱爲一種"實學"。而它所帶來的邏輯,是詩學内部既有命題的再反思,也是在努力地尋找著唐詩與宋詩之間巧妙的平衡點,希望以此可以將詩歌寫作再向前推進一步,形成明代詩歌的獨特風貌。這又與作者記載詩中逸事雜談的閑談詩話並不相類。以此爲坐標,《升庵詩話》處於詩話和詩論兩種寫作目的及内容都不相同的作品之間,形式上接近於"話",而内在邏輯卻帶有"論"的潛能。它出現在臺閣詩對詩壇統治趨於完結、詩人的創作追求逐漸回歸文學本身的時間段,也暗示了一種詩歌批評家回歸文體、對詩歌寫作進行反思的自覺。

（作者單位:復旦大學古籍所）

《詩經》評點本安世鳳《詩批釋》述評

張洪海

　　《詩經》傳統解讀方式的主流是注疏,屬於經學的範疇。《詩經》的經學研究主導了古代《詩經》研究兩千多年,卻很少涉及詩的文學内涵。這一局面到了晚明《詩經》文學評點的出現被稍稍打破,從此在《詩經》的研究中,文學闡釋也成爲了一股不可忽視的力量。周作人在《郝氏説詩》一文中説:"能夠把《詩經》當作文藝看,開後世讀詩的正當門徑,此風蓋始于鍾伯敬,歷戴仲甫、萬茂先、賀子翼,清朝有姚首源、牛空山、郝蘭皋以及陳舜百,此派雖被視爲旁門外道,究竟還不落寞。"①周氏説到的這些把《詩經》當作文學看的人中、鍾、戴、姚、牛、陳五人均是以評點的方式來解説《詩經》的,由此可見《詩經》評點的重要,儘管周氏所列還遠不夠全面。要之,對於《詩經》進行文學評點是《詩經》研究史上的重要現象,是對《詩經》全面而系統的文學解讀。因此,若要探明《詩經》文學研究的發生及嬗變,其評點方面的考察就非常值得重視了。

　　文學評點是一種特殊的中國文學批評形式,它的性質與其它的文學批評著作一樣,是對於文學作品進行的評論或批評以及由此而引發的文學理論闡述,但它的文本存在形式卻有所不同:一般的文學批評著作可以單行,文學評點相對于文學作品的紙本即物化形態卻只能如影隨形。正因如此,儘管從文學角度對《詩經》進行的研究自先秦時代就已經開始,但真正意義上的文學評點著作的出現卻始於明代。

　　安世鳳的《詩批釋》是目前所見最早的《詩經》評點著作。此書未見於官私書目著録,也未見學界提及。筆者所見《詩批釋》現藏復旦大學圖書館,共四卷,訂爲四冊。撰者署名安世鳳。明朝萬曆二十九年(1601)商邱安氏原刻本。

　　此前,學界一般認爲是鍾惺或者孫鑛開啟了《詩經》評點的風氣。主要是因爲沒能發現刊刻年代更早的《詩批釋》。認爲鍾惺是《詩經》評點開啟風氣者首推周作人。周氏云:"能夠把《詩經》當作文藝看,開後世讀詩的正當門徑,此風蓋始于鍾伯敬。"②此論即便沒有漏洞,也是略嫌武斷的。

　　除周作人外,當代學者陳廣宏先生也認爲:"同樣具有某種開拓性意義的還有鍾惺對《詩經》的評點,它開啟了以文學家手眼解經的風氣,在大膽撼動經學權威的同時,亦將他們那種主觀主義的鑒賞批評發揮到了極致。"③從影響上來説,的確是鍾惺的《詩經》評點更加引人關注,但實際上鍾惺並不是真正"開啟了以文學家手眼解經的風氣"的第一人。鍾惺的《詩經》評點本目前所見者全部爲明泰昌元年(1620)年所刻。單從時間來看,現存鍾惺最早的《詩經》評點本比孫鑛的《詩經》評點本还晚了 18 年。

---

① 　周作人撰、鍾叔河編訂:《知堂書話》,河北教育出版社,2002 年,第 19 頁。
② 　《知堂書話》,第 19 頁。
③ 　陳廣宏:《竟陵派研究》,復旦大學出版社,2006 年,第 362、363 頁。

　　而郭紹虞先生則把孫鑛作爲開啟評經風氣的人物。[①] 當代學者劉毓慶先生也認爲："從現存資料看，他（孫鑛）是用評點詩文的方法評點《詩經》、《尚書》等經書的第一人。"[②]孫鑛的《詩經》評點本《孫月峰先生批評詩經》有明萬曆三十年（1602）天益山三色套印本，《四庫全書總目》存目類有著録。據孫鑛自作《詩經小序》，是書當成于萬曆三十年（1602）之前。而《詩批釋》刊刻于萬曆二十九年（1601），比孫鑛的《孫月峰先生批評詩經》還早了一年。

　　《詩批釋》始撰時間無考。但據書前《詩批釋自序》末稱"予姑識之以告世之同予之學者，時癸巳二月舟中。刻既成，則辛丑六月也。"則可知評點結束時間爲萬曆二十一年（1593），比刻成時間萬曆二十九年（1601）還要早八年。所以孫鑛評點經書至少在《十三經》之一的《詩經》上不是最早的開風氣者。也可以這樣説，安世鳳的《詩經》評點活動發生在十六世紀末，而孫鑛、鐘惺等的《詩經》評點活動則發生在十七世紀初。

　　關於《詩批釋》的作者安世鳳，正史無載。安世鳳，字鳳引，河南商丘人。萬曆十一年進士。任户部主事，謫山西解州同知，遷浙江嘉興府通判。有《燕居功課》、《墨林快事》。（見《民國商丘縣誌》卷六）

　　關於《詩批釋》的撰述過程，安世鳳在《詩批釋自序》中稱"間嘗指其精詣批而釋之，不覺盈衮"，并申述了評點《詩經》的緣由即"爲批之義"；書後有識語，交待了自己對原稿"刪之又刪，或既録而複塗，或已鏤而更削，今所存可二十之一"的情況，並聲明了對於朱熹《詩集傳》的尊崇。

　　從樣式來看，《詩批釋》已經具備了成熟的評點體例。《詩批釋》共分四卷，《風》、《小雅》、《大雅》、《頌》各一卷。每卷各篇先列篇名，有 30 篇，篇名下有題下評。然後是詩歌正文，分章節排次。天頭處有眉評，經文行間有旁批，有少量章節末尾處有小字雙行夾批。點爲單頓點，圈有單圈、雙層圈、豆形圈。這些版刻樣式無疑都是文學評點的典型形態。

　　文學評點自南宋初具規模，至明清而極盛，成爲一種流行的大衆文化批評形式。在中國古代文學批評的諸種形式中，評點可算是一種在最大程度上以讀者爲本位的批評形態，評點之發生、興盛，其根本因素在於評點的傳播價值。所謂評點的傳播價值，大致表現爲内外兩端：就内在形態而言，表現爲評點本身在欣賞層面對讀者閱讀的影響和指導作用；就外在現象而言，是指評點對作品傳播和普及的促進。評點之所以利於傳播，不僅揭示了所謂的"篇法、章法、句法"，化難爲易，更重要的是將自己的感悟直接傳遞給讀者，讀者在閱讀時，借助評點傳達的資訊，能更快進入藝術作品的情境，產生共鳴。這也可以説是評點這種批評方式能夠在古代社會風靡開來而且歷久不衰的一個重要原因。在這一方面，《詩批釋》作爲目前所知最早的《詩經》評點的嘗試，在化難爲易、啟發讀者方面，正體現了評點的優長，對於《詩經》在文化層次較低的人群中傳播具有普及性的特點。

---

①　郭紹虞：《中國文學批評史》，百花文藝出版社，1999 年，第 263、264 頁。
②　劉毓慶：《從經學到文學——明代〈詩經〉學史論》，商務印書館，2002 年，第 300 頁。

　　《詩批釋》全書以眉批爲主。評語簡短有致，純是評點家法。不像評點與章句及高頭講章的混血如《毛詩捷渡》那樣囉嗦。如《豳風·七月》"五月斯螽動股，六月莎雞振羽。七月在野，八月在宇，九月在户，十月蟋蟀，入我床下"一段之上的眉批云："（安眉）一物叙得磊落動盪。"簡短卻頗能抓住寫作要領。

　　《詩批釋》的圈點與評語結合密切，不像一些評本二者關係鬆散甚至毫無關係。關於在評點中加以圈點的好處，清初唐彪曾説：

　　　　凡書文有圈點，則讀者易於領會而句讀無訛，不然，遇古奥之句，不免上字下讀而下字上讀矣。又，文有奇思妙論，非用密圈，則美境不能顯；有界限段落，非畫斷，則章法與命意之妙不易知；有年號、國號、地名、官名，非加標記，則披閲者苦於檢點，不能一目了然矣[①]。

　　唐彪提到的這四種圈點的妙用，在《詩批釋》中都有體現，而於第二點"文有奇思妙論，非用密圈，則美境不能顯"尤爲突出。觀《詩批釋》全書，凡有圈點處必有相關評語。圈點有圈有點，基本原則爲密點和連圈都表示好句和關鍵句，並用的時候，圈的比點的更重要或更好，這樣就使"美境"易顯無疑了。套圈（即雙層圈）和逗點圈點明關鍵字，與煉字有關。且多有一句評語針對幾處圈點的情況，如《樛木》第一章"累"字、第二章"荒"字、第三章"縈"字之下都有一逗點圈，眉批只有一條，是針對這三個動詞用字而發，云"用字法"。再如《芣苢》二、三章分别有"掇"、"捋"、"袺"、"襭"等字，眉批一句而兼論之，曰"細密而自然"。

　　《詩批釋》以指點詩歌的藝術特色爲務，間或涉及詩的本旨，主要從文學的角度對《詩經》進行了簡要的詮釋。偶爾也加以簡略考證，用以文字上的疏通。

　　安氏對於詩中用字的妙處體會尤其深細，可以幫助讀詩者更深入地瞭解詩的妙處。如《草蟲》（説明：本文爲便於論述，凡引用處，《詩經》經文用宋體，評點語用楷體。眉批於句前括弧内以"安眉"注明，夾批則於前句前括弧内以"安夾"注明）：

　　　　喓喓草蟲，趯趯阜螽。（安眉）生動。未見君子，憂心忡忡。亦既見止，亦既覯止，（安眉）一句作兩句，既見鄭重，又見歡躍，妙法也。我心則降！（安夾）"降"止不憂耳。

　　　　陟彼南山，言采其蕨。未見君子，憂心忡忡。亦既見止，亦既覯止，我心則説！（安夾）"説"則有喜心焉。

　　　　陟彼南山，言采其薇。未見君子，我心傷悲。亦既見止，亦既覯止，我心則夷！（安眉）"夷"則並喜亦忘之矣。

　　這裏安評分别對加雙層圈的"降"、"説"、"夷"三字的詩境效果作出了解説，使讀者輕鬆地理解了字意，並體會出三章詩意的不同層次和境界，可謂語簡而意賅。如果不是採取評點的形式，而是如現代賞析文章一般嘮叨敍説，則意未講明而讀者已生厭煩矣。由此也可見評點這種批評形式的獨到之處。

　　安氏評點雖然主要爲眉批和少量夾批，其著眼點主要在於詩之技法，但也有 30

---

① （清）唐彪撰，趙伯英、萬恒德選注：《家塾教學法》，華東師範大學出版社，1992 年，第 63 頁。

篇詩有題下批語，這 30 則題下批語大都分析詩義，所持觀點大都陳腐，未脫經學藩籬。如《行露》題下批：

　　（安題下批）露未晞而行，則爲露所沾。禮未備而嫁，則爲非禮所辱。比也，非賦也。女子豈有早夜獨行之禮乎？行音“杭”。　　角鳥喙兩傍堅處，所引靡物者也。雀實有角，但角微。鼠實有牙，但牙微。男實有家，但不足耳。是以貞女不肯早嫁，如夙夜而行者也。“角”如字，非角也。夫角豈穿屋之用乎？況鼠自有牡牙，何得言無？

強調禮，讚美貞女，腐儒之態已暴露無遺。另一方面，對於詩篇的解題並不據于漢、宋，而出以己見，表現出了《詩經》評點不再拘於尊《序》或尊朱的普遍特點。如《大雅·假樂》一篇的題下解題：

　　（安題下批）此詩因分章不定，故異説紛然。《集注》分章得矣，然盡以後二章爲“稱願”子孫之辭，於義似太迂，而偏於音亦太闌緩而不成章。詳詩意，首二章是以德而受子孫之福。後二章是以德而受臣工之福。義似稍長，音節亦相應。至於兩“率由”之相類，不過一時命辭之偶同，不足據以定義也。“不解”句亦指臣，與“不愆”句同看。

重視藝術分析是《詩經》評點的特質之一。那種“堅執‘文無定法’和‘文無定評’的觀點實際上是否定了總結的指導意義，須知有總結而後可以談突破”①。對於章法，《詩批釋》所下批語也分析得有見地，能抓住主要的特點，稍作點明。如《野有死麕》首兩章：

　　野有死麕，白茅包之。有女懷春，起士誘之。林有樸樕，野有死鹿。白茅純束，有女如玉。（安眉）錯綜章法，作賦似長。但以見其非禮，不必實有此物也。

安氏指出此錯綜的章法“作賦似長”，意即此兩章手法上乃是敍事的手法，且列舉“麕”、“鹿”、“白茅”、“樸樕”等物以鋪排，似賦的寫法，與其他抒情詩之特點不同，這真是點出了詩句特點所在。而順帶一提的是，他講“不必實有此物也”，實在是暗合了現代人的見解，包含了詩歌創作之藝術虛構，即藝術的真實，不必實有其物。其實以鋪排名物見長的漢賦，雖然所列舉者令人目不暇接，但多數也只是出於文章辭采的考慮，而並非全爲實有。

無論是在評點涉及面的深廣度上，還是評點用語本身的風格上，《詩批釋》都已經顯示出評點的完備性和成熟性。從廣度上說，《詩批釋》的評點涉及了詩歌的語言風格、藝術手法、用字用詞、句法章法等各方面，如《泉水》一篇的評點：

　　毖彼泉水，亦流於淇。有懷于衛，靡日不思。（安眉）意思簡淡而有苟抑之情。孌彼諸姬，聊與之謀。（安眉）生意。
　　出宿於沸，飲餞於禰。女子有行，遠父母兄弟。問我諸姑，遂及伯姊。（安眉）鄭重。

① 劉衍文、劉永翔：《古典文學鑒賞論》，上海教育出版社，1991 年，第 3、4 頁。

　　出宿於幹，飲餞於言。載脂載舝，還車言邁。(安眉)想像之語，少陵多用此法。遄臻于衛，不瑕有害？

　　我思肥泉，茲之永歎。思須與漕，我心悠悠。駕言出遊，以寫我憂。(安眉)反覆凄斷，全在末章，令人神飛心折。(安夾)"肥泉"、"須"、"漕"，用得錯落。

前三條評語無論是"簡淡""苛抑"還是"生意""鄭重"，都是在談風格，雖然簡短卻準確。第四條評語說到"想像之語"，以杜詩常用手法來加強說明的力度，六字勝過長篇大論。第五條評語與謀篇收結章法句法相關，而最後一條評語則點出字法精彩所在。雖然這六條評語都很簡短，也說不上面面俱到，但藝術特點的主要方面倒也基本涉及，在廣度上略稱完備，而這只不過是一首詩的評語所體現出來的。

　　至於評點的深度上，《詩批釋》也已經突破比附牽強的表面章句注解，而是深入到詩歌的文學性核心，透過表面，直探本質。朱東潤先生在《詩心論發凡》一文中說："讀詩者必先盡置諸家之詩說，而深求乎古代詩人之情性，然後乃能知古人之詩，此則所謂詩心也。能知古人之詩心，斯可以知後人之詩心，而後於吾民族之心理及文學，得其大概矣。"①而《詩批釋》的核心價值，即其中所蘊含的此種"詩心"。安世鳳在評語中探求詩的文學核心，深入而不晦澀，淺出而不膚廓。評點語言精煉而不滯重，隨意而不率易，參差錯落，詳略得宜。

　　安氏對於《氓》一詩的看法，與以往都不同，如此詩首章兩條批語：

　　(安眉)"蚩蚩"二字最妙，非鄙之，乃今所謂赤心也。

　　(安眉)直寫胸臆，不事藻繢，而疏莽高雅之中時露旖旎之態，真傑婦人也。

《序》云："《氓》，刺時也。宣公之時，禮義消亡，淫風大行，男女無別，遂相奔誘。華落色衰，復相棄背。或乃困而自悔，喪其妃耦，故序其事以風焉。美反正，刺淫泆也。"而這裏一反認爲"蚩蚩"乃貶詞的舊解，謂"蚩蚩""乃今所謂赤心"，徑直稱讚詩中的男主角氓爲赤心之人了。即便大略同時或稍晚的《詩經》評點，也沒有如此轉變。如鍾惺稱："淫婦人到狼狽時偏看出許多正理，說出許多正論，與烈女貞婦只爭事前事後之別耳。"②這其中包含了多少偏見和蔑視。安氏對於婦人的評價則具革命性，竟稱其爲"傑婦人"。而鍾惺則形成鮮明對比，稱其爲"小人"，他說："婦人合不以正，未有不見輕於夫者。千古失足之人枉作小人，爲後人鑒，悲哉！然使後人能鑒，無許多小人矣。"③凌濛初的態度也是極端蔑視，乃云："濛初曰：故自鄭重，自是淫奔老手。"④而陳組綬于此章批語所持觀點也是指責爲主："一送一期，總是婦人致意處，即是婦人失身處。《穀風》及此俱是棄婦詩，一正一邪，俱道盡婦人心事。"⑤儲欣則依舊承襲朱熹之說，稱其爲"淫婦"，云："若以淫婦身爲得度者，即現淫婦身而爲解說。"⑥但以今天的觀點來重新加以評判，安世鳳與鍾惺等人的觀點相比，則高下立判。可以毫不誇張地說，安氏之思想已在此一民主自由方面走在了時代的最前列。

---

① 朱東潤：《詩三百篇探故》，雲南人民出版社，2007年，第101頁。
② 張洪海輯著：《詩經彙評》，鳳凰出版社，2016年，第157頁。
③⑤⑥ 《詩經彙評》，第157頁。
④ 《詩經彙評》，第158頁。

　　《詩批釋》對於詩之藝術風格、藝術效果及詩句精彩處多有點明，此類評語几占總數之一半。此類如"（安眉）爽峭而聲似迫"（《山有樞》）；再如"（安眉）卒章少變，便覺和緩"（《山有樞》）；再如"（安眉）嫋嫋餘音"（《椒聊》）。再如："（安眉）宛轉遒緊，玲瓏可想。"（《羔裘》）再如："（安眉）直述胸臆，不事文飾。亦無事文飾，而自極酸楚。"（《鴇羽》）再如："（安眉）調高氣逸，迥出霞表。""（安眉）有情無色，令人可想而不可捉。"（《蒹葭》）再如："（安眉）凄婉懇至，可爲流涕。""（安眉）形容就死情狀堪憐。"（《黃鳥》）再如："（安眉）豪氣翛然，江楫易築，不足爲壯。"（《無衣》）由評點具體詩句而不忘上升到帶有規律性的總結。如："（安眉）勞而不怨耳，征戍詩多如此。"（《小戎》）

　　《詩批釋》的評點語言簡煉曉暢而有文采，如：《河廣》評語："（安眉）咫尺萬里，八極袵席。凝眺之思，耿耿不收。"四句雖然簡短，卻兩兩相對，恰似四言短詩，整煉而有情致，頗有《詩品》、《文賦》風采。

　　至於個別論斷沒有客觀的考證，而僅以辭氣判定，略顯主觀，乃其缺點。如《秦風·小戎》一詩，《毛序》以爲："美襄公也。備其兵甲以討西戎，西戎方強而征伐不休。國人則矜其車甲，婦人能閔其君子焉。"《毛序》稱此詩爲婦人所作，雖然有反對者如方玉潤認爲此詩乃秦襄公懷念出征將士的詩，但終嫌證據不足。安評卻根據詩的第一章的以下幾句"小戎俴收，五楘梁輈。遊環脅驅，陰靷鋈續。文茵暢轂，駕我騏馵"的行文斷定爲"必非婦人作"，云："（安眉）綜理精詳，細大畢舉。而雄雅典麗，情致斐亹，必非婦人作也。蓋作詩者爲道其家人之思，見其民勞而不怨耳。征戍詩多如此。"此處認爲女子不具備"綜理精詳，細大畢舉"的概括力，也不具備"雄雅典麗，情致斐亹"的文筆，這在現在看來當然是一種帶有性別歧視的偏見，而僅因此偏見，即斷定"言念君子"、"厭厭良人"這樣的口吻爲男子代言體，明顯是一種主觀而武斷的推理。

　　安氏對於比興之意，在《旱麓》一條批語中提出了新意。其曰：

　　　　（安題下批）此詩前後五章皆言文王以豈弟獲福，何俟於祭而後介，且文王之世尚未定用騂牡。蓋凡詩之法多取物連類，附以正意則爲興，不附以正意則爲比。此章以享祀誠敬之必受福比君子豈弟之必干祿，正與玉瓚、黃流、柞棫、民燎同意。但彼興而此比耳，必非言文王以祭而受福也。

所謂"正意則爲興，不附以正意則爲比。"雖未必正確，但在眾說紛紜的比興解說中，倒也聊備一說，以供參考。

　　綜上所述，《詩批釋》是加於《詩經》文本之上的成熟的評點，它對於《詩經》評點的繁興，無疑起到了發凡起例的開創作用。對於《詩經》的評點，洪湛侯先生認爲：明代"一些爲科舉所用的評點本，無意中卻啟示了從文學角度論《詩》的途徑"；"採用評閱八股時文的方式來評點《詩經》……雖然有不少都有纖仄、瑣碎、流於形式的缺點。但其中也有一小部分能夠把握住作品的藝術特點。"[①]由此，我們可以說，文學評點作爲一種批評方式，雖然有它的不足，但優點也是勿庸置疑的。它畢竟具有一種獨有的完整而細密的賞析評論的特點，不論是各種符號標記還是短長隨宜的評語，都得到過社

　　① 洪湛侯：《詩經學史》，中華書局，2002 年，第 445 頁。

會上的公認，也經過了長期的歷史考驗。這種成熟而又具有民族語言及文體特色的批評方式應用在中國文學的源頭與經典《詩經》上，起到了他種批評方式所沒有的效果。而《詩批釋》對於《詩經》評點有篳路藍縷之功。

　　總的來看，《詩批釋》的主要特點是以批評的隨意性取代箋注的嚴肅性，以句法的點撥和分析取代本意的探討，以藝術的鑒賞取代語詞的訓釋，不太留意於史實的鉤沉，也不重在致力於本事的索隱。儘管由於經學傳統的慣性使然，安世鳳的評點還不能完全擺脫語詞的訓釋和“微言大義”的尋求，也偶或摻雜着史實的鉤沉和本事的索隱，但總體上以文學的鑒賞、藝術的分析爲要務。對讀者來說，隨意點染、啟發人意，沒有箋注的繁瑣拉雜，也沒有講章的陳腐面孔，因此具有較強的親和力。《詩批釋》在傳統經學彌漫的時代，能細緻入微地從文學鑒賞的角度評析詩篇的内容思想，揣摩詩篇語脈命意，進而把握詩篇總體風格，體味詩人的意圖，並對詩篇的絕妙之處進行一番品味圈點，爲以後出現的《詩經》評點著作起到了一個好的開端，無論是在《詩經》研究史上還是文學批評史上，都有其難以泯滅的價值。

（作者單位：安徽大學文學院）

馮夢禎批點《歐陽文忠公文抄》述論

許 光

　　馮夢禎是明中後期政治家、文學家、藏書家、校勘家。"爲人淵懿,不與流俗伍。"①生前交遊廣泛,文名甚盛,既擅時文,"應舉之文,字字若經,概括權衡,而逸氣卷舒,不見艱辛之態"②,又"工古文辭"③。然而逝後名聲漸至沉寂,長期不爲人所重。實際上,馮夢禎是明嘉靖末至萬曆前期文學思想轉變的重要人物,上承唐寅等江南文人之餘緒,下啓公安諸賢之"性靈",是重自我、重真情、重創造文學思潮的倡導者與踐履者之一④,具有重要的典範意義。而馮夢禎歐文批點與其文學思想及主張又相互關涉,因此,探析馮夢禎歐文批點不僅可瞭解其批點特質及價值,同時亦可以窺見中晚明"尚真""書寫性靈"文學思潮中歐文接受的一個面嚮。

一、馮夢禎及其文章學成就

　　馮夢禎(1548—1605),字開之,號具區,別號真實居士,浙江秀水人(今屬浙江嘉興)。萬曆五年丁丑(1577)會試第一,選翰林院庶起士,授翰林院編修,官至國子監祭酒,著有《快學堂集》,另有《歷代貢舉志》《尚書大意經義考》等。

　　馮夢禎爲文多"性靈流露",所作皆喜於疏快,不以刻鏤爲工,"頗得禪悦山水之趣"⑤。其文章學成就卓越,在當時即獲得了時人的廣泛認可。陳懿典贊馮夢禎時文"超脱玄解,不受纏縛,開後來自在縱橫之路,而神骨月拔清越,得自成弘程文爲多。"⑥過庭訓稱其"爲文一洗時荃,獨追作者,文運爲之一變。"⑦不溺時俗,不與眾舞,而以獨創爲鵠的,獨行己意。錢謙益在《南京國子祭酒馮公墓誌銘》中更是將馮夢禎與唐順之、瞿景淳並舉,顯揚其文:"其爲文穿穴解故,擺落畦徑,含咀精華,匠心獨妙。嘗自規摹唐、瞿二家,得其衣鉢。萬曆丁丑舉會試第一,選翰林院庶吉士,海内傳寫其文,果以爲唐、瞿再出也。"⑧唐順之爲唐宋派名家,是"以時文爲古文"名手,馮氏能"得其衣鉢",文章自高。鄭鄤《明文稿匯選序》"馮具區"條亦述及馮文盡得荆川之奥突而直入從橫無痕之境:"具區得荆川正派,爲文七縱八橫,似盡變古法,乃其領意之

①　(明)屠隆:《由拳集》卷十六,《續修四庫全書》第 1360 册,上海:上海古籍出版社,2002 年,第 215 頁。
②　(清)何焯:《義門先生集》卷十,清道光三十年(1850)姑蘇刻本。
③　《由拳集》卷十六,第 215 頁。
④　羅宗强:《嘉靖末至萬曆前期文學思想的轉變》,《天津社會科學》2011 年第 6 期。
⑤　(清)王士禎:《帶經堂詩話》下,北京:人民文學出版社,1963 年,第 804 頁。
⑥　(明)陳懿典:《陳學士先生初集》卷三十四,明萬曆刻本。
⑦　(明)過庭訓:《本朝分省人物考》卷四十五,明天啓刻本。
⑧　(清)錢謙益:《錢牧齋全集》二,上海:上海古籍出版社,2003 年,第 1300 頁。

妙,如燈取火,直湊單微,凡稍涉第二義者,皆龜毛兔角,無所用之。"①唐宋派另一位代表人物茅坤亦與馮夢禎關係密切。馮夢禎年少即仰慕茅坤,壯年始得結識,頗有相見恨晚之憾②。此外,黃汝亨從"才性"角度推尊馮夢禎文章成就:

> 秦漢以來作者,惟韓、歐學本經術,追蹤遷、嚮。柳有沈力,王有偏識,曾有樸質而才不逮。獨蘇子瞻之才貫串馳驟,而又得之禪悟,頹然天放。白香山次之。後世學無本原,相師小慧,於韓、歐亡當,則動稱蘇、白,以文其陋。蘇、白天爲徒,又焉可刻畫求之也。近世作者蔚起,崆峒殆庶,如唐應德之淹通,歸熙甫之簡核,即才非絕代,未觏古始,蓋王、曾流亞。他文人燁然盈篇,如蘇子外廓,間有其人,而性地少似,何也?性地靈則可以鎔萬有而無,可以提萬無而有,又若不盡係乎學術之鴻殺。而吾獨於馮開之先生深有當焉,何也?開之記序碑志之文不必一一盡學古法,而簡素夷朗,無近世藻繢襞積之習,其小傳、小記、尺牘、短韻之文,任筆所及,有致有裁,而所譚禪那之宗,游三昧而戲六通,澹宕微妙,尤宛然蘇、白風流也③。

黃氏從文章發展歷史流變的角度肯定馮夢禎文,推尊其近於蘇、白之"性"。因妙具"性靈",故其文章能妙脫古人,擺落臼,平和婉澹、疏朗简远,如西湖柳枝,綽約近人。而顧起元之評騭似可爲夢禎之文作一總結:"於時海內名能詩賦古文辭者,罔不以壇坫而奉琅琊與新都,蓋觚翰之業未有能外二氏自爲言者。先生雖亦以聲氣感奔,而好獨行其意。沈郁澹雅,簡遠沖夷,稱心而言,盡興而止。諷而詠之,有如清廟之瑟,朱弦疏越,一唱三歎,有餘音者也。"④如此通透灑脫而文學修養深厚之人,其評點歐文,自當有其別俱識鑒之處。

二、《歐陽文忠公文抄》與《宋大家歐陽文忠公文鈔》

馮夢禎批點《歐陽文忠公文抄》十卷,一函六冊,福建師範大學圖書館有藏。該批本爲過錄的朱墨套印本,分別過錄了茅坤、王鏊、馮夢禎、唐順之等人批語。文章圈評有圈有點,有眉批和旁注,其中以眉批爲主,正文文字採用仿宋體,眉批採用行書軟體寫刻。印紙爲白棉紙,字迹清晰,品相好,版面悦目疏朗。該本卷首有鈐印"蕊初過眼""十萬琳瑯閣珍藏",據此可知,此書曾爲安徽定遠方燕昭所收藏。然而,由於該評本無序跋及凡例等相關信息,何人何地刊刻並不明確。實際上,若將福建師範大學圖書館十卷本《歐陽文忠公文抄》與《明代閔凌刻套印本圖録》比對,我們基本可以認定該評本即爲明末閔氏朱墨套印本《歐文鈔》。

---

① (明)鄭鄤:《崒陽草堂詩文集·文集》卷七,民國二十一年(1932)活字本。
② (明)馮夢禎:《快雪堂集》卷六,《四庫全書存目叢書》第164冊,濟南:齊魯書社,1997年,第121頁。
③ (明)黃汝亨:《寓林集》卷三,明天啓四年刻本。
④ 《快雪堂集》卷首,《四庫全書存目叢書·集部》第164冊,第1頁。

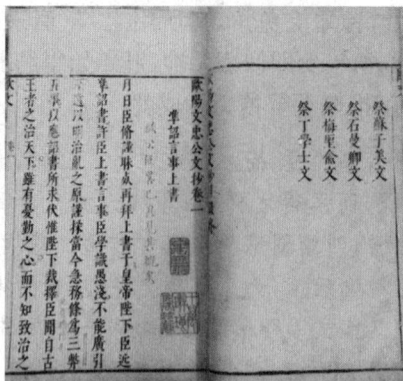

福建師範大學圖書館所藏　　　　　　　《明代閔淩刻套印本圖録》所録

　　王重民先生評述《歐陽文忠公文抄》①曰：“宋歐陽脩撰，明茅坤評。按《唐宋八大家文鈔》歐文凡三十二卷，此僅十卷，知又選其所選者三分之一也。”②無獨有偶，關於《歐陽文忠公文抄》的評者，各大收録此書的圖書館館藏圖書目録也多著録爲茅坤，這一著録，系根據此評本底本爲三十二卷本茅坤輯評《唐宋八大家文鈔·歐陽文忠公文鈔》。然而，《歐陽文忠公文抄》在眉批位置還過録有大量馮夢禎等人的批語，若將該評本評者僅認定爲茅坤，似有不妥。實際上，若將十卷批本《歐陽文忠公文抄》與崇禎元年所刻《唐宋八大家文鈔·宋大家歐陽文忠公文鈔》相較，發現茅坤本選文三十二卷，共計二百七十九篇，而十卷批本共選文八十一篇，全部録自茅坤本，除正文内容和批語外，截抹圈點和卷首《歐陽文忠公文鈔序》以及《歐陽文忠公本傳》都悉數照録，只是十卷批本在選文次序上與茅坤本稍有差異，並增録諸名家評語。因此，既可以説閔氏集評本《歐陽文忠公文抄》是《歐陽文忠公文抄》的節録本，也可以説《歐陽文忠公文抄》是基於《唐宋八大家文鈔》的二度創作。

　　套色印本是明末出版業的特色印本，在出版史及印刷史上具有重要的意義。長期以來，明代刻書一直爲學人所訾議，並被指責割裂原書，雜纂不具名，真偽混雜。實際上，採用套版刻書具有很强的私人化性質，經濟實力的不同，編選者文化水平的高低以及出版目的的不同都會導致刊行質量的參差。而明代閔氏刻本被公認爲明代最具質量的書籍印本之一，不僅具有重要的文物和文獻價值，而且由於閔氏家族世代刻書，且文學素養較高，校勘細緻，過録語見解獨到，集眾説有系統，因此，其所刊刻的書籍還具有一定的學術價值。集評本《歐陽文忠公文鈔》雖屬書商型評本，但主體内容又是文學性評賞，這與文人的私人評點頗爲一致，然與單純的文人評本的隨感而發相比，這種集評本無疑更具文學批評的意義。十卷批本《歐陽文忠公文抄》雖是閔氏出

---

　　①　現存明末十卷朱墨套印本《歐陽文忠公文抄》大致可分爲兩個譜系：一個是六冊本，收藏於福建師範大學圖書館等。另一個爲五冊本，收藏於南京大學圖書館等。筆者曾將兩種冊數不同的《歐陽文忠公文鈔》對比，發現它們在卷數，所選篇目以及評語以及字迹方面都是一致的，因此，五冊本和六冊本應是同一版所出，只是存在裝訂冊書差異。《南京大學圖書館館藏古籍善本圖書目録》載：“宋歐陽脩撰，明茅坤評，明刻套印本，五冊，八行十八字，白口，四周單邊。”（南京大學圖書館編：《南京大學圖書館館藏古籍善本圖書目録》，第 141 頁。）

　　②　王重民：《中國善本書提要》，上海：上海古籍出版社，1983 年，第 513 頁。

於"射利"目的刊刻而成,但由於裝印精良,再輔以名家批語,所以流播範圍廣,影響大。"射利"的書坊將馮夢禎與唐順之、茅坤、王鏊並録,且批語數量大,自然看重其批語的價值及傳播效應,於此亦可窺見馮夢禎在當時的文名與地位。

三、馮夢禎批點歐文的批評原則與審美特徵

馮夢禎批點歐文時持有自己的批評原則,與"師心""尚真"等文學思想一致。作爲當時詩文名家的他在批評歐文時強調自然本色,喜歡用"味""疏""清"等語詞評騭,甚至直接引詩賦論文。另外,與他人零星批點語不同,他的批點語往往透發出辯證的思維。現將其批評原則與批評特色略作闡釋,以管窺其在歐文評點史上的意義。

首先,批點之論強調自然本色,崇真尚性。馮夢禎論文尚真求心,認爲"文章之道,一真而已,真極而文生,溢爲光怪。"①評《送秘書丞宋君歸太學序》"知君行聖賢之所難者爲難能也"一節,馮夢禎強調澹真之美:"文章至此,直從肺腑流溢,以天機成文,無絲毫僞氣矣。"這種對歐文獨抒真素,天機溢流的強調與馮夢禎"真誠惻怛之氣,如春行宇宙間,草木蟲魚,種種色色,皆有春意,是足傳己"②一脈相承。馮夢禎爲文強調獨抒性靈,不求刻意爲工,與友人論及文字旨訣時云:"知寫家書及上豆腐酒帳,便知爲文。"③所謂"豆腐酒帳"即指真率自然,原味本色的藝術風貌。在歐文評點中,馮氏秉持這種直追本色的評文風尚,如評《送楊寘序》云"無處不會其本色",評《謝宣召入翰林表》云"風藻自然",評《亳州乞致仕第二表》"知直道以事君"一節云"意生,調清,成文,無斧鑿之迹"。這種風行水上,清新拔俗之論自與當時文壇主流模擬雕刻,謹守秦漢古文矩矱之風迥異。

與"尚真"、崇"自然"一致,馮夢禎喜以"味""清""風藻""風"等論歐文,如評《與蔡君謨求書集古録序書》云:"從淺出轉情,婉致有味。"評《蘇氏文集序》云:"雋永有餘味。"評《梅聖俞詩集序》云:"清逸雅曠,不爲驟馳奔軼而妙脱羈馬,中自有超然世外之味。"評《代人上王樞密求先集序書》"雖繫其所藏,猶有待焉"一節,云:"'有待'意是求樞密作序,本旨卻從此處方透出,如層累而造巔,極有機勢。向令開口説盡,則意垂竭而無味矣。"馮夢禎之重視"味",稍早於公安、竟陵,並以之衡準歐文。"味"雖出於先秦,然於魏晉時期才進入審美範疇,有品味鑒賞之意涵,劉勰多次論及"味",鍾嶸亦有"滋味"説,司空圖"辨於味而後可以言詩"以及"味外之旨"將"味"理論推到極致。"味"意涵複雜,主要是指蘊含在文章中符合藝術規律的神韻與情態,淡永遒逸,是一種不可言説之美。歐公正是追求"味外之致"踐履者,正如《六一詩話》所論:"狀難寫之景如在目前,含不盡之意見於言外。"馮夢禎以"味"評文,不僅深入歐文肯綮,而且與自己"筆機所至而天真爛然,語不足而味有餘"④的行文風貌一致。除卻"味",馮夢禎推尊"清"的審美風格,如評《御書閣》云:"不緊要處古色清真",評《送梅圣俞歸河陽

---

① 《快雪堂集》卷末,《四庫全書存目叢書》第164冊,第595頁。
② 《快雪堂集》卷一,《四庫全書存目叢書》第164冊,第56頁。
③ 《快雪堂集》卷二十九,《四庫全書存目叢書》第164冊,第423頁。
④ (明)焦竑:《澹園集》下冊,北京:中華書局,1999年,第1189頁。

序》云:"清貴有似梅君之詩",評《石曼卿墓表》云:"此篇更覺磊落而清踈可誦。"評《梅聖愈詩集序》云:"清逸雅曠。"此外,馮夢禎還以"風"論文,如評《韻總序》云:"此文序次源委,衍迤條暢,是仿史遷年表而風力不及耳。"評《謝宣召入翰林表》云:"風藻自然。"評《峴山亭記》:"其論二子立名處,抑揚有情,更有風藻。"評《醉翁亭記》:"點序遊晏之趣,至於風雅可誦,若賦若畫,惟此文有之。"無論是"清"亦或是"風",都指涉清麗俊逸與風藻韻致,偏於柔婉一路,與"味"的審美旨趣一致。

其次,批點歐文多具辯證思維,這在歐文批點中並不多見。如評《上范司諫書》云:"一氣貫輸於議論中,時分時合,時婉時直,成極妙之文。"評《與謝景山書》云:"明快中必有紆徐之味。"評《刪正黃庭經序》云:"此文不自立論而全述無忓子之言,未止一語見意,又是一格,乃其有揚必有抝,有信必有屈,所謂大機軸也。"評《續思穎詩序》云:"申敘俯仰之情,有韻有骨。"思維方式是由學識、言辭、觀念以及情感等諸多要素建構的認知系統,而辯證思維正是基於諸要素基礎上極爲強調思維的辯證性,並且內中蘊含著一定程度上的批判性。馮夢禎是一位佛教徒,"接觸佛教後便對之深信不疑,爲江浙一帶佛教發展做出了很大貢獻"[1]。佛教信仰在中國知識階層的思想精神領域扮演了重要角色,而虔誠佛教徒的身份對馮夢禎辯證評點思維的形塑應不無影響。細辨馮夢禎辯證批點,在推尊歐文的同時,其實隱含著對歐文專屬某一風貌的質疑。"婉"與"直","明快"於"紆徐","韻"與"骨","揚"與"抝"俱爲對立概念,分屬論文兩端,往者論歐文或以雄肆或以淡永概之,而馮夢禎歐文批點則認爲歐文多樣風貌不必以不同篇目劃割,即便同一篇文章亦能將對立的風貌糅合,並可生爲文之典範。另外,馮夢禎還常用"卻""然"顯揚歐陽修高卓之文,而這些轉折用語亦是連接著對立範疇的兩端。如評《上范司諫書》曰:"意愷切而辭不苦""極委重范公而語氣不矜激"。評《爲君難論下》曰:"開説處人若緒多則冗而不徑,公卻委婉引來,亦最明淨無沾滯。"評《右班殿直贈右羽林軍將軍唐君墓表》曰:"封君必無可稱述,而以子方之節概顯之,自覺風生。"一般而言,"剴切"似與"辭苦"相對,"冗而不徑"與"明淨無沾滯"相對,"無可陳述"與"自覺風生"相對,而馮夢禎通過連接語將兩端粘連,在比較中凸顯高妙一端,可謂匠心獨運。

最後,喜引詩、賦論文。馮夢禎不僅工於文章之學,而且詩歌成就卓然,"其詩不習館閣語,登臨古什,追蹤陶謝。律絕雖多豔體,亦有生香真色之妙,與高致不相妨也。"[2]"詩文之辨"一直是文學史的重要命題,聚訟紛紛,莫衷一是。總體而言,詩與文分屬兩種文體,"詩主言情,文主言道"。[3]詩歌多以委婉優柔表現審美意蘊,而古文則敘事明理,顯直而有益於名教政事。然馮夢禎以詩歌評文,含蘊著"詩文一律"的特質,其中"一律"主要集中體現於情韻之上。唐宋古文運動以來所創作的古文,特別是歐陽脩之文,多以高情遠韻、簡夷淡泊見長,在一定程度上突破詩文界限,馮夢禎之論正是基於這樣的"一律",如評《送梅聖俞歸河陽序》從詩文風貌上將詩與文對應:"清貴有似梅君之詩。"馮夢禎喜歡引用詩句評析歐文,如評《釋秘演詩集序》"余亦將老

①　魏紅艷:《馮夢禎研究》,浙江大學 2014 屆博士論文,第 62 頁。
②　(清)沈季友:《檇李詩繫》卷十五,清文淵閣四庫全書本。
③　(清)費錫璜:《漢詩總説》卷三十一,《叢書集成續編》第 199 冊,上海:上海書店,1994 年,第 261 頁。

矣"一節曰:"愁聽清猿夢裏長";評"曼卿亦不屈以求合"一節曰:"灌輸處所謂'即從巴峽穿巫峽',其蹈險不驚,惟欹長年捷有神耳。"評《讀李翱文》曰:"《楚辭》云:'杳冥冥兮羌晝晦,東風飄兮神靈雨。'此文似之。"《釋秘演詩集序》從死生聚散著筆,"余亦將老矣"一節穿插著作者對老死離別的沉痛感受。而"憶君遙在瀟湘月,愁聽清猿夢裏長"語出王昌齡《送魏二》,以江上夜月,愁聽猿聲,寫別後之情。若將二者相較,發現愁緒相契,俱爲慷慨嗚咽之音。而"曼卿亦不屈以求合"一節行文暢達,淋漓盡致,與語出杜甫《聞官軍收河南河北》"即從巴峽穿巫峽"一氣灌注如出一轍。而評《讀李翱文》:"《楚辭》云:'杳冥冥兮羌晝晦,東風飄兮神靈雨。'此文似之。"《讀李翱文》中歐陽修感念時事受挫,情感強烈,曲折悲愴。而"杳冥冥兮羌晝晦,東風飄兮神靈雨"語出《九歌·山鬼》,以凄清幽艷的山景描寫追求受挫的哀愁悲怨。二者表達之道俱爲追求受挫而哀怨悲憤。清代學者劉熙載評歐陽修之文云:"幽情雅韻,得騷人旨趣爲多。"[1]歐文與《楚辭》俱情辭相尚,且多惻隱之心,而馮夢禎早於劉熙載之前就已將歐文與《楚辭》的關係點出,頗有卓識。

要之,馮夢禎是中晚明時期頗具影響的文人,其歐文批點既有時代"性靈"思潮的折射,又有自身卓識的透發,在歐文評點史上魅力彰著。馮夢禎批語雖爲書坊過錄,但這並不影響其批點的價值,更能凸顯其價值,因爲從書坊的角度而言,其過錄及其過錄語的擇取無疑是最具時代特色也最符合其時讀者之期待,這便間接反映了當時時代的審美風尚。十卷批本《歐陽文忠公文抄》雖同時錄入茅坤、唐順之、王鏊等人批語,但他們更偏於用審視時文的標準去揭示唐宋古文的"法度",馮夢禎並沒有落入窠臼,他以"詩性"探取"文心",別具韻味。

(作者單位:浙江財經大學國際學院)

---

① (清)劉熙載:《藝概》,上海:上海古籍出版社,1978年,第28頁。

《歷代日記叢鈔提要》明清日記提要辨正*

任　榮

由俞冰主編的《歷代日記叢鈔》收錄宋元至民國年間抄、稿、刻、鉛印本日記五百餘種。《叢鈔》之出版嘉惠士林甚多,部分珍稀稿、鈔本日記更系首次披露。在編纂《叢鈔》同時,俞冰還組織學者撰寫《歷代日記叢鈔提要》。《提要》對日記作者之生平仕履、版本、主要內容、史料價值等皆有所考述。但是由於成書時間倉促①,《提要》疏失和考證未盡之處甚多。自 2006 年以來,陸續有學者撰文對《提要》的部分觀點進行辨正②。筆者在研讀《提要》的過程中發現,學術界雖已對《提要》多有辨正,但是仍有數部明清日記之提要文字需補正,故不揣譾陋,將閱讀劄記錄於下。

1.《蕭齋日記》

《提要》云:"本書大致爲清康熙三十四年(1695)九月二十一日至十二月二十日的日記。……書中記與友人交往,談論文章,古籍書畫,觀看戲曲演出,尤其是觀劇的議論,可以看出清初戲曲雅部式微花部興盛的跡象。"

按:《提要》云蕭士瑋卒於 1651 年,何能於康熙三十四年(1695)記日記。翻檢《蕭齋日記》可知,原文作"乙亥年"。按照蕭士瑋之生平,乙亥年當爲崇禎八年(1635)。此時明朝尚未亡,蕭士瑋也尚在人世。另外,"花雅之爭"是清代乾隆後期發生的戲曲史上關於聲腔的一場論爭。《蕭齋日記》所記爲明末諸事,不可能涉及"花雅之爭"。《提要》之按斷有牽強之處。

2.《楊大瓢日記》

《提要》云:"楊賓,生卒年不詳,祖籍江蘇山陰,號大瓢,又曰大瓢山人,著有《大瓢偶筆》《柳邊記略》《楊大瓢日記》等。"

按:楊大瓢生卒年學術界目前存有爭議,觀點大致分爲兩類:一類認爲生卒年不

＊ 本文系安徽省人文社科重大項目:民國皖籍劇評家戲曲理論研究(SK2015ZD22)、安徽省高校領軍骨幹人才項目"青年皖江學者"、安徽省高校優秀青年人才支持計畫重點項目"安徽戲曲理論史"(gxyqZD2017052)、"民國戲曲發展史"(15CZW041)階段性成果。

① 《提要·後記》介紹,《提要》撰寫始於 2005 年 8 月,結束於 2006 年 2 月,前後時間不過半年。參見俞冰主編:《歷代日記叢鈔提要》,北京:學苑出版社,2006 年,第 6 頁。

② 如周生傑《〈咸豐八年至九年日記〉作者考》(《文獻》2014 年第 6 期)、王建平《〈悔初日記〉作者考》(《江海學刊》2008 年第 04 期)、張劍《〈彌壽日記〉作者考略》(《文獻》2007 年第 04 期)、朱玉麒《〈行程日記〉作者及相關人事考》(《文獻》2008 年第 04 期)、賈琳《清末民初士人的一種生存模式——以〈癸卯汴試日記〉作者爲個案的考察》(《北京師範大學學報》(社科版)2015 年第 03 期)、王曉娟《〈販書日記〉作者及記時考》(《文獻》2011 年第 02 期)、任榮《海王村所見金石書畫記〉考論》(《文獻》2016 年第 03 期)、王江源《晚清柳堂與〈災賑日記〉》(《德州學院學報》(社科版)2016 年 06 期)等皆有對《提要》內容有所辨正。

詳,或者僅云"康熙間人";一類標注生卒年,但是互有出入。如中田勇次郎《中國書法理論史》認爲其生卒年爲"1650—1739?",周倜《中國歷代書法鑒賞大辭典》認爲其生卒年爲"1650—1720",鄧之誠《清詩紀事初編》認爲其生卒年爲"1650—1722"①。《提要》僅云"生卒年不詳",未能及時吸收學術界最新成果。又《提要》云楊賓祖籍"江蘇山陰",誤。山陰舊屬浙江,即今紹興。楊賓籍貫浙江山陰,後遷居蘇州。

3.《辦差日記》

《提要》云:"張錦,生卒年不詳,陽城人(即今太原),字菊如。本書所記載的内容是乾隆四十五年(1780)南巡,江浙巡撫彙編南巡盛典及一切御製詩,其中命張錦赴任丘、新城、涿州等處行宫敬謄宸翰。"

按:張錦,號"菊知山人",而非"菊如",山西陽城人。乾隆三十三年(1768)年中舉,乾隆四十六年(1781)大挑試用直隸,四十七年(1782)署清河縣知縣。後因事謫戍新疆伊犁,嘉慶二年(1797)返回陽城。著有詩集《清河詩草》、戲曲《新西廂記》《新琵琶記》②。又《辦差日記》中云:"於辛丑會試後蒙恩挑發直隸"。辛丑年爲乾隆四十六年(1781)年,而非《提要》所云乾隆四十五年(1780)。《辦差日記》乃張錦大挑試用時所記之日記。

4.《還京日記》

《提要》云:"吳錫麒(1764—1818),浙江錢塘人……另著有《有正味齋集》73 卷、《藤花曲話》、《漁家傲》傳奇等。"

按:吳錫麒著有傳奇戲曲《漁家傲》,但是未曾著《藤花曲話》,《藤花曲話》當系《藤花亭曲話》之誤。《藤花亭曲話》爲清梁廷枏作。梁在《藤花亭曲話》贊《漁家傲》一劇"妙墨淋漓,幾欲與元人爭席。"③《提要》誤將《藤花亭曲話》當作吳錫麒。

5.《先學士日記》

《提要》云:"丁嘉保,生卒年不詳,事蹟闕考,此日記名系據書衣題寫。日記起自道光二十六年(1846)八月初一日,迄於道光二十八年(1848)四月十八日,中有間斷……'西征'日記部分記録了作者從北京出發,過河北、河南,入湖南,進貴州的情況。有些内容記録甚爲詳細,涉及當地地理、風俗、民風、當地官員接待和會晤情形、作者行程、考察當地學校及考試、校閱當地考試考生情況等等。"

按:"丁嘉保"當作"丁嘉葆"。丁嘉葆,字誦生,江蘇武進人。道光十八年戊戌科(1838)二甲四名進士,朝考第一,改庶吉士,散館,授編修。道光二十三年(1843)任上書房行走。二十六年(1846)任貴州學政④。又《貴陽府志》亦載道光二十六年丁嘉葆任貴州學政⑤。《先學士日記》所記時間恰好起於道光二十六年,且"西征"部分所記

①　王忠濤:《楊賓〈大瓢偶筆〉資料整理與考略》,盧輔聖主編:《傅山與明末清初草書丕變》,上海:上海書店出版社,2008 年,第 83—84 頁。

②　李雪梅、李豫:《清代山西傳奇作家張錦生平及創作考略》(《中華戲曲》2010 年 02 期)、于紅《清代山西傳奇作家張錦生平及創作考略〉補正》(《中華戲曲》2012 年 01 期)。

③　鄧紹基主編:《中國古代戲曲文學辭典》,北京:人民文學出版社,2004 年,第 930 頁。

④　翟國璋主編:《中國科舉辭典》,南昌:江西教育出版社,2004 年,第 862 頁。

⑤　貴陽市地方誌編纂委員會辦公室校注、周作楫輯、朱德璲刊:《貴陽府志》,貴陽:貴州人民出版社,2005 年,第 296 頁。

爲從北京至貴州的情況,內容涉及巡視學校、校閱當地考生等事宜。無論從時間還是從所記內容皆與丁嘉葆赴貴州任學政之事蹟吻合,故《先學士日記》作者爲丁嘉葆。

6.《雨生日記》

《提要》云:"光緒間抄本,吳師祁,生卒年不詳,事蹟闕考。……由於日記爲稿本,頭尾不齊,定有殘缺,加之稿本行草,讀之不便。"

按:據江慶柏《清代人物生卒年表》考證,吳師祁生於道光二年(1822),卒年不詳,江蘇上元人,字子選,號杏生、小京①。又《清人室名別號索引》考吳師祁亦字雨生②。《翁同龢日記》咸豐八年(1858)七月二十四日載:"巳刻次平陽府,府治臨汾縣……縣令吳師祁子選,行二,甲辰舉。來迓。"③《絳縣誌》附《清代絳縣歷任知縣表》載吳師祁於咸豐六年(1856)任絳縣知縣,任職未滿一年④。《山西通志》附錄《歷代舊志述略》載吳師祁曾於同治三年(1864)任榆次縣知縣⑤。由此可知,吳師祁,字子選,生於道光二年(1822),道光二十四年(1844)甲辰科舉人,江蘇上元人,咸豐六年(1856)任山西絳縣知縣,同治三年(1864)任山西榆次縣知縣。《提要》中先云鈔本,後又云稿本,前後不一。筆者以爲日記字跡潦草,有塗抹處,或系稿本。

7.《寄齋日記》

《提要》云:"常稷笙,生卒年不詳,事蹟闕考。"

按:常稷笙又名常堉璋。劉聲木《桐城文學淵源考》卷十載:"常堉璋,字濟生,饒陽人,光緒□□副榜,官陸軍部七品小京官。師事張裕釗、吳汝綸,受古文法。通古今中外學,曉世務,能文章,恢奇雄放,才思精煉。撰《寄齋文章》八卷,《詩鈔》一卷。"《補遺》又載:"常堉璋,亦字稷笙,官兵部□□郎中。"⑥又《北洋師範學堂教職員名錄》載:"常堉璋,國文教員,饒陽人,陸軍部小京官。"⑦據上述文獻可知:常堉璋,字濟生,一字稷笙,饒陽人,入蓮池書院師從吳汝綸、張裕釗,光緒年間舉人,曾在陸軍部任職,清末曾任北洋師範學堂國文教員,民國成立後曾任第一屆國會眾議員⑧。著有《寄齋文章》八卷、《詩鈔》一卷,與劉乃晟合編有《中國歷史課本》,與吳汝綸合編《桐城吳氏古文讀本》。

8.《回驑日記》

《提要》云:"陳春瀛,生卒年不詳,福建長樂人,號□廬。光緒二十年(1894)曾隨清駐英、法、意、比大使龔照瑗出使英國。"

按:《清代官員履歷檔案全編》載:"陳春瀛現年四十九歲,系福建福州府長樂縣人,由附生應同治十二年癸酉科本省鄉試中式舉人,光緒十五年己酉科會試中式貢

①　江慶柏:《清代人物生卒年表》,北京:人民文學出版社,2005 年,第 312 頁。

②　楊廷福、楊同甫編:《清人室名別號索引》,上海:上海古籍出版社,2001 年,第 289 頁。

③　(清)翁同龢:《翁同龢日記》,陳義傑整理,北京:中華書局,2006 年,第 4 頁。

④　絳縣志編纂委員會編:《絳縣誌》,西安:陝西人民出版社,1997 年,第 548 頁。

⑤　山西省史志研究院編:《山西通志》,北京:中華書局,2001 年,第 1169 頁。

⑥　劉聲木:《桐城文學淵源撰述考》,徐天祥點校,合肥:黃山書社,1989 年,第 294 頁。

⑦　璩鑫圭、童富勇、張守智編:《中國近代教育史資料彙編·實業教育·師範教育》,上海:上海教育出版社,1994 年,第 673 頁。

⑧　劉壽林:《辛亥以後十七年職官年表》,臺北:臺灣文海出版社,1984 年,第 493 頁。

士,殿試二甲,朝考二等引見,奉旨以部署用簽分刑部。二十年三月出使英法意比大臣龔照瑗奏調出洋。八月奏派齎解滇緬界約回華。二十一年六月出使日本大臣裕庚奏調隨同出洋。二十三年七月差竣回部銷差。本年七月三十日奉旨著該部傳知預備召見同日出使日本大臣裕庚以出洋三年勞績奏保免補主事,以直隸州知州分發省分歸候補班用,並加四品銜奉旨照所請該衙門知道。"①《長樂進士》載:"陳春瀛,字幼海,古槐人。光緒十五年(1889)二甲八十一名進士,試刑部,改直隸知州,改權四川忠州……隨使東西各國,政治時勢,了然胸中,歷佐大僚幕府,一時章奏,多出其手,積勞致疾,卒於官,年五十三。縣志立傳循績。"②據此可知,陳春瀛,字幼海,福建長樂縣古槐鎮人,生於道光二十九年(1849),同治十二年(1873)年福建省癸酉科舉人,光緒十五年(1889)年進士,曾在刑部任職。光緒二十年(1894)隨龔照瑗出使英國、法國、意大利、比利時等國。光緒二十一年(1895)隨裕庚出使日本。後以出國有功,任直隸州知州、忠州知州。卒於光緒二十七年(1901),享年五十三歲。

9.《醒世日記》

《提要》云:"席世能,生卒年不詳,洞庭人,字且愚,業商。本書爲所見奇聞異事,搜羅成篇,以警世事,勸戒後人,共八十六則,以所記事件爲綱目,而非以時序連綴,爲日記之一體也。"

按:《東山藝文志》載:"席世能,清洞庭東山人,著有《醒世日記》,史部傳記類。"③此洞庭東山屬江蘇吳縣,故席世能爲江蘇吳縣人。又《李鴻章全集·奏議(一)》載:"謹將上海商船捐輸各户員名、銀數及指請官階等項,繕具清單,恭呈御覽。……席世能,吳縣人。由五品頂戴候選刑部司獄捐銀一千一百四十兩,請以縣丞指發廣東,歸籌餉新例補用,並免赴部驗看。"④又據張振國考證,席世能大概生於1815年,卒於1896年以前。《醒世日記》雖名爲日記,實則乃仿照《閱微草堂筆記》體例之文言小説⑤。據此可知,席世能,字且愚,江蘇吳縣人,生於嘉慶二十年(1815),卒於光緒二十二年(1896)前,在上海業商,同治年間曾捐銀輸餉被授五品頂戴候選刑部司獄。《醒世日記》名爲日記,實爲文言小説,《提要》云其"爲日記之一體也"或過於片面。

10.《節相壯遊日記録》

《提要》云:"方受穀,生卒年不詳,事蹟闕考。桃溪漁隱查爲方受穀別號。"

按:方受穀《粲香詞自序》云:"餘少時喜長短句,館課得有餘閑,便讀《詞統》《詞源》《辭彙》《詞綜》與《歷代詩餘》……故《稻香館粲香詞》後附刻《詞林正韻》。光緒丙戌七夕,六十有五老人稻香館主嘉興方受穀耕花識。"⑥《粲香詞自序》作於光緒丙戌七夕,即光緒十二年(1886),此時方受穀六十有五,故方受穀生於道光二年(1822)。

①　秦國經主編,唐益年、葉秀雲副主編:《清代官員履歷檔案全編》(第六册),上海:華東師範大學出版社,1997年,第444—445頁。

②　林忠:《長樂進士》,福州:海潮攝影藝術出版社,2007年,第190頁。

③　楊維忠、金本福、薛利華主編:《東山藝文志》,南京:廣陵書社,2008年,第73頁。

④　顧廷龍、戴逸主編:《李鴻章全集·奏議(三)》,合肥:安徽教育出版社,2008年,第145頁。

⑤　張振國:《晚清民國志怪傳奇小説集研究》,南京:鳳凰出版社,2011年,第124頁。

⑥　馮乾編校:《清詞序跋彙編》卷十六,南京:鳳凰出版社,2013年,第1672—1673頁。

據此可知：方耕花，字受穀，號桃溪漁隱，又號稻香館主，嘉興人，生於道光二年（1822），著有《稻香館粲香詞》四卷、《補遺》一卷（光緒十二年刻本）。

11.《吳船日記》

《提要》：“杜愈，生卒年不詳，事蹟闕考。從日記中看，應該是一名清軍將領。此日記從光緒二十二年（1896）四月初五日起，至該月二十五日止。……日記的主要内容即是著者到太湖周邊查看清軍水師，途經烏鎮、金澤、漁尾、閔行、無錫、宜興、常州、黃浦墩等地，記載所到之處清軍佈防情況。”

按：《江蘇地方文獻書目·軍事文獻》載：“《吳船日記》一卷，清光緒二十六年（1900）鉛印本，10 冊，蘇州圖；《歷代日記叢鈔》本（第 142 冊）。清杜俞撰。杜俞（1854—1916），號云秋，湖南湘鄉人。以附監生見拔，光緒二十二年總理兩江營務，肅清太湖鹽梟。民國五年（1916），杜俞連同蔡鍔反袁，被袁世凱暗殺。此書記光緒二十二年四月初五至四月二十五日杜俞奉江蘇巡撫趙舒翹令查看水路各軍之事。杜俞從蘇州覓渡橋出發，歷經元和、吳縣、吳江、震澤、南潯、烏鎮、嘉善、閔行、金山、松江、昆山、無錫、宜興、常州各地，防地位置里程、兵防炮臺、駐防官員、防範重心皆録入此書。書中所記太湖水師得勝港三名哨官不但年紀老邁，所領洋槍也不能眾口一詞，相互歧義；上海閔行駐軍連船上所領藥物多少也不知曉，足見當時清廷水師之腐敗。”①將《提要》之文字與《江蘇地方文獻書目》之提要對比可以知曉，兩部《吳船日記》爲同一日記之不同版本，作者爲杜俞，《提要》作“杜愈”，誤。

12.《光緒庚子辛丑日記》

《提要》云：“《光緒庚子辛丑日記》，清佚名撰，清抄本。本書不著撰人，所記爲光緒二十六年、二十七年（1900—1901）兩年間日記，故名。自光緒二十六年（1900）正月初一日起，至次年六月二十九日止。”

按：翦伯贊《義和團書目解題》載：“《光緒庚子辛丑日記》，一冊，嵩崑撰，原稿本，北京圖書館藏。此日記起自庚子正月初一日，迄於壬寅六月二十九日。作者當時任伯都訥副都統，所記皆東北事，其中有涉及當地義和團活動及與俄人木植交涉之紀録。”②又《義和團運動史料叢編》第二輯《嵩崑庚子日記》之“編者案”云：“《嵩崑庚子日記》手稿現藏北京圖書館，原名《光緒庚子辛丑日記》，起光緒二十六年（庚子）正月初一日，止於光緒二十七年（辛丑）四月二十九日，長約一萬七千餘言。”③據此可以知《光緒庚子辛丑日記》又名《嵩崑庚子日記》，作者嵩崑，系手稿本。關於嵩崑之生平，《清代官員履歷檔案全編》載：“嵩崑，現年四十九歲，系鑲紅旗滿洲文續佐領下人。由監生捐納筆帖式。咸豐六年六月簽分吏部學習行走。同治元年二月奏補筆帖式。十年八月題升主事。十一年十一月題升員外郎。十年十月因襄辦典禮，保奏奉旨賞加四品銜。光緒三年因在惠陵工程出力，保奏奉旨賞戴花翎。四年十二月奏派兼攝内務府銀庫員外郎。五年十月派掌驗封司印鑰。五年閏三月，因在惠陵工程處出力，保

①　江慶柏主編：《江蘇地方文獻書目》，南京：廣陵書社，2013 年，第 766 頁。
②　翦伯贊：《翦伯贊全集》第五卷《歷史問題論叢續編》，石家莊：河北教育出版社，2008 年，第 297 頁。
③　北京大學歷史系中國近現代史教研室編：《義和團運動史料叢編》（第二輯），北京：中華書局，1964 年，第 316 頁。

奏奉旨以本部郎中在任遇缺即補。六年十二月派署文選司印鑰。七年九月調掌文選司印鑰。八年二月京察一等引見,奉旨記名以道府用。八年調補戶部銀庫員外郎。九年正月初八日奉旨江西督糧道員缺,著嵩昆補授。"①又《光緒朝朱批奏摺》中收錄有大量嵩昆奏摺,時嵩昆任貴州巡撫②。據《貴州歷代職官司一覽表》考,嵩昆任巡撫時間爲光緒二十一年至光緒二十二年③。據上述文獻可梳理嵩昆生平如下:嵩昆,滿洲鑲紅旗人,生於道光十五年(1835),由監生捐納筆帖式,光緒九年(1883)實授江西督糧道員,光緒二十一年(1895)任貴州巡撫,光緒二十四年(1898)十一月授伯都訥副都統④,光緒二十六年(1900)充義和團練大臣⑤,卒年不詳。《光緒庚子辛丑日記》爲嵩昆充義和團練大臣時所記日記。

13.《甲辰歲日記》

《提要》云:"《甲辰歲日記》,陳孝起撰,清光緒三十年(1904)稿本。陳孝起,生卒年不詳,事蹟闕考。此日記始於清光緒三十年(1904)正月二十七日,至同年八月止,其間有中斷。"

按:檢《光緒江都縣志》卷九《人物傳》載:"陳霞章,字孝起。先世爲儀徵士族。咸豐間,東南之亂,田園盡喪,其父兄遂流爲手民,轉徙居郡城,而仍籍儀徵。……四應禮部試未售。丁未會考,復黜,居三等,已南歸矣。適法部奏設京師審判檢察廳,丹徒何賓笙尚書,戴文誠門下士也,爲遊揚於文誠,因檄調霞章補地方審判廳主簿。主簿官八品,霞章不得已而強就。又數年,應本部法官考試,列優等,奏以正六品檢察官升用階視主事。未及補官而武漢變作,霞章滯留京師不得歸,乃更名止,入員警廳爲掾屬,博微俸自活……霞章居京師前後十九年,以遭值國變,喪其前資,又不肯貶節事人,沉屈下僚,老病支離數年而卒,年五十有八。著有詩集二卷,已行世。霞章素不言生產,所得隨盡,其卒以乙丑冬至,今旅櫬京師,尚未歸葬。"⑥方志中明確記載,陳孝起本名霞章,字孝起,江蘇儀徵人,生於同治七年(1868),光緒甲午年(1894)舉人,四應會試不第,後任地方審判廳主簿。宣統三年以正六品檢察官升用階視主事,因武昌起義未能補官。民國年間改名"止",居京師,狂傲如故,窮困潦倒,卒於民國 14 年(1925)乙丑冬至,享年 58 歲。陳霞章著有《戊丁詩存》和《戊戌詩存》兩卷行世,與陳家麟合作翻譯了《遮那德自伐八事》《露惜傳》和《驚魂記》等外國文學作品⑦。

14.《乙巳考察印錫茶土日記》

《提要》云:"鄭世璜,生卒年不詳,浙江慈溪人,字蕙晨。"

按:《清代官員履歷檔案全編》載:"鄭世璜,現年四十三歲,系浙江慈溪縣人。祖籍福建長樂縣。由附生中式光緒己卯科浙江鄉試第八十名舉人。十三年二月遵例報

① 《清代官員履歷檔案全編》(第四冊),第 182 頁。
② 第一歷史檔案館編:《光緒朝朱批奏摺》(第十、十一、十二等輯),北京:中華書局,1995 年。
③ 侯清泉:《貴州歷代職官司一覽表》,《貴州近代史料叢書》之九(內部資料),第 151 頁。
④ 王普文、潘景龍、李貴忠主編:《清代吉林檔案史料選編·吉林軍事》,天津:天津古籍出版社,1993 年,第 59 頁。
⑤ 遼寧省檔案館:《東北義和團檔案史料》,瀋陽:遼寧人民出版社,1981 年,第 478 頁。
⑥ (清)謝延庚修、(清)劉壽曾纂《光緒江都縣誌》卷九,南京:江蘇古籍出版社,1991 年。
⑦ 《解讀揚州名人》,《揚州晚報》,2010 年 12 月 25 日,第 B01 版。

捐本班先選用知縣,赴部投供加捐同知銜。十四年九月輪選到班。十月初四日,由吏部帶領引見,奉旨補授江西南康縣知縣。十五年二月到省,六月到任接印。十六年閏二月聞訃丁生母憂,當即稟報,開缺回籍守制。十八年六月服闋。二十年二月遵例報捐,仍以知縣歸新海防先選用。二十一年五月選授山西寧鄉縣缺,因繼母年老告近開缺。六月輪選到班,八月初四日,由吏部帶領引見,奉旨補授江西宜黃縣知縣。十二月到省。二十二年正月到任接印。二十六年七月聞訃,丁繼母憂。當即稟報開缺,回籍守制。二十七年四月在順直捐局報捐同知雙月選用。五月由同知加捐員外郎,複由員外郎加捐郎中雙月選用。七月,由郎中加捐道員,分發試用指省江蘇。二十八年十月,服滿起複。十一月十八日,由吏部帶領引見,奉旨照例發往。"①光緒二十八年(1902),鄭世璜年四十三,故其生年當在咸豐十年(1860),卒年不詳。

15.《乙巳考察日記礦務日記》

《提要》云:"許炳榛,生卒年不詳,廣東番禺人,字苓西,曾兩次到日本考察實業。先於光緒三十年(1904)以花翎三品銜補用道身份考察日本商務,次年又奉命赴日本考察礦務。"

按:《清代官員履歷檔案全編》載:"許炳榛,現年三十二歲,系廣東番禺縣人。由附生在山東連年河工搶險並堵合高家套案內出力,於光緒十七年五月經原任山東巡撫張曜奏保以府經歷不論雙單月儘先選用。十九年在山東煙臺新海防捐輸案內報捐,仍以府經歷分發試用。二十三年六月督辦湖北籌賑餉局司道委辦湖北賑捐事宜,旋經前四川礦務大臣李征庸派同廣東補用知府。李准前赴南洋一帶勸募兼辦徐淮山東順直等處賑捐百數十萬兩。二十五年三月經廣東提督蘇元春電委轉運機器解赴防營,差竣回東,仍辦賑務。是年六月在直隸新海防捐輸局報捐同知選用,並加捐分發廣西試用。二十六年九月,經廣西提督蘇元春調赴廣州灣隨同勘辦界務。十一月差竣,回省同在籍江蘇題奏道蘇元瑞襄辦保商局務。二十七年二月因敬備方物貢赴行在,奉上諭傳旨嘉獎,欽此。是年三月經山西巡撫錫良、陝西巡撫岑春煊委會同廣東候補知府李受彤勸辦秦晉賑捐,又隨福建督糧道何成浩幫辦福建賑捐。是年七月在福建新海防捐輸案內報捐知府,分發安徽試用。本年四月初五日引見,奉旨照例發往。"②由檔案可知光緒二十七年(1901),許炳榛年方三十二,故其生於同治九年(1870),卒年不詳。

16.《出使九國日記》

《提要》云:"戴鴻慈,生卒年不詳,南海人,字少懷。"

按:《清史稿》卷四百三十九《列傳》二百二十六《戴鴻慈傳》清晰記載:"(戴鴻慈)宣統元年,賞一等第三寶星……是年八月,命入軍機,晉協辦大學士。二年,卒,加太子少保,諡文誠。"③由此可知,戴鴻慈卒於宣統二年(1910),其生年不詳。

17.《藕庵東遊日記》

《提要》云:"樓藜然,生卒年不詳,諸暨人,清末任候選道四川漢州知州。"

---

①　《清代官員履歷檔案全編》(第六冊),第 701 頁。
②　《清代官員履歷檔案全編》(第七冊),第 47 頁。
③　趙爾巽主編:《清史稿》卷四百三十九《列傳》二百二十六,中華書局 1998 年版,第 9551 頁。

按:《清代硃卷集成》載:"樓藜然,字兆福,號祥莽,行一。咸豐甲寅年十一月十七日吉時生。浙江紹興府諸暨縣廩膳生,民籍。"①據此可知,樓藜然,字兆福,號祥莽,生於咸豐四年(1854),光緒五年(1879)浙江己卯科鄉試舉人。卒年不詳。

18.《內蒙古東部調查日記》

《提要》云:"馮誠求,生卒年不詳,嘉定人,清光緒三十二年(1906)隨清廷官員善耆籌辦蒙古事務。"

按:《清代硃卷集成》載:"馮誠求,字保如,行四。同治庚午年三月初八日吉時生。江蘇太倉州嘉定縣優附生。民籍。"②據此可知,馮誠求,字保如,同治九年(1870)生,嘉定人。光緒十七年(1891)江南辛卯科鄉試中舉。卒年不詳。

19.《遊蒙日記》

《提要》云:"李廷玉,生卒年不詳,津門人,字石忱,'爲人豁達慷爽,有古任俠風,講求有用之學,於邊防軍略尤刻意研究'。"

按:《中國國民黨百年人物全書》載:"李廷玉(1869—1952),字實忱、世臣,天津人。生於1869(清同治八年)。畢業於保定將弁學堂。曾任京畿督練處咨議、陸軍檢察官,江蘇兵備處總辦兼員警督辦。辛亥革命期間幫助張勳等守衛南京。1913年授陸軍中將銜,8月署江西九江鎮守副使,12月任贛南鎮守使。後任袁世凱模範團總參議,籌安會參議。1917年人江蘇督軍參議。1922年9月任江西省省長,10月去職。1935年12月11日任冀察政務委員會委員,1937年4月2日免職。1952年逝世。著有《實忱氏回憶錄》。"③《提要》云其字"石忱",與"實忱"音同,查其他文獻,如《民國軍人志》皆作"實忱",或正解當作"實忱"。

20.《按屬考察日記》

《提要》云:"謝汝欽,生卒年不詳,貴州仁懷人,宣統元年(1909)受命督辦吉林巡警事宜。"

按:《清代官員履歷檔案全編》載:"謝汝欽,現年三十七歲,系貴州仁懷縣人,由廩生考取光緒乙酉科拔貢生。十二年朝考二等,奉旨以知縣用,籤分吉林試用。……二十一年十一月奏補長春府知府。本年正月,經長順以器識宏深、體用兼備,尤能勤政愛民等語保薦人才,奉旨著交部帶領引見。……"④又《光緒朝朱批奏摺》載謝汝欽光緒二十二年十一月奏摺云:"本月二十六日吏部以臣奏補吉林長春府知府暨保舉在任以道員遇缺即補,並案帶領引見奉旨著其准補。"⑤根據這兩則文獻可知光緒二十二年(1896)謝汝欽時年三十七歲,則謝生於咸豐十年(1860)。又張誠《謝汝欽生平事略》一文考證,謝於宣統元年(1909)人吉林省民政使司使,兩次出巡按屬考查。謝大

① 顧廷龍主編:《清代硃卷集成》第268冊,臺北:成文出版社,1992年,第79頁。
② 《清代硃卷集成》第183冊,第239頁。
③ 劉國銘主編:《中國國民黨百年人物全書》(上冊),北京:團結出版社,2005年,第857頁。
④ 《清代官員履歷檔案全編》(第六冊),第213頁。
⑤ 中國第一歷史檔案館:《光緒朝朱批奏摺》第十二輯《內政》,北京:中華書局,1995年,第61頁。

概卒於 1930 年或 1931 年,葬於上海西郊永安公墓①。謝汝欽,字靜之,生於咸豐十年(1860),貴州仁懷人,光緒十一年(1885)乙酉科拔貢簽分吉林,後歷任通州同知、長春府知府等,宣統元年任民政使司使,宣統末年辭官,卒於 1930 或 1931 年,享年六十餘。日記爲謝汝欽任民政使司使時,出巡考查時所撰。

21.《鈍齋東遊日記》

《提要》云:"賀綸夔,生卒年不詳,蒲圻人,自稱光緒二十二年(1896)入蜀。"

按:《清代官員履歷檔案全編》載:"賀綸夔,現年三十六歲,系湖北蒲圻縣人,由光緒元年一品蔭生引見内用,簽分刑部。八年本省鄉試中式副貢生。十七年,順天鄉試中式舉人。二十年五月在天津海防捐局報捐道員,指分四川試用。本年五月十四日經吏部帶領引見,奉旨照例發往。"②又《光緒朝朱批奏摺》載光緒二十一年五月十六日賀綸夔奏摺云:"本年五月十四日,吏部以臣帶領引見,奉旨照例發往。"③據此可以判定,檔案具文時間爲光緒二十一年(1895)五月,此年賀綸夔三十六歲,故其生於咸豐十年(1860)。按照奏摺時間,謝當於光緒二十一年入蜀任職。抑或入蜀中間耽擱多時,方延至二十二年方入蜀。賀入蜀後任四川巡警道、四川省巡警總局總辦,民國四年(1915)任湖南省政務廳廳長。

上文是筆者對《提要》中的 21 部明清時期日記的相關文字的辨正。儘管《提要》疏失之處甚多,但是筆者以爲對俞冰先生等人依然要致以崇高敬意。眾人不避暑熱,積極奔走,將國圖所珍藏之五百餘種日記一一選録並影印出版,嘉惠學術界甚多。學界在利用《提要》與《叢鈔》時當致以敬意。

(作者單位:淮北師範大學文學院)

---

① 張誠:《謝汝欽生平事略》,中國人民政治協商會議貴州省赤水縣委員會文史資料研究委員會:《赤水文史資料》第二輯,1987 年内部印刷,第 1—6 頁。
② 《清代官員履歷檔案全編》(第六册),第 165 頁。
③ 《光緒朝朱批奏摺》第十輯《内政》,第 635 頁。

卓揆《惜青齋筆記（詞話）》抄本考述

劉曙初

卓揆，原名祖茂，字幼庭，號炎男，福建侯官人，光緒癸巳（1893）舉人。揆善詩詞，年六十餘卒，有詩集詞話未刊。《中國詩學》第 13 輯曾發表陳昌強君整理的卓揆《鈔本〈水西軒詞話〉》（下文簡稱《水西軒》）[①]。該本分甲乙稿，甲稿前有卓揆《識語》云：“素好弄翰，隨意塗抹，約可數種，綜曰《筆記》。惜人事梗概，未遑編纂。詞話亦筆記之一種，緣未成帙，姑取《夢窗集》例，以干爲次，甲乙兩稿，多師友之作，風概交義，略及一二，亦存其人焉。適訒盦同年自海上寓書索觀，爰繕已成者爲甲稿，先郵商政，餘俟賡續云爾。壬申尾春侯官卓揆幼庭識。”可見卓揆著有筆記，壬申（1932）時尚未編訖，詞話爲筆記之一，當時也未成書。單行的《水西軒》是從未克藏工的詞話中挑選已完成的部分編輯而成。

今按福建師範大學圖書館藏有卓揆《惜青齋筆記（詞話）》抄本一冊。館藏書名卡著録云：“卓揆，字炎男，侯官人，此冊爲其自定手稿之關於詞話者。”此本系紅格抄本，工筆歐體小楷，半頁十行，行二十四字。首頁署“侯官卓揆”，另鈐“福建師範學院藏書印”和“無一面不當山樓藏書”朱印兩方。福建師範學院即今福建師範大學。“無一面不當山樓藏書”是鄭麗生先生的藏書印。書末有“己丑閏七月麗生記”跋文一篇，並鈐朱印“麗生手稿”。凡此足證此書曾經鄭麗生先生收藏。鄭先生曾在福建師範學院圖書館工作，或即此因緣，此稿得入藏該館。己丑爲 1949 年，該年閏七月。鄭麗生（1912—1998），字一序，號恬齋，福建福州人，福建省文史研究館館員，諳熟閩中掌故，著有《鄭麗生文史叢稿》、《閩中廣記》等。跋文云：“炎男先生，侯官小箬鄉人。寓福州竹林境，家有池閣之勝，余少時常趨侍焉。先生歿後，所藏詞曲爲余輾轉而得者不少，皆朱墨爛然，真讀書人也。此冊爲其自定手稿，出於女公子謄寫者。”據此，此本爲卓揆女據其自定手稿謄寫而成。鄭先生與卓揆關係密切，此說當可信據。鄭先生認爲此本爲定稿，書名卡當即據鄭説而著録。但稿中“劉小雲孝廉”條天頭墨批：“詞不甚佳，故節去。”而下全録劉詞《風入松·爲校書俊仙作》；“詞韻灰半與佳韻通者”條天頭墨批：“此條緩入。”下亦全録原文，可見此本亦非定稿。

對比《水西軒》和《惜青齋》本，兩者差別較爲明顯。首先從體例看，《水西軒》分甲乙稿，甲稿選登卓揆伯父卓雲祥和父親卓鴻中的詞作，附《先優行悦軒公發喪録書後》記録清代福州滿漢相處情形。乙稿首條即標舉林葆恒編《閩詞征》之用心，即“助閩人張目”，這也是卓揆自明其志。然後述詞論，最後記詞人。《惜青齋》不分甲乙稿，前十三條均爲論詞人，卓雲祥和卓鴻中分列为第七、八條，後十一條中除“林畏廬《玲瓏四

---

① 蔣寅、張伯偉主編：《中國詩學》，北京：人民文學出版社，2008 年，第 284—288 頁。

犯》"條爲記詞人,其餘十條都是述詞論,大體上先詞人後詞論,眉目清晰,體例較《水西軒》爲優。

其次,從具體内容看,《水西軒》專門論及的詞家只有卓雲祥、卓鴻中、劉小雲、何梅生、林述祖、林翊虞等六人。《惜青齋》專門論及的詞家則有張堯燊、梁鴻志、梁感惺、劉小雲、何梅生、池栩客、卓雲祥、卓鴻中、陳毓琦、陳湯奏、顧韶、林怡、林述祖、林紓等十四人。《水西軒》中的詞家只有林翊虞不在《惜青齋》中,其他人都包括在《惜青齋》中,而《惜青齋》比《水西軒》多出張堯燊、梁鴻志、梁感惺、池栩客、陳毓琦、陳湯奏、顧韶、林怡、林紓等九人。多出的九位詞家除顧韶外都與卓揆交遊、相識。卓揆對其中有些人的詞作評價頗高,如評梁鴻志"才調俊敏……亦工填詞";評梁感惺"其詞不爲少游之婉約,而爲東坡之豪放,亦適肖其爲人";評池栩客"詞勝於詩……小令較勝,頗有晏元獻風味";借謝章鋌語評陳湯湊《憶王孫》"不露是非,獨得含蓄";評林怡詞"清空一氣,如往而復,此境煞非易到";評林紓"善古文,詞勝其詩"。凡此諸家,如果《水西軒》晚出,似不應删除。《水西軒》中的詞論諸條基本都涵括在《惜青齋》中。而《惜青齋》多出聲律音調的内容,並多出對"僜傖"的詞義訓釋。其中聲律音調部分多達六條,涉及聲調、押韻、節奏等方面,是卓揆詞論的重要内容和特色。

最後,從同樣的條目看,兩書詞論部分不僅有條目分合和語言繁簡的差別,而且還有一重要變化:《水西軒》乙稿首條標舉林葆恒《閩詞徵》之用心即"助閩人張目",以事實反駁丁紹儀《聽秋聲館詞話》閩人不能詞之論,而《惜青齋》則云:"閩人治詞者少,而能唱詞者從未有聞。"如何評價閩人的詞學成就是近代詞壇的一樁公案①,卓氏《水西軒》中的態度可能是爲了與林葆恒《閩詞徵》呼應,故而左祖鄉賢。《惜青齋》中的看法或許才是卓氏深思熟慮后的認識。卓氏的認識與其師謝章鋌有關,謝章鋌致黄宗彝信中云:"閩中詞學,宋代林立,元明少衰。然明人此道本少專家,昧昧者蓋不獨一隅。特怪國初漁洋、羨門、迦陵、竹垞諸老,南北提倡,一時飆發泉湧,電掣雲屯,倚聲一途,稱爲極盛,吾閩卒無特起與之角立者。即二丁勉強繼響,顧附庸風旂,不足擅場。近時葉小庚太守,著書數十卷,先型略具,宗風未暢"②,對清代閩中詞學的衰落不勝唏噓。謝氏致劉存仁信中亦云:"閩中宋元詞學最盛,今日殆欲絶響"③。兩書都記録了卓雲祥、卓鴻中、劉小雲、何梅生、林述祖六人,但選取的詞作卻無一相同,頗令人費解。兩書相較,《水西軒》對詞的評論很少,《惜青齋》對詞的評論稍多。如卓雲祥條,《水西軒》僅録詞兩首,不著評論。《惜青齋》則録《鵲橋仙》一首,並評曰:"灑灑落落,殊有龍洲之概。"何梅生條,《水西軒》録詞兩首,並綴以評論:"梅生詞愛幽靚,女弟子張凝若、王耐軒均得其緒餘。"《惜青齋》則録《高陽臺》一首,並評曰:"梅生晚年之作,轉多細膩風光。此詞作于宣元以前,特覺雄傑,是亦年齡意境爲之。"後者對何振岱詞的評論更全面。

綜上所述,《惜青齋》應是在《水西軒》之後繼續擴充修訂而成,但還未最後定稿。《惜青齋》所記録的詞人除張堯燊是四川人外,其餘均爲福州及其郊縣人,從中可以覘

①　楊柏嶺:《近代閩人詞學的論爭及其意義》,《閩江學院學報》,2006 年第 3 期。
②　(清)謝章鋌:《與黄宗彝論詞書》,《謝章鋌集》,陳慶元主編,長春:吉林文史出版社,第 547 頁。
③　(清)謝章鋌:《劉存仁詞》,《謝章鋌集》,第 559 頁。

知晚清至民國福州地區的詞壇風氣。從《惜青齋》中的詞論看,卓揅論詞重視音律和詩詞之分,于此反復致意。卓揅從對"詞"字的詞源學考察入手,提出"音尚"的觀點:"《説文》大徐本以詞爲意内言外,小徐本以詞爲意内音外。夫意内言外,何文不然?若詞則減字偷聲,而音尚矣,未可抹煞小徐本也。"清代常州詞派張惠言從《説文解字》"意内而言外謂之詞"引申出重詞意的詞學觀①。卓揅明確反對這種觀點,認爲"意内音外"才是詞體的獨特規範。因此《惜青齋》反復討論詞中入聲字、押韻、節奏、演唱等音律問題。卓氏的這種理論傾向也與其師謝章鋌有所不同,謝章鋌論詞雖然也重視音律,但更主"性情",認爲"與其精工尺而少性情,不若得性情而未精工尺"②,因此謝章鋌説:"若小徐則曰音内言外,謂詞在音之内,在言之外,即後人之稱語助者。核以傳注'某,詞也''某,詞也'之訓正合,而移其説於填詞則大非。詞調長者百余字,短者亦數十字、十數字,安得不用意,不選言,而第以虚腔見美,將妃呼豨、兒郎偉之類即爲千古之絶妙乎?"③卓揅很重視詩詞的不同,多次申論:"近人愛學宋詩,以瘦削爲能事。若填詞則可瘦不可削,此詩詞之分際也。""一花一草,一風一月,要眇悠揚,引人無盡,詞能之,詩不能也。"認爲婉轉悠長的抒情功能是詞體的主要特徵。這與其師謝章鋌的觀點比較接近,謝章鋌雖然認爲"詩詞同源"④,但也強調詩詞分限,認爲:"言情之作,詩不如詞。參差其句讀,抑揚其音調,詩所不能達者,宛轉而寄於詞,讀者如幽香密味,沁人心脾焉。"⑤無論是強調音律,還是重視詩詞之分,都表現了卓揅對詞體特徵的認識。將音律和諧和婉轉悠長的抒情功能視作詞的本質特徵,這就導致了卓揅的詞論偏向傳統婉約派,因而認爲"詞以描寫閨襜爲主,楊柳岸,曉風殘月,詞之正宗也。銅琶鐵板唱大江東去,斯變體矣。"

1. 四川射洪縣張堯燊,字孟劬,癸巳同年,乙未會榜,官法部主事,能填詞。丁未四月過余京寓,自云官比部十餘年,未補實缺,他人有入署兩三月即予補缺者,言下不勝感憤。《滿庭芳·柳絮詞周紫庭韻》:"盡日顛狂,因風輕薄,暗里催送殘春。慣鑽簾隙,沾入綺筵茵。休笑浮花浪質,青雲裡,容易飛身。蕭疏髮,何須點綴,堆鬢已如銀。

悁巡。堤畔路,風流舊事,多半成塵。怕漂泊無根,泥涴終淪。任爾晴空攪亂,頻拂去,莫上羅巾。傷心處,匆匆變夏,啼鴂惱東鄰。"末自識云:"昨看竹歸來,漏已四下,偶有所觸,夜不成寐。枕上偶占此解率和,藉以消遣牢愁,非敢學駡人劉四也"⑥。

2. 同里梁眾異鴻志,玉樹臨風,風流跌宕。甲辰借闈河南會試,相晤汴城。每見余必談藝,談必酣,無以答其相許之意。丁未,余應選入都,時眾異已領鄉薦,分發廣西知縣,不稱意,復肄業北天學堂,時時來訪小雲及余。君才調俊敏,所交多海内佳

① (清)張惠言:《詞選序》,《柯茗文編》,清同治八年刻本,二編卷上。
② (清)謝章鋌:《劉存仁詞》,《謝章鋌集》,第559頁。
③ (清)謝章鋌:《與黃子壽論詞書》,《謝章鋌集》,第49—50頁。
④ (清)謝章鋌:《與黃子壽論詞書》,《謝章鋌集》第49頁。
⑤ (清)謝章鋌:《眠琴小築詞序》,《謝章鋌集》第92頁。
⑥ 張堯燊:四川省射洪縣人,光緒二十一年(1895年)進士。周紫庭:周翔,字紫庭,號嗣芬。四川彭山人,光緒十八年(1892)進士。曾任刑部主事、四川通省師範學堂監督、四川高等學堂總理等職,有《周紫庭先生遺詩》等。駡人劉四:用唐代劉子翼典,《舊唐書·劉禕之傳》:"父子翼,善吟諷,有學行……性不容非,朋僚有短常面折之。友人李伯藥常稱曰:'劉四雖復駡人,人都不恨。'"

士。有《一微塵集》,亦工填詞。《疏影·詠柳》:"餳簫吹徹。看是處垂垂,偏筦煙月。韋曲陰中,小系斑騅,攀條多少佳客。繁華老去黃金盡,卻又早、纖腰輕折。待拖將、青眼看人,已過禁煙時節。 掩映衣衫添綠,有當年張緒,相對凝絕。短髮初髼,顰眉慵展,寫汝秋疏顏色。無端慣逐隨風絮,衹一樣、江關搖落。倩煙絲,綰住斜陽,莫更路傍傷別。"末注云:"三事大夫憂生念亂之作。"蓋眾異於身世遇合之間有餘嘅焉。[①]

3. 長樂梁感惺,幼即聰敏,恃才傲物,意氣逼人。與同輩爭風,或至用武。余年稍長,對余必溫遜,亦可感也。嘗攜林紀洲應陳桂生學使經古之考,賦題爲《楊柳岸曉風殘月》,以題爲韻。題牌甫下,感惺見之狂喜,高聲呼紀洲曰:"此場古學,我首而君次矣,惟勿爲他人道也。"蓋料同考生必不識旨,且必惺作春景。及揭曉,感惺果列案首,紀洲次之,均於實蕆掇芹。感惺能詞,《摸魚兒》云:"寒天淒切,擁重衾獨臥,疏燈明滅。萬疊鄉心新病後,欲睡何曾睡著。蘇錦裁愁,溫裯揞淚,鑄就吾生錯。枝頭杜宇,聲聲枉自淒咽。 一樣門外天涯。浮家有地,願釣珠江雪。半枕梨雲推手起,好夢明宵休絕。庾信年衰,相如渴甚,來日何須說。菱花春老,鬢邊多少華髮。"時感惺閒廢不得志,擬走入粵,故有"願釣珠江雪"之句。辛亥遜詔下,省自爲制,遂推長閩省司法。其詞不爲少游之婉約,而爲東坡之豪放,亦適肖其人也[②]。

4. 劉小雲孝廉,與余同受知祥符沈師,補弟子員。丁未同客都下,益相視莫逆。孝廉有酒趣,饒風情。每讌遊必偕,或詩或詞,必相唱和。有《風入松·爲校書俊仙作》一首(天頭墨批云:詩不甚佳,故節去。筆者按:批語字跡不同正文,亦不同鄭麗生手跡,或是出自卓揆):"仙鬟謫下絳雲樓,情劫幾時休。轉喉聽取鶯聲脆,數玉京、怎及纖柔。妝羅璚花壓鬢,歌餘錦段纏頭。 回眸微笑依香篝,銷得阮郎愁。可兒算只章臺柳,向誰家、更揭簾鉤。才分三分明月,二分卻在皇州。"署名曰"銷魂"。余與徐寸緒(天頭墨批云:徐寸緒即滄士)並次其韻。又《一萼紅·次韻何枚生》云:"正銷凝。又蠻煙恨雨,望斷翠微深。朵藥殢春,叢蘭賈暑,一掬眶淚難禁。故山在、幽人俱遠,誰料理、清磬落空林。好向同舟,重尋仙侶,慰藉從今。 長負天涯延佇,怎雲裳爲織,不蹋花陰。雛燕聲嬌,鵁�鳩語澀,歌吹春榭沉沉。休怨其、氈衣塵土,趁風光、華髮未侵尋。且共蕡洲橫笛,弄月樓心。"嗟乎,小雲甯無意爲詞人耶?[③]

5. 何梅生孝廉,爲余慎誠社友,善小品文,能詩詞,聲華藉甚。《高陽臺·章門夜聞大風》云:"旋樹才喧,排空更屬,天公一噫難平。萬竅同號,不知何處先鳴。淒清怨鐸都沉響,近深宵,瓦墜垣傾。夢頻驚、鐵騎邊馳,百萬軍聲。 平生漫倚江湖興,記飛濤千頃,孤舶曾聽。快意長風,猶疑擊楫口口(天頭墨批云:落兩字,此句應葉韻。

① 梁眾異鴻志:梁鴻志,字眾異,一字仲毅,福州長樂人,光緒二十九年(1903)舉人。曾任汪精衛僞政府監察院長,1946 年以漢奸賣國罪被國民政府處決。有《爰居閣詩集》。按:《一微塵集》並非梁鴻志著作,系何震彝選編當時詩人之作,二十卷,梁鴻志詩在第三卷,卓揆所記有誤。

② 梁感惺:梁繼棟,字感惺,福州長樂人,諸生。民國初曾任福建都督府政務院司法部代部長。陳桂生:陳學棻,字桂生,湖北安陸人,同治元年(1862)進士,光緒中任福建學政。另按:梁感惺此詞詞調當爲《念奴嬌》,卓揆誤記。

③ 劉小雲:劉崧英,字筱雲,光緒二十九年(1903)舉人,官江西知縣,有《藜吹閣詩草》二卷。祥符沈師:沈源深,字叔眉,河南祥符人,咸豐十年(1860)進士,曾任福建學政,著有《使閩雜志》。徐寸緒:即徐友梧,字寸緒,光緒二十三年(1897)閩縣舉人,曾任江西信豐縣知事

筆者按:《何振岱集》此句作:"猶疑擊楫堪乘"),幾時短髮催人老,看飛花、春晚江城。暗銷凝,短翼扶搖,莫問青冥。"梅生晚年之作轉多細膩風光,此詞作于宣元以前,特覺雄傑,是亦年齡意境爲之也①。

6. 池栩客爲滋膴太史公子,庚戌同居京邸,栩客介劉亞文來會,隨録詩詞示余,並索觀余作,過從寖密。栩客年少,儀度時髦,由京實業大學畢業,獎勵知縣,不耐聽鼓,遨遊東南諸省。所過名勝,必紀以詩詞,必郵余觀。余嬾似嵇康,無以答其諄意,每接兩三劄,始復一簡。栩客匯余劄稿裝潢成卷,風雨瀟晦,則出展玩,可謂好余矣。詞勝於詩,《憶秦娥·暮春曉覺》云:"無端的。夢魂驀地難尋憶。難尋憶。朝慵枕上,睡眸才拭。　　窗紗一角晴曦射。曙枝窗外篩新碧。篩新碧。流鶯聲裡,曉春消息。"《卜算子·秋日都居》云:"槐罅逗秋陽,莎徑稜稜影。一陣階前蛺蜨風,小立羅襟冷。　　疏葉打窗櫺,響息風還定。知是秋光淺與深,好向蟬聲省。"栩客小令較勝,頗有晏元獻風味②。

7. 先伯父望岩公(原文緊承上條,天頭墨批云:先伯父望岩公一條需另行頂格寫),諱雲祥,中咸豐己未科第五名舉人。以謝恩日娶親,主司袁筍陔侍郎希祖親臨賀問,一雙新偶上堂參拜,侍郎即以隨身金質鬢梳、耳挖、牙挑一串爲新娘壓鬢之禮,閭里穿爲佳話。及公計偕,侍郎亦晉京覆命,邀與俱行,足見師生相契之雅也。後就浙江道幕,夢至一洞,見一叟告之曰:"君與此間有緣,歸來可也。"寤而異之,無何病卒。楊子恂挽句曰:"才命總相妨,悵南浦煙波,白髮傷心餘二老。　　神仙原有分,夢西泠風雨,青衫灑淚説三生。"時年才三十七,椿萱在堂,璋瓦均稚也。公亦能詞,乙卯秋游湧泉寺,調寄《鵲橋仙》云:"無處安排,何緣擺脱,除是名山來訪。蒲牢狂吼一聲聲,便敲隔人間天上。　　丈室談僧,香廚餉客,慚愧塵容俗狀。更聞晚梵漲潮音,頓使我菩提心癢。"灑灑脱脱,殊有龍洲之概③。

8. 先訓導蔭庭公,早青一衿,十八次應秋試,堂備房薦,終於不售。課徒自給,四十載無間,弟子以千計,捷鄉會官内外者相望。王君碧棲爲公得意弟子。壬辰會試,陳吉士、周松孫兩太史並出門下,公喜曰:"天不發花于余身,而發花于余弟子,亦聊自豪。雖然受人脩金,即須以本身科名授人,此理當然也。"公熟精騷、選,背誦纏纏如貫珠。課弟子制藝外,另設專修詩賦雜體一門,如蔡玉舟、劉苓舫等,則專修詩賦弟子也。公受業梁禮堂先生,亦得其詞學,嘗以墨兵、酒楹、茶竈等命題,余各拍《沁園春》以進,甚當公意。晚年喜笠翁詞,親自選録,語余曰:此老無賴,有天趣也。公詞小令《釣船笛·泰兄于小市得琴,材樸,紋有別致,試之,良清越,爰紀此解》云:"不是爨餘

---

①　何梅生,何振岱,梅生,號心與、覺廬、悦明,晚年自號梅叟,福州人,清光緒二十三年(1897)舉人。今人編有《何振岱集》《何振岱日記》。

②　池栩客:池滋膴子。池伯煒,字滋膴,光緒十八年(1892)進士,曾任廣東惠來、揭陽等縣知縣。與丘逢甲相善,《嶺雲海日樓詩抄》有《贈池滋膴同年伯煒二首》《滋膴同年以〈吟草偶存〉及〈西樓吟集〉見示題此歸之四首》等。按:池滋膴次子池漢功,字則文,曾任浙江知縣,有《飲綠山人詞》,不知是否即池栩客。

③　卓雲祥:原名元泰,字望岩,福州侯官人,咸豐九年(1859)舉人,有《抱琴室韻語》。袁希祖:字筍陔,湖北漢陽人,道光二十七年(1847)科進士。歷任武英殿國史館纂修、内閣學士兼禮部侍郎及工、户、刑、兵等部侍郎,曾任咸豐戊午、己未科福建鄉試考官。楊子恂:楊仲愈,初名仲愉,福州侯官人,字子恂,又字去疾,曾任内閣中書兼侍讀,有《劍秋閣詩文集》。

身，掛壁幾年塵翳。青眼從加拂拭，黝深紋理（筆者按：此處脫一字）。　　　棣花若個約牙期，暝坐聆音旨，小小山房一角，盪水雲無際。”先伯望岩公，原諱元泰。先嚴用先文貞公讀書江寧寶香山遺事，顏所居曰“寶香山房”①。

9. 孝廉陳繡崑毓琦，與余無素，丁未應詮，同寓京館。既各以薄秩候覲，日與部胥因應，習儀已亟，相迴旋禁籥之間，余與繡崑乃大密。顧從不談及文藝，余愛其幹，未嘗不稍嫌其俗。事竣，東西勞燕，數歲不相往來。某年，予寄居榷署，天暮矣，繡崑不通闒徑入，時余乍被酒，抬倦眼延之。繡崑敘別後涉歷，娓娓詳盡，繼念所作詞若干首，如珠落盤，余曰：“口頭述念，過耳便忘。請筆于書，作余他日詞話料可也。”因録存數首而去。今繡崑已逝，茲録其較妥者一首，以無負亡友一夕之話。《唐多令·送別》云：“殘照短橋西，一鞭疏影低。話離情、燕子依依。都道不如歸去好，行不得，鷓鴣啼。　　　心跡水分犀，淚痕燭替垂。兩心知、萬事休題。縱得尺書天樣遠，終不似，過從時。”（天頭朱筆注云：末語用白傅“縱令有使常寄書，豈如無事長相見”意。筆者按：此注似是鄭麗生先生手跡，注誤，此句出自陸遊《寄酬楊齊伯少卿》。）”②

10. 陳韻荇鳴秋太史爲先嚴會文之友，其次郎子濩湯奏孝廉，先嚴門下之翹楚也。長身玉立，儀觀動儕輩。能詞，能畫，能鐵筆，能雙體字，文人能事應有盡有。謝枚如師主持慎誠樹，余入榭後，子濩亦與。顧詞稿不多見，僅記致用院課，《憶王孫·絕學寮》云：“頹垣廢址剩空名，絕學千秋感不勝。俎豆環峰尚有亭，問英靈，記取當年父老情。”枚師至爲激賞，置之第一，並評其後云：“不露是非，獨得含蓄。相傳張魏公爲環峰社境令（按：社境二字當互乙，環峰境爲福州地名，社令即土地神），余家藏有環峰亭小印，相傳爲慕魏公而作。以父老之厚形魏公之薄，得力在上‘感不勝’三字”云云。子濩領鄉薦後，名場不得志，橐筆依人，中歲遽沒。所謂目中湛然，心中悶然，殆以此而促其天年乎③？

11. 金華章拱北觀察景楓，喜購字畫，所得輒多贗鼎。其後每有販至，必邀余觀，余爲審諦考較，始免魚目之枉。有素絹一幀，工筆繪高梧一樹，下置斑竹涼榻，旁置茶具，一宮裝美人，慵持宮簋，臥身微覆，袒衣半解，春思倦絕。旁簪花小楷題云：“如年

---

① 卓鴻中：原名元根，字蔭庭，福州侯官人，雲祥弟，歲貢生，訓導，有《寶香山房詞》、《讀選劄記》、《選腴》等。王碧棲：王允晳，字又點，號碧棲，福州長樂人，光緒十一年（1885）舉人，曾官安徽婺源知縣，著有《碧棲詩詞集》。陳吉士：陳希賢，字吉士，光緒十八年（1892）進士，福州人。周松孫：周景濤，字松孫，號洵生，福州侯官人。光緒十八年（1892 年）進士，曾任翰林院編修等職。曾奉召入京爲光緒治病，光緒去世後革職還鄉，行醫爲生。劉苓舫：劉孝祚，字苓舫，曾任福建鹽政使。梁禮堂：梁鳴謙，字禮堂，福州人，咸豐九年（1859）進士，曾任禮部主事。有《靜養堂詩文集》八卷，《筆記》二卷，《詞存》一卷。文貞公：卓敬，字惟恭，浙江瑞安人，明洪武二十一年（1388）進士，曾密疏建文帝徙封燕王朱棣於南昌，“靖難之役”後爲明成祖朱棣所殺，《明史》卷一百四十一有傳。宣德間劉球爲敬作傳，並私諡曰忠貞。據萬曆《溫州府志》卷一《輿地志》，瑞安有寶香山，卷十二《人物志二》載卓敬讀書寶香山事。卓揆所記諡號、地名似均不確。
② 陳繡崑：陳毓琦，字繡崑，福州侯官人，光緒二十三年（1897）舉人。
③ 陳韻庵：陳鳴秋，字韻庵，號屏樵，福州人，光緒十五年（1889）進士，善山水，尤長墨林，與裴雯友善。攀工書，一畫一書，世稱“二絕”。陳子濩：陳湯湊，字子濩，福州人，光緒二十年（1895）舉人。謝枚如：謝章鋌，初字崇祿，後字枚如，號江田生、癡邊人、藥階退叟，福州長樂人。光緒二年（1876）進士，官內閣中書。曾主持聚紅詞榭、慎誠律社，晚年任致用書院山長。著作見陳慶元先生主編《謝章鋌集》。張魏公：張浚，南宋重臣，封魏國公，紹興四年（1134）謫居福州。環峰境：在今福州北庫巷，曾有祭祀張浚的廟宇。環峰亭、絕學寮：在今福州屏山（又稱越王山），山上有張浚讀書處，並奉張浚爲神。

畫,顛倒幾甌茶。雲影一些無處見,樹陰良久不曾差,慵把繡針拿。　　輕羅扇,筠榻依身斜。徹髓天香垂玉汁,一闋清韻夢蓮花,惱煞雨聲蛙。"款曰"螺峰女士顧韶"。詞為《江憶南》調,輕盈有致,余甚讚賞,觀察亦好之,以索直稍昂而罷①。

12. 同年林仲沂怡偕弟季若文奎同領癸巳鄉薦。通籍後觀政儀曹,不耐郎潛之苦,出知山西沁州。辛亥相聚都下,日偕譙遊,諧謔語笑,略無繩檢。嘗曳余至所歡某校書寓,敲擊舞蹈,校書不堪其擾,幾至不歡,殊真率而有別趣也。謬以余能詩詞,錄金陵客次詩詞各一首,索余鑒論。《沁園春・過金陵題半山寺謝公墩》云:"曠代名流,屢齒頻經,傳到如今。祇一甌洌水,鐘泉剩瀝,數拳奇石,蔣阜煙青。謝傅棋枰,荆公詩宅,是我非伊爭又爭。儘陳跡,問孤墩終古,誰是居停。　　分明人世全更。似晉宋、風流沒處尋。況南勝跡(筆者按:此句脫一字,疑"南"字下當補"朝"字),僅留蕭寺,東山風景,恍在新亭。弔古傷心,憑高灑涕,徒惹鬢華霜易侵。吾何日,入深林結得,山水知音。"余曰:"君詞清空一氣,如往而復,此境煞非易到。彭義門有云:'詞以自然為宗,但自然不從追琢中來,便率易無味。'更取斯言為老友道也。"仲沂雅以為然②。

13. 社人林述祖鑒殷喜填詞,嘗繪其所歡送別圖,懸之堂皇,題詞五首,中有"郎依蓬窗,儂依垂楊樹",因自號依蓬。一日過我齋頭,述仁和吳女士萍香《卜算子》云:"愁不共春歸,界入雙蛾裡。門外殘紅咫尺深,個是埋愁地。　　依近碧闌干,淚濕羅衫子。芳草解斷腸(筆者按:此處脫二字,黃燮清《國朝詞綜續編》卷二十四作"芳草何曾解斷腸"),人自傷心耳。"女士年三十失偶,詞曰《花簾》,錢塘張樊圃太史為序③。

14. 詞有某句某字必用去聲者,《白香詞譜》末附考證,間有示及,余深然之。詞與曲皆可入樂,皆可唱也。試聽劇本演《牧羊圖》"見墳臺"一闋,為反二簧調,唱到"都只為"三箇字,嗓音優者最足移人。蓋"為"字去聲,設若改作"都為只(只,上聲)",便失之硬矣。又《斬黃袍》"孤王酒醉桃花宮"一闋,為西皮搖板,唱到"兄封國舅,妹封在桃花宮","舅"字上聲,"妹"字去聲,善唱者只"舅妹"兩字唱到於此,輒令人情移而不自已。若將兩字上去改作去上,上音便奕,下音便罷,無委婉悠揚之致矣。劇本如是,詞曲亦如是也④。

---

① 章拱北:章景楓,字拱北,浙江金華人,曾任福建武備學堂總辦。顧韶:字螺峰,浙江杭州人,畫家顧洛之女,螺峰繼承家學,尤精花卉、人物。

② 林仲沂:林怡,字仲沂,福州侯官人,光緒十九年(1893)舉人。林季若:林文奎,字季若,福州侯官人,光緒十九年(1893)舉人。彭義門:彭孫遹,字駿孫,號羨門,又號金粟山人,浙江海鹽人,清順治十六年(1659)進士,歷官吏部侍郎兼翰林掌院學士等。著有《南往集》《延露詞》《金粟詞話》等。卓揆所引出自《金粟詞話》。

③ 林鑒殷:林鑒殷,字述祖,福州侯官人,福州馬尾船政後學堂畢業,有《依蓬詞草》。吳萍香:吳藻,晚清女詞人、畫家,字蘋香,自號玉岑子,浙江仁和人,同邑黃某妻。著有《花簾詞》《香南雪北詞》等。張樊圃:張景祁,原名左鉞,字蘩甫,號韻梅(一作蘊梅),又號新薇主人,浙江錢塘人。同治十三年(1874)進士。曾任福建福安、連江等地知縣。工詩詞,有《新薇詞》《蘩圃集》等。

④ 《白香詞譜》:清舒夢蘭所著詞譜,收錄詞調一百種,並選錄示範性作品,流傳甚廣。舒夢蘭,字香叔,又字白香,晚號天香居士,清乾隆嘉慶間人,著有《天香全集》。《牧羊圖》:按當做《牧羊圈》,又名《牧羊卷》《席棚會妻》《雙槐樹》等,記朱春登代叔從軍,嬸母將其母、妻逐出家門。春登凱旋經歷曲折方與母、妻團圓。卓揆所引出自朱春登唱詞:"都只為西施國黃龍造反,你孩兒替叔父去到軍前。"《斬黃袍》:記宋太祖匡胤寵愛韓妃,引起動亂事。卓揆所引出自趙匡胤唱詞:"寡人一見龍心寵,兄封國舅,他妹封在桃花宮。"

15. 按詞韻獨用者有下平之歌、麻、尤、侵四韻。考古人所作詩詞,侵韻容有與庚、青、蒸、真相通,以音叶之,信乎其可通也。即下平尤韻之秋、舟、勾、留、颼、飀等字與蕭韻之超、招、苗、條,肴韻之交、敲、膠、哮,豪韻之操、刀、搔、高,皆音叶而可通也。上平江韻與下平陽韻通。上平寒刪元半與下平先韻通。以音叶之,寒刪元半與下平覃、鹽、鹹三韻,當亦可通也。詞韻取叶,叶,雖異韻可通也;不叶,雖同韻不可通。似不必墨守沈去矜、舒夢蘭等成見也①。

16. 劇本自元明以來,介、白、唱三者代有損益,幾於盡美盡善。畏廬老人嘗曰:"劇本詞甚猥陋,若令詞人操筆,尚有可觀。"余笑曰:"先生重在詞,不知劇本重在音也。劇本詞雖猥陋,而音之抑揚抗墜合於節奏。設令詞人潤色,墨客揮犀,詞雖斐亹可觀,恐不盡足以入唱。同平也,上平、下平異其宜;同側也,上聲、去聲異其宜。累黍毫芒,胥宜審酌。不佞幼喜聽曲,嘗擠立人叢中,傾聽廟劇,只爲某劇中一段,或某段中兩三句而已。其板眼節拍非所深嫻,而耳入心通,甚有盪氣迴腸而不自已。曲雖小道,其感人微矣"。此亦足證填詞之須擇音也②。

17. 閩人治詞者少,而能唱詞從未有聞。安得十五女兒,把"楊柳岸、曉風殘月"就紅氍毹上引吭一鳴乎?閩人演唱曲本,土音曰"榕腔",正音曰"囉啅"。囉啅亦有小調,以意揣之,如《十六字令》,宜從緩拍,如昆曲;如《望江南》《長相思》《法駕導引》,宜從促拍,如《小放羊》、《小上墳》等小調;如《鷓鴣天》《木蘭花》《玉樓春》《春曉曲》,宜曼聲吟唱,如《烏龍院》《戲鳳》等四平調。有問余曰:"梆子腔用繁弦急管以逐,君用何調當之?"余笑曰:"《滿江紅》其可也。"凡雖臆度之論,但以調體、曲體配合,或近是也③。

18. 失名(名家詞譜多選之)《一籮金》云:"一霎風狂和雨驟。柳嫩花柔,渾不禁僝僽。"顧梁汾《真珠簾》云:"別久,心期輕負,爲深憐痛惜,越添僝僽。"按僝僽,《玉篇》:"惡罵也",《集韻》、《韻會》:"惡言詈也",含有"鹵莽"、"粗糙"兩義,今閩土亦有此語。世士學詞,喜用此兩字,輒解作"憂愁憔悴"之意,誤也④。

19.《説文》大徐本以詞爲意内言外,小徐本以詞爲意内音外。夫意内言外,何文不然?若詞則減字偷聲,而音尚矣,未可抹煞小徐本也。

20. 林畏廬《玲瓏四犯・聞倭人之警,填此排悶》云:"渴葉弄秋,深燈媒夢,何堪添上風雨。夜來心緒惡,搗碎津亭鼓。江干又聞警報,蘸刀光、菱洲蒹浦。海氣迷旂,漁煙吹帳,愁聽角聲苦。　　誰彎潮犀弩(筆者按:此句脱一字)。有長鯨呴沫,沾染蘭杜。銀濤回望久,妄想靈胥怒。馬櫻波亂顫瓊河水(筆者按:此句衍一字),已廢盡、東城樓櫓。盻慘澹。鏠旗甚、南來勁旅。"時畏廬家瓊河,乃甲午以前作也。畏廬善古文,詞勝其詩。入都執教職,鬻畫,鬻小説,聲名遂大起。所譯《茶花女遺事》,緜曼意

① 沈去矜:沈謙,字去矜,號東江,清初浙江仁和人,著有《詞韻》。

② 畏廬老人:林紓,字琴南,號畏廬,別署冷紅生,晚稱蠡叟、踐卓翁、六橋補柳翁、春覺齋主人,福州人。近代文學家、翻譯家。有《畏廬文集》《畏廬詩集》等。

③ 榕腔:用福州方言演唱的戲曲聲腔,即福州戲、閩劇。羅啅:原指吵鬧。清代中葉徽班來福州演出,時稱"大班",因福州觀衆難以聽懂徽調,故稱"羅啅",俗稱"嘮嘮",又稱"羅羅"。

④ 卓掞所引《一籮金》,唐圭璋先生編《全宋詞》收入卷550,作者署李石才,並加按語:"此首別又誤作朱秋娘詞,見《古今女史》卷十二。"顧梁汾:顧貞觀,原名華文,字遠平、華峰,亦作華封,號梁汾,江蘇無錫人,康熙五年(1666)舉人。著有《彈指詞》、《積書岩集》等。

境，足以入詞。又題畫每以宋人詞句，便覺翛然意遠。畏廬畫名，題畫與有焉。顧畏廬名滿海內而品甚自重也。己酉秋杪，余至都，候之於五城學堂，命爐煮羊，留餐談甚酣。自言：“近年苦工所入，乃至萬金以上，顧多斥於施與。余不屑於作官，否則山櫃於頂上矣。”今畏廬已歿，時事譎變，百倍於昔。君《偕高愧室謁壽伯茀墓》有“萬事不如無見好”（狄葆賢《平等閣詩話》卷二引作：“萬事還君不見好”）之語，讀前詞鬱勃不禁。若使君在今日，不知更如何感慨。是亦無見之爲愈也①。

21. 近人愛學宋詩，以瘦削爲能事。若填詞則可瘦不可削，此詩詞之分際也。詞宜寧輕勿重，寧薄勿厚，所謂曲子相公多輕薄也。一句使人回腸，一字使人消魂，方心鈍舌者能之乎？

22. 詞以描寫閨襜爲主，“楊柳岸，曉風殘月”，詞之正宗也。銅琶鐵板唱“大江東去”，斯變體矣。一花一草，一風一月，要眇悠揚，引人無盡，詞能之，詩不能也。

23. 張子野歌詞曼妙幽冶，賦情能手，然如清暑堂贈蔡君謹（筆者按：吳熊和、沈松勤《張先集編年校注》作“蔡君謨”）之《喜朝天》，莊而能華；錢塘之《破陣樂》，穠而不縟。香奩、閣體，詩人分道揚鑣，子野於詞兼而有之。

24. （天頭黑批云：此條緩入）詞韻灰半與佳韻通者，入佳蟹韻；灰半與支微齊通者，入支紙韻。張子野《宴春台慢》微韻菲、飛、歸與佳韻街通押。即如灰韻回、雷、梅、煤、徊應入支臨韻，來、開、台、萊應入佳韻，子野則並不分別嚴格錄之，子野審音殊疏也。（子野，吳興人）

（作者單位：福建師範大學文學院）

---

① 高愧室：高鳳岐，字嘯桐，號愧室，福州長樂人。光緒八年（1882）舉人，曾任梧州知府。壽伯茀：壽富，字伯茀，號菊客。清宗室，滿洲鑲藍旗人，光緒二十四年（1898）進士。1900年八國聯軍侵華，憂憤自殺。著有《日本風土志》《搏虎集》等。

《(民國)當塗縣志》稿本的編纂特色和文獻價值初探

林日波

　　當塗之地在秦時即置縣,當塗之名則始自隋。據《隋書·地理志》載,隋文帝開皇九年(589)平陳後廢淮南郡,并襄垣、于湖、繁昌、西鄉而置當塗,屬蔣州①。唐代以降,當塗的隸屬及地域併割屢有變更,今日乃爲馬鞍山市下轄縣。當塗歷史悠遠,但有縣志記載其山川形勝、户口地畝、疆域險要、人文風俗等,是在明代永樂年間修,正德年間邢珣續修②,可惜兩部志書均已亡佚。清代自康熙二十五年(1686)至道光二十二年(1842)三次纂修《一統志》,促使各地方志的編修進入持續性的熱潮,《(康熙)當塗縣志》三十二卷(〔清〕祝元敏修、彭希周纂,成文運續修、曹守謙續纂,康熙三十四年〔1695〕修,四十六年〔1707〕續修,刻本)、《(乾隆)當塗縣志》三十三卷(〔清〕張海等修,萬橚等纂,乾隆十五年〔1750〕,刻本)即在此期間撰成③;道光五年(1825)《安徽通志》開始纂修,當塗作爲屬縣,應命呈遞修志材料,於縣志的修纂已顯疏略。

　　至民國時,諸種舊志已不易得。《(民國)當塗縣志》卷首《例言》概述其狀況稱:"《安徽通志·藝文志》載《當塗縣志》道光五年王正修,《當塗續志》同治九年周德梁修,而不計卷數,蓋皆當時采訪稿本,倉卒以應省志之求者,省志虛列其目而已。乾隆迄今百八十餘年,數經兵燹,不獨康熙祝志久無傳本,即舊志之幸存者亦比於碩果矣。"民國十七年(1928)年,新疆、東北相繼宣佈服從南京國民政府,中國南北形式上實現了"統一",國民政府行政院當年即發佈訓令,要求各省縣一律修志,以圖金甌永固;次年12月,内政部呈《修志事例概要》22條,國民政府令准通行。"既爲功令,勢必奉行,故省無間南北,縣不分大小,莫不各續志書,待梓覆命"④。《(民國)當塗縣志》即在此形勢中應運而生,其編纂以存世的清代縣志爲基礎,并結合時代發展,體現

---

　　① (唐)魏徵等撰:《隋書》卷三十一,中華書局1973年版,第876頁。
　　② 邢珣(1462—1532),字子用,號三湖,當塗湖陽(今屬安徽馬鞍山)人。祖籍河北。明弘治六年(1493)進士。正德初,授南京户部郎中,轉任南京刑部郎中。坐忤權貴劉瑾,被奪職,瑾受誅後,邢珣起任南京工部郎中。出知贛州,厚風俗,興學校,修祠堂,文教之風蔚起。襄助王守仁大破朱宸濠叛軍,擒朱宸濠。以功授江西右參政,後一再奏論權臣冒功,株連無辜,遭斥罷。歸鄉後,廣置義田,贍養族人,著書立說,有《禾芹集》、《秋臺小記》、《歸田野語》等。參(明)嚴嵩《鈐山堂集》卷二十九《中奉大夫江西左布政使致仕邢公墓志銘》,影印文淵閣《四庫全書》本。
　　③ 據中國科學院北京天文臺編《中國地方志聯合目録》(中華書局1985年版,第464頁),另有康熙十九年(1680)王斗樞、張畢宿纂修《(康熙)當塗縣志》二十八卷,抄本。三種《當塗縣志》之外,又有(清)佚名纂《當塗縣志補遺》不分卷(清代修,舊抄本)、(清)歐陽鍾編《當塗縣鄉土志》二卷(光緒三十二年〔1906〕編,民國五年〔1916〕石印)兩種。
　　④ 李泰棻:《(民國)陽原縣志序》,劉志鴻修、李泰棻纂《(民國)陽原縣志》卷首,民國二十四年(1935)鉛印本。

出"其命維新"的總體特點。起初當塗縣政府聘邑人奚侗擔任總纂①,其中途離任後,遂由魯式穀總其事,至民國二十五年(1936)稿成,共四十九卷,適值抗戰軍興,未及定稿刊行,故稿中各卷寫"當塗縣志卷之",版心寫"當塗縣志卷",均無序號。

除卷首"例言"外,《(民國)當塗縣志》全稿分爲輿地志、民政志、武備志、人物志、藝文志、志餘六部分,每一部分又列若干子目,子目下或有細目;且各卷大都注明撰人,明確其分工及責任。列表如下②:

輿地志	疆域 沿革(沿革表)	邑人魯式穀編纂
	城 池(市河) 坊巷街市	邑人沈方維編纂
	經緯(氣候、雨量)	邑人□□□□□
	山	邑人楊曉帆編纂
	水	邑人朱法丞、楊曉帆編纂
	物産(分植物、動物、礦物三部)	邑人劉克廣編纂
	村鎮	邑人□□□編纂
	交通	邑人陳鵬飛編纂
	勝迹	邑人江杏春編纂
	名墓(義冢附)	邑人江杏春編纂
民政志	官署	邑人沈方維編纂
	職官表	邑人沈方維編纂
	名宦	
	賦税	
	實業	邑人劉克廣編纂
	教育	邑人王理銘編纂
	選舉(科第表、仕宦表、薦辟表)	邑人陳鵬飛編纂
	封爵	
	自治	
	祠祀	邑人陳鵬飛編纂
	禮俗	
	方言	

---

① 奚侗(1878—1939),字度青,號無識,安徽當塗霍里(今馬鞍山市)人。清末附生。畢業于日本明治大學,獲法學士。南社社員。辛亥革命後,曾任鎮江審判廳推事,清河、吳縣審判廳廳長。1914年考取知事,歷知海門、江浦、崇明縣事。其淡泊名利,以著述爲樂,對老莊頗有研究,著有《老子集解》、《莊子補注》。

② 按,表内所列類目順序乃據《(民國)當塗縣志》影印本(江蘇古籍出版社1998年版),與原書卷首"目次"順序頗有出入,當是影印本編排失次,如"人物志·藝術"後竄入"金類","人物志"中"忠節表一"、"忠節"、"忠節表三",皆可爲證。

續表

武備志	兵防　兵事	邑人魯式穀、陳鵬飛編纂
人物志	忠節	邑人陳鵬飛編纂
	孝友	邑人陳鵬飛編纂
	義行(附耆壽)	邑人陳鵬飛編纂
	宦績	邑人陳鵬飛編纂
	文學	
	高逸	邑人陳鵬飛編纂
	藝術	邑人陳鵬飛編纂
藝文志	經部史部子部集部　金類　石類(摩崖)	邑人陳鵬飛編纂
志餘	大事記	
	雜辨	
	異聞	
	文存	
	詩存　詩餘	

儘管從全稿的纂例及類目來看,大體不出明清舊志範圍①,但"入民國後國體既更,非舊例所可包舉,自應更定,別爲記載"②。《例言》則具體指出:"今兹修纂,雖因實創其類目,乃不能準舊志,所以分合錯綜之者,因事與時,惟其適也。"隨著時代的進步,《(民國)當塗縣志》在編纂過程中,内容有調整,有增補,融合了新思想,編纂特色及文獻價值十分明顯,是研究民國初期當塗政治、經濟、文化和社會發展不可多得的百科全書式的史料。

首先,對於舊志編排不合理之處,多有分析、調整。如舊志對於輿地的記載,大都先叙述歷史沿革情況,而後分叙東西南北疆界,魯式穀論述稱:"宜先疆域而後沿革,譬如立標方能測影,按籍乃可校訛。界至若不先詳沿革,憑何考核?"(《輿地志》叙言)因此加以變通,調整了疆域、沿革的先後次序。又如《禮記》所言"别男女"的觀念明確體現在舊方志的分類及記述中,"舊志析忠節、完節爲二門,以爲男女之大防",而民國時期隨著西方文化因素的滲入,社會制度的健全,法律意義上的男女平等觀念逐漸確立,因此陳鵬飛在編纂《人物志》"忠節"時明確提出:"男子忠於其國與女子忠於其夫,其節同也。……凡女子因事親而守貞者,以其孝匯入孝友;因夫亡而守貞者,以其節匯入忠節,示男女無軒輊云。"

---

① 今存體例較完備的三十三卷《(乾隆)當塗縣志》包括圖考、建制沿革、星野、疆域、山川、城池、風俗、物產、户口、田賦、公署、學校、祠祀、封爵、職官、名宦、選舉、人物、流寓、方伎、烈女、仙釋、陵墓、古迹、藝文二十五類,附雜辯。可資比較。

② 石國柱:《(民國)歙縣志序》,石國柱、樓文釗修,許承堯纂《(民國)歙縣志》卷首,歙縣旅滬同鄉會民國二十六年(1937)鉛印本。

其次，采用攝影、拓片等技術手段配圖，使記述內容更直觀、形象。山水、物産、交通、勝迹、名墓、實業、祠祀、書、畫均注明"攝影附"，金、石注明"拓本"，這一"左圖右史"的編纂設想，目的是爲"未來之由於天然嬗變或人力改造及散亡者，資以考證，開卷了然，無勞冥索"，開創之功莫大焉。遺憾的是稿本中只爲"攝影"、"拓片"預留了空白（如下圖一、圖二），而没有真正實現。脱離了"攝影"、"拓片"，相關文字記述難免無根無源。如稱"望夫石三大字""渾樸入古，似篆似隸，當在秦漢間篆隸蜕變時期也"（圖二），讀者實難有具體認知。

圖一　　　　　　　　　　圖二

　　第三，根據地方發展實際情況，設立新門類，囊括新材料。如《輿地志》中的經緯綫附氣候、交通，《民政志》的實業、教育、司法、自治、宗教，等等。就實業而言，編纂者劉克廣認爲"實業爲生産事業於民者，尤重，舊志未列專門"，遂細分農業、工業、商業、礦業、林業、漁業六類加以記述，而農業作爲地方經濟發展的根本，筆墨最重，詳載農業概況、農佃制度、農村衰落概況、農業器用、農業災害、農家收支、農民金融、農業倉庫、農業産銷情形、蠶桑狀況、農業機關、圩堤概況 12 個方面，其中統計圖表的使用，前所未見，使各項史料具備了科學嚴謹的特質，可謂亮點。

　　第四，《藝文志》中收録的文章、詩歌、詞數量可觀，對《全宋文》、《全宋詩》、《全宋詞》、《全元文》等多有補充。如倪思《宋敕賜普佑師號牒（碑）跋》、董槐《宋澄心園九輪寶藏記》、楊傑《中元水府記》、賀鑄《蛾眉亭記》、洪邁《瑞麻贊有引》、張震《李白墓記》、劉溥《當塗縣簿題名記》、張孝祥《横山大聖院記》、辛克承《青山保和庵記》、趙師迄《當塗縣尉題名記》10 篇可補《全宋文》，僧祖澄《横山引水詩》1 篇可補《全宋詩》，閨秀徐君寶妻《霜天曉角·蛾眉亭》1 篇可補《全宋詞》。

　　今録張震《李白墓記》，并簡要論述之：

　　　　世稱李杜爲一代詩人，吾觀子美，蓋自比稷契，而太白獨許堯舜之事，餘囂囂不取也。使其見用，必有可觀者。子美麻鞋露肘，從天子患難中，拜拾遺。夜半起奏封事，竟落落不合。太白氣凌老宦，擯不用。後又污以永王璘事，流夜郎，僅免死。嗟乎，二子果何許人哉！太白死當塗，葬青山，舊故有祠，今不庇風雨，太守尚書虞公命鼎新之，且封其墳。一日，要震過祠下，弔其遺迹，徘徊太息久之，謂震曰：“太白生於蜀，葬于吴，遇我輩似非偶然，此不可不紀也。”震曰：“然。”先是，金亮傾國入寇，尚書公自西披出，董師破之采石，武夫爲之奪氣。退爲州，而雍容問禮樂，不愧書生。蓋功名之會，因時乃見，吾又以悲三子之不遇也。

　　張震，字嗣之，休寧江潭（今屬安徽）人。少孤，志於學。乾道五年（1169）進士，授仁和縣主簿。改任臨川縣教諭，與陸九淵等講明義理之學。後宰當塗，剖析民訟，編類爲《聽詞類稿》十二册。以疾卒①。（一）關於此文撰寫時間，大體可考。據文中所言，《李白墓記》乃張震應“太守尚書虞公”即虞允文（1110—1174）之邀而作。《宋史·虞允文傳》載：“隆興元年入對……以敷文閣待制知太平州，尋除兵部尚書、湖北京西宣撫使，改制置使。”②《宋史》卷三三《孝宗紀》一載：“（隆興元年）六月甲申，以敷文閣學士虞允文爲兵部尚書兼湖北、京西宣諭使。”③可知，虞允文知太平州在隆興元年初至六月間，《李白墓記》即作於此間。（二）此文又見於康熙四十九年（1710）刊本《太平府志》卷四十，略有異文④。其中“金亮傾國入寇”，《太平府志》作“敵人傾國南傾”，清人避諱改字痕迹明顯，由此反觀《（民國）當塗縣志》題下所注“舊志”頗存其真。“悲三子”，《太平府志》作“悲二子”，細讀史書所載，紹興三十一年（1161）九月，完顏亮帥衆南侵，虞允文督軍于東采石戰勝之。高宗賞賜頗豐。後任川陝宣諭使⑤。三十二年九月，“以論邊事不合罷”⑥，徙知夔州，未上，除知太平州⑦。觀采石大捷前後事，虞允文立奇功而未得大用，與杜甫“落落不合”、李白“擯不用”類似，張震不免爲之歎惋，故言“功名之會，因時乃見”，將虞允文與李杜并而爲“三”頗合情理。

　　需要説明的是，方志的補遺價值雖然很大，但由於其資料來源多不明確，往往會引人誤入彀中。如“詩存”中有王偁《蛾眉亭》“牛渚磯頭煙水生”一篇不見於《全宋詩》王偁名下，進一步考察，此詩乃明代同名王偁者所作，錢謙益《列朝詩集》乙集第三中收錄其人其詩。因此，對方志中的史料進行適當考辨是必要的。

　　明代楊宗氣《（嘉靖）山西通志序》稱先民有言“治天下者以史爲鑒，治郡國者以志爲鑒”⑧，地方志除了資治功能外，其史料價值越來越受到研究社會、經濟、軍事、方

----

① （明）凌迪知：《萬姓統譜》卷二九，影印文淵閣《四庫全書》本；（清）王梓材、馮雲濠：《宋元學案補遺》卷五八，《四明叢書》本，民國二十六年（1937）刊。

② （元）脱脱等：《宋史》卷三八三《虞允文傳》，中華書局 1977 年版，第 11795—11796 頁。

③ 《宋史》卷三三《孝宗紀》，第 624 頁。

④ 此外，“舊故有祠”康熙本《太平府志》作“唐故有祠”；“不可不紀”作“不可無記”；“退爲州”作“退爲此州”；“雍容”作“雍雍”；“因時乃見”作“因時乃建”。

⑤ 《宋史》卷三二《高宗紀》載：“丙子，虞允文督建康諸軍統制官張振、王琪、時俊、戴皋等以舟師拒金主亮於東采石，戰勝，却之。……丁醜，虞允文遣水軍統制盛新以舟師擊金人于楊林河口，又敗之。金主亮焚其舟而去。”（第 606 頁）《宋史》卷三八三《虞允文傳》，第 11792—11794 頁。

⑥ 《宋史》卷三三《孝宗紀》，第 619 頁。按《宋史·虞允文傳》載：“上將召允文問陝西事。執政忌其來，以顯謨閣直學士知夔州。”第 11795 頁。

⑦ （宋）楊萬里《誠齋集》卷一二〇《宋故左丞相節度使雍國公贈太師謚忠肅虞公神道碑》載：“孝宗即位，徙知夔州，未上。召除敷文閣學士、知太平州。”《四部叢刊》本。

⑧ 山西省史志研究院編：《山西通志》第 50 卷《附錄》，中華書局 2001 年版，第 1105 頁。

言、文學等專業學者的重視。當然,方志的編纂要以科學性、真實性爲前提。民國以來,知識階層對西學的浸染日深,"德先生""賽先生"的影響及於地方士紳。《(民國)當塗縣志》的纂修即在其承前啓後的類目上、在其編纂思想上均有所反映,其對新時期方志的修撰有切實的借鑒意義。

(作者單位:江蘇鳳凰出版社)

《花間集》校補

馬里揚

《花間集》存世宋本有兩部，一部卷尾有落款爲紹興十八年晁謙之的題跋，一部是用淳熙十四年鄂州公文紙刷印的。李一氓先生在上世紀五十年代所撰的《花間集校》，於每卷之末附有"校勘記"，詳贍可觀，據他說是參校過這兩個宋本的。但當我們對校之後，發現兩種情況：一是有重要異文卻並不曾被舉出，即"漏校"；二是本無異文而列出宋本作某，即"誤校"；這后一種情況，與舊時藏書家所謂的"宋版宋印"的"鄂州本"對勘後，尤爲突出。我們考慮李一氓先生恐怕是當日并未直接取對"鄂州本"，而是參校了據"鄂州本"重刻的王鵬運輯《四印齋所刻詞》本。例如：卷三《南鄉子》"霧薄雲輕"，"校勘記"云鄂州本"霧"作"露"爲非是；然檢"鄂州本"作"霧"，而四印齋本正作"露"。又如，同卷《上行盃》"紅縷玉盤"，"校勘記"云他本"紅縷"皆作"紅鏤"，而從鄂州本作"紅縷"；然檢鄂州本同他本作"紅鏤"，反是四印齋本作"紅縷"。這等"誤校"的地方，在其他各卷中，也頻繁出現①，基本可以印證我們的疑問。又，現存的"鄂州本"卷一自《楊柳枝》"正是玉"以下至《南歌子》"逐香車"而止、卷十《南鄉子》其八以下至卷末，皆全部闕失，且無鈔補；然於此兩處，"校勘記"皆有云"鄂本"作某者，定是不曾親見"鄂州本"的顯證了②。

"鄂州本"的最後一位私人收藏者是聊城海源閣主人楊紹和，他曾大膽地懷疑這就是汲古閣所刊之陸游跋本的底本，只是前後殘缺，故不能得見汲古閣藏印與陸跋（《楹書偶錄》）。李一氓先生在《校後記——關於花間集的板本源流》中頗不以此爲然，但也承認鄂州本與汲古閣刊本文字間最爲接近。我們一時無從判定"鄂州本"的具體刊刻年代與源流，不過，檢卷三薛昭蘊《小重山》"愁極夢難成"之"極"、"手挼裙帶遶堦行"之"堦"，"鄂州本"分別作"起"、作"宮"；晁謙之跋本於此有"小注"云："愁極作愁起，繞堦作遶宮，非是，合從舊本。"則"鄂州本"自不是"舊本"，應該是晁謙之所謂的有訛誤的"他處本"之一，刻印都不能稱得上精善，使用的文字前後有不統一的情況，如"薰"，又刻作"燻"；"爐"，雖多作"鑪"，亦有用"爐"字；避諱字如"樹"字、"驚"字也不

---

① 如卷三韋莊《喜遷鶯》"香袖半籠鞭"、卷四牛嶠《應天長》"無限意"、卷五牛希濟《臨江仙》"靈娥鼓瑟"、卷七顧敻《酒泉子》"珠淚滴"及《獻忠心》"小爐煙細"、卷十李珣《漁歌子》"春天暮"等，校勘記云鄂州本作"香細"、"無恨意"、"鼓琴"、"淚珠滴"、"小樓"、"春山暮"等。經過比對，鄂州本并不存在異文。又，卷六校記〔四五〕、〔四六〕謂鄂州本無"倚"字、增一"憶"字，覈之，亦非是。

② 現在，我們這個懷疑可以得到明確地證明，是由於北京國家圖書館出版社二〇一六年八月出版了四川圖書館編《李一氓舊藏花間集彙刊》，其中的第八冊收入了李一氓先生當年撰寫的《花間集校初稿》與《二稿》；《初稿》卷前列有"採用底本"，第一種即鄂州本，并注明是四印齋本。

很嚴格，但多數還是有缺筆的。

這裏以《花間集校》重新對勘晁謙之跋本與鄂州本，希望接近唐宋時代《花間集》的文字面貌。一般我們不再取勘晚出的明清刊本或鈔本，這是因爲它們與宋本對校所出現的異文，大多可以判定是後人的妄改；而在宋本之外，我們需要參校的一部明初人吳訥輯《唐宋名賢百家詞》本。這是據宋本鈔出的，分爲兩冊，但不似宋本的分卷，而是以詞人來作爲起訖的標志，且先後次序與宋本也有不同：

宋本序號	百家詞本	宋本
1	唐溫助教詞六十六首	溫助教庭筠五十首（卷一）
2	唐皇甫先輩詞十二首	溫助教庭筠十六首 皇甫先輩松十一首
7	唐毛祕書詞二十九首	韋相莊二十二首（以上卷二）
5	唐牛給事詞三十二首	韋相莊二十五首 薛侍郎昭蘊十九首
3	唐韋相詞四十八首	牛給事嶠五首（以上卷三）
9	唐歐陽舍人詞十七首	牛給事嶠二十六首 張舍人泌二十三首（以上卷四）
10	唐和學士詞二十首	張舍人泌四首 毛司徒文錫三十一首
6	唐張舍人詞二十七首	牛學士希濟十一首
4	唐薛侍郎詞十九首（以上第一冊）	歐陽舍人炯四首（以上卷五）
7	唐毛司徒詞三十一首	歐陽舍人炯十三首 和學士凝二十首
11	唐顧太尉詞五十五首	顧太尉夐十八首（以上卷六）
13	唐魏太尉詞十五首	顧太尉夐三十七首
12	唐孫少監詞六十首	孫少監光憲十三首（以上卷七）
8	唐牛學士詞十一首	孫少監光憲四十七首 魏太尉承班二首（以上卷八）
14	唐鹿太尉詞六首	魏太尉承班十三首 鹿太保虔扆六首
15	唐閻處士詞八首	閻處士選八首
16	唐尹參卿詞六首	尹參卿鶚六首 毛祕書熙震十六首（以上卷九）
18	唐李秀才詞三十七首（以上第二冊）	毛祕書熙震十三首 李秀才珣三十七首（以上卷十）

不知這是更爲接近《花間集》最初的面貌還是更後於宋本而重新編排的。支持後

者的證據顯然要更直接，即編者意在湊夠"百家"之數而打破原來的十卷。但也有一個證據可以支持前者，即我們所熟悉的每卷以五十首上下爲準的十卷本，往往將一個詞人的作品割裂分配到兩卷當中，由此產生的問題，就是詞作數目計算會出現失誤，如卷三"韋莊"名下宋本列"二十五首"，李一氓先生的校勘記指出將這裏的詞作相加是"二十六首"。這個誤差的產生，讓人費解。如果想到這是有意編輯後的結果，即韋莊本來是有四十八首，但在宋本中由於一部分放到了卷二，另外放到了卷三，從而導致計算錯誤，就不失爲一種解釋了。況且，百家詞本不但出現了有別於宋本的詞人重新排序，而且出現了詞人作品使用詞調的先後次序也與宋本不一致的一例，即張泌詞：

宋本序號	百家詞本唐張舍人詞	宋本張舍人詞
1	浣溪沙	浣溪沙
2	臨江仙	臨江仙
3	女冠子	女冠子
6	生查子	河傳
7	思越人	酒泉子
8	滿宮花	生查子
9	柳枝	思越人
10	南歌子	滿宮花
11	江城子	柳枝
4	河傳	南歌子(以上卷四)
5	酒泉子	江城子
12	河瀆神	河瀆神
13	蝴蝶兒	胡蝶兒(以上卷五)

如果將《花間集》中的詞調排列的先後也作爲一個問題，而且聯想到它可能是與音樂以及歌筵之上的實際演唱情形有關係，那麼，這裏出現的作品詞調次序的不一致現象將會比詞人排列的先後差異更不容易給出解釋。不過，這些現象至少可以説明：《花間集》在宋代流行的本子不會只是我們現在見到的每卷平均分配的十卷本模樣①。

　　至於李一氓先生所撰寫的校記中對文字的取捨，也有可以討論的地方。比如直接説是"誤"、"非"而沒有説明原因的，或者以"詞意稍遜"這樣的理由來解釋；如果可能，都要有進一步地討論。綜合以上版本與文字的因素，下面對《花間集》所做的校補工作，將會圍繞(1) 文字：異體、俗體、形近、音近、互訓、音注、重字、避諱等；(2) 格

----

　　①　雖然我們可能會懷疑百家詞本是源自晁謙之跋本——可以提供的最爲有力的支持是晁謙之本上的小字校記(這是晁謙之帥建康之日，糾集文士們校訂的結果)，百家詞本承襲有多處(雖然不是全部的，而且有本來應作小字校記改作和正文一致的大字，且内容上的訛誤也時有發生，如孫光憲《河瀆神》第二首)；但考慮到百家詞本存有有獨特的異文以及它完全不同於宋本的排序，仍舊將它視爲兩宋本之外的第三個重要版本較爲妥當。

律：字音、句讀、句式、押韻、分片等；（3）詞意：用典、對偶、虛字等；以及（4）名物等方面展開。以下徵引《花間集校》的文字、卷數、頁碼，是北京人民文學出版社今年春天（二〇一七年四月）重新排校的本子①。

奪春艷以爭鮮（《花間集敘》頁一）
奪，鄂州本作“効”。按，此“効”字，蓋即“敓”字之訛，亦即“奪”字之異體字。

扇北里之娼風（同上）
娼，晁謙之跋本、鄂州本、百家詞本作“倡”。

庶使西園英哲（同上頁二）
晁謙之跋本、百家詞本作：“庶以陽春之甲，將使西園英哲。”按，李一氓校云：“陽春之甲於義未安。”陽春，即四時之陽春，用其字面義，以明花間之意。

山枕隱濃妝（卷一頁五溫庭筠《菩薩蠻》十四）
濃，晁謙之跋本、鄂州本、百家詞本作“穠”。

鬢墮低梳髻（卷一頁一三溫庭筠《南歌子》三）
鬢，晁謙之跋本、鄂州本、百家詞本作“髻”。按，“髻墮”，即“倭墮”。

倚枕覆鴛衾（同上溫庭筠《南歌子》四）
倚，晁謙之跋本、鄂州本、百家詞本作“敧”。

不關芳草綠萋萋（卷一頁一二溫庭筠《楊柳枝》五）
關，晁謙之跋本、鄂州本、百家詞本作“同”。按，李一氓校既云宋本作“不同”，仍從明刊本作“不關”。不同，即“不似”。此句謂楊柳枝“不似”芳草只是萋萋之綠，而能以枝條繫住王孫。《全唐詩》卷八百八十七文丙《牡丹》：“不同寒菊舒重九，只擬清香泛酒卮。”用法一致。是宋本可據，不當輕易。

團酥握雪花（卷一頁一三溫庭筠《南歌子》二）
酥，鄂州本作“蘇”。按，李一氓校以“蘇”爲誤字；實則，“蘇”與“酥”同。鄂州本多用“蘇”字。

轉眄如波眼（卷一頁一四溫庭筠《南歌子》六）
眄，晁謙之跋本、鄂州本作“眂”。

暮天愁聽思歸樂（卷一頁一五溫庭筠《河瀆神》二）
樂，鄂州本作“落”。按，李一氓校云：“樂讀如約。”以爲作“落”爲非。樂，當讀“洛”或“落”。唐敦煌曲子“還京洛”即“還京樂”，是以“洛”代“樂”字；據此，則此處“落”字亦以“樂”之注音字而替代原字。又，鄂州本“教”之多刻作“交”，不備舉，亦此之故。

---

① 在與人民文學出版社一九九八年據舊版的重印本核對之後，發現這個重排本出現了舊版重印本所無的幾處新的訛誤，如：卷一頁四溫庭筠《菩薩蠻》十“鶯鏡與花枝”的“鶯鏡”，顯然是“鸞鏡”之訛，而舊版則無誤；又，卷三頁四五韋莊《更漏子》“燈有水窗高閣”的“有”，卷七頁一二三顧敻《遐方怨》“象紋籠玉指”的“紋”，卷八頁一四孫光憲《更漏子》“紅暮半垂清影”的“暮”，卷九頁一六六閻選《河傳》“遠期”的“遠”，都是較爲明顯的誤字，核對舊版《花間集校》，是正確地作“背”、“紗”、“幕”與“違”的。

腸斷（卷二頁二〇溫庭筠《遐方怨》）

晁謙之跋本、鄂州本、百家詞本作“斷腸”。按，李一氓校以爲“意稍遜，下闋同句作‘夢殘’，可參考”。“夢殘”，仄平，此句自當作“斷腸”，不得以名動搭配而疑之。

惆悵。正思惟（卷二頁二四溫庭筠《荷葉盃》二）

思惟，晁謙之跋本、鄂州本作“思想”；百家詞本作“相思”。按，李一氓校據明正德覆宋本作“思惟”，並謂“惟”叶韻。據百家詞本作“相思”，則此“思惟”定誤，爲後人所妄改。而宋本作“思想”，則是“相思”之誤。

蒲雨杉风野艇秋（卷二頁二五皇甫松《浪濤沙》二）

蒲，晁謙之跋本、鄂州本、百家詞本作“浦”。按，李一氓校據明正德覆宋本作“蒲”，以與“杉風”相對。檢《四部叢刊三編》景明本《皇甫冉詩集》錄“浪淘沙”二首，即皇甫松所作，此句作“松雨蒲風野艇秋”。

孤燈照壁背窗紗（卷二頁二八韋莊《浣溪沙》三）

窗紗，鄂州本、百家詞本作“紅紗”。按，李一氓校以爲非是。然“紅紗”不誤。卷五《更漏子》（頁八二）：“紅紗一點燈”可證。

不忍把伊書跡（卷三頁三八韋莊《謁金門》二）

伊，鄂州本、百家詞本作“君”。按，李一氓校從晁謙之跋本作“伊”，並云“君”爲“第二人稱，詞意稍遜”，且附“別解”：“君亦可作第三人稱”。檢核《花間集》凡用“君”之詞句，概爲第二人稱；若溫庭筠《菩薩蠻》六：“送君聞馬嘶。”韋莊《浣溪沙》四：“勸君今夜須沉醉。”而作“伊”則爲第三人稱，如牛嶠《柳枝》：“恨伊張緒不相饒。”歐陽炯《賀明朝》二：“終是爲伊，只恁偷瘦。”此處自是作“伊”爲是。

遙見翠檻紅樓（卷三頁四〇韋莊《河傳》三）

見，鄂州本、百家詞本作“望”。按，李一氓校以作“遙望”爲非是，蓋以上言“一望巫山雨”已有“望”字。此誠或涉上文而訛誤，然唐宋詞用語不避重複，故難遽判是非。

露桃花裏小腰肢（卷三頁四〇韋莊《天仙子》）

花，晁謙之跋本、鄂州本、百家詞本作“宮”；又，露桃，百家詞本作“露盤”。按，李一氓校從鄂州本作“露桃花裏”，是據四印齋本，鄂州本原作“宮”，不作“花”。《全唐詩》卷五百二十三杜牧《題桃花夫人廟》：“細腰宮裏露桃新，脈脈無言度幾春。”知“宮”字可據。又，百家詞本作“露盤宮裏”，與“小腰肢”無涉，不足據。

鳳銜金牓出雲來（卷三頁四二韋莊《喜遷鶯》）

雲，鄂州本、百家詞本作“門”。按，李一氓校以作“雲”是。據上文云：“禁城開。天上探人回。”則此“鳳銜金牓”自是復從“禁門”而出，故作“出門來”，亦是。

燭燼香殘簾半捲（卷三頁四三韋莊《訴衷情》）

半，晁謙之跋本、鄂州本、百家詞本作“未”。按，李一氓校從汲古閣刊本，並云：“他本均作‘簾未捲’，意稍遜。”宋本“未”字不可易。此句下文接云“夢初驚”，是剛才在睡夢之中，正是“簾未捲”之時。

一曲離聲腸寸斷（卷三頁四四韋莊《上行盃》）

鄂州本作“一曲離腸寸寸斷”；百家詞本作“一曲離腸寸斷”。按，李一氓校以“離聲腸寸斷”謂“承一曲意”，而以鄂州本作“離腸”爲非是。實則，“一曲”承上文“絃管”

而來，不必更注明"離聲"，而後"離腸"接下而云"寸寸斷"或"寸斷"。

紅縷玉盤金鏤盞(同上)

縷，晁謙之跋本、鄂州本、百家詞本作"鏤"。按，李一氓校云從鄂州本作"金縷"，是誤校，四印齋本作"縷"；又云："紅縷狀玉盤中之膾。"此説可從。唐人詩句有謂"膾下玉盤紅縷細"(《全唐詩》卷二百四十五韓翃《宴楊駙馬山池》)可以爲的證。"金鏤盞"與"紅縷玉盤"相對，一形容酒盞，一寫玉盤中物，爲唐人離筵上共進者；《全唐詩》卷二百二十五杜甫《送楊六判官使西番》："邊酒排金盞，夷歌捧玉盤。"不妨互參。倘宋本果誤"縷"爲"鏤"，則於常識所謂"白玉盤"之外，亦得引出"赤玉盤"、"頳玉盤"，全唐詩卷一百二十八王維《敕賜百官櫻桃》："歸鞍競帶青絲籠，中使頻傾赤玉盤。"或不得以櫻桃顔色而曰玉盤爲赤也；又，《全唐詩》卷一百六十三李白《幽州胡馬客歌》："婦女馬上笑，顔如頳玉盤。"又，《全唐詩》卷四百二十四白居易《雜興三首》三："身臥翠羽帳，手持紅玉盃。"

凝情立(卷三頁四六韋莊《小重山》)

凝，鄂州本、百家詞本作"顒"。按，顒，凝也。

茂苑草青湘渚闊(卷三頁四七薛昭蘊《浣溪沙》二)

茂苑，鄂州本、百家詞本作"花茂"。按，李一氓校以爲非是，云："茂苑與本句湘渚對舉，非與草青對舉。"茂苑，見左太冲《吳都賦》；《全唐詩》卷四百五十七白居易《長洲曲新詞》："茂苑綺羅佳麗地。"湘渚，指瀟湘；與茂苑一在東，一在西。詞中所寫思婦，或身在茂苑而思遠在瀟湘之未歸人。《全唐詩》卷五百二十杜牧《杜秋娘詩》："歸來四鄰改，茂苑草霏霏。"

東風吹斷紫簫聲(卷三頁五〇薛昭蘊《小重山》)

紫簫，鄂州本、百家詞本作"玉簫"。按，李一氓校以爲誤，蓋以前有"玉堦"之故。然本詞下片"手捼裙帶遶堦行"，晁謙之跋本小注云一本作"遶宮"爲非是，不更計較前有玉堦與此的重複；故知此處作"玉簫"，未可遽判爲誤。

纖珪理宿粧(卷四頁五八牛嶠《女冠子》三)

纖珪，宋本、百家詞本無異文。按，李一氓校引湯顯祖評本作"纖手"，云："毛熙震何滿子：'整鬟時見纖瓊。'纖珪同纖瓊，意即纖手。但取譬珪瓊。"按，作"纖手"，自是妄改；由此而將"纖瓊"、"纖珪"理會爲"纖手"，也不免受到誤導。此前一句爲"明翠搖蟬翼"，二句相對，謂：搖明翠之蟬翼，理纖珪之宿粧。卷五張泌《柳枝》："膩粉瓊粧透碧紗。"是曰瓊、珪者，狀其宿粧之色也；曰"纖"者，意近"膩"。

舞衫斜卷金條脱(卷四頁六〇牛嶠《應天長》)

條脱，鄂州本作"調脱"，百家詞本作"跳脱"。按，跳脱、條脱、調脱，一也。《先秦漢魏晉南北朝詩》魏詩卷三繁欽《定情詩》："何以致契闊，繞腕雙跳脱。"

杏花飄盡龍山雪(同上)

龍山，晁補之跋本、鄂州本、百家詞本作"攏山"。按，李一氓校以爲非是。"攏"，即"櫳"，宋刻本中"木"往往上提刻作"扌"。"櫳"當爲"隴"之訛誤。

鳳釵低赴節(同上)

百家詞本作：鳳釵低□赴節。按，花間詞中常見同一詞調下格式有別各詞，相同位置或爲七字句,或爲兩個三字句,此即所謂句法攤破者。牛嶠《應天長》計二首,此第一首第三句七字句,第二首第三句則爲兩個三字句;第一首換頭處即此"鳳釵低赴節"者,第二首相對位置作"別經時,無限意"亦兩個三字句,可知此處必缺一字。

臉波明(卷五頁七八張泌《江城子》二)

晁謙之跋本、鄂州本作"臉波秋水明";百家詞本作"臉波明"。按,李一泯校云:"各本均作'臉波秋水明',應爲三字句",又云:"秋水二字當是衍文。"百家詞本可爲一證。

蹀躞汗,血流紅(卷五頁八二毛文錫《接賢賓》)

汗血,或不當點斷。又,接賢賓,百家詞本作"集賢賓"。

紅纓錦襠出長秋(卷五頁八三毛文錫《甘州遍》)

秋,晁謙之跋本、鄂州本、百家詞本作"楸"。按,李一泯校云:"宋明本均作'出長楸',誤。《詞譜》作'出長秋',依校改。漢長安有長秋門。或當作出長楸,曹植《名都篇》:'走馬出長楸。'"當以作"出長楸"爲是。《全唐詩》卷八百九十三録此,正作"楸"。

破番奚(卷五頁八三毛文錫《甘州遍》二)

奚,鄂州本作"溪"。按,李一泯校以他本皆作"奚",謂"溪"爲非。《世説新語》"容止篇"載溫嶠稱陶侃"溪狗",正作"溪"字。

汴河旁(卷五頁八四毛文錫《柳含煙》)

旁,晁謙之跋本、鄂州本、百家詞本作"春"。按,李一泯校云:"各本均作'汴河春',不叶香、張韻,依《詞律》改。"萬樹《詞律》卷四云:"汴河旁,舊刻俱訛作'汴河春',故作譜者謂與下香、張字不叶韻,另作一體,而又收第二句起韻者作一體也。不知毛詞四首精工麗密,豈有三首皆同而一首獨異之理?其第二首'占芳春'下叶人、神,三首'近垂旒'下叶州、浮,四首'占春多'下叶羅、波,皆于第二句起韻,此首豈得至杳字方起韻乎?近得善本,乃是'旁'字,正與下句叶耳。"萬氏所謂"作譜者",即《嘯餘譜》。又,檢明萬曆刊本《花草粹編》卷三作"汴河春",而《四庫全書》鈔本則改爲"旁"字;《全唐詩》卷八百九十三載此,作"旁"。知宋本所存,明人所見,無一不作"汴河春";至清人尤其是萬樹《詞律》出,則以押韻而改爲"旁";萬氏所云"近得善本",倘非誑語,則有待查訪。

朦朧春色滿皇州(卷五頁八五毛文錫《柳含煙》三)

朦朧,晁謙之跋本、鄂州本、百家詞本作"朧朧"。按,朧朧、朦朧,一也,當依宋本作"朧朧"。

也知心許無恐成(卷五頁九一牛希濟《臨江仙》五)

無恐,晁謙之跋本、鄂州本、百家詞本作"恐無"。

畫舸亭橈(卷六頁九九歐陽炯《南鄉子》二)

亭,晁謙之跋本、鄂州本、百家詞本作"停"。

鸂鶒顫金紅掌墜(卷六頁一〇四和凝《山花子》)

顫,鄂州本、百家詞本作"戰"。按,舊版《花間集校》作"戰"。晁謙之跋本"顫"字,鄂州本、百家詞本多作"戰"。

玉腕重金扼臂(卷六頁一〇五和凝《山花子》二)

百家詞本作"玉腕重□金扼臂"。按,李一泯校以此句當爲七字句,疑"重"字下缺一字,得百家詞本可以爲證。

羨他長在屏帷(卷六頁一〇五和凝《何滿子》二)

帷,晁謙之跋本、鄂州本、百家詞本作"幬"。按,當從宋本。又,此前"其如花鑽春暉"之"鑽"字、"暉"字,兩宋本作"鑅"、"輝",亦當從。

越嶺寒枝香正坼(卷六頁一〇六和凝《望梅花》)

坼,晁謙之跋本、鄂州本作"拆";百家詞本作"折"。按,李一氓以"拆"爲誤字,改作"坼"。"拆"與"坼"同,鄂州本或作"拆",或又作"坼",後者見卷十頁一七七毛熙震《何滿子》二。

翠蛾雙斂正含情(卷六頁一〇六和凝《天仙子》)

翠蛾雙斂,晁謙之跋本、鄂州本、百家詞本作"翠娥雙臉"。按,李一氓校從汲古閣本改"臉"爲"斂"。不足據。"娥"與"蛾"多混用,此處指蛾眉無疑;然此處"臉"字當即"臉波"之"臉",指眼波,而非臉面。《彊邨叢書》本《尊前集》歐陽炯《菩薩蠻》:"翠眉雙臉新桩薄。"可證。

豈能月裏索嫦娥(卷六頁一〇八和凝《柳枝》三)

嫦,晁謙之跋本作"恒";鄂州本、百家詞本作"姮"。按,李一氓校從明正德覆刻晁謙之跋本作"嫦",恐不足據,當從宋本作"恒"或"姮"。另,依宋刊避諱例,此"恒"字理當缺筆或改字。今所見晁補之跋本"鏡"、"驚"、"樹"字皆缺筆,然"恒"字則完全,此不可解。

顛狂少年輕離別(卷六頁一一〇顧敻《虞美人》四)

少年,晁謙之跋本、鄂州本、百家詞本作"年少"。

醮壇風急杏花香(卷六頁一一一顧敻《虞美人》六)

杏花香,晁謙之跋本、鄂州本、百家詞本作"杏枝香"。按,李一氓校云鄂州本作"杏花香",誤。

七尺青絲芳草碧(卷八頁一四〇孫光憲《後庭花》二)

碧,晁謙之跋本、鄂州本作"綠";百家詞本作"碧"。按,李一氓校云:"宋明各本均作芳草綠,依《詞律》改,叶國韻。"萬樹《詞律》卷四云:"碧字各本多作綠字,此句須叶韻,必係碧字無疑。"是萬樹並未得見任何版本作"碧",得百家詞本可爲其理校佐證。惟"綠"字亦入聲叶韻,只是在宋詞中作去聲,如辛稼軒《賀新郎》:"柳暗淩波路。送春歸,猛風暴雨,一番新綠。"綠與路叶韻,讀去聲。梁任公手批《稼軒詞》云:"綠字不作入聲,頗可異。"(中國書店影印本)即以宋詞中綠叶去聲爲可異也。而《中原音韻》即將綠字劃入"入聲作去聲"之列。

更咐囑(卷八頁一四四孫光憲《更漏子》二)

咐,晁謙之跋本、鄂州本、百家詞本作"付"。按,當從宋本。

碧紗籠絳節(卷八頁一四五孫光憲《女冠子》二)

碧紗,晁謙之跋本、鄂州本、百家詞本作"碧煙"。按,李一氓校僅云湯顯祖評本作"碧煙",自是遺漏。又,"碧紗"所指,多爲衣裙,大者不過帷幔,而人所持舉擁護之"絳節",自非"碧紗"所能"籠";《全唐詩》卷二百八十二李益《登天壇夜見海》:"霓旌絳節倚彤雲。"是雲煙爲絳節之背景者。

竹枝其二(卷八頁一四八孫光憲《竹枝》)

李一氓校云:"各本均合作一首,誤,茲分爲兩首。"按,《花間集》中存在"和聲"之詞有兩個詞調,除此外,另一個是在卷二的皇甫松《採蓮子》。《竹枝》於每句第四字與句尾後都添入和聲,作:"門前春水竹枝白蘋花女兒";而《採蓮子》僅於每句之尾添入和聲。但在宋本中,無論是晁謙之跋本還是鄂州本,都是涵有和聲的兩句占滿一整行;這樣,無論是《採蓮子》還是《竹枝》,都是涵有和聲的八句占滿四行;而宋本分片處,是要空一格;同一詞調下各首,則另起行;但由於都占滿了,見不出空格處,但也不能徑直地說是另起行;因此,也就沒法分辨出是一首還是兩首。若從宋本每卷的目録中,則《採蓮子》與《竹枝》都是標注的"一首";但從百家詞本中,可以得到更爲清晰地分辨。如果《採蓮子》作"一首",皇甫松創作的總數就是"十一首",宋本即如此;但百家詞本皇甫松名下是"十二首",《採蓮子》也明確地被分爲以四句爲一首的兩首——百家詞本的分片是另起行,同一詞調下的各首以"又"字標注;但孫光憲則非是,《竹枝》還是作爲一首來看的,沒有另起行,也沒有出現"又"字。這個問題到此,當然不是完全解決了;但可以提供一種思考的方式。現在我們基本上是依從了李一氓先生的校勘成果,即認爲《竹枝》、《採蓮子》都是七言四句添入和聲的爲一首的;這在唐人如劉禹錫的詩集中可以見到《竹枝》的七言四句但沒有和聲的創作,萬樹《詞律》則較爲明確地列爲二十八字體,即將《竹枝》與《採蓮子》都視爲是每四句爲一首的兩首;但從宋本的版式與百家詞本的鈔録來看,則并非如此。至晚在明代,還沒有如此確定地認知;這從明正德覆刻晁謙之跋本以及汲古閣刻陸游跋本,都可見出;這個本子改變了宋本的行格——至少正德覆宋本是這樣的,即《採蓮子》仍舊保持每兩句占一行,而《竹枝》則因爲有了更多的"和聲",而不再勉強地擠在一行之內,溢出到了下一行,但文字是完全連起來的,沒有空格,更沒有另起行。而這樣的認知,或許更符合這兩首詞在唐代或它還在宋代傳唱的實際情況。

也共黃鶯不較多(卷八頁一五一孫光憲《楊柳枝》三)

較,晁謙之跋本、鄂州本作"校",百家詞本作"挍"。按,李一氓校云:"毛本作'不挍多',他本均作'不校多',茲改作較。""挍"即"校",宋版"木"多刻作"扌",此亦一例;然不當改作"較",應從宋本之舊。

春情滿眼臉紅綃(卷九頁一六〇魏承班《訴衷情》五)

綃,晁謙之跋本、鄂州本、百家詞本作"銷"。按,四印齋本作"綃",李一氓校雖不曾明說以何本爲底本,實則是以四印齋本作爲首選的本子,彙校諸本,再有所選擇的;但李一氓是誤認四印齋是忠實鄂州本的,實際情況則不如是。毛氏汲古閣刊本作"紅綃",是唯一淵源宋本而作"紅綃"者,蓋本自元稹《連昌宮詞》:"春嬌滿眼淚紅綃。"(宋本《元微之文集》卷六;又,《文苑英華》卷三百四十三作"春嬌滿眼睡紅銷。")

起來殘醉初醒(卷九頁一六二鹿虔扆《臨江仙》二)

醉,晁謙之跋本、鄂州本、百家詞本作"酒"。按,毛氏汲古閣刊本亦作"酒";此字宋本無異文,當從。李珣《定風波》五:"小閣擁爐殘酒醒。"(《彊邨叢書》本《尊前集》)又馮延巳《鵲踏枝》:"殘酒欲醒中夜起"。(《四印齋所刻詞》本《陽春集》)可證。

西窗鄉夢等閑成（卷九頁一六七尹鶚《臨江仙》二）

鄉，鄂州本作“幽”。

對妝殘（卷十頁一八〇毛熙震《酒泉子》二）

李一氓校云：“宋明各本均作‘對殘妝’，茲從《詞律》校改，叶寒韻。”按，萬樹《詞律》卷三：“舊譜收‘鈿匣舞鸞’一首，本鸞寒韻，末三字‘對殘粧’，不叶韻，註云：‘不知何謂。’余謂：此蓋‘粧殘’倒寫傳訛耳。詞豈有末字不叶者乎？”又，本卷頁一八九李珣《酒泉子》三末句“透簾旌”，李一氓校云：“宋明各本均作‘透簾中’，茲從《全唐詩》校改，以叶‘醒’韻。”又，本首“天欲曉”三字，晁謙之跋本、百家詞本、汲古閣刊本亦無異文，然也從《詞律》校改爲“曙”；據萬樹云：“汲古刻及舊譜訛曙作曉，遂使‘冷和雨’一句無叶韻處矣！又傳訛以末‘旌’字爲中字，正與毛詞‘殘粧’同無此理也，今改正。”按，萬説皆不可從。以所謂文字格式以“律”宋人詞，尚有諸多無從一律之事，何況唐人之作乎？毛熙震與李珣詞，都出現末句不入韻的情況，則應愼重對待，不能強爲劃一；萬樹之説，可録以備考，然決不能據此以改宋本，其結果是必將失去唐宋人歌詞的原貌。

（作者單位：上海師范大學中文系）

上海圖書館藏《鐵崖賦稿》訛文考論[*]

張相逢

　　《鐵崖賦稿》是元代楊維楨除《麗則遺音》之外的另一賦作結集,今存清抄本三種,分藏於上海圖書館、南京圖書館和國家圖書館①。上圖本爲清仁和勞氏抄校本,南圖本乃據上圖本影抄而成;國圖本爲鐵琴銅劍樓舊藏,所收賦作與上圖、南圖本相同,而文字方面歧異甚夥。三種抄本之中,以上圖本爲佳,且有勞格批校,丹黃粲然。上圖本後附勞格跋云:"此本雖係影寫,頗多訛謬,頃倩力之小史映郎用元本逐字比校一過,改正數十字。然元本亦有訛字,惜不得《青雲梯》校之。"②翻檢此本《鐵崖賦稿》,校改之跡隨處可見,在"元本"未知存佚的情況下,勞氏校改的意義自然凸顯,不僅具有版本學上的價值,而且能爲《鐵崖賦稿》的文獻整理工作提供諸多便利。

　　《續修四庫全書》第 1325 冊所收《鐵崖賦稿》據上圖本影印,然與勞氏批校丹黃粲然的原本相比,影印本確有其局限性。最主要的是,在影印本中,一些校改無法清晰分辨。茲舉例如下:

　　《鐵崖賦稿》卷下《簡儀賦》云:"謂日道之去極,何燕抃之弗鈞?"前句中"日"字原作"臣",勞氏於"臣"右旁校改作"日",十分正確。類似的校改容易分辨。對後句中"抃"字,勞氏校改"扌"作"氵"。由於校改是用朱筆直接在"扌"上操作的,如果不通過所用筆色的差異,實在難以分辨是將"扌"改作"氵",還是將"氵"改作"扌"。而在影印本中,原用墨筆書寫的"扌"較朱筆校改的"氵"更容易辨認,故此字往往被定作"抃"。經過考察,"抃"是訛字,勞氏的改動正確無誤。汴指北宋都城汴京,燕指燕京。賦中"簡儀"是元代郭守敬創製的一種天文觀測儀器,創制的原因之一就是北宋時期製造的渾儀已經不適合元代的實際情況。《元史·郭守敬傳》記載:"守敬首言:'曆之本在於測驗,而測驗之器莫先儀表。今司天渾儀,宋皇祐中汴京所造,不與此處天度相符,比量南北二極,約差四度;表石年深,亦復欹側。'守敬乃盡考其失而移置之。既又別圖高爽地,以木爲重棚,創作簡儀、高表,用相比覆。"③賦文所述即指此而言。又賦中"比汴宋之有作,世增飾以紛紜"之"汴"字不誤,而國圖本亦訛作"抃"。類似之例還有不少。

---

　　* 國家社會科學基金重大項目:現存元人著作(漢文部分)總目提要(12&ZD157)。
　　① 上圖本卷首題"楊鐵崖先生稿(南圖本"稿"作"文")集卷",版心題"鐵崖賦稿上"、"鐵崖賦稿下"。據末附勞格跋語可知,"鐵崖賦稿"之目爲何元錫改題。國圖本首題"楊鐵崖先生文集卷第",版心題"鐵崖文集卷"。南圖、國圖著錄稱《楊鐵崖先生文集》,實與上圖著錄之《鐵崖賦稿》爲同一種書。
　　② (元)楊維楨《鐵崖賦稿》,清仁和勞氏抄校本,上海圖書館藏,索書號:線善 T05508‐09。以下所引該書內容,不一一標明。此本被影印收入《續修四庫全書》第 1325 冊,由上海古籍出版社於 2002 年出版。
　　③ (明)宋濂等:《元史》,北京:中華書局,1976 年,第 3847 頁。

一、訛文之考辨

上圖藏本《鐵崖賦稿》因有勞格的校勘，而在現存諸本中最爲精善。但筆者在閱讀、注釋《鐵崖賦稿》中的賦文時，於勞格校改之外，尚發現許多文字訛誤。故本文以上圖所藏勞氏抄校本爲據，在勞格校改的基礎上，考其未校之訛，列之於下，以求教於師友。需要指出的是，在絕大多數情況下，上圖本中文字訛誤之處，南圖、國圖本亦出現訛誤。對於極少數上圖本誤而南圖、國圖本不誤之字，本文也加以指明。

1.《八陣圖賦》：天地之前衡爲虎翼，天地之後衡爲飛龍。

按："前衡"、"後衡"誤，當從南圖本作"前衝"、"後衝"。

衝指衝陣，即衝擊敵人的戰陣。楊氏另有一篇《八陣圖賦》，收錄於《麗則遺音》（清文淵閣四庫本）卷三；元人羅士琭、余貞皆有《八陣圖磧賦》，見載於《青雲梯》（清嘉慶宛委別藏影元寫本）。三賦均以《握奇經》佈陣之法解說諸葛亮八陣圖，文字頗有訛誤。《握奇經》是唐代出現的談論八陣陣法的書，首次引入天衡、地軸概念。天衡十六陣、地軸十二陣之外，又有天前衝四陣、天後衝四陣、地前衝六陣、地後衝六陣。天衡十六陣居兩端，地軸十二陣居中間，天前衝四陣居右，後衝四陣居左；地前衝六陣居前，後衝六陣居後。此外，還有風八陣、雲八陣。凡六十四陣。《握奇經》經文簡略難懂，可參閱陳亞如《〈握奇〉經義與八陣原理》一文①。

此賦"天地之前衝"，指天前衝陣和地前衝陣。《握奇經》云："天地之前衝爲虎翼，風爲蛇蟠，圍繞之義也。虎居於中，張翼以進；蛇居兩端，向敵而蟠以應之。"即天前衝和地前衝相配合成爲虎翼陣，風陣再與虎翼陣配合，即成蛇蟠陣。賦中"天地之後衝"，指天後衝陣和地後衝陣。《握奇經》："天地之後衝爲飛龍，雲爲鳥翔，突擊之義也。龍居其中，張翼以進；鳥掖兩端，向敵而翔以應之。"即天後衝和地後衝配合爲飛龍陣，雲陣再與飛龍陣配合，成鳥翔陣。

羅士琭之《八陣圖磧賦》云："天地之前衝一變而爲虎踞，其附天之風亦再變而爲蛇蟠。天地之後衝一變而爲龍驤，其附地之雲亦再轉而爲鳥翰。"②亦可證楊氏此賦中"衡"乃"衝"之訛。

2.《太液池賦》：厥後玉環繼跡，流鴆于唐。

按："鴆"誤，當作"鴆"。

鴆爲毒鳥，用其羽毛泡酒能毒殺人，故亦指毒酒。流鴆，即流毒。"流鴆于唐"於此並非使用具體典故，無法採用探尋典源之法正其訛誤。比較此本與國圖本的相關異文，《姑蘇臺賦》第二篇有"彼方積薪而臥，我乃宴鴆而居"句，其中"鴆"字，國圖本作"鴆"，顯然乃"鴆"字之訛。是"鴆"字訛作"鴆"之實例。則此賦之"流鴆"當作"流鴆"亦爲有據。

此賦先敘漢代太液池，以"嗟斯池之淫湎，其能衍漢澤于無疆"結束，以"厥後玉環

---

① 陳亞如：《〈握奇〉經義與八陣原理》，《上海師範大學學報》（哲學社會科學版），1995 年第 1 期，第 65—71 頁。本條所引《握奇經》，皆出於此文，不一一注明。

② （元）佚名：《青雲梯》，《宛委別藏》第 105 冊，南京：江蘇古籍出版社，1988 年，第 198 頁。

繼跡，流鵁于唐"啟下，轉述唐代太液池。此句謂太液池繼漢之後，又爲唐玄宗與楊貴妃的遊樂之所，終成唐代的禍害，即賦中"築高臺之百尺，挹明月之夜涼。始霓裳之歌舞，終錦褓之荒亡。則是池也，適爲禍國之窀，而不足以爲治國之光"之意。由此，亦可明"鵁"之當作"鴟"。

3.《方諸賦》：爾乃尚其味於五味之本，和其齊於説齊之序。

按："説"誤，當作"涗"。

涗齊指過濾五齊之酒。《周禮·天官·酒正》："辨五齊之名：一曰泛齊，二曰醴齊，三曰盎齊，四曰緹齊，五曰沈齊。"①《禮記·郊特牲》："明水涗齊，貴新也。"鄭玄注："涗猶清也。五齊濁，沛之使清，謂之涗齊。"②五齊之酒濁，濾之使清，稱爲涗。涗齊之序，即過濾五齊濁酒的順序。

方諸是古代在月下承露取水的器具。《周禮·秋官·司烜氏》："司烜氏掌以夫遂取明火於日，以鑒取明水於月，以共祭祀之明粢、明燭，共明水。"鄭玄注："鑒，鏡屬，取水者，世謂之方諸。"③方諸所取之水用於祭祀，稱明水，明水又稱玄酒，無色無味，故曰"尚其味於五味之本"。明水潔淨，故可按照"涗齊之序"與五齊濁酒摻和，使濁酒變清。是知"説"當作"涗"。

4.《方諸賦》：故夏后之尚重，由王人之潔著。

按："王"誤，當作"主"。

主人，謂主祭之人。《禮記·明堂位》："夏后氏尚明水。"④又《禮記·郊特牲》："祭黍稷加肺，祭齊加明水，報陰也。……明水涗齊，貴新也。凡涗，新之也。其謂之明水也，由主人之絜著此水也。"鄭玄注："著，猶成也。"⑤

此賦合上述二典爲一，謂夏后氏重視明水，是由主人清潔，乃成此水，可用於祭祀。故"王"當作"主"。

5.《柱後惠文冠賦》：故湖廣名之爲獬豸法冠，張子目之爲柱後惠文。

按："湖"誤，當作"胡"。

胡廣，東漢南郡華容人，字伯始。《後漢書》卷四十四有傳。胡廣著有《漢官儀》，今已佚。《初學記》卷十二《職官部下·侍御史》引其文曰："御史四人持書，皆法冠。一名柱後，一名獬豸。"⑥賦文用此典。"湖"、"胡"二字顯然是因音同致誤。

6.《未央宮賦》：但見夫洞豁岹峥，聱牙突兀。

按："峥"誤，當作"岈"。

岹岈，山深谷空之貌。《集韻·麻韻》："谺，谽谺，谷中大空貌。或從山。亦作谽、谽、嗃、嗃。"⑦《史記·司馬相如列傳》載録《上林賦》，有"谽呀豁閜"⑧之文，《漢書·司

①　（漢）鄭玄注、（唐）賈公彥疏：《周禮注疏》，《十三經注疏》，上海：上海古籍出版社，1997 年，第 668 頁。
②　（漢）鄭玄注、（唐）孔穎達疏：《禮記注疏》，《十三經注疏》，上海：上海古籍出版社，1997 年，第 1457 頁。
③　《周禮注疏》，第 885 頁。
④　《禮記注疏》，第 1491 頁。
⑤　《禮記注疏》，第 1457 頁。
⑥　（唐）徐堅等：《初學記》，北京：中華書局，1962 年，第 292 頁。
⑦　（宋）丁度等：《宋刻集韻》，北京：中華書局，1989 年，第 61 頁。
⑧　（漢）司馬遷撰、（南朝宋）裴駰等注：《史記》，北京：中華書局，1963 年，第 3022 頁。

馬相如傳》則作"谽呀豁閜"①，《文選·司馬相如〈上林賦〉》又作"谽呀豁閜"②。《史記·司馬相如列傳》録《哀二世賦》，有"通谷豃兮谽谺"③句，《漢書·司馬相如傳》作"通谷豃乎谽谺"④。此外，《文選·張衡〈思玄賦〉》亦有"越谽嗃之洞穴兮"⑤之句。結合相關注文可知，"谽"與"谺"，"呀"與"谺"、"豃"、"嗃"，聲同通用。兩組語詞互相配合使用，乃典籍中習見，罕見"嵺"之使用。

此寫未央宫，即借用司馬相如、張衡賦語詞，所云"歷闕門而直上，陟甬道以旁升。但見夫洞豁嵓嵺，聱牙突兀。心驚目眩，轉眄迷惑"，正是登高望下之狀，而"嵓呀"即處高望下時所見如深谷般空闊的情景。

7.《未央宫賦》：閑房娙娟，層樓峛屴。

按："娙"誤，當作"嫂"。

"娙"是"嫂"的俗字。《集韻·皓韻》："㛫、嫂，蘇老切。……或從叟。俗從更，非是。"⑥"娙娟"意不可解，當作"嫂娟"。嫂娟，此形容閑房。《文選·王延壽〈魯靈光殿賦〉》："旋室嫂娟以窈窕。"李善注："嫂娟，回曲貌。"張銑注："旋，曲也。嫂娟，美貌。窈窕，深也。……言此殿内更有曲室，美麗且深。"⑦

又《紫微垣賦》中"軒櫺繚繡而娙娟，窗楹周回而玲瓏"之"娙娟"亦同此訛，當校改作"嫂娟"。

8.《封禪賦》：殊流之原祖，登分丘而礧石，謂卒業之有取；然而立名紀功，何二葉而亡羊？

按："分"誤，當作"介"。

介丘，語本司馬相如《封禪文》。《史記·司馬相如列傳》録此文云："微夫斯之爲符也，以登介丘，不亦恧乎？"裴駰集解引《漢書音義》曰："介，大；丘，山也。言周以白魚爲瑞，登太山封禪，不亦慚乎？"⑧賦文本此，敘秦始皇封禪事，以"介丘"代指泰山。

又"名"疑當作"石"。立石紀功，指秦始皇登封泰山，樹立石碑，刻辭紀功。楊氏《姑蘇臺賦》第一篇有"輂石漕材"句，此"石"字原作"名"，勞氏於右旁校改爲"石"。"立名紀功"之"名"，或爲失校之訛字。

9.《玉筍班賦》：當長夜之初元，亦大比之急賢。何錢公之知舉，累宗敏之私牽？

按："夜"誤，當作"慶"；"敏"誤，當作"閔"。

長慶，指唐穆宗年號（821—824）。宗閔指李宗閔。唐德宗貞元二十一年進士，長慶四年知貢舉，所取多知名之士，時稱玉筍。《玉筍班賦》云："當長夜之初元，亦大比之急賢。何錢公之知舉，累宗敏之私牽？幸後來之有選，蓋前日之所儋。曰海内之名士，咸茅拔而茹聯。"事見於《新唐書·李宗閔傳》："長慶初，錢徽典貢舉，宗閔託所親

① （漢）班固撰、（唐）顏師古注：《漢書》，北京：中華書局，1964年，第2553頁。
② （南朝梁）蕭統編、（唐）李善注：《文選》，北京：中華書局，1977年，第124頁。
③ 《史記》，第3055頁。
④ 《漢書》，第2591頁。
⑤ 《文選》，第219頁。
⑥ 《宋刻集韻》，第116頁。
⑦ （南朝梁）蕭統編、（唐）李善等注：《六臣注文選》，北京：中華書局，2012年，第218頁。
⑧ 《史記》，第3065—3067頁。

於徽，而李德裕、李紳、元稹在翰林，有寵於帝，共白徽納干丐，取士不以實，宗閔坐貶劍州刺史。……俄復爲中書舍人，典貢舉，所取多知名士，若唐沖、薛庠、袁都等，世謂之'玉笋'。"①賦中"錢公"即指錢徽，於長慶元年以禮部侍郎知貢舉，試士失職，貶江州刺史。

賦文所述乃穆宗長慶年間事，"長夜"顯係"長慶"之訛。又李宗敏，新、舊《唐書》皆作"李宗閔"，且《玉笋班賦》後又有"矧宗閔之黨魁，來群小之匈匈"之文，可知"敏"實乃"閔"之訛。

又由此可知，此賦下文所謂"乃若唐薛稱首，袁郁在中"之"袁郁"，實當作"袁都"。袁都爲袁滋之子，字子美，爲"玉笋"諸人之一。

10.《玉笋班賦》：是則玉笋之雅評，曾不若蒼州之石出奇於表墓，顧渚之紫錫名於貢茶也。

按："蒼"誤，當作"益"。

賦詠"玉笋"，故文中多用"笋"之典故。益州，在今四川一帶。益州之石出奇於表墓，謂益州石笋因形狀奇特，被用來作墓前的石碑。典出晉常璩《華陽國志·蜀志》："時蜀有五丁力士，能移山，舉萬鈞。每王薨，輒立大石，長三丈，重千鈞，爲墓誌。今石笋是也。"②杜甫《石笋行》詩："君不見益州城西門，陌上石笋雙高蹲。……恐是昔時卿相墓，立石爲表今仍存。"③賦文以"石笋"、"紫笋"與"玉笋"作比，結合典源，可知"蒼州"當作"益州"。

11.《九府圜法賦》：邁來子之鵝眼，矧荇帶之青蚨？

按："帶"誤，當作"葉"。

荇葉，指南朝劉宋時鑄造的一種薄小錢幣。唐杜佑《通典·錢幣下》："廢帝景和元年，鑄二銖錢，文曰'景和'，形式轉細。官錢每出，人間即模效之，而大小厚薄皆不及也。無輪郭，不磨鑢，如今之'剪鑿'者，謂之來子。尤薄輕者謂之荇葉，市井通用之。"④剪鑿亦是南朝宋時鑄造的一種錢幣，錢形薄小，因民間盜鑄者多剪鑿古錢，取其銅以造之，故名。來子，《宋書》作"耒子"，詩文作品中亦有寫作"萊子"者（如唐李賀《感春》詩"榆穿萊子眼"等）。

此賦以"九府圜法"爲題，敍述歷代幣制，"來子"、"荇葉"俱南朝宋時錢幣，故賦文"帶"當作"葉"。

12.《鹵簿賦》：輮轊膠轕，焱拉奮厲。

按："焱"誤，當作"猋"；"奮"誤，當作"雷"。

猋拉，疾風發聲；雷厲，迅猛貌。《文選·揚雄〈羽獵賦〉》："方馳千駟，狡騎萬帥。虓虎之陳，從橫膠轕。猋拉雷厲，驞駍駖磕。洶洶旭旭，天動地岋。"李善注："拉，風聲也。"李周翰注："結陣交錯，如風雷之威也。"⑤

① （宋）歐陽脩、宋祁等：《新唐書》，北京：中華書局，1975 年，第 5235 頁。
② （晉）常璩撰、任乃強校注：《華陽國志校補圖注》，上海：上海古籍出版社，1987 年，第 122 頁。
③ （唐）杜甫撰、（清）仇兆鼇注：《杜詩詳注》，北京：中華書局，1979 年，第 833 頁。
④ （唐）杜佑：《通典》，北京：中華書局，1985 年，第 188 頁。
⑤ 《六臣注文選》，第 169 頁。

此賦以"鹵簿"爲題，描述帝王出行儀仗，多取漢大賦語詞。此句上下文本於揚雄賦甚明，"焱拉奮厲"當作"焱拉雷厲"。

13.《鹵簿賦》：輷軌駍輣，洶洶沸沸。

按："軌"誤，當作"軋"。

輷軋，象聲詞。形容聲音宏大。《文選·張衡〈南都賦〉》："流湍投濈，砏汃輣軋。"李善注："砏汃輣軋，波相激之聲也。"①輷、輣相通。賦文本此，是以"軌"當作"軋"。

14.《鹵簿賦》：雲霞爲旒，雜沓紛披。虹霓爲繯，忽乎高低。

按："繯"誤，當作"繸"。

繸，指旗上的結帶。《文選·揚雄〈羽獵賦〉》："青雲爲紛，虹蜺爲繸。"李善注引韋昭曰："紛，旗旒也。繸，旗上系也。"李周翰注："紛、繸皆旗飾。言畫雲蜺於旗上也。"②是賦文所本。

15.《會通河賦》：江潢截乎南紀，交廣達乎朱垠。

按："潢"誤，當作"漢"。

江漢，指長江和漢水。《詩·小雅·四月》云："滔滔江漢，南國之紀。"鄭玄箋："江也，漢也，南國之大水，紀理眾川，使不壅滯。"③

16.《會通河賦》：今會通之發源，得非漳水安氏而合汶，由博興而入海者乎？

按："漳水"源出今陝西鳳翔西北雍山下。《漢書·溝洫志》："關中靈軹、成國、漳渠引諸川。"顏師古注引如淳曰："漳音韋，水出韋谷。"④與文意不合，當作"濟水"。

據《元史·河渠志一》記載，至元二十六年（1289），從壽張縣尹韓仲暉之言，開河以通運道，南起東昌路須城縣安山西南，接濟州河引汶水北流，至臨清通御河。全長二百五十餘里，賜名會通河⑤。此賦中"安氏"即安山，又稱安民山，濟水流經於此。汶水與濟水在安山匯合，形成會通河的源頭。史念海《中國的運河》第七章《會通河》："到了至元二十六年，壽張縣尹韓仲暉和太史院令史邊源就相繼建言，請求開鑿這段運河。新河由須城安山（在今東平縣西，亦曰安民山，本爲汶濟合流處）到臨清，全長二百五十餘里，當時定名爲會通河。"⑥

又《書·禹貢》："導沇水，東流爲濟，……又東北，會於汶；又北東，入於海。"蔡沈集傳："又東北至東平府壽張縣安民亭，合汶水，至今青州博興縣入海。"⑦此賦敘述夏禹導水之跡，多本《書·禹貢》及宋蔡沈集傳，雖爲有據，但多與實際不符。由此可知，"漳"字顯然是"濟"字之訛。

17.《會通河賦》：今會通之得交會，得非漳水東北至异城，而入北河者乎？

按："异"誤，當作"阜"。

① 《文選》，第70頁。
② 《六臣注文選》，第168頁。
③ （漢）鄭玄注、（唐）孔穎達疏：《毛詩注疏》，《十三經注疏》，上海：上海古籍出版社，1997年，第462頁。
④ 《漢書》，第1684頁。
⑤ 《元史》，第1608頁。
⑥ 史念海：《史念海全集》第一卷，北京：人民出版社，2013年，第449頁。
⑦ （宋）蔡沈：《書集傳》，南京：鳳凰出版社，2010年，第63頁。

阜城，即今河北阜城縣。此賦有云："衡漳合於黄河，至砱礫而稍改。自河流之東南，獨清漳之入海。今會通之得交會，得非漳水東北至异城，而入北河者乎？"《書・禹貢》"至於衡漳"蔡沈集傳："（濁漳）東至鄴合清漳，東北至阜城入北河。……周定王五年，河徙砱礫，則漸遷而東。漢初漳猶入河。其後，河徙日東，而取漳水益遠。"①賦實本於此，"异"顯乃"阜"之訛。

18. 《泰元神策賦》：置太史，奉北畤之祠；詔御史，治汾社之豐。

按："汾"誤，當作"枌"。

枌社之豐，指位於豐地的枌榆社。《史記・封禪書》："高祖初起，禱豐枌榆社。"裴駰集解引張晏曰："枌，白榆也。社在豐東北十五里。或曰枌榆，鄉名，高祖里社也。"②《封禪書》又稱："後四歲，天下已定，詔御史，令豐謹治枌榆社，常以四時春以羊彘祠之。"③賦以"泰元神策"爲題，敘漢武帝事，多採《史記・封禪書》、《漢書・郊祀志》中的内容。此"汾"顯係"枌"之訛。

19. 《泰元神策賦》：正錦得鼎，黄雲下霧。

按："正"誤，當作"巫"。

巫錦，指名叫錦的巫師。《漢書・郊祀志上》："其夏六月，汾陰巫錦爲民祠魏脽后土營旁，見地如鈎狀，捂視得鼎。"顏師古注引應劭曰："錦，巫名。"④

20. 《泰元神策賦》：援申公以左驗，義不革於所終。

按："終"誤，當作"忠"。

所忠是漢武帝幸臣。義不革於所忠，指所忠拒絶爲公孫卿進呈劄書。《漢書・郊祀志上》："卿因所忠欲奏之。所忠視其書不經，疑其妄言，謝曰：'寶鼎事已決矣。尚何以爲！'卿因嬖人奏之。上大悦，乃召問卿。"顏師古注："所忠，人姓名也。"⑤

21. 《泰元神策賦》：璧六寸而奉瑄，旗三星而吐鐟。

按："鐟"誤，當作"鏠"。

旗三星而吐鏠，謂鏠旗上畫有太一、招搖、天蜂三星。《漢書・郊祀志上》："其秋，爲伐南越，告禱泰一，以牡荆畫幡日月北斗登龍，以象太一三星，爲泰一鏠旗，命曰靈旗。"顏師古注引晉灼曰："《天文志》：'天極星，其一明者，太一也；旁三星，三公也。'畫一星在後，三星在前，爲泰一鏠旗也。"⑥

22. 《泰元神策賦》：甲午災林光之門，乙酉焚柏梁之臺。

按："午"誤，當作"子"。

甲子災林光之門，謂甲子日林光宮門被雷電擊毀。《漢書・郊祀志下》："杜鄴説商曰：'……又雍大雨，壞平陽宮垣。乃三月甲子，震電災林光宮門。'"顏師古注："林

---

① 《書集傳》，第 41—42 頁。
② 《史記》，第 1378 頁。
③ 《史記》，第 1378 頁。
④ 《漢書》，第 1225—1226 頁。
⑤ 《漢書》，第 1228—1229 頁。
⑥ 《漢書》，第 1231—1232 頁。

光,秦離宮名也。"①

23.《首陽山賦》:惟首陽之環偉兮,曰華山之中劃。

按:"環偉"不辭,當作"瓖偉"。

瓖,同"瑰"。瑰偉,詩文中習見。惟首陽之瓖偉兮,謂首陽山奇異雄偉。

24.《角端賦》:九貞之驒鹿角駒形而字於外圍者,無足奇。

按:"貞"誤,當作"真"。

九真,古郡名。《爾雅·釋獸》:"驒,如馬,一角,不角者騏。"郭璞注:"元康八年,九真郡得一獸,大如馬,一角,角如鹿茸,此即驒也。"②賦文本此。

25.《殷輅賦》:皮軒闟戟之雜襲,朱綱書香之陸離。

按:"綱"誤,當從國圖本作"網";"書"誤,當作"畫"。

朱網,指網絡狀的朱紅色簾幕。古時掛於車廂中,用作裝飾或防護。畫香指畫香車,應是一種彩繪香車。《新唐書·楊復恭傳》:"帝遂問游幸費,對曰:'聞懿宗以來,每行幸無慮用錢十萬,金帛五車,十部樂工五百,犢車、紅網朱網畫香車百乘,諸衛士三千。……'帝乃詔類減半。"③此"朱網畫香"所本。

26.《記里車賦》:唐宋時有若魏、蕭嵩、盧道降之流,增廣其制,而記里車之盛蔑以加矣。

按:"降"誤,當作"隆"。

盧道隆,北宋人。仁宗天聖五年,上記里鼓車之制。其名典籍中皆作"盧道隆"。《宋史·輿服志一》:"記里鼓車,一名大章車。……仁宗天聖五年,內侍盧道隆上記里鼓車之制:'獨轅雙輪,箱上為兩重,各刻木為人,執木槌。'"④

此賦後文云:"始創典于魏徵,復修制於蕭嵩。……湮五代之泯滅,至趙宋之興隆。五改元於天聖,來盧相之道宏。"此"宏"字原作"弘",勞氏校改作"宏",實亦當作"隆"。又"魏"字之後疑脫"徵"字。"唐宋時有若魏徵、蕭嵩、盧道隆之流",更顯文通詞順。

27.《記里車賦》:光三雅以獻賦,又豈柳河西之擅文鳴也?

按:"西"誤,當作"東"。

柳河東,指柳宗元。此賦前序文云:"唐柳宗元既已賦里鼓,而余復補賦記里車云。"賦中又稱:"始創典于魏徵,復修制於蕭嵩。制莫盛於有唐,賦兼奇於柳公。"今柳宗元集中有《記里鼓賦》,楊賦即指此而言。柳宗元,河東解縣(今山西運城西南)人,世稱"柳河東"。此"柳河西"乃明顯手民之誤。

28.《器車賦》:維武陽之御極,為綴旒乎九區。

"陽",國圖本作"揚"。按:"陽"、"揚"皆誤,當作"湯"。

武湯即商湯。語出《詩·商頌·玄鳥》:"古帝命武湯,正域彼四方。方命厥后,奄有九有。"鄭玄箋:"古帝,天也。天帝命有威武之德者成湯,使之長有邦域,為政於天

① 《漢書》,第1262—1263頁。

② (晉)郭璞注、(宋)邢昺疏:《爾雅注疏》,《十三經注疏》,上海:上海古籍出版社,1997年,第2651頁。

③ 《新唐書》,第5890頁。

④ (元)脫脫等:《宋史》,北京:中華書局,1977年,第3493頁。

下。……湯有是德,故覆有九州,爲之王也。"①

此賦行文,即先以商湯時出現的"山車"爲始,繼以漢武帝時出現的"象載",故賦末有欲從"莘野之阿衡"(伊尹)、"千秋之小車"(車千秋)以"質是車之真妄"意。此賦中"何武湯之武,寥寥千載"之"湯"字,原作"陽",勞氏即將"阝"改作"氵"。

29.《器車賦》:玉湘至乎山澤,車垂錡而曲圓。

按:"錡"誤,當作"鉤"。

垂鉤,謂木不揉治而自圓曲。此例句上文云:"然而愚嘗稽《戴禮》之正義,參《禮緯》之遺編。"《禮記·禮運》"山出器車"孔穎達疏:"山出器車,按《禮緯斗威儀》云:'其政太平,山車垂鉤。'注云:'山車,自然之車;垂鉤,不揉治而自圓曲。'"②是賦文所本。又"玉湘"於義難通,疑亦有訛字,待考。

30.《舜琴賦》:宜宣尼有勃然之歎美,而昌黎有得于壁水之儒生也。

按:"壁"誤,當作"璧"。

璧水,指太學。《詩·大雅·靈臺》:"于論鼓鐘,于樂辟雍。"毛傳:"旋丘如璧,曰辟雍。"③辟雍爲古代天子設立的學校,環以水池,其形如璧,故以"璧水"代指太學。韓愈《上巳日燕太學聽彈琴詩序》:"三月初吉,實惟其時。司業武公於是總太學儒官三十有六人,列燕於祭酒之堂。……有儒一生,魁然其形,抱琴而來,歷階而升,坐於鱄俎之南。鼓有虞氏之《南風》,賡之以文王、宣父之操。優遊夷愉,廣厚高明,追三代之遺音,想舞雩之詠歎。"④賦文本此。

31.《簡儀賦》:却凡飾以居約,握乾象而獨窺。

按:"凡"誤,當作"繁"。

繁飾,指複雜的構造。簡儀是郭守敬將結構複雜的唐宋渾儀革新簡化而製成的,因其構造較爲簡單,故稱簡儀。此賦末之歌云:"去繁而簡,要且中兮。"亦可明"凡"字之訛。

32.《簡儀賦》:彼五運之所履,斯乃加于地平。

按:"五"誤,當作"立"。

立運,指簡儀的立運環。此賦多採用姚燧《簡儀銘》。《簡儀銘》云:"別置立運,下履地平。"⑤地平,指簡儀的地平環。簡儀的地平裝置叫做立運儀,由一個固定的地平環(又稱陰緯環)和一個直立於地平環之上可以旋轉的立運環組成,用以測定天體的地平方位和地平高度。

33.《浮磬賦》:瀛石若羽固不足信兮,夫何詫乎捷爲之水滸?

按:"捷"誤,當作"犍"。

賦以"浮磬"爲題,此皆用"磬"典。上句典出《拾遺記·周穆王》:"浮瀛羽磬,……

①　《毛詩注疏》,第 623 頁。

②　《禮記注疏》,第 1427 頁。

③　《毛詩注疏》,第 525 頁。

④　(唐)韓愈撰、馬其昶校注:《韓昌黎文集校注》,上海:上海古籍出版社,1986 年,第 240 頁。

⑤　(元)姚燧:《姚燧集》,北京:人民文學出版社,2011 年,第 477 頁。

浮瀛，即瀛洲也，上有青石，可爲磬，磬者長一丈，輕若鴻毛，因輕而鳴。"①下句典出《漢書·禮樂志》："至成帝時，犍爲郡於水濱得古磬十六枚，議者以爲蕭祥。"②犍爲是漢代古郡名，治今四川宜賓縣。

34.《浮磬賦》：圭璧天成洞孚尹兮，亟徥襲夫璆琳。

"徥"，國圖本作"湜"。按："徥"、"湜"皆誤，當作"緹"。

緹襲，即"緹巾十襲"之省稱。《後漢書·應劭傳》"宋愚夫亦寶燕石"李賢注引《闕子》："宋之愚人得燕石梧臺之東，歸而藏之，以爲大寶。周客聞而觀之，主人父齋七日，端冕之衣，釁之以特牲，革匱十重，緹巾十襲。"③謂用赤色繒把物品重重包裹起來。即鄭重珍藏之意。亟緹襲夫璆琳，謂趕快像珍藏璆琳美玉般珍藏浮磬。

賦云："嗟無句之已遠兮，孰摩挲而援之？探奇姿於深壤兮，濯碧蘚於秋泫。圭璧天成洞孚尹兮，亟徥襲夫璆琳。矢琢磨以成器兮，吾將上獻于虞庭。"先敘浮磬之出，次寫浮磬之美，終明上獻之意。"圭璧"、"璆琳"皆比"浮磬"，謂其具有天然美質，當鄭重珍藏，以琢磨成器。此賦僅取"緹巾十襲"之珍藏意。"徥襲"、"湜襲"皆不辭，當爲"緹襲"之訛。

35.《石經賦》：迨熹平之四禩，參揚言於棠溪。

按："棠"誤，當作"堂"。

堂溪指堂溪典。東漢靈帝時爲五官中郎將，熹平四年，與蔡邕等奏求正定六經文字。《後漢書·蔡邕傳》："建寧三年……召拜郎中，校書東觀。遷議郎。邕以經籍去聖久遠，文字多謬，俗儒穿鑿，疑誤後學，熹平四年，乃與五官中郎將堂溪典、光祿大夫楊賜、諫議大夫馬日磾、議郎張馴、韓説、太史令單揚等，奏求正定六經文字。"④賦文即指此事而言。

36.《海鹽賦》：此所以倚頓不能比其富，張融不能賦其文也。

按："倚"誤，當作"猗"。

猗頓是春秋時期魯國人。《史記·貨殖列傳》"猗頓用盬鹽起"裴駰集解引《孔叢子》曰："猗頓，魯之窮士也。耕則常饑，桑則常寒。聞朱公富，往而問術焉。朱公告之曰：'子欲速富，當畜五牸。'於是乃適西河，大畜牛羊於猗氏之南，十年之間其息不可計，貲擬王公，馳名天下。以興富於猗氏，故曰猗頓。"張守節正義："猗氏，蒲州縣也。"⑤猗頓以鹽起家，張融曾於海上作《海賦》，故賦取以作比。又例句中"頓"原作"賴"，勞氏於右旁校改作"頓"，顯然抄書人不知此處用猗頓之典。

37.《飛車賦》：飆驅月竁，霧驛坤堆。

按："坤堆"不辭，"堆"誤，當作"維"。

月竁，指極西的地方。《文選·顏延之〈宋郊祀歌〉之一》："月竁來賓，日際奉土。"

① （晉）王嘉：《拾遺記》，北京：中華書局，1981年，第66頁。
② 《漢書》，第1033頁。
③ （南朝宋）范曄撰、（唐）李賢注：《後漢書》，北京：中華書局，1965年，第1613—1614頁。
④ 《後漢書》，第1990頁。
⑤ 《史記》，第3259頁。

呂延濟注:"竁,窟也。月窟,西極。"[①]又,《文選·張協〈雜詩〉之二》:"大火流坤維,白日馳西陸。"李善注:"《淮南子》曰:坤維在西南。"[②]坤維本指西南,此即指西方。

此賦中"玉關之西,奇肱之陲。斫木爲車,從風而飛。夫何去中華之四萬,覽德耀而東來。若稽古昔,商邑巍巍"一段,本於晉張華《博物志·外國》:"奇肱民善爲機巧,以殺百禽,能爲飛車,從風遠行。湯時西風至,吹其車至豫州。湯破其車,不以視民。十年東風至,乃復作車遣返,而其國去玉門關四萬里。"[③]月竁、坤維,皆指飛車所來的極西之地,"飆驅月竁,霧驛坤維"正謂奇肱國人乘其所造飛車駕風馭霧而來的情景。

二、文字訛誤類型及原因之探析

上列37條考辨,按照文字訛誤的表現形式,可分爲形近而誤和音近而誤兩種類型。第9條"宗閔"訛作"宗敏",第20條"所忠"訛作"所終",第31條"繁飾"訛作"凡飾",爲典型的音近而誤類。而第27條"柳河東"之訛作"柳河西",則是因抄書人走心而誤。除此之外,皆可歸入形近而誤的範圍之内。形近而誤類又可分爲兩種情況,一種是音近形近類(如表1),一種是音異形近類(如表2)。表中所列序號,與考辨序號相對應。

表1 音近形近類

序號	賦題	賦文 訛字	賦文 正字	典源文獻
3	方諸賦	説齊	涚齊	《禮記·郊特牲》
5	柱後惠文冠賦	湖廣	胡廣	《漢書》、《漢官儀》
14	鹵簿賦	環	繯	揚雄《羽獵賦》
18	泰元神策賦	汾社	枌社	《史記·封禪書》、《漢書·郊祀志上》
21		熢	鏠	
26	記里車賦	盧道降	盧道隆	《宋史·輿服志一》
28	器車賦	武陽	武湯	《詩·商頌·玄鳥》
30	舜琴賦	壁水	璧水	《詩·大雅·靈臺》及毛傳、韓愈《上巳日燕太學聽彈琴詩序》
33	浮磬賦	揵爲	犍爲	《漢書·禮樂志》
34		偍襲	緹襲	《後漢書·應劭傳》及李賢注
35	石經賦	棠溪	堂溪	《後漢書·蔡邕傳》
36	海鹽賦	倚頓	猗頓	《史記·貨殖列傳》、《漢書·貨殖傳》

① 《六臣注文選》,第510頁。

② 《文選》,第420頁。

③ (晉)張華撰、范寧校證:《博物志校證》,北京:中華書局,2014年,第22頁。

表 2　音異形近類

序號	賦題	賦文		典源文獻
		訛字	正字	
1	八陣圖賦	前衡、後衡	前衝、後衝	《握奇經》
2	太液池賦	流鷁	流鳷	
4	方諸賦	王人	主人	《禮記·郊特牲》
6	未央宮賦	嶅崝	嶅岈	司馬相如《上林賦》
7		婞娟	婙娟	王延壽《魯靈光殿賦》
8	封禪賦	分丘	介丘	司馬相如《封禪文》
9	玉筍班賦	長夜	長慶	《新唐書·李宗閔傳》
10		蒼州	益州	常璩《華陽國志·蜀志》、杜甫《石筍行》
11	九府圜法賦	荇帶	荇葉	《通典·錢幣下》
12	鹵簿賦	焱拉	猋拉	揚雄《羽獵賦》
		奮厲	雷厲	
13		輴軌	輴軋	張衡《南都賦》
15	會通河賦	江潢	江漢	《詩·小雅·四月》
16		漳水	濟水	蔡沈《書·禹貢》集傳
17		异城	阜城	
19	泰元神策賦	正錦	巫錦	《史記·封禪書》、《漢書·郊祀志上》
22		甲午	甲子	
23	首陽山賦	環偉	瓌偉	
24	角端賦	九貞	九真	《爾雅·釋獸》及郭璞注
25	殷輅賦	朱綱書香	朱網畫香	《新唐書·楊復恭傳》
29	器車賦	垂錡	垂鉤	《禮記·禮運》及孔穎達疏
32	簡儀賦	五運	立運	姚燧《簡儀銘》
37	飛車賦	坤堆	坤維	張協《雜詩》之二

　　由前列考辨可知，第 2 條"流鳷"無具體出處，而第 15 條"江漢"、第 23 條"瓌偉"、第 28 條"武湯"、第 34 條"緹襲"、第 37 條"坤維"爲古詩文中習見語詞，可視作比較純粹的語典；除此之外，其餘諸條皆可結合賦題及上下文找出其所取用的具體典故。通過查考相關典故所在的典源文獻，將賦文用字與典源文獻的相關用字進行比較，即可發現賦中文字的訛誤，而典源文獻也爲校改賦中訛字提供依據。

　　需要指出的是，上列賦中訛字並非作者寫作時的用字失誤。首先，這些文字訛誤情況，基本均爲賦文用字與其引用典源文獻中的相關用字個別不符，而賦文所用典故是可查考而知的。同時，賦題往往規定著典源文獻的範圍，行文用字在採用典源文獻時,常常是截取其中的一個完整片段進行鋪陳,賦文用字的上下文與典源文獻形成的這種對應也使作者用字失誤的可能性大爲減小。用典指向明確,在一定程度上保證了賦文用字的準確。其次,上表所列典源文獻基本均爲古代士人學習的經典文獻,對在經學、史學、文學等方面頗有造詣而又博學多才的楊維楨來説,不太可能出現這樣低級的個別用字失誤。

那麼,訛誤的原因何在? 一方面,在於賦文本身具有一定閲讀難度。《鐵崖賦稿》收錄楊維楨 50 篇賦作,涉及覽古、宮殿、器用、典禮、服飾、治道、鳥獸、宮殿、天象、書畫、文學、玉帛、地理、室宇、帝治、音樂、諷諭、飲食等各種題材(題材名稱依據上圖本卷首所載《楊鐵崖先生文集目》。據勞格於天頭處的朱批可知,此目及目下小注俱何元錫校增),涵蓋範圍極廣。這在元代賦家中是絕無而僅有的。古人有"賦兼才學"之説,認爲從賦中可以見出一個人的才力和學識。《鐵崖賦稿》正是極好的考見楊維楨才學的賦作專集。集内所收賦作基本皆以古爲題,援引古典便成爲必然選擇。作品取典廣博,用典繁密,時時巧立新典,可謂是明徵暗引,層見疊出,充分展現出作者駕馭古典的能力。作者在展現才學的同時,無疑給讀者閲讀帶來一定的困難。

更爲重要的方面是,訛誤產生的原因還與《鐵崖賦稿》一書的文獻流傳形式相關。《鐵崖賦稿》所收賦文絕大部分不見於其他文獻①,亦未見刊刻,明代公私書目罕見著錄。上圖本後錄有朱燧作於洪武三十一年(1398)的跋語(南圖本和國圖本皆有),云:"追思鐵崖先生在家舅雪齋芝川,園林亭館之盛,冠蓋文物之多,恍然如夢中矣。今年西禧樓先生文淵乃文獻故家……忽辱見借此帙,其幼年手書諸賦,簡編浩瀚,區區錄其二三。"據此可知朱燧乃從樓澄(字文淵)家所藏寫本抄錄。朱燧抄本是今傳各本的祖本,現存與否未知。這是《鐵崖賦稿》所收諸賦的首次傳抄。朱燧之後,有關該集在明代的流傳情況不得而知。上圖本後勞格跋云:

> 《東維子集》不載所作古賦,世所傳者僅有《麗則遺音》中三十二首,及《鐵崖文集》中《土圭》、《蓮花漏》、《記里鼓車》三首而已。此本計賦五十首,俱《遺音》所未載者。……觀後錄朱子新跋。自見初藏桐鄉金氏,後歸吳縣黃氏,錢唐何夢華主簿曾傳其副,又重編爲二卷,改名《鐵崖賦稿》。……每卷二十四首,止存四十八首。次序移易,非復元本之舊。……頃從高叔荃借得何氏元本,始知何氏於諸賦中字句又多竄改,不僅移易次第而已。爰命工依元本影錄一本。凡何氏所竄改,悉爲標出,使可識別。使不見此本,不幾以何氏重編本爲定本耶? 道光癸卯五月廿一日季言校畢識。

桐鄉金氏指金檀,浙江桐鄉人。其藏書樓曰文瑞樓。《文瑞樓藏書目錄》載"《鐵崖賦》一卷"②,即勞格所謂"初藏桐鄉金氏"之本。另徐乾學《傳是樓書目》亦著錄"《楊鐵厓賦》一卷"③,當與金氏文瑞樓藏本爲同一種書,二者關係如何未詳。金氏藏本後來歸"吳縣黃氏",即黃丕烈。上圖本後錄黃丕烈於"乙亥季夏八日"跋語,記載了

---

① 《鐵崖賦稿》收錄賦文 50 篇,僅《五雲書屋賦》又見載於清初印溪草堂抄本《東維子集》。
② (清)金檀:《文瑞樓藏書目錄》,上海:商務印書館,1935 年,第 72 頁。
③ (清)徐乾學:《傳是樓書目》,清味經書屋抄本。

黃氏得書經過：

> 六月六日，前月來過之書船友曹錦榮復來……云從吳江附夜航而來，包中攜有文瑞樓墨格鈔本《楊鐵崖文集》一冊……余粗一閱之，知是録鐵崖賦稿。……因觀末有朱燨子新跋，始知“諸賦簡編浩繁，區區録其二三”，是冊蓋摘録鐵崖賦稿也。……茲冊亦文瑞樓所録副本也。……《文瑞樓書目》有《鐵崖賦》一卷，其即是本歟？

黃丕烈所見本爲文瑞樓所録副本，即《文瑞樓藏書目録》中所指一卷本《鐵崖賦》。金檀藏本既然是副本，其正本爲何本，是否即徐乾學藏本，皆無從考知。

何元錫（字夢華）“曾傳其副”，即據金檀、黃丕烈所藏《鐵崖賦》又抄録一本。大概是對原書賦文的編排等有所不滿，何元錫又重編了一個二卷本，並且改名《鐵崖賦稿》。何氏重編本不僅移易原書的次序，而且刪除二賦，止存四十八篇。阮元曾爲之撰寫提要（見《揅經室外集》卷一），稱其即文瑞樓所藏一卷《鐵崖賦》，不確。而勞格所謂“何氏元本”，應當指何元錫據金檀、黃丕烈之本而抄録的副本，非何氏重編本，否則就不會等見到“何氏元本”之後才發現“何氏於諸賦中字句又多竄改，不僅移易次第而已”。

勞格“命工依元本影録一本”的“元本”，也指“何氏元本”。但勞格當日再跋云：

> 此本諸賦題下悉無“賦”字，與《麗則遺音》同，又版心僅書“鐵崖”二字。凡“賦”字以及“賦稿上、下”等字，俱係何氏所加，傭書人誤依補入。又賦中字句，又多從何氏改本。今悉塗乙，以復其舊。是日又識。

由抄書工人依照何氏元本“影録”之時“誤依補入”、“多從何氏改本”的情況推測，所謂“影録”其實很可能就是一般的抄寫！抄寫的底本是何氏元本，但同時又參考了何氏重編本，於是此抄本雖然大體尚存何氏元本之舊，但又有很多地方帶上何氏改本的痕跡。正因如此，勞氏一方面要將此抄本盡可能恢復何氏元本面貌，另一方面針對抄書工抄寫過程中的文字錯訛，請小史映郎對照元本校改，最終形成書中丹黃隨處可見的面貌。

總之，其間又經過文瑞樓、何元錫、勞格三次輾轉，使得文本的穩定性大爲降低。同時，勞格是請抄書工人影録，抄書工人以代人抄書爲職業，文化水準不必很高，這就更增加了文本錯訛的可能性，何況抄録的內容是用典使事層出不窮的辭賦作品。事實上，勞格所請的抄書工人水平確實不高。如前所述，將“謂日道之去極”抄成“謂臣道之去極”，將“猗頓不能比其富”抄成“倚賴不能比其富”之例即是。此類情況不勝枚舉。

傳抄過程中，受各種條件的制約，賦文文本難免產生各種類型的訛誤。對上圖抄本《鐵崖賦稿》中出現的訛文，勞格有所校改，但仍覺察到尚有未盡，正如其跋語中所云“元本固有訛字，惜不得《青雲梯》校之”，只不過是採取一種更爲謹慎的校勘態度。但訛文的大量存在，使得本已具有閱讀難度的賦文產生新的閱讀障礙，故指明其誤是十分必要的。這也是本文寫作的重要動機。

（作者單位：北京師範大學古籍與傳統文化研究院）

《法苑珠林校注》標點商正[*]

范崇高

唐代道世編纂的《法苑珠林》是一部具有佛教百科全書性質的類書,它包羅廣泛,收録的資料不僅有衆多的佛教文獻,而且有大量的外典俗書,是當今研究佛教文化的學者案頭必備的參考書。筆者近年校讀是書,每每受益於中華書局 2003 年出版的《法苑珠林校注》[①]的啟發。但正如吕叔湘先生所説:"標點古書也是一件相當費勁的工作,並不象有些人所想象的那樣輕而易舉。"[②]盡管校注者用力甚勤,廣泛比對,該書有些地方的標點仍然未完全體現出原作的本意,針對該書標點提出的修正意見也間有可商之處。今將所疑十二條編次爲一文,望方家不吝指教。

(1)東晉孝武寧康三年四月八日,襄陽檀溪寺沙門釋道安,盛德昭彰,擅聲宇内,于郭西精舍鑄造丈八金銅無量壽佛……其像夜出,西游萬山,遺示一跡,印文入石。(卷一三,457 頁)

按:"萬山"當用專名號。《水經注》卷二八"沔水中"注"又東過襄陽縣北"云:"沔水又東徑萬山北,山上有《鄒恢碑》,魯宗之所立也。山下潭中,有《杜元凱碑》……又北徑檀溪,謂之檀溪水。水側有沙門釋道安寺,即溪之名,以表寺目也。"[③]唐李吉甫《元和郡縣圖志》卷二一"襄州襄陽縣":"萬山,一名漢皋山,在縣西十一里。與南陽郡鄧縣分界處……檀溪,在縣西南。"[④]所記與此處相符,"萬山"確乎爲一山之專名。

(2)兒死便往無量壽國,見父兄及己三人,池中已有芙蓉大華,後當化生。其中唯母獨無,不勝此苦,乃心故歸啓報。(卷一五引《冥祥記》,520 頁)

按:"乃心"在此不是通常的動詞"思念、懷念"義,而是用作名詞,義爲"心、心願"。此義辭書不載,略陳數例於後:三國嵇康《管蔡論》:"而管、蔡服教,不達聖權,卒遇大變,不能自通。忠於乃心,思在王室,遂乃抗言率衆,欲除國患,翼存天子,甘心毁旦。"[⑤]"忠於乃心"即忠實於自己的心。《太平御覽》卷二四〇引王羲之《臨護軍教》:"今所任,要在於公役均平。其差大史忠謹在公者,覆行諸營,家至人告,暢吾乃心。"[⑥]"暢吾乃心"即傳達我的心願。南朝宋張演《續觀世音應驗記·序》:"竊懷記

* 四川省教育廳人文社科重點項目:《法苑珠林》文本校理研究(13SA0196)

① (唐)釋道世撰,周叔迦、蘇晉仁校注:《法苑珠林校注》(1-6),北京:中華書局,2003 年。以下引該書只標注頁碼。
② 吕叔湘:《標點古書評議》,北京:商務印書館,1988 年,第 77 頁。
③ (北魏)酈道元著,陳橋驛校證:《水經注校證》,北京:中華書局,2007 年,第 662 頁。
④ (唐)李吉甫撰,賀次君點校:《元和郡縣圖志》,北京:中華書局,1983 年,第 529 頁。
⑤ 魯迅輯:《魯迅輯録古籍叢編》第四卷《嵇康集》,北京:人民文學出版社,1999 年,第 89 頁。
⑥ (宋)李昉等撰:《太平御覽》(影印本),北京:中華書局,1998 年重印,第 1138 頁。

拾，久而未就。食[曾]見傅氏所録，有契乃心。耶[即]撰所聞，繼其篇末，傳諸同好云。"①"有契乃心"即正投合我的心願。唐玄嶷《甄正論》卷上："而迷滯過深，不無小惑，再黷高聽，有愧迺心。"(52/560/c)②迺同乃字，"有愧迺心"即有愧於心。《太平廣記》卷三〇七"凌華"引《集異記》："牒奉處分：以華昔日曾宰劇縣，甚著能績，後有缺行，敗其成功，謫官圜扉，伺其修省。既迷所履，太乖乃心。"③"太乖乃心"即大大違背我的心願。敦煌文獻斯三二九《書儀鏡·與親家翁母書》："未議祇敍，無慰乃心；時嗣德音，是所望也。"④"無慰乃心"即不能寬慰我心。故此處"不勝此苦乃心"當爲一句，意思是不堪此事折磨我心。

(3) 澄講安覆，疑難鋒起。安挫銳解紛，行有餘力。時人語曰：漆道人，驚四鄰。(卷一六引《梁高僧傳》，544 頁)

按：《校注》于"漆道人"下用人名號，疑非。《高僧傳》卷五"釋道安"言其"形貌甚陋""形貌不稱"，並云："澄講，安每覆述，眾未之愜，咸言'須待後次，當難殺崑崙子。'"(50/551/c)《晉書》卷三二"后妃傳下·孝武文李太后傳"："時后爲宮人，在織坊中，形長而色黑，宮人皆謂之崑崙。"⑤《舊唐書》卷一九七《南蠻西南蠻·林邑》："自林邑以南，皆卷髮黑身，通號爲'崑崙'。"⑥"崑崙"同"崑崙"，可指膚黑者。稱道安爲"崑崙子"，當是因其膚黑之故。而當時的人傳言稱其爲"漆道人"，即是承此而言。《卍續藏經》宋釋靈操《釋氏蒙求》卷上："道安性行高明而形貌陋黑，時人語曰：漆道人，驚四鄰。"(148/558/a)"漆"是"黑"義，"漆道人"猶言"黑醜和尚"，故不當用專名號。中華書局本《高僧傳》于"漆道人"下用人名號⑦，亦誤。

(4) 時維那直殿，夜見此僧從窗隙出入，遽以白安。安驚起禮訊，問其來意，答云：相爲而來。(卷一六引《梁高僧傳》，546 頁)

按：王東先生云："訊"當連下讀，構成"訊問"同義連文，義爲詢問，此處及中華書局整理本《高僧傳》皆誤⑧。此説未當。"禮訊"成詞，猶施禮問候。如《高僧傳》卷三"曇摩密多"："密多道聲素著，化洽連邦，至京甫爾，傾都禮訊。自宋文哀皇后及皇太子、公主，莫不設齋桂宮，請戒椒掖，參候之使，旬日相望。"(50/343/a)《續高僧傳》卷十二"釋靈幹"："忽聞人喚云：'靈幹，汝來此耶！'尋聲就之，乃慧遠法師也。禮訊問曰：'此爲何所？'"(50/518/b)又卷二五"釋圓通"："通具述意故，乃令安置。將通巡房禮訊，見兩房僧各坐寶帳，交絡眾飾，映奪日光。"(50/648/b)《宋高僧傳》卷三十"釋齊己"："有禪客自德山來，述其理趣，己不覺神遊寥廓之場。乃躬往禮訊，既發解悟，都亡朕跡矣。"(50/897/c)是知原標點不誤。

① (南朝宋)傅亮等撰，孫昌武點校：《觀世音應驗記》(三種)，北京：中華書局，1994 年，第 10 頁。
② 文中所引佛典用例，《大正藏》爲臺北新文豐出版公司 1983 年影印版，《卍續藏經》爲臺北新文豐出版公司 1993 年影印版，標注格式爲"冊數/頁碼/欄目"。
③ (宋)李昉等編，汪紹楹校注：《太平廣記》，北京：中華書局，1961 年，第 2436 頁。
④ 郝春文主編：《英藏敦煌社會歷史文獻釋録》(第二卷)，北京：社會科學文獻出版社，2003 年，第 64 頁。
⑤ (唐)房玄齡等撰：《晉書》，北京：中華書局，1974 年，第 981 頁。
⑥ (後晉)劉昫等撰：《舊唐書》，北京：中華書局，1975 年，第 5270 頁。
⑦ (梁)釋慧皎撰，湯用彤校注：《高僧傳》，北京：中華書局，1992 年，第 178 頁。
⑧ 王東：《〈法苑珠林校注〉商補》，《古籍整理研究學刊》，2008 年第 3 期，第 91 頁。

(5) 法眼既聞閻羅王使來,審知是鬼,即共相拒。鬼便大怒云:急截頭髮。却一鬼捉刀即截法眼兩髻,附肉落地。(卷四六,1414 頁)

按:鬼所言"急截頭髮却"當爲一句。中古漢語中有"動＋賓＋補"的動結式表達法,如《太平御覽》卷五五九引《續搜神記》:"其夜令夢云:'二人雖得走,民已誌之。一人面上有青誌如藿葉,一人斮其兩齒折。明府但案此尋覓也。'"①"斮其兩齒折"即斮折其兩齒,也即打斷其兩齒。本書卷二一引《法句喻經》:"老公于後自授屋椽,椽墮打頭破,即時命過。"(684 頁)"打頭破"即打破頭。又卷七三引《冥報拾遺》:"唐武德年中,隰州大寧人賀悅永興,爲鄰人牛犯其稼穡,乃以繩勒牛舌斷。"(2176 頁)"勒牛舌斷"即勒斷牛舌。此處"急截頭髮却"即"急截却頭髮",意为趕快剪掉頭發。下文有"以大鐵斧截却舌根",則是動詞"截"和表示結果的"却"連用。《世說新語·規箴》:"夷甫晨起,見錢閡行,呼婢曰:'舉卻阿堵物。'"②《晉書》卷四三《王衍傳》:"衍晨起見錢,謂婢曰:'舉阿堵物却!'"③兩書所記爲同一事,用詞也相同,《世說新語》用"動＋補＋賓"句式,《晉書》用"動＋賓＋補"句式,與此處類似,可以助證。

(6) 臣聞少而學者,如日出之陽。壯而學者,如日中之光。老而學者,如炳燭之明。炳燭之明,孰與昧行。(卷五四引《說苑》,1630 頁)

按:"孰與昧行"後當用問號。值得注意的是,"炳燭之明,孰與昧行"這個疑問句,與一般古漢語教材認爲的"孰與"表示選擇,往往是捨棄前者,選取後者有所不同。它在比較中已帶有選擇的傾向性,明顯傾向於前一種做法,否定後一種做法。漢代及其以後,這類"孰與"屢見於文獻中,如《史記》卷七六《平原君虞卿列傳》:"我以六城收天下以攻罷秦,是我失之於天下而取償于秦也。吾國尚利,孰與坐而割地,自弱于強秦哉?"④《後漢書》卷四七《班超傳》:"今通西域則虜執必弱,虜執弱則爲患微矣,孰與歸其府藏,續其斷臂哉?"⑤《搜神記》卷十五:"其弟含,時尚少,乃慨然曰:'非常之事,自古有之。今靈異至此,開棺之痛,孰與不開相負?'父母從之,乃共發棺。"⑥《太平御覽》卷三七二引《晉陽秋》:"左右見敦盛怒,竊勸跪謝,彬曰:'脚痛不能跪拜。'敦復曰:'脚痛孰與頸痛?'咸爲失色。"⑦《大唐新語》卷二《極諫》:"伏乞陛下回思遷慮,察臣狂瞽,然後退就鼎鑊,實無所恨。臣得歿爲忠鬼,孰與存爲詔人?"⑧即其例也。

(7) 召佛道二宗門人殿前齋訖,侍中劉騰宣敕:諸法師等與道士論議,以釋弟子疑網。(卷五五引《梁[唐]高僧傳》,1677 頁)

按:《校注》於"釋"下用專名號,大誤。"釋"爲解釋、解除義,非指佛教;"疑網"喻疑惑眾多,如入羅網,不能解脫。東晉慧遠問、羅什答《鳩摩羅什法師大義》卷中:"而經說念佛三昧見佛,則問云,則答云,則決其疑網。"(45/134/b)隋達磨笈多譯《大方

①　《太平御覽》,第 2528 頁。
②　余嘉錫撰:《世說新語箋疏》,北京:中華書局,1983 年,第 557 頁。
③　《晉書》,第 1237 頁。
④　(漢)司馬遷撰:《史記》,北京:中華書局,1959 年,第 2372—2373 頁。
⑤　(南朝宋)范曄撰:《後漢書》,北京:中華書局,1965 年,第 1588 頁。
⑥　(晉)干寶撰,汪紹楹校注:《搜神記》,北京:中華書局,1979 年,第 185 頁。
⑦　《太平御覽》,第 1717 頁。
⑧　(唐)劉肅撰,許德楠等點校:《大唐新語》,北京:中華書局,1984 年,第 24 頁。

等大集經菩薩念佛三昧分》卷三:"彼世界中有一眾生,于諸法中多起疑網……我即生念:我今亦應不起此坐,不往彼刹,而爲眾生解釋疑網。"(13/841/b)唐澄觀述《大方廣佛華嚴經隨疏演義鈔》卷二八:"其中眾生三十二相,天眼無礙,鏡照十方,不聞生老病死苦等,但出佛法僧聲。若人欲見,應念便睹,不待解釋,疑網皆除。"(36/214/c)皆釋疑網之例。

(8) 寺有金銅像一軀,高六寸五分以去。天監六年二月八日,于寺東房北頭第三間內,忽聞音樂聲。(卷六三引《梁京寺記》,1888 頁)

按:"以去天監六年二月八日"當爲一句。中古時期,"去"可以表示以敘事時點爲視角,強調過去的時點,猶如"過去的"①。如《晉書》卷三十《刑法志》:"去元康四年,大風之後,廟闕屋瓦有數枚傾落,免太常荀寓。"②唐迦才《淨土論》卷下:"張元祥者……念彌陀佛爲業。去隋開皇二十年五月遇患,至六月三日辰時索食。"(47/99/a)《舊唐書》卷一九三《列女傳·女道士李玄真》:"玄真進狀曰:'去開成三年十二月內得嶺南節度使盧鈞出俸錢接措,哀妾三代旅櫬暴露,各在一方……'"③這種"去+時點"的用法前面還可以有別的介詞,如《漢魏南北朝墓誌彙編·魏故橫野將軍甄官主簿寧(懋)君墓誌》:"妻滎陽鄭兒女,太武皇時蒙授散常侍。鄭兒女遺姬,以去孝昌三年正月六日喪,以今十二月十五日葬於北芒□和鄉。"④《魏書》卷一一二下《靈徵志下》:"肅宗孝昌二年十月,揚州刺史李憲表云:'門下督周伏興以去七月患假還家,至十一日夜夢渡肥水……'"⑤《晉書》卷三十《刑法志》:"臣以去太康八年,隨事異議。"⑥此處標點者未明"去"的這一用法,將"以去"屬上句,大誤。

(9) 大同四年四月十二日中,竟有一客僧名法珍,緣家在壽陽,來寺禮拜。(卷八三引《唐高僧傳》,2416 頁)

按:"竟"當連上爲句。"中"指中食。寺中僧人一日兩餐,即朝食和中食,合稱兩餐爲"朝中",如東晉僧伽提婆譯《中阿含經》卷二:"有信族姓男、族姓女,於房舍中常施於眾朝粥、中食。"(1/428/a)本書卷十九引《冥祥記》:"其谷舊多虎,常爲暴害。立寺之後,皆如家畜。鮮卑慕容德以二縣租課充其朝中。"(632 頁)唐懷信述《釋門自鏡錄·序》:"余且約計五十之年,朝中飲食蓋費三百餘碩矣,寒暑衣藥蓋費二十余萬矣。"(51/802/a)"中竟"就是"中食竟",即中午吃完齋食。《宋書》卷八九《袁粲傳》:"孝建元年,世祖率群臣並于中興寺八關齋,中食竟,潛孫別與黃門郎張淹更進魚肉食……並免官。"⑦《續高僧傳》卷二七"釋僧崖":"因即應聲,二百許人悉見天花如雪,紛紛滿天,映日而下。至中食竟,花形漸大,如七寸盤。"(50/680/b)此"中食竟"之例。《高僧傳》卷八"釋智順":"初順之疾甚,不食多日,一時中竟,忽索齋飲。"(50/

---

① 何洪峰:《"去"字可作時間介詞辨》,《古漢語研究》,2012 年第 1 期,第 29 頁。
② 《晉書》,第 934 頁。
③ 《舊唐書》,第 5151 頁。
④ 趙超:《漢魏南北朝墓誌彙編》,天津古籍出版社,1992 年,第 213 頁。文中"□"爲缺字符號。
⑤ (北齊)魏收撰:《魏書》,北京:中華書局,1974 年,第 2956 頁。
⑥ 《晉書》,第 938 頁。
⑦ (梁)沈約撰:《宋書》,北京:中華書局,1974 年,第 2229 頁。

381/b)本書卷三六引《高僧傳》："嘗夏安居竟，信心看［者］採雜華施僧座下，中竟檢視，唯跋摩所坐，鮮榮如初。"（1151 頁）此"中竟"之例。

（10）爾後三年，忽聞車騎隱隱，從者彌峰。俄而有人著幘，稱珠欺王，通既前，從其妻子男女等二十三人，並形貌端正，有逾於世。（卷八四引《梁高僧傳》，2432 頁）

按：古時上門探訪有身份的人，皆需先以名帖通報來訪者姓名請見，稱爲"通刺"或"通名"，簡稱"通"，如《後漢書》卷七十《孔融傳》："河南尹何進當遷爲大將軍，楊賜遣融奉謁賀進，不時通，融即奪謁還府，投劾而去。"①《太平廣記》卷二九四"陳緒"引《幽明錄》："新城縣民陳緒家，晉永和中，旦聞扣門，自通云'陳都尉'，便有車馬聲，不見形。徑進，呼主人共語。"②《高僧傳》卷八"釋法度"："住經歲許，忽聞人馬鼓角之聲，俄見一人持名紙通度曰靳尚。"（50/380/b）此例的"通"意義同以上諸例。故"通"當屬上句。中華書局標點本《高僧傳》卷十一"支曇蘭"標點正確③。《高僧傳》卷十一"釋曇超"："後時忽聞風雷之聲，俄見一人秉笏而進，稱嚴鎮東通。須臾有一人至，形甚端正，羽衛連翩，下席禮敬。"（50/400/a）中華書局標點本《高僧傳》④及本書卷六三引（1887 頁）均在"嚴鎮東（陳）通"下用專名號，非是。"嚴鎮東"或"嚴鎮陳"是人名，"通"指通名求見，其用法與此處相同。

（11）如迦葉佛時有優婆塞，由飲酒故婬他妻，盜他雞殺。他人來問時，答言不作，便犯妄語。（卷八八引《薩婆多論》，2520 頁）

按：吳建偉先生云："當作：'如迦葉佛時有優婆塞，由飲酒故婬他妻，盜他雞，殺他人。來問時，答言不作，便犯妄語。'此段文字論説五戒中何者爲實戒。五戒即殺生、偷盜、邪淫、妄語、飲酒。此優婆塞五戒均犯。"⑤今謂，"盜他雞殺"仍當爲一句。南朝齊求那毗地譯《百喻經》卷四："雄鴿不信，瞋恚而言：'非汝獨食，何由減少。'即便以觜啄雌鴿殺。"（4/557/b）梁銀峰先生分析云："'啄雌鴿殺'可以理解爲'啄雌鴿而殺之'，'殺'仍爲及物動詞，爲'殺害'之義，'殺'後省略賓語'之'，應看作連動式。"⑥同時舉有句式相同的兩例：北魏吉迦夜、曇曜譯《雜寶藏經》卷三："有一大龜，背廣一里，心生悲愍，來向船所，負載眾人，即得渡海。時龜小睡，不識恩者，欲以大石打龜頭殺。諸商人言：'我等蒙龜濟難活命，殺之不祥，不識恩也。'"（4/464/b）"打龜頭殺"即"打龜頭而殺之"。又卷五："佛言：'昔在人間，於僧自恣日，佛經行道頭，然燈供養。阿闍世王，斬其腰殺，以是善因，命終之後，得生天中，重於我邊，聞法信解，得須陀洹道。'"（4/472/c）"斬其腰殺"即"斬其腰而殺之"。由此可見，"盜他雞殺"是和"啄雌鴿殺"相同的句式，應理解爲"盜他雞而殺之"，則此句言優婆塞犯有偷盜和殺生兩戒。

---

① 《後漢書》，第 2262 頁。
② 《太平廣記》，第 2340 頁。
③ 《高僧傳》，第 408 頁。
④ 《高僧傳》，第 424 頁。
⑤ 吳建偉：《〈法苑珠林校注〉標點疑誤補舉》，《古籍整理研究學刊》，2015 年第 6 期，第 81 頁。
⑥ 梁銀峰：《"啄雌鴿殺"的"殺"是表結果的不及物動詞嗎》，《中國語文》，2003 年第 2 期，第 181 頁。

　　(12) 因莎伽陀名聲流布,諸人皆作食,傳爭請之。(卷九三引《優婆塞五戒相經》,2688 頁)

　　按:吳建偉先生云:"'食'後逗號應刪,即:'因莎伽陀名聲流布,諸人皆作食傳,爭請之。'食者,飲食。傳者,傳舍,供來往行人居住的旅舍。此段文字引自《佛説優婆塞五戒相經·酒戒第五》,原文爲:'因長老伽莎陀名聲流布,諸人皆作食傳請之。'意思是諸人爲請伽莎陀而提供了飲食和傳舍。"[1]今謂,此處標點不誤。"傳"非指"傳舍",而是"輪流"之義,如《史記》卷八六《刺客列傳·荆軻》:"使擊築而歌,客無不流涕而去者。宋子傳客之,聞于秦始皇。"[2]"宋子傳客之"意即宋子城裏的人輪流請高漸離去做客。《魏書》卷九九《沮渠蒙遜傳》:"牧犍淫嫂李氏,兄弟三人傳嬖之。"[3]唐唐臨《冥報記》卷下:"長安市里風俗,每歲元日已後,遞作飲食相邀,號爲傳坐。"[4]"傳"就是"遞",輪流之意;"傳坐"猶言輪流做東。"諸人皆作食,傳爭請之"意思是大家都備辦飲食,輪流爭著請莎伽陀。

　　　　　　　　　　　　　　　　　　　　(作者單位:成都大學師範學院)

---

① 吳建偉:《〈法苑珠林校注〉標點疑誤補舉》,第 81 頁。
② 《史記》,第 2537 頁。
③ 《魏書》,第 2208 頁。
④ (唐)唐臨撰,方詩銘輯校:《冥報記》,北京:中華書局,1992 年,第 58 頁。

讀點校本《雲自在龕隨筆》劄記

譚苦盦

繆荃孫(1844—1919),字小珊、炎之,號楚薌、筱珊、藝風,江蘇江陰人。光緒二年(1876)進士,入翰林院任庶吉士,後散館授編修,充國史館修纂、總纂。光緒廿一年(1895),赴武昌修《湖北通志》。後任職於江楚編譯局、江南圖書館、京師圖書館。入民國後,參與主持《清史稿》編撰。繆氏一生著作宏富,自稱"身歷十六省,著書二百卷"。2014年,鳳凰出版社發行《繆荃孫全集》,收錄繆氏詩文、目錄、金石、筆記、日記、雜著諸作,全十五冊,共八百餘萬字,對於深刻認識繆氏之人生經歷并學術貢獻,進而理清近代學術脈絡,意義非凡。其中,《雲自在龕隨筆》"據國家圖書館藏作者手稿本、北京大學圖書館藏鈔稿本,又參以《古學彙刊》本、商務印書館本"進行點校。然在點校過程之中,尚有一些斷句錄文之訛以及失校之處,特爲指出,以備重印再版時作參考。

一、斷句之訛

1. 卷一:"李森先殺優人王紫稼。……罪案在贜,緣關説,刺人陰私,爲諸豪胥耳目心腹。"(第9頁)

按,當作"罪案在贜緣關説"。"罪案"猶言"罪名"。王家楨《研堂見聞雜記》:"李公森先,山東平度人,崇禎庚辰進士。……公爲人寬厚長者,而嫉惡特嚴。……優人王子玠善爲新聲,人皆愛之。……後棄業不爲,以贜緣關説,刺人機事,爲諸豪胥耳目腹心,遨游當世,儼然名公矣。……李公廉得之,杖數十,肉潰爛,乃押赴閶門,立枷,頃刻死。"①

2. 卷一:"時學道張能鱗、校士吳中關節賄買,一案出真,才無二三而宦囊充物矣。"(第9頁)

按,此處當作"時學道張能鱗校士吳中,關節賄買,一案出,真才無二三,而宦囊充物矣"。"校士",考評士子。王家楨《研堂見聞雜記》:"余束髮游庠,彼時子衿入泮,從未有以賄得者。……後積弛而干請嘱托得者,每案中有三四見矣,然亦不甚落人口。……至今日,而督學使者以此爲囊橐之資,每案發,其賄得居大半,而父兄不務藏飾,子弟不知掩蔽,若天壤間固宜有是事,然未有如張能鱗之甚也。……其校士吳中,前後名有定價,有爲之關節者,遍行搜括,既饜足已,而後旁潤其餘,搢紳、達官、廣文、

---

① (清)王家楨:《研堂見聞雜記》,《明清史料叢書八種》,第6冊,北京:北京圖書館出版社,2005年,第388—389頁。

孝廉、承差、役吏無不及也，一案出，而真才不一二矣。"①

3. 卷一："宋道君以言官，建議習詩賦者杖一百。"（第 11 頁）

按，此處當作"宋道君以言官建議，習詩賦者杖一百"。周密《齊東野語》卷一五"詩道否泰"："政和中，大臣有不能詩者，因建言詩爲元祐學術，不可行。……何清源至修入令式，諸士庶習詩賦者杖一百。"②

4. 卷一："慧日庵老尼明學知之，秘密以告行人，顧玉淳且曰：'吾念君孝義，誠不忍孝義之家罹兵火劫，可速去。'玉淳以告其父，即達於州守。"（第 11 頁）

按，此處當作"秘密以告行人顧玉淳，且曰……"，蓋以"行人"乃官職名。"顧玉淳"亦爲"顧玉停"之訛。《碑傳集》卷六〇《顧陳垿傳》："顧陳垿，字玉停，太倉人。少有文名，康熙五十四年舉人，以薦入湛凝齋修書。書成議叙，授行人司行人。"③

5. 卷一："釋本月字終朗，旅庵其字，秀水人，順治十七年奉旨開法於善果寺木陳之徒。"（第 12 頁）

按，當作"順治十七年奉旨開法於善果寺，木陳之徒"。王士禎《漁洋精華録》卷一〇《秋杪獨游善果寺感懷亡友葉文敏公》惠棟注引《雲山酬唱》："釋本月……號旅庵，浙之秀水人，俗姓孫。甲申之變，披緇入山，得法於弘覺禪師。順治十七年，奉旨開法於神京大善果寺。……釋道忞，字木陳，號山翁，廣東人。遭遇世祖章皇帝，賜號弘覺禪師。"④

6. 卷一："一概改作髙字，與往例不符，徒使字體混淆，轉不足以昭誠，敬請更定章程，昭示天下。"（第 14 頁）

按，當作"轉不足以昭誠敬，請更定章程"。誠敬，誠懇恭敬。《雍正朝漢文諭旨彙編》雍正三年八月初八日："諭內閣九卿等：'古有諱名之禮，所以昭誠敬致尊崇也。'"⑤

7. 卷二："《蒙恬傳贊》云：'吾適北邊，自直道歸行。'觀蒙恬所爲秦築長城亭障，自有北游龍門、朔方之實迹。"（第 21 頁）

按，此處當作"《蒙恬傳贊》云：'吾適北邊，自直道歸，行觀蒙恬所爲秦築長城亭障。'自有北游龍門、朔方之實迹"。《史記》卷八八《蒙恬列傳》："太史公曰：'吾適北邊，自直道歸，行觀蒙恬所爲秦築長城亭障，塹山堙谷，通直道，固輕百姓力矣。'"⑥

8. 卷二："王西莊、鮑以文同此影宋鈔本，論前載事數百言，即甫之《唐史記》也，當與世共寶之。"（第 21 頁）

按，"王西莊"一句當於"此"之下斷句。黃丕烈《蕘圃藏書題識》卷三："《唐史論斷》余向藏影宋鈔精本，每篇《論斷》前有正文，當即其所撰《唐史》也，恨無別本，未及

① （清）王家禎：《研堂見聞雜記》，第 391—392 頁。
② （宋）周密：《齊東野語》，《宋詩話全編》，第 10 冊，南京：江蘇古籍出版社，1998 年，第 10007 頁。
③ （清）錢儀吉：《碑傳集》，北京：中華書局，1993 年，第 1704 頁。
④ （清）王士禎、惠棟：《漁洋精華録集注》，濟南：齊魯書社，1992 年，第 1213 頁。
⑤ 中國第一歷史檔案館：《雍正朝漢文諭旨彙編》，第 6 冊，桂林：廣西師範大學出版社，1999 年，第 233 頁。
⑥ （漢）司馬遷：《史記》，北京：中華書局，1959 年，第 2570 頁。

校勘。"①繆荃孫《藝風堂文漫存》（乙丁稿）卷四："《唐史論斷》三卷，宋孫甫之翰編。……此本從東陽本影寫，論前摘書事甚詳，即之翰《唐紀》之文，頗與《唐書》相出入。"②

9. 卷二："又并《北齊書》例云：'人有本字行。'今并書其名。"（第 22 頁）

按，此處當作"人有本字行，今并書其名"。劉知幾《史通》卷一〇："又案百藥《齊書》例云：'人有本字行者，今并書其名。'"③

10. 卷二："程魚門云：'凡史以詳爲主，詳而不華有義法。在後人一味求簡，遂少精神。'此言是也。"（第 22—23 頁）

按，"華"下宜斷句，"在"當屬上讀。程晉芳《勉行堂文集》卷一"後漢書三國志得失考"："凡史以詳爲主，詳而不華，有義法在。後人一味求簡，遂少精神。"④

11. 卷二："明丘文莊公濬作史論，亦以'嗚呼'起之，遂稱爲丘。嗚呼！近郁叔績與人談時事，開口便歎，人亦號之曰'五代史'。"（第 30 頁）

按，"遂稱爲丘"下不宜斷句，當作"遂稱爲'丘嗚呼'"。蔣一葵《堯山堂外紀》卷八六："丘濬，字仲深，號瓊山。……其所作史論必以'嗚呼'起之，人遂稱爲'丘嗚呼'。"⑤

12. 卷二："《乾兒謠·序》云：予從縉紳後，則聞乾兒於分宜江陵者，蓋司空某婦入省分宜。嫗至袒韝，蔽自上食，已衰金豆，散諸傔亡，不嘖嘖司空婦矣。"（第 32 頁）

按，此處當作"蓋司空某婦入省分宜嫗，至，袒韝蔽，自上食，已，衰金豆散諸傔，亡不嘖嘖司空婦矣"。《史記》卷八九《張耳陳餘列傳》："漢七年，高祖從平城過趙，趙王朝夕袒韝蔽，自上食，禮甚卑，有子婿禮。"⑥

13. 卷二："倪文貞元璐書畫名家，豔服薰香，以程君房方於魯墨飾門牆，人頗以是誚之。"（第 33 頁）

按，"程君房方於魯"當作"程君房、方于魯"。朱彝尊《靜志居詩話》卷二〇："倪元璐，字玉汝，號鴻寶，上虞人。…………時方患目疾，取程君房、方于魯所製墨涂壁，默坐其中。"⑦

14. 卷二："《居易錄》，太倉周瓚元恭撰。《明史稿》載先太師、先方伯、先侍御事頗具，此非官書。"（第 33 頁）

按，此處當作"《居易錄》：'太倉周瓚元恭撰《明史稿》，載先太師、先方伯、先侍御事頗具。'此非官書"。王士禎《居易錄》卷一三："太倉周瓚元恭以《南公庵稿》相示，所撰《明史稿》也，中間載先太師、先方伯、先侍御事頗具。"⑧

① （清）黃丕烈：《蕘圃藏書題識》，《黃丕烈藏書題跋集》，上海：上海古籍出版社，2015 年，第 63 頁。
② （清）繆荃孫：《藝風堂文漫存》，《繆荃孫全集》（詩文），第 1 冊，南京：鳳凰出版社，2014 年，第 671—672 頁。
③ （唐）劉知幾：《史通》，上海：上海古籍出版社，2008 年，第 64 頁。
④ （清）程晉芳：《勉行堂文集》，《續修四庫全書》，第 1433 冊，上海：上海古籍出版社，1996 年，第 299 頁。
⑤ （明）蔣一葵：《堯山堂外紀》，《續修四庫全書》，第 1195 冊，第 74 頁。
⑥ （漢）司馬遷：《史記》，第 2583 頁。
⑦ （清）朱彝尊：《靜志居詩話》，北京：人民文學出版社，1990 年，第 612 頁。
⑧ （清）王士禎：《居易錄》，四庫全書本。

15. 卷三:"《一統志》,徐健庵開局洞庭校緝,題名者十有四人。"(第 35 頁)

按,"校緝"當屬下讀。楊鍾羲《雪橋詩話》卷二:"健庵司寇……纂修《大清一統志》,爲總裁。乞假南旋,即家編輯,開局洞庭。既移嘉興,再歸昆山。校緝題名者十有四人。"①

16. 卷三:"璹即重刻《荆公集》百卷,玨之昆弟集刻於紹興辛未。"(第 36 頁)

按,此處當作"璹即重刻《荆公集》百卷玨之昆弟,集刻於紹興辛未"。《宋會要輯稿·職官》五四:"詔王璹、王玨爲係王安石之孫,特與宮祠,不得援引爲例。"②《鐵琴銅劍樓藏書目錄》卷二〇:"《臨川王先生文集》一百卷,宋刊本。此臨川曾孫玨刊本。前有小序云:'……紹興辛未孟秋旦日右朝散大夫提舉兩浙西路常平茶鹽公事王玨謹題。'"③

17. 卷三:"黃蕘圃藏《夷堅志》支甲一至三卷七、八兩卷,小字棉紙宋本。"(第 37 頁)

按,此處當作"支甲一至三卷,七、八兩卷"。《夷堅志》黃丕烈跋:"余所藏宋刻有《夷堅》支甲一至三三卷,七、八兩卷,皆小字棉紙者。"④

18. 卷三:"以'能問於不能'五句,謂聖學科條。"(第 38 頁)

按,此處當作"'以能問於不能'五句"。《論語·泰伯》:"曾子曰:'以能問於不能,以多問於寡,有若無,實若虛,犯而不校。'"

19. 卷三:"又《徐健庵集·百詩考據議論》,録之成帙,署曰《碎金》,以爲談助。此書若在,當勝於《潛邱札記》"(第 40 頁)

按,此處當作"又徐健庵集百詩考據議論",指徐乾學爲閻百詩編輯《閻氏碎金》一事。阮葵生《茶餘客話》卷二一:"又徐健庵嘗手輯閻潛丘緒論一編,曰《閻氏碎金》,皆洞庭書局中辨論之事,今無傳本。"⑤

20. 卷三:"炎漢初興,書皆竹帛,班孟堅所謂篇竹書也,卷帛書也。"(第 43 頁)

按,此處當作"班孟堅所謂'篇,竹書也;卷,帛書也'"。金鶚《求古録禮説》卷一五"漢唐以來書籍制度考":"篇字從竹,故竹書曰篇;帛可卷舒,故帛書曰卷。通言之,則竹書亦曰卷,帛書亦曰篇也。"⑥

21. 卷三:"《子苑舊鈔》二十册,即《四庫》底本,前有麥溪張氏、藉圃主人各印。"(第 47 頁)

按,"《子苑舊鈔》"當作"《子苑》舊鈔"。《四庫全書總目提要》卷二五:"《子苑》一百卷,衍聖公孔昭煥家藏本。不著撰人名氏。鈔本之首有'藉圃主人'、'麥溪張氏'二小印。"

22. 卷三:"宋溫公序《道原十國紀年》,則不復志其墓,使義仲即以序勒石,置之壙中。"(第 48 頁)

按,"《道原十國紀年》"當作"道原《十國紀年》"。黃庭堅《宋黃文節公全集·正

① (清)楊鍾羲:《雪橋詩話》,北京:北京古籍出版社,1989 年,第 80 頁。
② (清)徐松:《宋會要輯稿》,上海:上海古籍出版社,2014 年,第 4486 頁。
③ (清)瞿鏞:《鐵琴銅劍樓藏書目錄》,上海:上海古籍出版社,2000 年,第 550 頁。
④ (宋)洪邁:《夷堅志》,北京:中華書局,1981 年,第 1838 頁。
⑤ (清)阮葵生:《茶餘客話》,北京:中華書局,1959 年,第 664 頁。
⑥ (清)金鶚:《求古録禮説》,道光三十年(1850)木犀香館刻本。

集》卷三一《劉道原墓志銘》："道原,高安劉氏,諱恕。博極群書,以史學擅名一代。年四十有七,卒於元豐元年九月。……以故司馬文正溫公《十國紀年》序爲銘,納諸壙中。"①

23. 卷三:"武英殿東廡凝道殿,存貯書目。"（第 48 頁）

按,此處當作"《武英殿東廡凝道殿存貯書目》"。《中國古籍善本書目》（史部）卷一四:"《武英殿東廡凝道殿存貯書目》十九卷,清抄本。"②

24. 卷三:"題曰《鈍吟雜録》,以先生嘗自號鈍吟老人云爾。……《正俗》係女弟子董雙成所寄（許廣平、小妓董雙成、唐靈華從學書,自稱門人）。"（第 50 頁）

按,"許廣平、小妓董雙成"當作"許廣平小妓董雙成"。馮班《鈍吟餘集·許廣平公署夜飲即事時余將歸》:"後堂容醉客,小妓是門人。（廣平小妓董雙成、唐靈華從余學書,每自稱門人。）"③

25. 卷三:"天一閣寫本《東軒筆録》十五卷,綿紙藍格,字迹古雅。缺筆至'惇'字,原出於宋明嘉靖前鈔本也。"（第 54 頁）

按,此處當作"原出於宋,明嘉靖前鈔本也"。繆荃孫《東軒筆録跋》:"此天一閣寫本《東軒筆録》十五卷,綿紙藍格,字迹古樸,明鈔也。'敦'字缺筆,源出於宋。"④

26. 卷三:"寶祐四年《登科録》,第四甲第一名四十八人陳經國,字伯夫,小名□□,小字定夫,第二具慶下年三十八。"（第 73 頁）

按,"一名"當作"一百","定夫"當作"定父","第二具慶下年三十八"當作"第二,具慶下,年三十八"。《寶祐四年登科録》:"第一百四十八人陳經國,字伯夫,小名□□,小字定父,第二,具慶下,年三十八,三月十八日子時生。"⑤朱之瑜《舜水遺書·文集》卷一五:"問'具慶'義何謂,答:'父母俱存者曰具慶下。'"⑥

27. 卷三:"《孔子家語》,天祿後目有宋刊本。序末載甲寅端陽吳時用書,黃周賢刻。《二十六家唐詩》款亦同明刻《野客叢書》,吳書黃刻也。"（第 75 頁）

按,此處當作"序末載甲寅端陽吳時用書,黃周賢刻,《二十六家唐詩》款亦同。明刻《野客叢書》,吳書黃刻也"。王國維《觀堂題跋選録》:"《孔子家語》十卷,魏王肅注,明刻本。《天祿琳琅後目》有宋本《家語》十卷,云序末有'歲甲寅端陽望,吳時用書,董用賢〔黃周賢〕、金賢刻'。今此本卷十後亦有此款,蓋《天祿》所謂宋刻即是本也。《四庫提要》存目有《二十六家唐詩》,目録後亦題'姑蘇吳時用書,董用賢〔黃周賢〕、金賢刻'。"⑦傅增湘《藏園群書經眼録》卷九:"《野客叢書》三十卷附《野老紀聞》一卷,宋王楙撰。……每卷第二行題'明吳江吳師錫較'。目後有'長洲吳曜書'、'黃周賢等刻'

---

① （宋）黃庭堅:《宋黃文節公全集·正集》,《黃庭堅全集》,第 2 冊,成都:四川大學出版社,2001 年,第 833 頁。

② 《中國古籍善本書目》,第 8 冊,上海:上海古籍出版社,1991 年,第 10 頁。

③ （清）馮班:《鈍吟餘集》,《清代詩文集彙編》,第 20 冊,上海:上海古籍出版社,2010 年,第 33 頁。

④ （清）繆荃孫:《藝風堂集外詩文》,《繆荃孫全集》（詩文）,第 2 冊,第 206 頁。

⑤ （宋）佚名:《寶祐四年登科録》,《宋代傳記資料叢刊》,第 46 冊,北京:北京圖書館出版社,2006 年,第 274 頁。

⑥ （明）朱之瑜:《舜水遺書》,民國二年（1913）刊本。

⑦ 王國維:《觀堂題跋選録》（子集部分）,《文獻》,1981 年第 10 輯,第 221 頁。

小字二行。"①

28. 卷三："吳枚庵書有館生陶翰緒，鈔訖署名。蕘圃屬陸拙生奎寫近事會元，則西席也。"（第 76 頁）

按，此處當作"吳枚庵書有'館生陶翰緒鈔訖'署名，蕘圃屬陸拙生奎寫《近事會元》，則西席也"。黃丕烈《蕘圃藏書題識》卷五："李上交《近事會元》五卷。……中有未蓄者，擬錄其副，《近事會元》其一種也，因屬余友陸拙生錄之。"②

29. 卷三："又有例而不可爲例者，如柳子厚《馬女雷五李卿外婦志》，不足垂戒，徒以長惡，可爲例乎？"（第 78 頁）

按，"《馬女雷五李卿外婦志》"當作"《馬女雷五、李卿外婦志》"，或者《馬女雷五》、《李卿外婦志》"，前者謂柳宗元《馬室女雷五葬志》③，後者則其《太府李卿外婦馬淑志》④。

30. 卷三："常州八屬武陽、錫金、宜荆，考據辭學，均非江陰能及，特勝於靖江耳。"（第 81 頁）

按，此處當作"常州八屬，武、陽、錫、金、宜、荆考據辭學均非江陰能及，特勝於靖江耳"。褚邦慶《常州賦》："新邑維八，舊縣則五。（按，常州府，舊領武進、無錫、江陰、宜興、靖江五縣。本朝雍正二年，增置陽湖、金匱、荆溪三縣。）"⑤

31. 卷三："元《馬石田文集》十五卷。……明弘治江西按察使熊翀重入《石田母夫人墓志》，及虞伯生撰述《桐鄉阡》，及《許有壬墓碑》。"（第 82 頁）

按，"及《許有壬墓碑》"當作"及許有壬《墓碑》"。熊翀《書重刻馬石田文集後》："乃手錄其母夫人墓銘附集中，而并錄虞伯生撰述其先《桐鄉阡表》，及許有壬所著公墓碑，錄於集尾。"⑥

32. 卷三："《石田母夫人墓志》攙入卷內，後二文在集外。只《石銘藏舊》鈔存此序，《居易錄》所見即熊本。"（第 82 頁）

按，"只《石銘藏舊》鈔存此序"當作"只石銘藏舊鈔存此序"，謂張鈞衡（石銘其字）所藏之舊鈔本。張鈞衡《適園藏書志》卷一三："《馬石田文集》十五卷，舊鈔本。……至元五年刊於揚州郡學，有牒文，王守誠、蘇天爵、陳旅序。明弘治癸丑重刻於太原，此即從明本傳錄。"⑦

33. 卷四："大約自紀勝著錄，曰'吹角壩磨崖'、曰'盧豐碑'，均此一石耳。"（第 87 頁）

按，"紀勝"當作"《紀勝》"。王象之《輿地紀勝》卷一八〇："吹角壩有古磨崖，風雨朘剝，苔蘚侵蝕，惟識其一二曰'建安'，其他不可辨。"⑧

---

① 傅增湘：《藏園群書經眼錄》，北京：中華書局，1983 年，第 742 頁。
② （清）黃丕烈：《蕘圃藏書題識》，第 259—260 頁。
③ （唐）柳宗元：《柳河東集》，上海：上海古籍出版社，2008 年，第 219 頁。
④ （唐）柳宗元：《柳河東集》，第 799 頁。
⑤ （清）褚邦慶：《常州賦》，南京：南京大學出版社，2011 年，第 68 頁。
⑥ （元）馬祖常：《馬石田文集》，明刻本。
⑦ （清）張鈞衡：《適園藏書志》，《海王村古籍書目題跋叢刊》，第 6 冊，北京：中國書店，2008 年，第 411 頁。
⑧ （宋）王象之：《輿地紀勝》，第 11 冊，杭州：浙江古籍出版社，2012 年，第 3685 頁。

34. 卷四："內有碑,題曰:'梁建安王造.'剡山石城寺《彌勒石象碑》,中書舍人劉勰文,惜已中斷。"(第 88 頁)

按,此處當作"題曰《梁建安王造剡山石城寺彌勒石象碑》"。孔延之《會稽掇英總集》卷一六:"《梁建安王造剡山石城寺石像碑》,劉勰。"①徐承烈《越中雜識》卷下:"《梁建安王造石城寺石象碑》:……至梁天監十二年,象始成,身高百尺,劉勰作記。今石象猶在,碑已漶漫不可讀矣。"②

35. 卷四:"鄭齋所藏舊拓……《劉熊碑》、《王稚子雙闕舊館壇碑》、《王先生碑》、《許真人井銘》,宋裝。"(第 91 頁)

按,"《王稚子雙闕舊館壇碑》"當作"《王稚子雙闕》、《舊館壇碑》"。潘祖蔭《八喜齋隨筆》:"《王稚子雙闕》,黃小松、劉燕庭物。《舊館壇碑》。"③方若《校碑隨筆》:"《王稚子二闕》,隸書。右闕十六字佚,左闕十四字存九字,在四川新都。"④

36. 卷四:"《聖教序》,'聖教'缺而復全。'聖'字均缺序內後半。"(第 91 頁)

按,此處當作"《聖教序》'聖教缺而復全','聖'字均缺,序內後半"。朱文鈞《歐齋石墨題跋》卷二:"《慈恩寺聖教序》:……相傳序中'聖教缺而復全'之'聖'字完好者爲宋拓本,予則未之見也。往年見趙聲伯舍人一本,'聖'字已損,僅未剜成'望'字耳。"⑤

37. 卷四:"泰山秦篆,四面環刻廿九字。'在其南鄉二段之西'一段,現存十字。"(第 92 頁)

按,此處當作"泰山秦篆,四面環刻,廿九字在其南鄉二段之西一段,現存十字"。翁方綱《復初齋文集》卷二《秦篆殘字記序》:"於榛莽中僅得廿九字殘石。……至乾隆五年庚申六月毀於火,今此廿九字原拓本藏者罕矣,今又七十餘年,知泰安縣事常熟蔣君於岱頂廢池址剔得此殘石二片,尚存十字。……原石四面環刻,此廿九字在其南鄉二段之西一段,此一段凡四行。"⑥

38. 卷四:"諸城琅琊臺,在城東南百里。而近臺三層,層高三丈許。"(第 92 頁)

按,此處當作"在城東南百里而近,臺三層"。阮元《小滄浪筆談》卷三:"琅邪臺,在諸城縣治東南百六十里,臺三成,成高三丈許。"⑦

39. 卷四:"柳敏尹君則久無拓本矣。"(第 93 頁)

按,此處當作"柳敏、尹君",即柳敏碑并尹君闕。朱文鈞《歐齋石墨題跋》卷四《題柳敏碑殘頁》:"頃見柳敏碑殘頁,蓋即今所謂蜀本拓之稍舊者也。"⑧牛運震《金石圖》:"右尹公尹君闕,一碑兩面,一題'尹公',一題'尹君',在廣原縣東南數十里側臥

① (宋)孔延之:《會稽掇英總集》,《宋元浙江方志集成》,第 14 冊,杭州:杭州出版社,2009 年,第 6513 頁。
② (清)徐承烈:《越中雜識》,杭州:浙江人民出版社,1983 年,第 181 頁。
③ (清)潘祖蔭:《八喜齋隨筆》,民國廿五年(1936)刊本,第 19 頁。
④ (清)方若:《校碑隨筆》,揚州:廣陵書社,1997 年,第 41 頁。
⑤ (清)朱文鈞:《歐齋石墨題跋》,北京:書目文獻出版社,1990 年,第 27 頁。
⑥ (清)翁方綱:《復初齋文集》,《續修四庫全書》,第 1455 冊,第 363—364 頁。
⑦ (清)阮元:《小滄浪筆談》,北京:中華書局,1983 年,第 74 頁。
⑧ (清)朱文鈞:《歐齋石墨題跋》,第 64 頁。

亂山中。"①

40. 卷四:"蜀侍中楊君闕在梓潼縣。……錢辛楣先生斷爲僞造。……此制決非唐,後有作僞日拙之譏。"(第93—94頁)

按,此處當作"此制決非唐後,有作僞日拙之譏"。錢大昕《十駕齋養新錄》卷一五《蜀石闕》:"《蜀侍中楊公闕》,見於牛運震《金石圖》。……此闕既不似唐以後款式,何得有蜀之名乎? 作僞心勞,自露破綻,不必論書法之工拙也。"②

41. 卷四:"於'瀆'上'東行道表南北各種'一行梓爲句,此一條共止兩事也。"(第96頁)

按,此處當作"'於瀆上東行道表南北各種一行梓'爲句",文見《史晨碑》後碑。

42. 卷四:"山谷書《陰長生詩墨本》,宋人方楷所藏。《絳帖》第九卷第十二卷。"(第101頁)

按,此處當作"山谷書《陰長生詩墨本》,宋人方楷所藏《絳帖》第九卷、第十二卷"。孫承澤《庚子銷夏記》卷四:"《絳帖》第五、第六、第七、第八共四卷,乃宋人方楷所藏本。……余又於王長垣寓見方楷所藏第九、第十二卷。"③

二、録文之訛

1. 卷一:"中興勳業於此蕩然,覆亡之局,肇於一念,烏能爲文已諱哉!"(第8頁)

按,"文已"原作"文正",點校本訛之。《清史稿》卷四三六《李鴻藻傳》:"以病乞假,疾篤。……卒,年七十有八。遺疏入,上震悼,予諡文正,贈太子太傅。……論曰:光緒初年,復逢訓政,勵精圖治,宰輔多賢,頗有振興之象。……鴻藻久參樞密,眷遇獨隆。桂芬以持重見賞,同龢以專斷致嫌。毓汶奔走其間,勤勞亦著,大體彌縫,賴以無事。然以政見異同,門戶之爭,牽及朝局,至數十年而未已。賢者之責,亦不能免焉。"④

2. 卷一:"道光末,始有常件不應發驛之説。其實并非掌故,故今則習爲常例。"(第8頁)

按,"故今則習爲常例"原作"今則習爲常例",點校本衍之。《曾國藩全集》同治七年五月七日《加丁日昌片》:"道光末,始有常件不應發報之説,其實并非掌故。今則習爲常例,吾輩亦宜循而行之,不必立異。"⑤

3. 卷一:"前有建言者,以論事流尚陽堡。後陰用其言,而未赦其人。……人謂季天生。"(第9頁)

按,"季天生"原作"季天中",點校本訛之。《清史稿》卷二四四《季開生傳》:"季開

① (清)牛運震:《金石圖》,《四庫全書存目叢書》,第278冊,濟南:齊魯書社,1996年,第774頁。

② (清)錢大昕:《十駕齋養新錄》,《嘉定錢大昕全集》,第7冊,南京:江蘇古籍出版社,1997年,第412—413頁。

③ (清)孫承澤:《庚子銷夏記》,上海:上海古籍出版社,2011年,第81頁。

④ 趙爾巽:《清史稿》,北京:中華書局,1977年,第12368、12372頁。

⑤ (清)曾國藩:《曾國藩全集》(書信),長沙:嶽麓書社,1990年,第6607頁。

生，字天中，江南泰興人。……十二年秋，乾清宮成，發帑遣內監往江南采購陳設器皿，民間訛言往揚州買女子，開生上疏極諫。……因責開生肆誣沽直，下刑部杖贖，流尚陽堡，尋卒戍所。十七年，旱，下詔罪己，命吏部察謫降言官，諭曰：'季開生建言，原從朕躬起見，准復官歸葬，蔭一子入監讀書。'"①

4. 卷一："此十二人與王掞同爭建儲，袁簡齋以柴謙誤。"（第 12 頁）

按，此處原作"此十三人與王掞同爭建儲者，袁簡齋以爲柴謙，誤"，點校本訛之。袁枚《小倉山房續文集》卷二七《文淵閣大學士太倉王公傳》："公諱掞，字藻儒，一字顥庵，江南太倉州人。……自念受恩深，當言天下第一事，遂於丁酉五月，密奏請建太子，懇懇數千言，疏留中。是年冬，御史某亦奏請建儲，聖祖不悅。……又有御史十三人柴謙等亦上疏如公言，聖祖震怒。"②

5. 卷一："光緒丁亥，給事中殷李堯疏請翰林得截取、萌生補題缺，翰林駁而萌生准。"（第 13 頁）

按，"萌生"原作"蔭生"，點校本訛之。《清實錄》光緒十六年五月條："壬午，諭內閣：'給事中殷李堯奏，蔭生分部人員請變通補缺班次，并修撰、編修、檢討等官請酌定俸滿年限截取知府各折片，著吏部議奏。'"③

6. 卷一："穆宗之諱改作滀，去年字，最合。"（第 13 頁）

按，"去年字"原作"去羊字"，點校本訛之。陳垣《史諱舉例》卷八"清諱例"："穆宗，文宗子，載淳，'淳'寫作'滀'。"④《正字通》巳集："漳，'淳'本字。"《説文解字》卷五"㐭部"："㐺，從㐭，從羊，讀若純。"⑤

7. 卷一："康熙間，神京豐稔，經歌清宴，達旦不息，真所謂車如流水馬如龍也。"（第 17 頁）

按，"經歌"原作"笙歌"，點校本訛之。宋咸熙《耐冷譚》卷二："康熙初，神京豐稔，笙歌清讌，達旦不息，真所謂'車如流水馬如龍'也。"⑥

8. 卷二："今本固爲六篇，小司馬所云者或即八十卷之分卷耶。"（第 20 頁）

按，"之"上原有"本"字，點校本奪之。王鳴盛《十七史商榷》卷一"索隱改補皆非"："至其又欲分蕭相國、曹相國、留侯、絳侯、五宗、三王世家各爲一篇，作六篇，按今本固爲六篇，而貞言如此則不可解。意者此即所謂八十卷本之分卷邪？"⑦

9. 卷二："又奉使巴、蜀，南略印筰、昆明，還報命。"（第 20 頁）

按，"印筰"原作"邛筰"，點校本訛之。《史記》卷一三〇《太史公自序》："於是遷仕爲郎中，奉使西征巴蜀以南，南略邛、筰、昆明，還報命。"⑧

① 趙爾巽：《清史稿》，第 9623—9624 頁。
② （清）袁枚：《小倉山房續文集》，《小倉山房詩文集》，上海：上海古籍出版社，1988 年，第 1727、1728、1729 頁。
③ 《清實錄》，第 55 冊，北京：中華書局，1987 年，第 797 頁。
④ 陳垣：《史諱舉例》，北京：中華書局，1956 年，第 170 頁。
⑤ （漢）許慎：《説文解字》，北京：中華書局，1963 年，第 111 頁。
⑥ （清）宋咸熙：《耐冷譚》，《清詩話三編》，第 6 冊，上海：上海古籍出版社，2014 年，第 4079 頁。
⑦ （清）王鳴盛：《十七史商榷》，《嘉定王鳴盛全集》，第 4 冊，北京：中華書局，2010 年，第 13 頁。
⑧ （漢）司馬遷：《史記》，第 3293 頁。

10. 卷二:"宋帝令丹陽令徐湛之就儼尋求,已不復得。"(第 22 頁)

按,"丹陽令徐湛之"原無"令"字,點校本衍之。姚範《援鶉堂筆記》卷三三"宋書":"范曄所撰十志,一皆托儼搜撰,垂畢,遇曄敗,悉蠟以覆車,宋文帝令丹陽徐湛之就儼尋求,已不復得。"①

11. 卷二:"今《宋書》有欣、衛傳,而無止足之名。"(第 22 頁)

按,"衛"原作"微",點校本訛之。姚範《援鶉堂筆記》卷三三"宋書":"《梁書·止足傳》序云:'《宋書·止足傳》有羊欣、王微。'今《宋書》有欣、微傳,而無止足之目。"②

12. 卷二:"又引書注出處見自序,又本書在傳後。"(第 22 頁)

按,"在"之上原有"志"字,點校本奪之。姚範《援鶉堂筆記》卷三三"宋書":"又約本書志在傳後,與《魏書》同。"③

13. 卷二:"《紀年通譜》雲:'據紀志,俱出范氏,而所載不同。'"(第 22 頁)

按,"雲"原作"云",點校本訛之。

14. 卷二:"螟蛉憐果贏,勝似烏生八九子。"(第 32 頁)

按,"果贏"原作"果贏",點校本訛之。《楊道行集》卷六《乾兒謠》:"螟蛉憐果贏。"④"果贏"猶言"蜾蠃"。《詩·小雅·小宛》:"螟蛉有子,蜾蠃負之。"

15. 卷三:"如'曼平仲善與人交,久而敬之',謂平仲善交,故人久敬。"(第 38 頁)

按,"曼平仲"原作"晏平仲",點校本訛之。《論語注疏》卷五:"子曰:'晏平仲善與人交,久而敬之。'周曰:'齊大夫。晏,姓。平,謚。名嬰。'"⑤

16. 卷三:"《蜀石經》有注,宋張炅有《注文考異》四十卷,惜不傳。"(第 46 頁)

按,"炅"原作"戾",點校本訛之。《宋史》卷二〇二《藝文志》一:"張炅《石經注文考異》四十卷。"⑥

17. 卷三:"《漢魏音》首葉書名,孫淵如分書豫部。'豫'讀如成周宣謝災之'榭'一條,《禮記》改《儀禮》手部'挾'讀曰'朕'一條,當作'栔',讀曰'朕'。"(第 49 頁)

按,"謝"原作"榭",點校本訛之。《公羊傳》宣公十六年:"夏,成周宣榭災。周災,不志也,其曰宣榭,何也?以樂器之所藏目之也。"⑦另者,此處當作"《漢魏音》首葉書名,孫淵如分書。《豫部》'豫'讀如'成周宣榭災'之'榭'一條,《禮記》改《儀禮》。《手部》'挾'讀曰'朕'一條,當作'栔',讀曰'朕'",詳洪亮吉《漢魏音》。

18. 卷三:"選其精要者,得文一百三十三篇,時賦三十首。"(第 52 頁)

按,"時賦"原作"詩賦",點校本訛之。鄭柏《宋學士續文粹跋》:"選其精要者,得文一百三十三篇,詩賦三十首,繕書爲《續文粹》一十卷。"

① (清)姚範:《援鶉堂筆記》,《續修四庫全書》,第 1148 冊,第 702 頁。
② (清)姚範:《援鶉堂筆記》,第 702 頁。
③ (清)姚範:《援鶉堂筆記》,第 703 頁。
④ (明)楊于庭:《楊道行集》,《四庫全書存目叢書》,第 168 冊,第 576 頁。
⑤ (魏)何晏、(宋)邢昺:《論語注疏》,北京:北京大學出版社,1999 年,第 63 頁。
⑥ (元)脫脫:《宋史》,北京:中華書局,2000 年,第 3391 頁。
⑦ (戰國)佚名:《公羊傳》,鄭州:中州古籍出版社,2015 年,第 272 頁。

19. 卷三:"梅谷得右軍《二謝帖》并《感懷帖》,遂書小額,額春雨樓之左室曰'奇晉齋'。"(第 77 頁)

按,下一"額"原作"顏",點校本訛之。沈彩《春雨樓集》卷一三《跋右軍二謝帖真迹》:"梅谷主人得此帖并《感懷帖》,遂倩余書小額,顏春雨樓之左室曰'奇晉齋'。"①

20. 卷三:"明萬曆十二年春季《官册》,首册每半葉十行,題'新刊真楷大字全號縉紳便覽'。……儀徵太博繼配孔夫人奩中物。"(第 82 頁)

按,"博"原作"傅",點校本訛之。"儀徵太傅"謂阮元。諸可寶《疇人傳三編》卷四:"以出儀徵太傅文達公門下,故相從最久。"②徐乃昌《積學齋藏書記·史部》:"《新刊真楷大字全號縉紳便覽》三册,史部政書類。明萬曆十二年刊本。……此書本阮文達公孔夫人奩中物。"③

21. 卷三:"漁洋聞曹舍人貞吉云:'官典籍日,料檢內府藏書。'"(第 84 頁)

按,"宮"原作"官",點校本訛之。王士禎《香祖筆記》卷一二:"余聞曹舍人貞吉云,官典籍日料檢內府藏書,宋刻歐陽集凡有八部,竟無一全者。"④

22. 卷四:"王梧溪詩云:'……爽氣隨天盡,流星帶月流。'"(第 88 頁)

按,"流星"原作"疏星",點校本訛之。王逢《梧溪集》卷一《題靜安寺雲漢昭回之閣》:"爽氣隨天盡,疏星帶月流。"⑤

23. 卷四:"隋岐州鳳泉寺舍利塔銘,另石有四天王像:……一曰西方留博義天王。"(第 91—92 頁)

按,"義"原作"叉",點校本訛之;"留"之上當有"毗"。釋道世《法苑珠林》卷三:"故《大吉義咒經》云:'護世四王典領四方:提頭賴叱領乾闥婆眾,毗留博叉天王領究槃荼眾,毗留勒叉天王領諸龍眾,毗沙門天王領夜叉眾。'"⑥

24. 卷四:"新托文體承、章簡甫輩,以李伯玉銀臺所藏第二卷摹刻。"(第 103 頁)

按,"體"原作"休",點校本訛之。徐沁《明畫錄》卷三:"文嘉,字休承,號文水,徵明次子,官和州學正,以詩文名。"⑦

25. 卷五:"鈐山堂所藏,文氏父子鑒定。"(第 106 頁)

按,"鈐"原作"鈴",點校本訛之。文嘉《鈐山堂書畫記》:"嘉靖乙丑五月,提學賓涯何公,檄余往閱官籍嚴氏書畫,凡分宜之舊宅、袁州之新宅、省城諸新宅所藏,盡發以觀,歷三閱月,始勉畢事。"⑧

---

① (清)沈彩:《春雨樓集》,《清代詩文集彙編》,第 379 册,第 54—55 頁。
② (清)諸可寶:《疇人傳三編》,《疇人傳合編校注》,鄭州:中州古籍出版社,2012 年,第 542 頁。
③ 徐乃昌:《積學齋藏書記》,上海:上海古籍出版社,2014 年,第 89 頁。
④ (清)王士禎:《香祖筆記》,上海:上海古籍出版社,1982 年,第 234—235 頁。
⑤ (宋)王逢:《梧溪集》,北京:中華書局,1985 年,第 42 頁。
⑥ (唐)釋道世:《法苑珠林》,上海:上海古籍出版社,1991 年,第 23 頁。
⑦ (清)徐沁:《明畫錄》,上海:上海人民美術出版社,1963 年,第 40 頁。
⑧ (明)文嘉:《鈐山堂書畫記》,北京:中華書局,1985 年,第 24 頁。

三、失校之處

1. 卷一："咸豐五年,户部所設五字官號,予以月支經費,逐漸加增。"(第7頁)

按,"五字"當作"五宇"。《清代檔案史料叢編》咸豐八年七月十八日《柏葰等奏清查五宇官錢鋪情形片》:"查自古行鈔未有借資於商力者,咸豐三年,臣部因軍務吃緊,經費支絀,奏准試行寶鈔,其時并無分釐鈔本。咸豐四年,商人白亮、劉宏振呈請捐助鈔本,承辦鈔務,惟欲遂其牟利之私,既無報效之實心,且亦并無資本。經管理鐵錢局王大臣奏請設立宇大通,分設宇升、宇恒、宇謙、宇豐、宇泰官錢鋪。"①《咸豐同治兩朝上諭檔》咸豐八年三月廿七日:"查舊鈔向無鈔本,嗣因京師兵糈維艱,乃奏請鼓鑄鐵錢,增設五宇官號,准兵民持鈔換票。此專爲京餉起見,非令行鈔省分概向五宇官號取錢也。"②

2. 卷一："經堂官參奏,革員外台斐音、郎中王正誼職,抄查家產,并辦商人饒青田。"(第7頁)

按,"饒青田"當作"顧青田"。《咸豐同治兩朝上諭檔》咸豐九年十月廿一日:"户部開設宇字官號,查出革商虧短官項甚巨。……宇恒革商顧青田係浙江上虞縣人。……著恒福、英桂、羅遵殿密派妥員,會同各該地方官,將該革商等原籍田房鋪户產業速即嚴密查封,報部核辦,毋許絲毫隱匿。"③《清續文獻通考》卷五六"市糴考"一:"十年,户部奏官開五宇銀號虧短官項,飭將各革商原籍產業查封并拏各保人。臣謹按……宇恒顧青田,浙江上虞人。"④

3. 卷一："明裔朱侯誠恪裁餉後,日用不敷,以昌平明陵贌人耕種,被人糾參,遂委之鄉人私墾,交府尹查辦。府尹周家楣查復,朱侯交部議處。"(第7頁)

按,"誠恪"當作"誠端"。周家楣《期不負齋政書》卷四《查復延恩侯誠端私收地租擅革陵户疏》:"光緒八年七月十六日奉上諭,誠端奏瀝陳并無私收地租革退陵户各情,係知州宋文等捏詞妄控,請派員查究等語。明陵附近開墾地畝各節,前據張樹聲等查明具奏,并經户部議復,此次誠端所奏是否屬實,著畢道遠、周家楣確切查明,據實具奏,欽此。"⑤繆荃孫《續碑傳集》卷一七《署吏部左侍郎通政司使周公神道碑》:"公諱家楣,姓周氏。……故明裔延恩侯誠端因昌平陵户控案交公查辦。"⑥

4. 卷一："光緒初元,文文忠、寶文靖、沈文定當國,輔佐恭親王,時有文寶齋、六掌櫃、沈師爺之目。……文定繼薨,王仁和不安於位而以終養去。"(第7—8頁)

按,"沈文定"當作"沈文忠"。鄧之誠《骨董續記》卷三引繆荃孫《藕香簃別鈔》:

① 中國第一歷史檔案館:《清代檔案史料叢編》,第11輯,北京:中華書局,1984年,第106頁。
② 中國第一歷史檔案館:《咸豐同治兩朝上諭檔》,第8冊,桂林:廣西師範大學出版社,1998年,第134頁。
③ 中國第一歷史檔案館:《咸豐同治兩朝上諭檔》,第9冊,第563頁。
④ (清)劉錦藻:《清續文獻通考》,北京:商務印書館,1955年,第8116頁。
⑤ (清)周家楣:《期不負齋政書》,臺北:文海出版社,1966年,第355頁。
⑥ (清)繆荃孫:《續碑傳集》,《清碑傳合集》,上海:上海書店,1988年,第2162—2163頁。

"同治初,文祥、寶鋆、恭王、沈兆霖同入軍機,一時有文寶齋、六掌櫃、沈師爺之謔。"①《凌霄一士隨筆》卷四:"沈兆霖諡文忠,不諡文定。"②

5. 卷一:"他書言李公,山東平度人,崇禎庚辰進士。烈皇時,以科場事下詔獄,與難者雲間楊校起,救之者桐城孫晉也。"(第 9 頁)

按,"楊校起"當作"楊枝起"。王家楨《研堂見聞雜記》:"李公森先,山東平度人,崇禎庚辰進士。……當烈皇朝,即以科場事下詔獄,與難者雲間楊枝起,救之者桐城孫晉也。"③顧炎武《明季實錄》:"戶科給事楊枝起(扶曦),金山衛人,掌僞文選。"④

6. 卷一:"張能麟喜道學書,曾刻《儒宗理要》,又造玉峰書院,與陸桴亭世儀契合,陸助其成書。"(第 9 頁)

按,"張能麟"當作"張能鱗"。王家楨《研堂見聞雜記》:"能鱗,北直人。……張喜道學家言,修輯宋儒書而布之梓,吾婁陸桴亭(道威)實助之成,每搜諸生小過,坐以罰金,爲梓費,而要其梓費無多,蓋一書成,而張之囊橐累累矣。其造玉峰書院亦用是術。"⑤

7. 卷一:"土公國寶之再撫吳也,實鮮善政,但多方掊刻,攘利無遺孔,用是上下皆致不滿。"(第 10 頁)

按,"遺孔"當作"遺子"。《詩·大雅·雲漢》:"周餘黎民,靡有孑遺。"陳奐注:"《方言》、《廣雅》皆云'孑,餘也'。靡孑遺,即無餘遺。"葉紹袁《啟禎記聞錄》卷八"辛卯":"土公國寶之再撫吳也,實鮮善政,但多方掊刻□□幾無遺子,用是上下皆致不滿。"⑥

8. 卷一:"世祖從玉林言禪,因以慧橐爲名,山臅爲字、幼庵爲字。"(第 12 頁)

按,"幼庵爲字"當作"幻庵爲號"。釋道忞《布水臺集》卷五《世祖章皇帝哀詞》其五:"宸衷攸赫崇山臅,鳳閣何沈樂幻庵。('山臅'御字,'幻庵'御號,皆忞所議者。)"⑦董含《三岡識略》卷四"崇奉釋教":"上從玉林乞名,因以'慧橐'爲名,'山臅'爲字,'幻庵'爲號,刻玉章,凡書畫皆用之。"⑧

9. 卷一:"雍正朝,海內四君子:李慎修,章邱人,謝濟世,廣西人,孫文定,山西人,陳法,貴州人。"(第 12 頁)

按,"李慎修,章邱人"當作"李元直,山左人"。梁章鉅《三管詩話》卷中:"謝濟世,號梅莊,全州人。康熙壬辰進士。入翰林,與山右孫文定(嘉淦)、山左李侍御(元直)、黔中陳觀察(法)以德義相切劘,時有翰林四君子之目。"⑨《清史稿》卷三○六《李慎修傳》:"李慎修,字思永,山東章丘人。……高密李元直爲御史在其前,以剛直著。慎修

① 鄧之誠:《骨董續記》,《骨董瑣記全編》,北京:三聯書店 1955 年,第 361 頁。
② 徐凌霄、徐一士:《凌霄一士隨筆》,太原:山西古籍出版社,1997 年,第 836 頁。
③ (清)王家楨:《研堂見聞雜記》,第 388、391 頁。
④ (清)顧炎武:《明季實錄》,《明清史料叢書八種》,第 2 冊,第 18 頁。
⑤ (清)王家楨:《研堂見聞雜記》,第 391、393 頁。
⑥ (明)葉紹袁:《啟禎記聞錄》,《明清史料叢書八種》,第 7 冊,第 577 頁。
⑦ (清)釋道忞:《布水臺集》,臺北:明文書局,1983 年,第 43 頁。
⑧ (清)董含:《三岡識略》,瀋陽:遼寧教育出版社,2000 年,第 79 頁。
⑨ (清)梁章鉅、蔣凡:《三管詩話校注》,南寧:廣西人民出版社,1996 年,第 95 頁。

與齊名，爲'山東二李'。京師稱元直'戆李'，慎修'短李'。元直，字象山。……初在翰林，與孫嘉淦、謝濟世、陳法交，以古義相勖，時稱四君子。"①

10. 卷一："康熙六十年，御史陶彝、任坪、范吾發、鄒圖雲、王允普、李允符、高汾、陳嘉猷、范允銳、高怡、趙成穗、孫紹曾等，奉旨著於軍前照滿洲文官例，委署額外章京。"（第12頁）

按，"范吾發"、"王允普"、"高汾"當作"范長發"、"王允晋"、"高玢"。《東華録》康熙一〇七："甲戌，御史陶彝、任坪、范長發、鄒圖雲、陳嘉猷、王允晋、李允符、范允銳、高玢、高怡、趙成穗、孫紹曾公奏……早定儲位。……丙戌，上將諸大臣等參劾王掞等奏章發出，諭大學士等曰：'……將伊等暫停議罪，著於此番軍前照滿洲文官例，委署額外章京遣往。'"②

11. 卷一："鷗亭道士繹亭宮詹孫，曾賜紫，值永寧觀。"（第13頁）

按，"繹亭"當作"繹堂"。楊鍾羲《雪橋詩話》卷二："沈文恪……順治九年，賜進士第三人，歷官詹事，有《充齋集》。……子宗敬，號獅峰，由編修累官少卿。孫鷗亭道人，嘗賜紫，直永寧觀。"③《碑傳集》卷一八《沈公荃墓志銘》："沈公，以疾卒於京師邸舍。……諡曰文恪。……公諱荃，字貞蕤，號繹堂，別號充齋。"④

12. 卷一："是時何在八皇子府，顧在十二皇子府（八皇子廉邸，十二皇子誠邸），斷不能以安郡王爲雍邸也。"（第13—14頁）

按，"十二皇子"當作"三皇子"。鄧之誠《清詩紀事初編》卷三："顧陳垿，字玉停。……以大學士王掞薦入內府淇凝齋，纂修《律數淵源》、《中和樂府》諸書，誠親王胤祉總裁其事，頗被禮遇。"⑤《清史稿》卷一六四《皇子世系表》四："胤祉，聖祖第三子，康熙三十七年封誠郡王，三十八年緣事降貝勒，四十八年晋誠親王。"⑥

13. 卷一："皇上借此儆惕，即孔子迅雷風烈必變之意，大臣仰承君德，正在此處。"（第14頁）

按，"仰承"當作"仰成"。袁枚《小倉山房續文集》卷二七《文淵閣大學士太倉王公傳》："己亥元旦日食，奉旨停朝賀。廷臣以爲日食乃一定之數不足爲災，公言：'皇上借此儆惕，即孔子"迅雷風烈必變"之意，大臣仰成君德，正在此處。'"⑦錢大昕《潛研堂文集》卷三七《文淵閣大學士兼禮部尚書王公傳》："五十八年元旦日食，詔停止朝賀。……公言：'聖人敬天，無微不謹，仰成君德，正在此等。'"⑧

14. 卷一："孔定南女四貞，人人所知。其子名廷試，亦死於兵，見《貳臣傳》。"（第16頁）

按，"廷試"當作"廷訓"。《貳臣傳》卷一《孔有德傳》："一子名廷訓，當桂林陷時爲

① 趙爾巽：《清史稿》，第10529、10530頁。
② （清）王先謙：《東華録》，《續修四庫全書》，第370冊，第654—655頁。
③ （清）楊鍾羲：《雪橋詩話》，第88—89頁。
④ （清）錢儀吉：《碑傳集》，第568、569、571頁。
⑤ 鄧之誠：《清詩紀事初編》，臺北：明文書局，1985年，第421頁。
⑥ 趙爾巽：《清史稿》，第5095—5096頁。
⑦ （清）袁枚：《小倉山房詩文集》，第1730頁。
⑧ （清）錢大昕：《潛研堂文集》，《嘉定錢大昕全集》，第9冊，第629頁。

定國掠去。十六年，大兵定雲南，隨征總兵李茹春舊爲有德護衛，訪知廷訓於十五年十二月爲定國所殺，乃收其骸骨，乞歸葬。"①顧誠《南明史》："孔庭訓在順治十五年十二月十六日被李定國處死。……按，'孔庭訓'在諸書中常寫作'孔廷訓'、'孔定訓'，當以其妹孔四貞奏疏爲准。"②

15. 卷一："徐健庵之封公子念，因與顧亭林謀殺陸恩案牽連，徐竄至蔡羽明家，得免。"（第 16 頁）

按，"子念"當作"兹念"。徐乾學《憺園文集》卷三三《先考坦齋府君行述》："府君諱開法，字兹念，別號坦齋。……今上登極，覃恩敕封如元文官。……生於萬曆甲寅三月廿五日，歿於康熙五年三月廿一日，覃恩敕封翰林院修撰。……子四：長乾學、次秉義、次元文、次亮采。"③《三魚堂日記》卷上："顧寧人係徐公肅（指徐元文）之母舅。……鼎革之初嘗通書於海，使一僧以其書糊於《金剛經》後夾之以往，其僕知之，以數十金與僧買而藏之，後其僕轉靠今濟寧道葉方恒，葉頗重托之。……寧人大懼而止，遂與徐封翁謀，夜使力士數人其家殺之，取其所有，并葉所托者亦盡焉。"④

16. 卷一："汪荇江謝表有云：淮河江湖之上聚群玉而爲三，淵、源、津、溯之餘彙連珠而有七。"（第 18 頁）

按，"汪荇江"當作"汪杏江"。朱珪《知足齋文集》卷五《日講起居注官文淵閣校理教習庶吉士詹事府左春坊左庶子加二級汪君墓志銘》："君姓汪，諱學金，字敬篋，號杏江，晚號靜厓，太倉州人。"⑤汪學金《井福堂文稿》卷三《爲江浙諸臣續辦三分四庫全書謝摺》："淮海江河之上，別開群玉者三，淵、源、津、溯而餘，并曜連珠之七。"⑥

17. 卷一："永陵四陵在一寶城，其前即啟運殿，興祖宜皇帝寶頂在正中，左昭爲景祖翼皇帝，右穆爲顯祖宣皇帝。"（第 19 頁）

按，"興祖宜皇帝"當作"興祖直皇帝"。嘉慶《大清一統志》卷五八"永陵"："興祖直皇帝、景祖翼皇帝、顯祖宣皇帝共一山。寶城周九十一丈七尺三寸，前爲享殿曰啟運殿，奉安四祖寶座。"⑦陶澍《印心石屋文鈔》卷一《聖駕再詣盛京祇謁祖陵禮成恭紀·序》："二京遞建，三陵在望（永陵在興京西北十里，尊藏肇祖衣冠。興祖直皇帝居中，景祖翼皇帝居左，顯祖宣皇帝居右）。"⑧

18. 卷一："故事：一甲三人謁聖廟，禮畢，拜司成於彝倫堂。三人簪花訖，所設備用金花一枝，以歸，總理太學攜歸，歲以爲常。"（第 19 頁）

按，"以歸"兩字當屬下讀，"太學"當作"大學士"。翁方綱《復初齋文集》卷四《梧門記科目故實二書序》："乾隆辛丑春，方綱忝貳司成，而是科會試殿試皆吳人錢棨第一，即前秋己亥方綱典江南省試所錄第一人也。故事：一甲三人謁聖廟，禮畢，拜司成

① （清）國史館：《貳臣傳》，臺北：明文書局，1985 年，第 39 頁。
② 顧誠：《南明史》，北京：中國青年出版社，1997 年，第 706 頁。
③ （清）徐乾學：《憺園文集》，《續修四庫全書》，第 1412 冊，第 746、748、749、750 頁。
④ （清）陸隴其：《三魚堂日記》，北京：中華書局，1985 年，第 29—30 頁。
⑤ （清）朱珪：《知足齋文集》，《續修四庫全書》，第 1452 冊，第 334 頁。
⑥ （清）汪學金：《井福堂文稿》，《續修四庫全書》，第 1472 冊，第 400 頁。
⑦ （清）穆彰阿：嘉慶《大清一統志》，第 1 冊，上海：上海古籍出版社，2008 年，第 784 頁。
⑧ （清）陶澍：《印心石屋文鈔》，《陶澍全集》，第 6 冊，長沙：岳麓書社，2010 年，第 11 頁。

於彝倫堂。三人簪花訖,所設備用金花一枝,以歸總理大學士攜歸,歲以爲常。"①

19. 卷二:"《宋書》缺《劉彥之傳》,以《南史》補之,故《張暢傳》兩見。"(第 21 頁)

按,"劉彥之"當作"到彥之"。王鳴盛《十七史商榷》卷六一"宋書爲妄人謬補":
"《宋書》第五十九卷有《張暢傳》,此是沈約原本,其前四十六卷先有《暢傳》,則後世妄
人謬取《南史》攙入者。四十六卷目列趙倫之、到彥之、王懿、張劭四人,内到彥之闕,
卷末又無論贊,則此卷本自不全,致遭妄人蛇足,於劭之後又附以暢一人,兩傳前後復
出。"②《南史》卷二五《到彥之傳》:"到彥之字道豫,彭城武原人,楚大夫屈到後也。"③

20. 卷二:"此七十卷中,今脱去《表》,又脱去劉彥之等傳。"(第 22 頁)

按,"劉彥之"當作"到彥之",參見上條校記。姚範《援鶉堂筆記》卷三三"宋書":
"此七十卷中,今脱去《表》,又脱到彥之等傳。"④

21. 卷二:"贊尤褒美過當,自後主三世以下六十五字,總之過惡在焉。"(第 23 頁)

按,"三"當作"之"。《陳書》卷二七《江總傳》:"後主之世,總當權宰,不持政務,但
日與後主游宴後庭,共陳暄、孔範、王瑳等十餘人,當時謂之狎客。由是國政日頹,綱
紀不立,有言之者,輒以罪斥之,君臣昏亂,以至於滅。"⑤

22. 卷二:"素覽之欣然,以妾與之,并資從數十萬紅拂,又夜奔李靖,則廣田自
荒,可以鑒矣。"(第 24 頁)

按,"又"當作"女","紅拂"當屬下讀。劉餗《隋唐嘉話》卷上:"素覽之欣然,以妾
與之,并資從數十萬。"⑥杜光庭《虬髯客傳》:"衛公李靖以布衣上謁。……公歸逆旅,
其夜五更初忽聞叩門而聲低者,公起問焉,乃紫衣帶帽人,杖一囊。公問誰,曰:'妾楊
家之紅拂妓也。'公遽延入,脱衣去帽,乃十八九佳麗人也。"⑦

23. 卷二:"我往而遇乎,固君之人也。"(第 26 頁)

按,"人"當作"入"。劉向《説苑》卷一一:"張祿曰:'夫秦者,四塞國也,游宦者不
得入焉,願君爲吾爲丈尺之書,寄我與秦王,我往而遇乎,固君之入也,往而不遇乎,雖
人求間謀,固不遇臣矣。'"⑧

24. 卷二:"此與人之技若己有之,見人之彥實能容之何以異乎? 李卓吾之論,無
可厚非。"(第 26 頁)

按,"與"之下當有"視"字。李贄《藏書》卷一○:"懷慎自以才不及崇,每事推崇。
此與'視人之技若己有,見人之彥實能容'何以異乎? 誠所謂大臣也。"⑨

25. 卷二:"元以科目取士,自延祐至元統,凡七科而罷。至正二年復舉行,至二
十六年而罷。"(第 26—27 頁)

① (清)翁方綱:《復初齋文集》,第 383 頁。
② (清)王鳴盛:《十七史商榷》,《嘉定王鳴盛全集》,第 5 册,第 781 頁。
③ (唐)李延壽:《南史》,北京:中華書局,1975 年,第 674 頁。
④ (清)姚範:《援鶉堂筆記》,第 702 頁。
⑤ (唐)姚思廉:《陳書》,北京:中華書局,1972 年,第 347 頁。
⑥ (唐)劉餗:《隋唐嘉話》,北京:中華書局,1979 年,第 2 頁。
⑦ (唐)杜光庭:《虬髯客傳》,北京:中華書局,1991 年,第 1—2 頁。
⑧ (漢)劉向:《説苑》,北京:中華書局,1985 年,第 112 頁。
⑨ (明)李贄:《藏書》,北京:中華書局,1959 年,第 171 頁。

　　按，"至正"當作"至元"。《全元文》卷一二三三宋褧《書進士題名石刻後》："我國家自仁廟睿謨獨斷，力興斯文，以科目取士，累朝繼之。起延祐乙卯，迄元統癸酉，凡七科，乙亥暫停，後至元庚辰詔復舊制。"①姜宸英《湛園札記》卷三："元以科目取士，自延祐至元統，凡七科而罷。至元二年復舉行，至二十六年，凡九科。"②

　　26. 卷二："曹操軍國之饒，起於棗祇，成於任畯，皆屯田也。"（第 27 頁）

　　按，"任畯"當作"任峻"。《三國志》卷一六《任峻傳》："任峻字伯達，河南中牟人也。……是時歲饑旱，軍食不足，羽林監潁川棗祇建置屯田，太祖以峻爲典農中郎將，〔募百姓屯田於許下，得穀百萬斛，郡國列置田官〕，數年中所在積粟，倉廩皆滿。……軍國之饒，起於棗祇而成於峻。"③閻若璩《潛邱札記》卷一："曹操軍國之饒，起於棗祇而成於任峻，皆屯田也。"④

　　27. 卷二："先生曰：'法固不可無，然亦不可執，當得法然意可也。'《橫浦心傳》。"（第 28 頁）

　　按，"法然意"當作"法外意"。《無垢先生橫浦心傳錄》卷中："或問：'霍去病不學古兵法，而與孫吳暗合，趙括能讀父書，而有長平之敗。及考去病爲漢將，雖與匈奴略相當，不至於敗，然連年出師，疲弊國家，兵民俱困，其視長平之敗相去無幾。如韓淮陰之爲背水陣，則以爲出於兵法，特諸君不察之耳，又豈以不學兵法爲得？'先生曰：'法固不可無，然亦不可執，當得法外意可也。'"⑤

　　28. 卷二："又《通考》載楊億言半俸二分之內，其二分以他物給之。鬻於市廛，十纔得二三。"（第 29 頁）

　　按，"二分之內"當作"三分之內"。《文獻通考》卷六五《職官考》一九："知制誥楊億上疏言：'……官於半俸之中已是除陌，又於半俸三分之內其二分以他物給之，鬻於市廛，十纔得其一二（'一二'原作'三'，據《宋史》卷一六八《職官志》八、《武夷新集》卷一六《次對奏狀》改），曾糊口之不及，豈代耕之足云？'"⑥

　　29. 卷二："李文正東陽文學雄傑一時。……於是王九思、康海、王鏊、羅僑宇、邵寶、顧璘、李夢陽、何景明輩群然起矣。"（第 29 頁）

　　按，"宇"之上原有"喬"字，點校本奪之。"羅僑"當作"羅玘"。唐樞《國琛集》卷下："李東陽大學士，茶陵人，諡文正，文學雄傑一時。……時海內治平，人思藻麗，公當國，各以文翰淬礪，以競穎物，於是王九思、王鏊、夏鍭、羅玘、喬宇、邊貢、邵寶、熊桂、殷雲霄、徐禎卿、顧璘、李夢陽、何景明輩群然起矣。"⑦

　　30. 卷二："明閩中黃克纘作《閩三忠祠記》云：'……能威人之身家，而不能滅血可化碧之魄。'三君殉建文之難數語絕不回顧永樂，千古不磨之筆。"（第 29 頁）

①　李修生：《全元文》，第 39 冊，南京：鳳凰出版社，2004 年，第 327 頁。
②　（清）姜宸英：《湛園札記》，四庫全書本。
③　（晉）陳壽：《三國志》，北京：中華書局，1964 年，第 489—499 頁。
④　（清）閻若璩：《潛邱札記》，四庫全書本。
⑤　（宋）于恕：《無垢先生橫浦心傳錄》，《四庫全書存目叢書》，第 83 冊，第 211 頁。
⑥　（宋）馬端臨：《文獻通考》，北京：中華書局，2011 年，第 1965、1986 頁。
⑦　（明）唐樞：《國琛集》，北京：中華書局，1985 年，第 112—113 頁。

　　按，"威"當作"滅"，"之難"之下當作斷句。龔煒《巢林筆談》續編卷上："明閩中黃公克纘作《閩三忠祠記》云：'……能滅人之身家，而不能滅血可化碧之魂。'三忠殉建文之難，此數語絕不回顧永樂，直哉，千古不磨之筆哉。"①

　　31. 卷二："弘光朝，工科給事中李清爲祖李思誠辨冤。思誠由翰林轉福建副使，與呂純爲比，而媚稅監高寀。……按：《酌中志》云：'河南右布政使抑志完，輦三千金饋崔呈秀，謀升京卿，爲邏卒所獲。'"（第 29 頁）

　　按，"呂純爲"當作"呂純如"，"抑志完"當作"邱志允"。文秉《甲乙事案》卷下："思誠繇翰林例轉福建副使，與呂純如比，而媚稅監高寀者，逆賢用事，仍復舊官，歷升禮部尚書，頌美疏內有'純忠體國，大業匡時'等語。河南右布政丘志允，輦三千金饋崔呈秀，謀升京卿，爲邏卒所緝。"②另者，"《酌中志》云"疑爲衍文。

　　32. 卷二："明王文恪有十三絕句，大抵刺武廟之南巡也。其後五首云：……金陵南下是金山。分明鐵甕城邊路。……君家魚水更何人。"（第 30—31 頁）

　　按，"南下"當作"東下"，"城邊"當作"頭邊"，"君家"當作"君臣"。王鏊《震澤集》卷八《十三絕句》其一○："三顧頻繁亦爲閒，金陵東下是金山。分明鐵甕頭邊路，載得賢人與共還。"又其一一："趙普元爲社稷臣，君臣魚水更何人。難虛雪夜相逢意，海錯猶堪佐酒巡。"③

　　33. 卷二："楊道行時喬有《太師歡》，序云：'苴拾時事，而托之田畯紅女之響。'此亦《洗兵馬》、《留花門》之遺而樂府之變也。"（第 31 頁）

　　按，"時喬"當作"十庭"，"響"之下引號當後移至"樂府之變也"之下。黃虞稷《千頃堂書目》卷二五："楊于庭《楊道行集》十七卷，字道行，全椒人。"④《楊道行集》卷二《太師歡·序》："苴拾時事，而托之乎田畯紅女之響。此亦《洗兵馬》、《留花門》之遺而樂府之變也，存之。"⑤

　　34. 卷二："惟太師亦自謂漢朝尊坐，蓋蓋侯西向。"（第 31 頁）

　　按，"漢朝"當作"漢相"，"蓋蓋侯"當作"蓋侯"。《楊道行集》卷二《太師歡》其二："惟太師亦自謂漢相尊坐，蓋侯西向。"⑥"西向"疑爲"南向"之訛。《史記》卷一○七《魏其武安侯列傳》："嘗召客飲，坐兄蓋侯南鄉，自坐東鄉，以爲漢相尊，不可以兄故私橈。"⑦

　　35. 卷二："小人不信子，則孥戮汝。"（第 31—32 頁）

　　按，"子"當作"予"，并屬下讀，"孥"當作"孥"。《尚書·湯誓》："爾無不信，朕不食言，爾不從誓言，予則孥戮汝，罔有攸赦。"《楊道行集》卷二《太師歡》其二："小人不信，予則孥戮汝。"⑧

---

①　(清)龔煒：《巢林筆談》，北京：中華書局，1981 年，第 203 頁。
②　(明)文秉：《甲乙事案》，《續修四庫全書》，第 443 冊，第 551 頁。
③　(明)王鏊：《震澤集》，四庫全書本。
④　(清)黃虞稷：《千頃堂書目》，上海：上海古籍出版社，2001 年，第 626 頁。
⑤　(明)楊于庭：《楊道行集》，第 528 頁。
⑥⑧　(明)楊于庭：《楊道行集》，第 529 頁。
⑦　(漢)司馬遷：《史記》，第 2844 頁。

36. 卷二:"太師堂中府上趨。……吁磋乎,願揖爾魂訴至尊。"(第 32 頁)

按,"中"當作"堂","磋"當作"嗟","揖"當作"攝"。《楊道行集》卷二《太師歎》其二:"太師堂堂府上趨。……吁嘻乎,願攝爾魂訴至尊。"①

37. 卷二:"《乾兒謠·序》云:……而江陵方炙手可熱也。按:楚御史某語三司老父,頃書至,有竊哂者。"(第 32 頁)

按,"三司"當作"二司","按"之下冒號宜刪。《楊道行集》卷六《乾兒謠·序》:"按楚御史某語二司'老父頃書至',有竊哂者。"②此處"按楚御史"指中央分察湖廣之巡按御史,"二司"指地方布政使司與按察使司。《明會典》卷一三:"凡外官不時考察。……各處巡撫巡按會同從公考察布按二司,并直隸府州縣、各鹽運司、行太僕寺、苑馬寺等官賢否。如無巡撫,巡按會同清軍或巡鹽考察。如俱無,巡按自行考察。"③

38. 卷二:"乾兒太保哭阿娘。既而昇棺堂中央。"(第 32 頁)

按,"既"當作"跣"。《楊道行集》卷六《乾兒謠》:"跣而昇棺堂中央。"④

39. 卷二:"而未知其軒牖潤辟,通俠縱酒,坡公後風流跌宕,一人而已。"(第 32 頁)

按,"潤辟"當作"闊辟"。周煇《清波別志》卷下:"煇幼見故老言京師街衢闊辟,東西人家有至老不相往來者。"⑤

40. 卷三:"胡子泉之《秦州志》。……劉九涇之《郿志》,皆漁洋所稱許。"(第 35 頁)

按,"胡子泉"當作"胡可泉","劉九涇"當作"劉九經"。王士禛《池北偶談》卷一一:"志以簡核爲得體,康得涵《武功志》最稱於世。嗣是關中繼起者,則有趙浚谷之《平涼府志》、胡可泉之《秦州志》、……劉九經之《郿志》,皆稱作者。"⑥《國朝獻徵錄》卷六一《通議大夫都察院右副都御史可泉胡公纘宗墓志銘》:"公諱纘宗,初字孝思,後更世甫,秦人也,號可泉。……《秦州志》三十卷、《春秋本義》十二卷,并彙選《唐雅》、《雍音》等篇,皆已行於世。"⑦《郿志·續獻實志》:"劉九經,字紹周。……在京邸日稽古今事迹,見郿邑無志,采訪故老,博覽群籍,積年成帙,乃自□《郿志》三冊,以傳於世。"⑧

41. 卷三:"《愛宜堂宦游筆記》,滿洲納蘭常安履道著。"(第 36 頁)

按,"愛宜堂"當作"受宜堂","履道"當作"履坦"。《欽定八旗通志》卷一二〇《藝文志》:"常安,姓納蘭,字履坦,滿洲鑲紅旗人。……伊福訥《白山詩鈔》言其所著《受宜堂集》數十卷。"⑨《受宜堂集》納蘭常安自序:"憶康熙癸巳,聖祖仁皇帝萬壽聖節,今上居藩邸,躬詣山右五臺山祝釐,時安備員憲府掾曹,猥以末秩獲預,奉令承教,維愍維勤,蒙賜額'受宜堂'三字,蓋曰'爾之所受,皆爾之宜,勿宜何受。'"⑩《清史稿藝

①　(明)楊于庭:《楊道行集》,第 529 頁。

②④　(明)楊于庭:《楊道行集》,第 576 頁。

③　(明)徐溥:《明會典》,北京:商務印書館,1936 年,第 315—316 頁。

⑤　(宋)周煇:《清波別志》,北京:中華書局,1985 年,第 147 頁。

⑥　(清)王士禛:《池北偶談》,北京:中華書局,1982 年,第 257 頁。

⑦　(明)焦竑:《國朝獻徵錄》,《四庫全書存目叢書》,第 103 冊,第 355—356 頁。

⑧　(明)劉九經:《郿志》,清遞修本。

⑨　(清)紀昀:《欽定八旗通志》,長春:吉林文史出版社,2002 年,第 2070 頁。

⑩　(清)常安:《受宜堂集》,《清代詩文集彙編》,第 255 冊,第 127 頁。

文志拾遺》：“《受宜堂宦游筆記》四十六卷，納蘭常安撰，乾隆十一年自刻本。”①

42. 卷三：“孺子嬰宣帝文孫。”（第 36 頁）

按，“文孫”當作“玄孫”。《漢書》卷九九上《王莽傳》：“三月己丑，立宣帝玄孫嬰爲皇太子，號曰孺子。”②王士禛《香祖筆記》卷八：“按孺子嬰，宣帝玄孫，楚孝王孫，廣戚侯顯子。”③

43. 卷三：“……《續文粹》十卷，皆孝孺與同門劉剛、杜靜、樓璉手自繕寫。”（第 37 頁）

按，“杜靜”當作“林靜”。錢謙益《列朝詩集小傳》甲集“宋太史公濂”：“門人方孝孺、鄭濟等又選《續文粹》十卷，皆孝孺與同門劉剛、林靜、樓璉手自繕寫，刊於義門書塾。”④黃虞稷《千頃堂書目》卷一七：“林靜《愚齋集》二十卷，字子山，吳興人。宋濂弟子。”⑤

44. 卷三：“《炙硯瑣談》：‘閩縣葉松根夢荃，壬午舉人，嘗注《十硯秋江集》。’”（第 38 頁）

按，“夢荃”當作“夢苓”。民國《閩侯縣志》卷七二：“葉夢苓，字松根，乾隆壬午科舉人。……夢苓爲黃任外孫女婿，有《秋江集箋注》。”⑥《黃十硯先生秋江集箋注》葉夢苓序：“余自束髮學詩，即慕十硯先生之名。……平居諷詠《秋江集》，每以無人善作鄭箋爲恨，意欲屬筆於余。余不敢受，亦不敢辭，但唯唯而已。”

45. 卷三：“正德丙午，羅一峰仲子幹署江明教諭，刊《一峰先生集》十卷。”（第 39 頁）

按，“丙午”當作“丙子”（明正德無丙午）。聶豹《雙江聶先生文集》卷三《重刻一峰先生文集序》：“先生文集，弘治初年，邑令揭陽王公嘗刻之，毀於火。正德丙子，先生仲子幹署江陰教，復刻於江陰。”⑦另者，“江明”原作“江陰”，點校本訛之。

46. 卷三：“讀彭甘亭《瀾繡札記》二卷，經學甚深，不亞臧在東、顧千里，但不肯標榜耳。《經岐臆案》惜未見。”（第 39 頁）

按，“瀾繡”當作“潘瀾”，“岐”當作“歧”。《清史列傳》卷七三《彭兆蓀傳》三：“兆蓀少爲閎覽博物之學，覃精訓詁，曾輯有《經歧臆案》，後以爲多前人所已言，乃芟薙之，爲《潘瀾筆記》二卷。”⑧

47. 卷三：“《陶隱居集》三卷，明嘉靖中贛人黃汝霖吏部德刊於虔州。”（第 40 頁）

按，“德”當作“注”。王士禛《居易錄》卷一三：“買得《陶隱居集》三卷，嘉靖中贛人黃吏部注汝霖刊於虔州，宋禮部侍郎王欽臣所集也，有注及吉郡胡直序。”⑨同治《贛州府志》卷五五：“黃注，字汝霖，嘉靖戊戌進士。……擢稽勳司主事。”⑩

① 王紹曾：《清史稿藝文志拾遺》，北京：中華書局，2000 年，第 1418 頁。
② （漢）班固：《漢書》，北京：中華書局，1976 年，第 4082 頁。
③ （清）王士禛：《香祖筆記》，北京：中華書局，1982 年，第 156 頁。
④ （清）錢謙益：《列朝詩集小傳》，上海：上海古籍出版社，2008 年，第 80 頁。
⑤ （清）黃虞稷：《千頃堂書目》，第 457 頁。
⑥ 陳衍：民國《閩侯縣志》，上海：上海書店，2000 年，第 758 頁。
⑦ （明）聶豹：《雙江聶先生文集》，《聶豹集》，南京：鳳凰出版社，2007 年，第 50 頁。
⑧ 佚名：《清史列傳》，北京：中華書局，1987 年，第 6022 頁。
⑨ （清）王士禛：《居易錄》，四庫全書本。
⑩ （清）魏瀛、鍾音鴻：同治《贛州府志》，臺北：成文出版社，1970 年，第 1003—1004 頁。

48. 卷三:"鄭谷《雲谷編》,分宜重刻之,以其爲鄉人也。嘉靖乙未,嵩自序。"(第 40 頁)

按,"雲谷編"當作"雲臺編"。嚴嵩《鈐山堂集》卷二一《雲臺編序》:"若都官郎中鄭谷,摛藻鑄詞,見推當時。"①傅增湘《藏園群書經眼録》卷一二:"《雲臺編》三卷,唐鄭谷撰。明藍格寫本,九行二十字。何焯以朱筆校,有跋録後:'嘉靖乙未袁郡有《雲臺編》刻本,嚴介溪爲序。'"②

49. 卷三:"陳代有大建至德年所寫書人權端、胡琛、李爽、戚邕、虞綜等校,皆短幅黃滕紙。……齊、周書紙墨亦劣,或用元魏時自反爲歸。……有秘書郎柳調、崔若孺、明餘慶、竇威、長孫威德等署記。"(第 43 頁)

按,"人"當作"卷","滕"當作"牒","崔若孺"當作"崔君儒";"或用元魏時"一句"時"下有奪字。孫逢吉《職官分紀》卷一五:"陳代有大建、至德年所寫書卷,權端、胡琛、李爽、戚邕、虞綜等校,皆用短幅黃牒紙,文字拙惡,書尾者名微位卑,多不審定。齊、周書紙墨亦劣,或用後魏時字,'自反'爲'歸','文子'爲'字'〔學〕。……隋代舊書最爲麗好,率用廣陵麻紙繕寫,皆代蕭子雲書。書體研妙可愛,有秘書郎柳調、崔君儒、明餘慶、竇威、長孫威德等署記。"③

50. 卷三:"藏書之家亦眾,士大夫皆轉相傳録,習爲故常。"(第 43 頁)

按,"亦"當作"不必"。許承宣《金臺集》卷下《跋江辰六借書圖》:"唐以前,凡書籍皆寫本,未有模印之法,藏書之家不必眾,士大夫皆轉相傳録,習爲故常。"④

51. 卷三:"《文思博要·帝王部》一卷,唐類書也。……天寶十二年,揩書臣胡山甫。……至唐大中年間,方自館中雜書中揀出。"(第 43—44 頁)

按,"十二年"當作"十二月","揩"當作"楷"。周密《志雅堂雜鈔》卷三:"《文思博要·帝王部》一卷,唐類書也。……天寶十二月,楷書,臣胡山甫書,字極遒麗,大率如唐人寫經手。至唐太宗年間,方自館中雜書中揀出。"⑤汪珂玉《珊瑚網·書憑》:"天寶十載十二月,楷書,臣胡山甫書。……至唐大中年間,方自館中雜書揀出。"⑥

52. 卷三:"《詩經澤書》,宜興堵胤錫自牧著,鈔本,見《愚谷文存續》。"(第 45 頁)

按,"自牧"當作"牧游"。吳壽暘《拜經樓藏書題跋記》卷一:"《詩經澤書》,宜興堵牧游先生著。不分卷,亦無序目。先君子從陽羨得鈔本,因録副藏於家,并補入朱氏《經義考》。有序一片,刻《愚谷文存續編》中。"⑦潘士超《堵文忠公年譜》:"公姓堵氏,諱允錫,字仲緘,一字牧子,號牧游。"⑧

① (明)嚴嵩:《鈐山堂集》,《續修四庫全書》,第 1336 冊,第 183 頁。
② 傅增湘《藏園群書經眼録》,第 1107 頁。
③ (宋)孫逢吉:《職官分紀》,北京:中華書局,1988 年,第 378 頁。
④ (清)許承宣:《金臺集》,《四庫未收書輯刊》,第 7 輯,第 26 冊,北京:北京出版社,2000 年,第 531 頁。
⑤ (宋)周密:《志雅堂雜鈔》,《學海類編》,第 7 冊,揚州:廣陵書社,1994 年,第 228 頁。
⑥ (明)汪珂玉:《珊瑚網》,北京:商務印書館,1936 年,第 548 頁。
⑦ (清)吳壽暘:《拜經樓藏書題跋記》,上海:上海古籍出版社,2007 年,第 9 頁。
⑧ (清)潘士超:《堵文忠公年譜》,《北京圖書館藏珍本年譜叢刊》,第 63 冊,北京:北京圖書館出版社,1999 年,第 1 頁。

53. 卷三:"《西溪叢語》,鵂鳴館舊刻。……經云:'拒山有鳥,其狀如鷗而人手。'"(第 46 頁)

按,"拒山"當作"櫃山"。姚寬《西溪叢語》卷下:"櫃山西臨流黃,北望諸毗,東望長右,有鳥焉。其狀如鷗而人手,其音如痹,其名曰鵂。"①

54. 卷三:"《三朝名臣言行録》,後有王岩叟編《魏公別録》一則,《續通鑒長編》一則,淳熙五年五月十二日朝奉郎新通判廬州軍州事賜緋魚袋晁子閎謹題。"(第 47 頁)

按,"晁子閎"當作"晁子閎"。朱熹《三朝名臣言行録》卷一《王岩叟編魏公別録》:"子閎竊考《國史》……晁子閎謹題。"②韓元吉《南澗甲乙稿》卷一八《滤納婦祝文》:"某之男滤,娶婦晁氏,朝奉郎新通判廬州子閎之女,蓋以道舍人之孫也。"③

55. 卷三:"明《姚雲東年譜》,沈竹岑銘彝著。……著有《後漢書注文補》,刻於廣雅局。"(第 48 頁)

按,"文補"當作"又補"。沈銘彝《後漢書注又補》:"余既以《後漢書補注》刊板歸吾小湖副憲矣。……竊取識小之義,管蠡所及,追憶庭訓,益以前輩緒言,爲《又補》一卷,使讀是書者,於日月經天之後,又得炳燭微光,未必非好學者所許。"④

56. 卷三:"見宋本《月老新書》,以爲前人未見之書。今見《小眠齋日杞》云……。"(第 48—49 頁)

按,"日杞"當作"日札"。汪沆《小眠齋讀書日札》:"《月老新書》十二卷,序文逸去,不知纂人姓氏。内引用紹興以前故實皆稱'皇朝',則南渡後村夫子所輯酬應之書也。"⑤

57. 卷三:"香水計楠《蘋廬小箸》。"(第 49 頁)

按,"香水"當作"秀水"。光緒《嘉興府志》卷五三"秀水文苑":"計楠,號壽橋。……著《一隅草堂集》十六卷、《雜著》十卷。"⑥《增訂叢書舉要》卷三〇:"《一隅草堂稿》,秀水計楠壽喬著。(……《蘋廬小著》。)"⑦

58. 卷三:"常州褚餘慶容船《毘陵雜事》。"(第 49 頁)

按,"褚餘慶"當作"褚邦慶"。光緒《武陽志餘》卷七:"《常州賦》一卷,存。國朝諸生褚邦慶人榮撰。人榮一號容船。"⑧

59. 卷三:"題曰《鈍吟雜録》,以先生嘗自號鈍吟老人云爾。《讀書淺説》,病中囑黄子鴻授武者。"(第 50 頁)

---

① (宋)姚寬:《西溪叢語》,北京:中華書局,1993 年,第 84 頁。

② (宋)朱熹:《三朝名臣言行録》,《朱子全書》(修訂本),第 12 册,上海:上海古籍出版社,2010 年,第 383—384 頁。

③ (宋)韓元吉:《南澗甲乙稿》,北京:中華書局,1985 年,第 361 頁。

④ (清)沈銘彝:《後漢書注又補》,北京:中華書局,1985 年,第 1 頁。

⑤ (清)汪沆:《小眠齋讀書日札》,《國家圖書館藏古籍題跋叢刊》,第 4 册,北京:北京圖書館出版社,2002 年,第 299—300 頁。

⑥ (清)許瑤光:《嘉興府志》,《中國地方志集成》(浙江府縣志輯),第 13 册,上海:上海書店,1993 年,第 532 頁。

⑦ (清)楊守敬、李之鼎:《增訂叢書舉要》,第 2 册,北京:國家圖書館出版社,2010 年,第 621—622 頁。

⑧ (清)莊毓鋐、陸鼎翰:《武陽志餘》,《中國地方志集成》(江蘇府縣志輯),第 38 册,第 453 頁。

　　按，"讀書"當作"讀古"。《四庫全書總目提要》卷一二三："《鈍吟雜録》十卷。……是書凡《家誡》二卷、《正俗》一卷、《讀古淺説》一卷、《嚴氏糾繆》一卷、《日記》一卷、《誡子帖》一卷、《遺言》一卷、《通鑑綱目糾繆》一卷、《將死之鳴》一卷。"

　　60．卷三："唐郭知玄改并《五音集韻》序，蕭顔多所決定。"（第 51 頁）

　　按，"唐郭知玄改并《五音集韻》序"當作"隋陸法言《切韻》序"。《全隋文》卷二七陸法言《切韻序》："江東取韻與河北復殊，因論南北是非，古今通塞，欲更捃選精切，除消疏緩，蕭顔多所決定。"①

　　61．卷三："交城王山明昌二年《圓明禪院記》，朱瀾撰，趙瓛書。"（第 51 頁）

　　按，"二年"當作"元年"。《修建王山十方圓明禪院之記》："朱瀾撰文，忠勇校尉、黄鐵前院使趙瓛書并撰額。……明昌元年九月二十二日，皇叔開府儀同三司冀王立石，住持十方圓明禪院傳法嗣祖沙門善滿同立石。"②

　　62．卷三："繕書爲《文粹》一十卷。……仰維先生德業文章，既已傳播於天下，永被於四海。"（第 52 頁）

　　按，"文粹"當作"續文粹"，"永被"當作"衣被"。鄭柏《宋學士續文粹跋》："繕書爲《續文粹》一十卷。……仰維先生德業文章，既已傳播於天下，衣被於四海，而其精粹純一之文，學者未能盡見。"

　　63．卷三："戴嫈耘野吳喬修齡著《流寇長編》，以一年爲一卷，後有補遺。"（第 54 頁）

　　按，"嫈"當作"笠"，斷句當作"戴笠耘野、吳喬修齡著"。吳慶坻《蕉廊脞録》卷五："《流寇長編》二十卷，吳江戴笠耘野、昆山吳喬修齡同輯。紀明季流賊始末，起崇禎元年戊辰，終康熙三年甲辰。前十七卷，以一年爲一卷，排比日月，紀載綦詳。……末有流寇長編始終録一卷、補遺一卷。"③乾隆《吳江縣志》卷三三："戴笠，字耘野。……謂明亡於流寇，綜其始末，以日月爲次，作《流寇編年》，采輯明末死義諸人事迹作《殉國彙編》。"④

　　64．卷三："宋朱晞真《樵歌》三卷，吳枚庵鈔校本。……臨桂王佑遐侍御兩刻之。又輯□□之□□，詞綜之□□，補入拾遺者，轉未見也。"（第 73 頁）

　　按，"晞"當作"希"，缺文當作"又輯《花草粹編》之《孤鸞》，《詞綜》之《念奴嬌》"。繆荃孫《藝風堂文集》卷七《朱希真樵歌跋》："《樵歌》三卷，宋朱敦儒撰。敦儒，字希真。"⑤王鵬運《四印齋本樵歌識》："右朱希真《樵歌》三卷，長洲吳小匏鈔校本。初余校刻《樵歌拾遺》，即欲求其全帙刻之，而不可得。……詞三卷，凡若干闋。《拾遺》所録，悉載卷中。唯於《花草粹編》補《孤鸞》、《詞綜》補《念奴嬌》各一闋。"⑥

　　65．卷三："譚友直《鵠灣文鈔》九卷，疏儁明潔。"（第 76 頁）

　　按，"譚友直"當作"譚友夏"。張澤《譚友夏合集序》："坊客見有攜譚子《岳歸堂新

———————————

①　（清）嚴可均：《全隋文》，《續修四庫全書》，第 1608 冊，第 625 頁。

②　王新英：《全金石刻文輯校》，長春：吉林文史出版社，2012 年，第 302—303 頁。

③　（清）吳慶坻：《蕉廊脞録》，北京：中華書局，1990 年，第 138—139 頁。

④　（清）倪師孟：《吳江縣志》，《中國地方志集成》（江蘇府縣志輯），第 20 冊，第 136 頁。

⑤　（清）繆荃孫：《藝風堂文集》，《繆荃孫全集》（詩文），第 1 冊，第 221 頁。

⑥　（清）王鵬運：《四印齋本樵歌識》，《樵歌校注》附録，上海：上海古籍出版社，2010 年，第 467 頁。

詩》及《鵠灣文草》至者,急賺一本相授,取而讀之。靈深之氣,響答高廣;質淡之雲,風發峻遠。"①葉德輝《郎園讀書志》卷九:"《譚友夏合集》二十三卷,明崇禎癸酉刻本。是集一卷至五卷爲《岳歸堂新詩》,六卷至十四卷爲《鵠灣文草》,十五卷至二十三卷爲《岳歸堂已刻詩選》,明譚元春撰。元春字友夏,竟陵人,與鍾惺同里。"②

66. 卷三:"記秦淮事者,《板橋雜記》之外,有《水天録話》、……《青溪風月録》、……《三十六宮小譜》。"(第 76 頁)

按,"録話"當作"餘話","風月"當作"風雨","三十六宮"當作"三十六春"。捧花生《秦淮畫舫録·自序》:"自是仿而纂輯者,有《續板橋雜記》、《水天餘話》、《石城詠花録》、《秦淮花略》、《青溪笑》、《青溪贅筆》各書。"③又《畫舫餘譚》:"繼余《畫舫録》而作者,有《青溪風雨録》,雪樵居士所著,蓋述其近年狹邪之游。"④孫殿起《販書偶記續編》卷一二:"《秦淮畫舫録》二卷、《畫舫餘譚》一卷、《三十六春小譜》四卷,清捧花生撰,嘉慶二十二年至道光六年刊。"⑤

67. 卷三:"淄川唐繼武《日記》云:'毛子晋《十七史》板,以逋賦質之故糧道盧澹岩,得四千金'"(第 78 頁)

按,"唐繼武"當作"唐濟武"。王晫《唐濟武太史小傳》:"太史唐公名夢賚,字濟武,淄川人。"⑥唐夢賚《吳越同游日記》康熙戊午正月十一日:"買書訖,即解舟。書估顧生云:'毛子晋《十七史》板,以逋賦故,質之故糧道盧澹岩,得四千金。'"⑦

68. 卷三:"書船出織里及鄭港、談港諸村落,吾湖藏書之富,起於宋南渡後。……見《鄭蕊畦湖録》。"(第 79 頁)

按,"鄭蕊畦"當作"鄭芷畦"。全祖望《鮚埼亭集》卷一九《鄭芷畦窆石志》:"《湖録》,則苕中文獻之職志也。……芷畦諱元慶,湖之歸安人。"⑧同治《湖州府志》卷三三:"《湖録》:'書船出烏程、織里及鄭港、談港諸村落,吾湖藏書之富,起於宋南渡後。'"⑨(《湖録》又稱《湖州府志稿》。)

69. 卷三:"《六經疏義》,自京監蜀本,皆有正文及注,又篇章散亂,讀者注焉。……壬子秋八月三山黃唐謹識。"(第 80 頁)

按,"有"當作"省","注焉"當作"病焉"。黃唐《禮記正義·後序》:"《六經疏義》,自京、監、蜀本,皆省正文及注,又篇章散亂,覽者病焉。"⑩

70. 卷三:"淮南路轉運司刻《史記》,在政和中,至紹興朝方畢工,有官銜兩行:……右丞直郎淮南路轉運司幹辦公事石蒙正監雕。"(第 84 頁)

① (明)張澤:《譚友夏合集序》,《譚元春集》附録,上海:上海古籍出版社,1998 年,第 947 頁。
② (清)葉德輝:《郎園讀書志》,上海:上海古籍出版社,2010 年,第 465 頁。
③ (清)捧花生:《秦淮畫舫録》,《叢書集成續編》,第 211 冊,臺北:新文豐出版公司,1988 年,第 689 頁。
④ (清)捧花生:《畫舫餘譚》,《叢書集成續編》,第 211 冊,第 684 頁。
⑤ 孫殿起:《販書偶記續編》,上海:上海古籍出版社,1980 年,第 183 頁。
⑥ (清)唐夢賚:《志壑堂後集》,《清代詩文集彙編》,第 103 冊,第 377 頁。
⑦ (清)唐夢賚:《志壑堂集》,《清代詩文集彙編》,第 103 冊,第 108—109 頁。
⑧ (清)全祖望:《鮚埼亭集》,《全祖望集彙校集注》,上海:上海古籍出版社,2000 年,第 339—341 頁。
⑨ (清)宗源瀚:《湖州府志》,臺北:成文出版社,1970 年,第 647 頁。
⑩ (漢)鄭玄、(唐)孔穎達:《禮記正義》,上海:上海古籍出版社,2008 年,第 2361 頁。

按，“丞直郎”當作“承直郎”。傅增湘《藏園群書經眼録》卷三：“《史記集解》一百三十卷。……是照宋淮南路轉運司刊本影寫者。有銜名兩行：‘左迪功郎充無爲軍軍學教授潘旦校對，右承直郎充淮南路轉運司幹辦公事石蒙正監雕。’”①

71. 卷四：“‘龍井題名’在正月晦日，見《咸淳臨安志》。”（第 87 頁）

按，“正月”當作“二月”。《咸淳臨安志》卷七八：“龍井延恩衍慶院：……眉山蘇軾子瞻、洛陽王瑜中玉、安陸張璹金翁、九江周燾次元來餽蒪茗。二月晦日書。”②

72. 卷四：“《佛頂陀羅尼經》……天子大喜，令日照三藏法師同賓寺典客杜行顗譯。”（第 87 頁）

按，“同賓寺”當作“司賓寺”。董誥《全唐文》卷九一二志靜《佛頂尊勝陀羅尼經序》：“大帝遂將其本入内，請日照三藏法師及敕司賓寺典客令杜行顗等共譯此經。”③

73. 卷四：“刻‘樹石’二大字。奇古可愛，乃蘇舜才翁書也。”（第 89 頁）

按，“舜”之下當有“元”。陸游《老學庵筆記》卷四：“見荆棘中有崖石，刻‘樹石’二大字，奇古可愛。即令從者薙除觀之。乃‘才翁所賞樹石’六字，蓋蘇舜元書也。”④蔡襄《蔡忠惠集》卷三九《蘇才翁墓志銘》：“蘇才翁，諱舜元。”⑤

74. 卷四：“……湖熟潘邐及遠近宗棻，不可具記。”（第 89 頁）

按，“宗棻”當作“宗黨”。焦循《焦氏筆乘》續集卷八：“同游弟子吳郡陸敬游，其次楊、王、吳、戴、陳、許諸生，供奉階宇，湖熟潘邐及遠近宗黨，不可具記。”⑥

75. 卷四：“《羅鳳貞女闕》、《公乘伯喬》、《永光石刻》三種一册。”（第 91 頁）

按，“永光”當作“永元”。方朔《枕經堂金石題跋》卷二：“漢永元石刻七行，唐宋以來皆不見於著録。蓋嘉慶二十一年魚臺馬寄園孝廉（邦玉）始得殘石於鳧山前寨里井闌邊，乃三行也。次年，其弟臥廬（邦舉）又訪得石之後半於井北人家，係四行。兩石合之，竟成完璧。”⑦潘祖蔭《八喜齋隨筆》：“《羅鳳》、《公乘伯喬》、《永元石刻》三種，趙晉齋、張燊舊藏。”⑧

76. 卷四：“《韓敕碑》陰‘烹平三年項伯修來’八字，在中列‘謝伯威立伯世’二行下。”（第 91 頁）

按，“烹平”當作“熹平”，“立伯世”當作“高伯世”。翁方綱《兩漢金石記》卷六：“《魯相韓敕造孔廟禮器碑》：……碑陰中列弟六行‘謝伯威二百’，弟七行‘高伯世二百’，此二行下有細隸書三行，云：‘熹平三年左馮翊池陽項伯修來。’凡十三字。”⑨

77. 卷四：“見《雪舟脞語》。元邵桂字玄同，岩陵人。”（第 92 頁）

按，“桂”之下當有“子”，“岩陵”當作“嚴陵”。陶宗儀《説郛》卷五七《雪舟脞語》題

①　傅增湘：《藏園群書經眼録》，第 164 頁。
②　（宋）潘説友：《咸淳臨安志》，第 8 册，杭州：浙江古籍出版社，2012 年，第 2811 頁。
③　（清）董誥：《全唐文》，北京：中華書局，1983 年，第 9509 頁。
④　（宋）陸游：《老學庵筆記》，《宋元筆記小説大觀》，第 4 册，上海：上海古籍出版社，2007 年，第 3486 頁。
⑤　（宋）蔡襄：《蔡忠惠集》、《蔡襄集》，上海：上海古籍出版社，1996 年，第 704 頁。
⑥　（明）焦循：《焦氏筆乘》，上海：上海古籍出版社，1986 年，第 403 頁。
⑦　（清）方朔：《枕經堂金石題跋》，《清代詩文集彙編》，第 668 册，第 580 頁。
⑧　（清）潘祖蔭：《八喜齋隨筆》，第 18 頁。
⑨　（清）翁方綱：《兩漢金石記》，乾隆五十四年（1789）南昌使院刻本。

注：“一卷，先名《甕天脞語》。宋末國初邵桂子，字玄同，嚴陵人。”①

78. 卷四：“上庸長闕，在德陽黄許鎮，上存‘上庸長’三完字，コ字在一筆。”（第 93 頁）

按，“在”當作“存”。黎昌庶《丁亥入都紀程》卷上：“鎮北里許有‘漢上庸長碑’，俗呼‘高碑’。……余親至碑所審視，正中大字一行，僅見‘上庸長’三字，‘司’字存外郭一筆，餘均剝落。”②

79. 卷四：“柳書《崔太師碑》，薛道所裝之下冊。”（第 101 頁）

按，“薛道”之下當有“祖”。孫承澤《庚子銷夏記》卷七：“柳公權書崔太師碑。……此碑薛道祖裝爲二冊，滄桑後自大内流出。下冊在王長垣寓，上冊有人攜往三韓。”③又卷一：“宋人書能存晋法者薛紹彭道祖。……薛氏以三鳳名河東，紹彭其後人也，字道祖，號翠微居士。”④

80. 卷四：“南宋《星鳳樓帖》，淳熙三年尚書趙彦約摹勒於南康軍。……彦約《宋史》無傳。《世系表》有二：一爲公慶子，一爲公荆子，此不可以懸斷。”（第 102 頁）

按，“慶”當作“廣”，“荆”當作“刜”。程文榮《南村帖考》卷三《星鳳樓帖》：“趙彦約《宋史》無傳，惟《世系表》有二：一爲公廣子，一爲公刜子，皆確有其人。”⑤

81. 卷四：“思古齋主人姓應名本，與子昂相接賞，求其臨寫《黄庭》、《蘭亭》各一卷。”（第 102 頁）

按，“賞”當作“嘗”，并屬下讀。毛慶臻《一亭考古雜記》：“思古齋姓應氏，名本，與子昂相接，嘗求其臨寫《黄庭》、《蘭亭》各一卷，題跋累累。”⑥

82. 卷四：“《天際烏雲收藏世系表》，覃溪：……明吳史明古鑒。”（第 103 頁）

按，“吳”之下當有“江”。吳寬《匏翁家藏稿》卷七四《隱士史明古墓表》：“吳江穆溪之上有隱士曰史明古。……其諱鑒，初字未定，後始字明古，自號西村，人稱西村先生。”⑦翁方綱《天際烏雲帖考》卷二：“天際烏雲帖收藏世系表：……吳江史明古鑒。”⑧

83. 卷四：“其淮安杜九如所得，復歸於王廷理者，爲黄石蒼頭所墮裂。及潞藩購自廷理，折足沉江者，皆贗鼎耳。”（第 104 頁）

按，“廷理”當作“廷珸”。姜紹書《韻石齋筆談》卷上：“萬曆末年，淮安杜九如賈而多資。……以二百金酬居間者，攜鼎以去。……有王廷珸者，字越石，慣居奇貨，以博刀錐。……時潞藩寓杭，聞定爐名，遣承奉俞啓雲諮訪，遇廷珸於湖上，出贗鼎誇耀，把臂甚歡。”⑨

84. 卷四：“王損齋《鬱岡齋帖》。”（第 104 頁）

按，“王損齋”當作“王損庵”。王澍《竹雲題跋》卷二《楊羲和内景經》：“曩爲吳郡

---

① （明）陶宗儀：《説郛》，四庫全書本。

② （清）黎昌庶：《丁亥入都紀程》，《黎昌庶全集》，第 1 冊，上海：上海古籍出版社，2015 年，第 315 頁。

③ （清）孫承澤：《庚子銷夏記》，第 124 頁。

④ （清）孫承澤：《庚子銷夏記》，第 29 頁。

⑤ （清）程文榮：《南村帖考》，《叢書集成續編》，第 86 冊，第 352 頁。

⑥ （清）毛慶臻：《一亭考古雜記》，民國十六年（1927）刻本。

⑦ （明）吳寬：《匏翁家藏稿》，四部叢刊本。

⑧ （清）翁方綱：《天際烏雲帖考》，《美術叢書》（初集），第 10 輯，南京：江蘇古籍出版社，1997 年，第 582 頁。

⑨ （清）姜紹書：《韻石齋筆談》，北京：中華書局，1985 年，第 9—10 頁。

韓敬堂宗伯所藏，吾家損庵先生借摹入《鬱岡帖》。"①

　　85. 卷五："題詠者……呂宋聖、呂崟也。"（第 106 頁）

　　按，"呂宋聖"當作"呂宗聖"。王弘撰《山志》初集卷一："仇氏藏畫最著名者，李成《寒林大軸》、馬遠《瀟湘八景》手卷，俱賈平章物也。……所謂題詠者：……呂宗聖、呂崟也。"②

　　以上如有不妥，敬請批評指正。

（作者單位：重慶師範大學古籍所）

---

① （清）王澍：《竹雲題跋》，杭州：浙江人民美術出版社，2015 年，第 287 頁。
② （清）王弘撰：《山志》，北京：中華書局，1999 年，第 20 頁。

《水窗春囈》劄記

王　曦　張　瑞

　　《水窗春囈》是清代史料筆記叢刊中的一種,主要記載有清代中期的政治經濟和社會習俗等内容。全書分上下兩卷。上卷作者歐陽兆熊,湖南湘潭人,道光十七年中舉,曾任湖南新寧縣教官,與曾國藩、左宗棠、羅汝懷等友善,記事多與湖南有關。下卷作者金安清,江浙嘉善人,國子監生出身,歷官泰州府同知、海安府通判、兩淮鹽運使、江蘇按察使等職,深得林則徐、許乃普、季文敏三公稱許,其所記多當時鹽務、漕運、河工、洋務等事。書中所記史料對研究清代中葉政治、經濟、社會、軍事等史皆有裨益。

　　謝興堯先生搜集到上海機器印書局 1877 年版活字本《水窗春囈》和《蘇報》副刊單行本《曉窗春語》兩種,並據 1911 年《小説月報》所載《春窗夢囈》《觚哉漫録》條目加以校補,匯輯點校,總名爲《水窗春囈》[①],中華書局於 1984 年 3 月出版,1984 年 3 月北京第 1 次印刷,此後又分別於 1997 年 12 月湖北第 2 次印刷、2007 年 5 月北京第 3 次印刷、2012 年 9 月北京第 4 次印刷,總印數已達 23500 册。

　　該書在標點、排版等方面存在的一些小錯誤,雖是白璧微瑕,但確實影響到閱讀,惜歷次加印卻未能訂正,甚是遺憾。我們特將發現的問題按文字問題和標點問題分類羅列,以就教於方家,並資該書再版修訂時參考。爲了與原文的文字和標點一致,本文在引用原文時不加引號,只以仿宋體顯示以示區別。爲省篇幅,所引文字,足意即可,不必全句。又,爲求行文簡便,文中所引用文獻資料在第一次出現時以腳注形式標注版本信息,並在引文後括號内標注頁碼信息,再次引用時只在引文後括號内標注頁碼信息,不再標注版本信息。

一、文字問題

(一) 繁體字誤用

　　自 1964 年國務院公佈《簡化字總表》以來,簡化字就成爲了中國大陸的規範漢字。由於繁體字簡化過程中採用同音替代等手段進行簡化,這無形中產生了一個簡化漢字對應多個繁體字的客觀事實,如:干-乾幹榦、台-臺檯颱、历-歷曆。這些同一

---

　　① 　據何澤翰《〈水窗春囈〉與〈榿枏談屑〉》(《湖南師院學報(哲學社會科學版)》1983 年第 1 期,第 97—100 頁)考證,歐陽兆熊所著爲《榿枏談屑》,金安清所著爲《水窗春囈》,因爲“歐陽筱岑(即兆熊)和金安清常常是同時並提的名字”,“所以《水窗春囈》的排印本把兩人的著作合爲一書”。何先生建議“中華書局如能早日將此二書編印入《近代史料筆記叢刊》中,對史學界將大有好處”。

簡化字對應的不同的繁體字往往意義有別。如果不明白這些對應同一個簡體字的各個繁體字之間意義的差別，稍不留神就會產生誤用繁體字的情況。

1. "髮"誤爲"發"

（1）卷上"10 王船山先生軼事"條：

> （王船山）國變後，不薙<u>發</u>，不毀衣冠，隱于深山四十八年，至康熙壬申始歸道山。……又聞之衡陽故老，國初薙髮之令綦嚴，先生時在樓上著書，檄至，府縣會營將草堂圍定，郡守某先登樓，見先生出座拱立，不自覺其五體之投地也。（p.7）

按：《説文解字》髟部："髮，根也。"①（p.185）清代段玉裁注改爲"頭上毛也"②（p.425）。此即頭髮、毛髮字。又弓部："發，射發也。"（p.270）此字本義爲射箭，後引申爲產生、出發、生長等義。古漢語中二者意義並不相涉，不可相互替用。但在《簡化字總表》的第二表《可作簡化偏旁用的簡化字和簡化偏旁》中，"髮"和"發"都簡化爲"发"了。此條中前文"薙發"之"發"顯爲"髮"之誤，後文"薙髮"不誤。蓋因"髮""發"今皆簡化爲"发"而致使此二字由簡體轉換爲繁體時對應錯了，用錯了繁體字。現今街頭也偶爾會有將"理髮店"誤寫作"理發店"的，亦由此因所致。

（二）異體字混用

1955 年 12 月 22 日，中華人民共和國文化部、中國文字改革委員會發佈《關於發佈〈第一批異體字整理表〉的聯合通知》，並發佈了《第一批異體字整理表》，決定從 1956 年 2 月 1 日起在全國實施。通知規定："從實施日起，全國出版的報紙、雜誌、圖書一律停止使用表中括弧內的異體字。但翻印古書須用原文原字的，可作例外。一般圖書已經製成版的或全部中分冊尚未出完的可不再修改，等重排再版時改正。機關、團體、企業、學校用的打字機字盤中的異體字應當逐步改正。商店原有牌號不受限制。停止使用的異體字中，有用作姓氏的，在報刊圖書中可以保留原字的，不加變更，但只限于作爲姓用。"其後 1956 年 10 月對初稿修改推出《第二批異體字整理表草案》（初稿），1959 年 12 月 31 日將兩異體字整理表合併爲《異體字整理表》（初稿），1965 年 11 月又在初稿的基礎上修改增訂形成《異體字整理表》（修訂稿）。該異體字表後雖小有修改，但基本保持並穩定下來。1976 年 12 月編印有《第二批異體字整理表（徵求意見稿）》，但未正式發佈。目前，繁體排版中判斷某個字是規範字還是異體字依據的還是《異體字整理表》（修訂稿）。

這裡有兩點需要說明：1. 根據 1986 年 10 月 10 日重新發表的《簡化字總表》中的説明，確認《簡化字總表》收入的"诉谦晔昙诃鳕绅划鲙诓雠"11 個類推簡化字爲規範字，不再作爲淘汰的異體字。2. 根據 1988 年 3 月 25 日國家語言文字工作委員會與中華人民共和國新聞出版署《關於發布〈現代漢語通用字表〉的聯合通知》中的規定，確認《印刷通用漢字字形表》收入的"剷邱於澹骼彷菰凅徽薰黏桉愣暉洞"等 15 個字爲規範字，收入《現代漢語通用字表》，不再作爲淘汰的異體字。經過這兩次的調

---

① （東漢）許慎：《説文解字》，北京：中華書局，1963 年，縮影清陳昌治刻本。
② （清）段玉裁注：《説文解字注》，上海：上海古籍出版社，1981 年，縮影清經韻樓原刻本。

整,淘汰的異體字由原來的 1053 個減少到 1027 個。

1. "寧""甯"混用

A. "新寧"與"新甯"

(1) 書前《説明》:

歐陽兆熊,道光十七年中舉,曾任湖南新寧縣教官。(説明 p.1)

(2) 卷上"14 新甯陳某"條:

道光丁酉,予爲新甯教官⋯⋯何況新甯僻陋之區!⋯⋯新甯自國初以來無中式者,人謂之破天荒。(p.12)

(3) 卷上"17 忠臣有後"條:

新甯女子不肯與人作妾。(p.15)

(4) 卷上"17 忠臣有後"條:

賊復回新甯。(p.15)

B. "寧波"與"甯波"

(5) 卷下"33 中外通商"條:

所乞天津、寧波兩處給一小島,以便屯貨,卒未允行。(p.30)

(6) 卷下"45 孝廉陣亡"條:

寧波府城一戰而潰,遂不支,君乃拂衣去。(p.39)

(7) 卷下"70 外官廉潔"條:

其沿海關道,上海爲最,甯紹、登萊青次之。(p.60)

(8) 卷下"95 書畫遭劫"條:

甯波天一閣,亦子然無餘,可爲千古文字之厄。(p.78)

(9) 卷下附録"101 洋務宜遵祖訓安内攘外自有成效説"條:

苟非裕謙剝皮爲繮於寧波,則江寧二千一百萬斷不致如此之甚也。(p.83)

(10) 卷下附録"101 洋務宜遵祖訓安内攘外自有成效説"條:

浙江駐乍浦、寧波兩處。(p.92)

按:《説文解字》丂部:"寧,願詞也。從丂,寍聲。"(p.101)段玉裁注:"寍部曰:'寍,安也。'今字多假'寧'爲'寍'。"(p.203)用部:"甯,所願也。從用,寧省聲。"(p.70)段玉裁注:"此與丂部'寧'音義皆同。許意'寧'爲願詞,'甯'爲所願,略區別耳。"(p.128)宀部:"寍,安也。從宀,心在皿上。皿,人之食飲器,所以安人。"(p.150)段玉裁注:"此安寧正字。今則寧行而寍廢矣。"(p.339)從段玉裁注可以看出,"寍"是安寧的本字,後來借"寧"代表安寧義,"寧"行而"寍"廢;"寧"與"甯"音義同的異體字。

上引諸例中,新寧爲湖南地名,寧波是浙江地名,所用"寧"和"甯"都是安寧義。但同一書中同一名稱而採用不同的異體,肯定不妥。例中的"甯"當依《異體字整理表》(修訂稿)統一規範作"寧"。

2. "炮""砲""礮"混用

(1)卷上"7 李金暘"條:

> 李金暘,年未三十,勇悍絕倫,羣以爲跋扈將軍,綽號衝天礮。(p. 5)

(2)卷上"8 李楚材"條:

> 恪靖果即令統四營,頗立戰功,惜炮子斷其左臂,已成廢人矣。(p. 6)

(3)卷上"20 進場飯"條:

> 文正守其王父星岡先生之教,未明求衣,明砲一響即布席早餐矣。(p. 18)

(4)卷下"56 潰河事類誌"條:

> 乃堅閉側門,促輿由中門出,鼓吹升炮;二督即亦同至萬柳園,各官皆隨行。(p. 50)

(5)卷下"101 洋務宜遵祖訓安內攘外自有成效説"條:

> 所謂强者,船堅礮利,新色火器層出不窮而已。……縱有其船、有其砲,而駕駛、開放之技藝不如也,堅忍勇鷙之人心不如也,如山不動之號令不如也,則與無船無礮又何異哉!試以最近之事較之:我大清國龍興東土,以騎射爲絕技,當時與明人交戰,明人有鳥鎗大礮,而我則無之,與今日我之鎗礮不敵西洋情形相類。然明人有鎗有礮往往不及施放,而我之勁弓怒馬已至其前,明兵率棄鎗礮以逃,其故無他,人心一齊一不齊,士氣一勇一不勇之別耳,固不在有器無器也。(p. 81)

按:我國古代的炮最早是用機械發射石頭的,故我國的炮最早是"石"字旁的。《廣韻》效韻滂母匹貌切:"礮,礮石,軍戰石也。"[1](p. 396)《集韻》效韻滂母披教切:"礮砲礟,機石也。或從包、從豹。"[2](p. 166)火藥發明後,改爲用火藥發射鐵彈丸,遂借"炮烙"之"炮"(讀平聲 páo)之形稱代之,依義仍讀去聲 pào,"炮"遂在讀 pào 時與"礮""砲""礟"形成異體。上引各例中"炮""砲""礮"都是指以火藥發射彈丸的大型兵器,應該統一字形。第 5 例中"砲""礮"兩形混用,尤須規範。全書宜依《異體字整理表》(修訂稿),將"礮"和"砲"統一規範作"炮"。

3. "刦""刼""刧"混用

(1)卷上"27 陰陽司事"條:

> 又謂予湖南當有大刼,唯皖南蘇浙可免。凡刧以食刦爲最,兵刦次之,……。(p. 23)

---

① (宋)陳彭年等編:《宋本廣韻》,北京:北京市中國書店,1982 年,影清張氏澤存堂本。

② (宋)丁度等編:《宋刻集韻》,北京:中華書局,1989 年,縮影北京圖書館藏宋刻本。

（2）卷下"55 金陵勝地"條：

　　此一刧，千年所罕也。（p. 47）

（3）卷下"89 事有前定"條：

　　同治中，崇侍郎得大魁，皆值髮捻極閧時，錢言皆驗，可知大刧已前定矣。（p. 73）

（4）卷下"94 鹽務五則"條：

　　綱鹽之成法，前人費無限苦心，一旦掃地無餘，亦刧運也。（p. 76）

（5）卷下"書畫遭劫"條的條目：書畫遭劫（p. 78）

按：《説文解字》力部："劫，人欲去，以力脅止曰劫。或曰以力止去曰劫。"（p. 292）段玉裁注："此篆从力，而俗作'刦'，从刀。葢刀與力相淆之處固多矣。"（p. 701）從段玉裁注可知，從刀之"刧"爲"劫"之訛；"刀"作偏旁時可寫作"刂"（如"劍-劒"），故"刧"又作"刦"；"刀"旁亦與"刃"旁通（如"劍-劎"），故又作"刧"。《異體字整理表》（修訂稿）將"刧""刦""刧"規範作"劫"，今當從之。

4. "寓""厲"同用

（1）卷上"2 曾文正公事"條：

　　時李蕭毅已回江西寓所，幕府僅一程尚齋，奄奄無氣。（p. 2）

（2）卷上"6 挽妓長聯"條：

　　道光初年，……眷一妓號云香者，益陽人，僑寓省城。（p. 4）

（3）卷上"12 馮樹堂"條：

　　庚子辛丑，予留京過夏，寓菓子巷，……。（p. 10）

（4）卷上"17 忠臣有後"條：

　　時宋于亭在外簾，最稱博雅，……但云："我回寓即可翻書得之，公等更不能也。"叔績入場時寓南門外蔡忠烈祠，或相傳爲蔡公薦卷云。（p. 16）

（5）卷上"25 戴山人"條：

　　戴山人諱嶢，字一夫，嘉慶末年流寓來潭，後居澧州津市。……未幾如廁，久不返，跡之則已回厲矣。（p. 21）

（6）卷上"28 功名有定數"條：

　　回厲後，李君問吾師有何言語，予以實告之。（p. 25）

（7）卷下"56 濬河事類誌"條：

　　二督乃返，先至張寓請太翁安，呼張之大郎出，安慰再四而去。（p. 50-51）

（8）卷下"85 百香精舍"條：

　　聞其未達，僑厲數年，故其墨跡流佈至多，……。（p. 68）

（9）卷下“86 萬廉山事四則”條：

夜間萬至其姪<u>厲</u>，楊偵知之，微服手一燈，以同鄉故，直造其室，……。（p. 69）

（10）卷下“94 鹽務五則”條：

次年各商裹足不前，岸鹽擁滯，方且爲包岸認銷、<u>寓</u>散于總之計，而粵匪東下矣。（p. 76）

按：《説文解字》宀部：“寓，寄也。從宀，禺聲。厲，寓或從广。”（p. 151）《廣韻》遇韻疑母牛具切：“寓，寄也。”“厲，上同。”（p. 344）《集韻》遇韻疑母元具切：“寓厲，《説文解字》：寄也。或從广，通作偶。”（p. 141）從上引可知，《説文解字》中“寓”即爲正體，“厲”爲或體，後世亦然。《異體字整理表》（修訂稿）以“寓”爲正體，“厲”爲廢止的異體，今當從之。

5. “磚”“甎”混用

（1）卷下“49 豪富二則”條：

一日，陶至席所，自泊舟處至席屋約二里許，夾道皆設燈棚，夜行不秉炬，至則張樂歡讌累日。席謂陶曰：“我所居有未盡善乎？”陶曰：“無他，惟大廳地<u>磚</u>縱橫數尺，類行宮之物。書室牖外池塘欠荷芰耳。”席默然。兩時許，復邀過水榭，則已荷蕖盈目，送客出，廳事地<u>甎</u>皆易爲及尺矣。陶乃大驚服。（p. 42）

（2）卷下“55 金陵勝地”條：

相傳永樂興造，先後十九年，其下<u>磚</u>石，數倍於地上之塔。（p. 47）

按：此二字形今本《説文解字》不收。《廣韻》仙韻合口章母職緣切：“甎，甎瓦。《古史考》曰：烏曹作甎。”（p. 121）《集韻》仙韻合口章母朱遄切：“甎甎塼，燒墼也。或從尚、從土。”（p. 50）桓韻定母徒官切：“磚，闚，人名。鄭有石磚。”（p. 44）戈韻定母徒禾切：“磚，圜兒。”（p. 59）唐慧琳《一切經音義》卷三十四《大方廣如來藏經音義》：“金甎，音專。《埤蒼》云：甎，甎也。經從石作磚，俗字也。”[1]（p. 88）明梅膺祚《字彙》午集石部：“磚，俗甎字。”[2]（午集 78）明張自烈《正字通》午集下石部：“磚，舊注俗甎字。按：磚爲石類，從石、從瓦義同，必謂俗不當作磚，誤也。”[3]（午集下 17）清陳廷敬等編《康熙字典》午集下石部：“磚，《集韻》徒官切，音團。人名，鄭有石磚。又與甎同。《古史考》：烏曹作甎。……又《集韻》徒禾切，音砣。圜貌。”[4]（午集下 7）從上引諸書看，唐代時甎瓦義字“甎”爲正體，“磚”爲俗體。張自烈甚至批評那些以“磚”不當作“甎”俗體者的觀點不對，認爲“磚爲石類，從石、從瓦義同”。《異體字整理表》（修訂稿）以“磚”爲正體，“甎”“塼”爲廢止的異體。第 1 條中同一段文字内“磚”“甎”二形皆用，不妥。今當據《異體字整理表》（修訂稿）規範爲“磚”。

---

①　（唐）慧琳：《一切經音義》，《中華大藏經》第 58 册，中華書局 1993 年版。
②　（明）梅膺祚著，（清）吴任臣補：《字彙》，明萬曆乙卯刊本。
③　（明）張自烈著：《正字通》，清康熙九年刊本。
④　（清）陳廷敬等編：《增訂篆字殿版康熙字典》，上海：廣益書局，1947 年版。

6. "慨""嘅"混用

(1) 卷上"29 香蓮薄命"條：

予<u>慨</u>然曰："我欲悲天憫人耳，豈效彼尋花問柳者哉?"(p.26)

(2) 卷下"33 中外通商"條：

天運使然，人謀亦難以主之。吁! 可<u>嘅</u>也。(p.31)

(3) 卷下"36 淮鹺忘本"條：

我輩非師門無今日，然目下時風，率皆忘本，是可<u>慨</u>歟! (p.33)

(4) 卷下"77 嚴正成神"條：

公<u>慨</u>然曰："作官貴自立，苟有可建樹，何待人言! 此人決非吏才，爲説項，祇自欺耳。"(p.64)

(5) 卷下"95 書畫遭劫"條：

承平士大夫好古而多雅尚，吳越間比比皆是，此後世無其人，亦無其事，不可<u>慨</u>哉! (p.78)

(6) 卷下"56 潰河事類誌"條：

自掃除習氣一語出，而軒冕之體制比於齊民，上驕下詔，反眼不相識，而公論塗地矣，可勝<u>嘅</u>哉! (p.51)

按:《説文解字》口部："嘅，嘆也。從口，既聲。《詩》曰:嘅其嘆矣。"(p.34)心部："慨，忼慨，壯士不得志也。從心，既聲。"(p.217)二字在《廣韻》《集韻》《字彙》皆有别。明張自烈《正字通》口部："嘅，丘蓋切，音慨。《説文》:歎也。引《詩·王風》'嘅其嘆矣'。徐曰:意氣有所鬱，嘅狀也。……《説文》《正韻》分慨、嘅爲二。俗作嘅，非。"(丑集上 69)從張自烈按語看，當時感慨、慨嘆以"慨"爲正，俗寫作"嘅"則非。《異體字整理表》(修訂稿)以"慨"爲正體，"嘅"爲廢止的異體。上引 6 例看，都是感慨、慨嘆之意，並無分别，當據《異體字整理表》(修訂稿)規範爲"慨"。

7. "款""欵"混用

(1) 卷下"70 外官廉潔"條：

此<u>欵</u>不得按月照解，悉存運庫。(p.60)

(2) 卷下"76 河防巨款"條：

苟遇水大之年，……而另案工程則有常年、專<u>欵</u>之分，……專<u>欵</u>另案則自爲報銷，不入年終清單。(p.64)

(3) 卷下"101 洋務宜遵祖訓安内攘外自有成效説"條：

本朝經入之<u>款</u>，……合新舊兩<u>欵</u>計之，已及六千萬。(p.85)

按:"款"字只出現在下卷。除上揭 3 條外，餘者如"36 淮鹺忘本"條之"賠款"

（p. 32）、“61 部吏口才”條之“用款”（p. 53）、“93 陋規一洗”條之“巨款”（p. 75）、“101 洋務宜遵祖訓安内攘外自有成效説”條之“歲入之款”（p. 80）和“102 川淮兩全説”條之“巨款”（p. 93）、“捐款”（p. 93）、“庫款”（p. 96）等皆作“款”。

《廣韻》緩韻溪母苦管切：“款，誠也，叩也，至也，重也，愛也。”“欵，上同。”“歁，俗。”（p. 265）《集韻》緩韻溪母苦緩切：“款欵，苦緩切。《説文》：意有所欲也。或從柰。俗作歁，非是。”（p. 107）“款”“欵”之錢款義爲後起之義，二形亦爲異體。《異體字整理表》（修訂稿）以“款”爲正體，“欵”爲廢止的異體。上引諸例皆爲錢款義，特別是第 2 例中標題用“款”則是正文用“欵”，皆當據以規範爲“款”字。

8. “驗”“騐”混用

（1）卷上“1 陳廣敷踪跡”條：

　　廣敷工醫，兼工相人之術，其推八字，不用財官印綬，合説文及諸子精義，融液成文，推測皆驗。（p. 1）

（2）卷上“7 李金暘”條：

　　李本以符水治病，最著靈驗。（p. 6）

（3）卷上“8 李楚材”條：

　　試之皆驗。（p. 6）

（4）卷上“12 馮樹堂”條：

　　故委派屯溪釐局、霆營監餉、湖口掣驗、總查江面釐金，皆繳札不敢承，亦欲以全交耳。（p. 10）

（5）卷上“27 陰陽司事”條：

　　而所言多荒怪，間亦有驗有不騐云。（p. 24）

（6）卷下“46 参戎異才”條：

　　余之言騐矣。（p. 40）

（7）卷下“89 事有前定”條：

　　同治中，崇侍郎得大魁，皆值髮捻極鬨時，錢言皆驗，可知大刼已前定矣。（p. 73）

（8）卷下“94 鹽務五則”條：

　　淮北改票之始，一年三運，利至倍蓰，其空手掛號者皆得巨資，遂改爲騐貨，集銀至八百余萬。而騐貨之中又有以借銀充數者。（p. 77）

（9）卷下“102 川淮兩全説”條：

　　查川鹽之在川納税者十五萬引也，入鄂而完厘者十五萬引也，過平善壩經淮員查騐者十五萬引也。……自出場之後，每隔百里或數十里，即有稽查鹽卡之

員,按船掣驗。……自井所至平善壩,千餘里內,擇其扼要水平之處添設鹽卡,逐處掣驗,必鹽數票數相符方准下駛。(p. 94)

按:《説文解字》馬部:"驗,馬名。從馬,僉聲。"(p. 200)段玉裁注:"今用爲譣字,證也,徵也,效也。不知其何自始,驗行而譣廢矣。"(p. 464)《廣韻》艷韻疑母魚窆切:"驗,證也,徵也,效也。《説文》云:馬名也。"(p. 423)明張自烈《正字通》馬部:"騐,俗驗字。"(亥集上 15)"驗,魚欠切,嚴去聲。證也,效也。……俗作騐,非。"(亥集上 22)"驗"與"騐"是聲符不同的異體,"騐"作爲"驗"的俗體,在明代就已經存在了。《異體字整理表》(修訂稿)以"驗"爲正體,"騐"爲廢止的異體。書中上、下卷中都有混用,宜規範爲"驗"。

9. "誤""悮"混用

(1) 卷上"5 左相少年事"條:

前夜有誤牽其被者,即大呼捉賊,鄰舟皆爲驚起,故至今猶聲嘶也。(p. 4)

(2) 卷上"13 癸巳縣試"條:

予謂不考經則不能送府送院,吾亦何能避禍而誤人前程耶!(p. 11)

(3) 卷上"27 陰陽司事"條:

未幾,楊以望誤去官,左由閩督量移陝甘。(p. 23)

(4) 卷上"27 陰陽司事"條:

姨丈陳臬粵西,誤聽屬吏之言,頗有冤殺,此孽也。(p. 24)

(5) 卷下"56 潰河事類誌"條:

張文浩剛愎自用,不聽人言,悮國殃民,厥咎尤重。(p. 49)

(6) 卷下"64 户部爲六部首"條:

以此二者見鄙於世,則以少出膏粱不讀書所悮耳。(p. 56)

(7) 卷下"101 洋務宜遵祖訓安內攘外自有成效説"條:

其不專不精處,則皆聰明誤之也。……其不整不肅處,則又圓融誤之也。(p. 87)

按:《説文解字》言部:"誤,謬也。從言,吳聲。"(p. 55)《廣韻》暮韻疑母五故切:"誤,謬誤。""悮,上同。"(p. 348)《集韻》暮韻疑母五故切:"誤,五故切。《説文》:謬也。""悮,欺也,疑也。"(p. 143)《字彙》卯集心部:"悮,與誤同。又欺也,惑也。"(卯集 11)《正字通》卯集上心部:"悮,同誤。"(卯集上 26)此可知"悮"雖另有欺惑之義,但在謬誤義上與"誤"爲異體。《異體字整理表》(修訂稿)中未收此二字,《新華字典》(第 11 版)和《現代漢語詞典》(第 6 版)都在"悮"前標記"＊＊",作爲《第一批異體字整理表》以外的異體字收在"誤"後。上舉 7 例中"誤"和"悮"都是錯誤、誤會或耽誤之意,宜統一規範爲"誤"。

(三) 衍文或訛字

1. "廣"爲衍文,或爲"氏"字之訛。

(1) 卷上"2 曾文正公事"條:

> 辛酉,祁門軍中,賊氛日逼,勢危甚,時李肅毅已回江西寓所,……。後在東流,欲保一蘇撫而難其人,予謂李廣才氣無雙,堪勝此任。文正歎曰:"此君難與共患難耳!"蓋猶不免芥蒂於其中也。卒之幕中人(在)無出肅毅右者,用其朝氣,竟尅蘇城。(p. 2)

按:李鴻章,曾封一等肅毅伯,死後晉一等肅毅侯。文中"李肅毅"即是李鴻章。根據上下文和史實,"予謂李廣才氣無雙,堪勝此任"實是作者在曾國藩幕府時向曾推薦李鴻章任江蘇巡撫一職。李鴻章並無"李廣"之名,疑此處"廣"字乃衍文,當刪;或"廣"爲"氏"字之誤。

二、標點問題

我們在閱讀中還發現有些地方標點有問題,因有些地方標點問題不只一種,不便歸類,遂按頁碼順序逐一揭出,以就正於方家。

1. 卷上"1 陳廣敷踪跡"條:

> 時羅羅山、劉霞仙、吳南屏、郭筠仙意城、羅研生聞吾家來此異人,各先後至,無不傾倒。(p. 1)

按:筠仙乃郭嵩燾字,意城乃郭嵩燾弟崑燾字,此實是二人,"筠仙""意城"間當用頓號隔開。

2. 卷上"1 陳廣敷踪跡"條:

> 廣敷工醫,兼工相人之術,其推八字,不用財官印綬,合説文及諸子精義,融液成文,推測皆驗。(p. 1)

按:《説文》是東漢末許慎所著文字學著作《説文解字》的省稱,古代士子常習,偶有用之占卜者。文中"説文"二字當加書名號。

3. 卷上"1 陳廣敷踪跡"條:

> 廣敷與懿叔最相得,嘗謂吾兩人落拓不遇,而令子鶴、服耔輩得志,吾以此卜新城陳氏之衰矣。而吾獨怪其言天下將大亂,戡亂之人,皆在三湘,時粵賊尚未起事,而能前知如此。(p. 2)

按:文中"吾兩人落拓不遇,而令子鶴、服耔輩得志,吾以此卜新城陳氏之衰矣"和"天下將大亂,戡亂之人,皆在三湘"兩句都是陳廣敷原話。本條起首即言"道光戊申,江右陳廣敷偕其兄懿叔來潭",知懿叔與陳廣敷是兄弟,皆江西新城人。從"吾以此卜新城陳氏之衰矣"看,"吾兩人"實是陳廣敷自謂與其兄懿叔兩人。此處如不加引號,容易讓人誤以爲是作者説的，"吾兩人"指作者與陳廣敷。後一句如果不加引號，則容易誤以爲其只預言"天下將大亂"，其實陳廣敷不單預言"天下將大亂"，更指出平定叛亂的功臣是湖南人，故"戡亂之人，皆在三湘"亦爲陳廣敷所言。上文標點當爲：

> 廣敷與懿叔最相得，嘗謂："吾兩人落拓不遇，而令子鶴、服籽輩得志，吾以此卜新城陳氏之衰矣。"而吾獨怪其言"天下將大亂，戡亂之人，皆在三湘"，時粵賊尚未起事，而能前知如此。

4. 卷上"7 李金暘"條：

> 予嘗從容問李金暘何以事白而見殺？ 文正曰："左季高、趙玉班俱稱其材可大用，若不能用，不如除之。且江西紛紛言其通賊，吾既違眾而戮張矣，亦何能不稍順人心乎？"(p. 6)

按：李金暘江西戰敗逃歸，被下屬張光照誣爲通賊。曾國藩以誣告罪名殺張光照後。李金暘以爲無罪，不料又以打敗仗的罪名被曾國藩處死。作者遂以此事問曾國藩。文中"李金暘何以事白而見殺"爲作者語，當加引號。不加引號，容易誤認爲是作者向李金暘詢問。這段文字的標點當爲：

> 予嘗從容問："李金暘何以事白而見殺？"

5. 卷上"9 曾文正與左相氣度"條：

> 恪靖與文正書函來往，每以兄弟相稱，不肯稍自謙抑。至文正薨後，乃自書晚生輓之云："謀國之忠，知人之明，自愧不如元老；同心若金，攻錯若石，相期無負平生。"豈其悔心之萌，有不覺流露者歟！(p. 7)

按："晚生"當是李鴻章落款時自稱，二字當加引號，其後當加逗號隔開。這段文字的正確標點當爲：

> 至文正薨後，乃自書"晚生"，輓之云：……。

6. 卷上"12 馮樹堂"條：

> 既見，則曰："先生執義甚高。雖然，所以爲頌南則善矣，所以自爲，則我不知也。此非穆門鷹犬耶？ 先生更爲鷹犬之鷹犬，又何説耶？"懷中亦出四金贈之？以爲旅費。樹堂再拜受教，卻其金。(p. 11)

按："懷中亦出四金贈之"是描述贈金之事，後之"以爲旅費"乃贈金之意，與前文文意相接。如其間用問號，則斷爲兩句，語意不連貫。此處問號當改爲逗號。這段文字的正確標點當爲：

> 懷中亦出四金贈之，以爲旅費。

7. 卷上"15 英雄必無理學氣"條：

> 江忠烈少時游於博，屢負，至裋衣質錢爲博資，間亦爲狹斜游，一時禮法之士皆遠之。予獨決其必有所建豎，故《南屏集》中與予書，頗以爲怪。(p. 13)

按:南屏是清代湖南巴陵人吳敏樹的號。吳氏擅長古文,開創了桪湖文派,與曾國藩齊名。郭嵩燾曾稱贊説:"湖南兩百年文章之盛,首推曾、吳。"吳敏樹著述有《桪湖文録》《桪湖詩録》《桪湖詩稿》《湖上客談年語》《東遊草》《鶴茗詞鈔》等,但獨獨未見有《南屏集》。作者此處當是以"南屏"指稱吳敏樹其人,謂吳氏在信中爲自己稱賞江中烈之事感到奇怪,該信收録在吳氏文集中,故此處不當加書名號。這段文字的正確標點當爲:

予獨決其必有所建豎,故南屏集中與予書,頗以爲怪。

8. 卷上"17 忠臣有後"條:

先是,奏稱臣誓與此城共存亡。死後二日,廷寄至,硃批有"不必與城共存亡"之語,已無及矣。(p. 15)

按:此是作者對廬州陷落而江忠烈死敵後對前事的追述。"臣誓與此城共存亡"是江氏奏書原文,"臣"是江氏自稱。後文"不必與城共存亡"則是朱批原文。後文硃批原文加了引號,而上奏原文不加引號,體例殊不一致。當加引號。這句話標點當爲:

先是,奏稱"臣誓與此城共存亡"。

9. 卷上"18 夫人儉樸"條:

夫人曰:"今爲爾説一笑話以醒睡魔可乎? 有率其子婦紡至深夜者,子怒詈謂紡車聲聒耳不得眠,欲擊碎之,父在房中應聲曰:'吾兒可將爾母紡車一竝擊之爲妙。'"(p. 16)

按:古文中征詢之事與征詢之辭"可乎"連用時,其間當斷開。"子怒詈"與"謂紡車聲聒耳不得眠"爲二事,不當連爲一句。又,"欲擊碎之"語意已完,後當用句號。這段話標點當爲:

夫人曰:"今爲爾説一笑話以醒睡魔,可乎? 有率其子婦紡至深夜者,子怒詈,謂紡車聲聒耳不得眠,欲擊碎之。……。"

10. 卷上"19 一生三變"條:

先是文正與胡文忠書,言及恪靖遇事掣肘,哆口謾罵,有欲效王小二過年,永不説話之語。(p. 17)

按:"王小二過年"本是京劇中過年的應景小戲,講的是窮得叮噹響的王小二夫婦過年時爲了應對債主討債、鄰家小孩拜年討紅包、初一偷寺廟供品被抓等事裝啞巴不説話以求蒙混過關。這個小故事後又引申出"王小二過年——永不説話"的歇後語。此處應按歇後語的基本格式標點,加上破折號。又,從句末"之語"看,"欲效王小二過年——永不説話"當是曾國藩給胡文忠信中的原話,當加引號。

再者,"先是"一語是追述前事的提示語,一般用逗號與所述之事隔開,如卷上"12 馮樹堂"條:"先是,道光中葉,夷釁方啟,有陳頌南、蘇賡堂、朱伯韓者,參劾穆相、琦侯、奕氏兄弟,直聲震天下,都中有三禦史之目。"(p. 10)此處亦當於"先是"後加逗號。

此段話正確標點應爲:

> 先是,文正與胡文忠書,言及恪靖遇事掣肘,哆口謾罵,有"欲效王小二過年——永不説話"之語。

11. 卷上"28 功名有定數"條:

> 一日,同車過訪,侍御呼予進內診病,診畢,侍御書硯作<u>也歟聖懷</u>四字,囑嵌三篇末及詩中抬頭兩處。……回寓後,李君問<u>吾師有何言語</u>,予以實告之。……李君則嗚咽曰:"嗚呼!此乃予自作自受,豈非天乎!予於初六日早聽宣時,悄至侍御宅,將<u>也歟聖懷</u>四字改作三<u>蓋</u>字,作承題起處,乞師母拆開家人帽簷藏之。……豈非天乎!"(p. 25)

按:此是作者記錄當時科考舞弊之事。作者與李君拜訪某侍御,該侍御授以舞弊標記,即在"三篇末及詩中抬頭兩處"分別嵌入"也""歟""聖""懷"四字。故此四字當加引號。同理,"三蓋字"中之"蓋"亦加引號。又,"吾"一般不作賓語,而只作主語和定語,故李君所問"吾師有何言語"實乃作者轉述原話,亦須加引號。這段話標點當爲:

> 一日,同車過訪,侍御呼予進內診病,診畢,侍御書硯作"也""歟""聖""懷"四字,……回寓後,李君問:"吾師有何言語?"予以實告之。……將"也""歟""聖""懷"四字改作三"蓋"字,……。

12. 卷下"47 奇士被害"條:

> 今雖冤死,而天下惜之,<u>此其爲德乎爲怨乎</u>?(p. 41)

按:此乃作者評價被冤殺的錢東平之語。"此其爲德乎爲怨乎"是選擇問句,當在"爲怨乎"前補問號。原文標點當爲:

> 今雖冤死,而天下惜之,此其爲德乎?爲怨乎?

13. "50 書契聖手"條:

> 甚至馬上有木架亦可繕摺,此惟軍中有之,稍緩彎寫數行,<u>馳而前復如之</u>,如此數次,摺已繕畢,中途早餐即可拜發,不需時刻也。(p. 44)

按:這段話一逗到底,不妥。玩味其意,可分爲四句話,當分別在"此惟軍中有之""復如之""摺已繕畢"後改用句號。又"馳而前"後當以逗號隔開。這段話標點當爲:

> 甚至馬上有木架亦可繕摺,此惟軍中有之。稍緩彎寫數行,馳而前,復如之。如此數次,摺已繕畢。中途早餐即可拜發,不需時刻也。

14. 卷下"56 潰河事類誌"條:

> 師曰:"汝不憶《漢書》乎?<u>霍光廢昌邑宣太后令</u>,歷數罪狀,<u>中段一小停曰</u>:'爲人子當悖亂如是耶?'今日之事即其遺意也。"余始恍然。(p. 49)

　　按:《漢書·霍光傳》載:漢昭帝崩,昌邑王劉賀繼位,霍光因其昏亂而聯名上奏皇太后欲廢之。皇太后詔劉賀,尚書令當著劉賀和群臣面讀霍光等聯名廢劉賀的奏章,皇太后在尚書令宣讀奏章時插話指斥昌邑王劉賀無行:"止! 爲人臣子當悖亂如是邪!"[①]此即述此事。"昌邑"指昌邑王劉賀,其後當補逗號。"中段一小停"指尚書令讀奏章,"曰"當是太后所言,故其間亦當補逗號以分別之。此句標點當爲:

　　　　師曰:"汝不憶《漢書》乎? 霍光廢昌邑,宣太后令,歷數罪狀,中段一小停,曰:'爲人子當悖亂如是耶?'今日之事,即其遺意也。"余始恍然。

15. 卷下"77 嚴正成神"條:

　　　　囑記室曰:"只可添乘某到省之便一語,不必露干請意。"(p. 65)

　　按:此載黎世序妻弟王某去安徽任職而懇其寄書門生以求關照,黎氏不肯,只於信中委婉表達。文中"乘某到省之便"是信中語,當補引號。這段話標點當爲:

　　　　囑記室曰:"只可添'乘某到省之便'一語,不必露干請意。"

16. 卷下"81 衣服尚多"條:

　　　　每當小春天熱,則上皮下棉,稍涼則下皮上棉,亦有二毛、大毛在上而小毛在下者,又有以羔皮縫之於裏而外仍作棉體者。(p. 66)

　　按:"亦有二毛"後之頓號當改爲破折號。頓號一般"表示語段中並列詞語之間或某些序次語之後的停頓",而破折号有"標示注釋內容或補充説明"的功能。從文意看,後文"大毛在上而小毛在下者"是解釋"二毛"的,所以這裏要用破折號。原文標點當爲:

　　　　每當小春天熱,則上皮下棉,稍涼則下皮上棉,亦有二毛——大毛在上而小毛在下者,又有以羔皮縫之於裏而外仍作棉體者。

　　以上是我們在讀中華書局標點本《水窗春囈》時的一些札記,希望能對其再版完善有所裨益。不妥之處,請方家們指教。

(作者單位:安徽大學文學院)

---

　　①　(東漢)班固撰:《漢書》,北京:中華書局,1962 年版,第 2944 頁。

被遮蔽近七百年的元代劉致詩詞

彭萬隆

筆者在整理元代著名詩人錢塘張雨別集的過程中①,發現清丁丙"武林往哲遺著本"《貞居先生詩集》九卷之"補遺"上下兩卷所補詩文有多篇並不可靠,比如,補遺卷上所收《閑居雜興十首》、《古意次趙集賢子昂韻四首》、《安山》、《壽春懷古》、《嘉禧殿山水圖歌》、《歌風臺》共19首,均存有書跡,是一冊名爲"元張雨自書詩草"中的一部分。此冊原爲林伯壽蘭千山館舊藏,現歸臺北"故宮博物院",臺北"故宮博物院"編輯委員會編輯《蘭千山館法書目録》,影印圖版,1987年初次刊行。後四年,著名的元代書畫史研究專家、臺北"故宮博物院"研究員張光賓先生(1915—2016)撰文《元張雨自書詩草》考證,得出的主要結論如下:此冊詩草是一件很出色的元人書法真跡;據其中作品提供的材料考證,創作者毫無疑問就是劉致(時中),而非句曲外史張雨;從該詩草的遞藏過程看,從首題開始就錯認成張雨真跡;詩草肯定不是張雨書法,亦未能遽定是劉致自書②。由於出版《蘭千山館法書目録》是本著從舊從真,故而只能標識成"元張雨自書詩草",但這也確實對劉致作品輯佚造成了很大的遮蔽。在《全元詩》編纂過程中,又因爲沒有充分利用臺灣學術界的研究成果,結果是劉致詩篇只輯出了寥寥的11首。並且,這11首詩中,《姑蘇臺》見於《國朝文類》卷七,《秋雨吟》見於《元音》卷三,這兩首詩同樣存於這冊"詩草",也從另一個側面證明其作者就是劉致。

筆者從臺北購得《蘭千山館法書目録》一冊,反復研讀所謂的"元張雨自書詩草",經過詳細整理,在《全元詩》所收劉致詩之外,得58首。又輯得其詞8闋。今依原詩草順序排列劉致諸詩詞,凡是詩草書跡中説明表示點去的字不再輯出,其他自注仍然保留;爲節省篇幅,也因爲易見,詩草中見收于丁丙本《貞居集》補遺卷上的19首詩(以下簡稱"丁本"),以及《全元詩》中的2首詩,本文只存詩題。

(1—10)《閑居雜興十首》(丁本)
(11)《荆山》

> 淮山有佳色,淮水仍清流。山能醒我心,水能方我舟。我志樂山水,得此忘百憂。孤蓬日燕坐,遠風集河洲。塵襟一披豁,五月如涼秋。淮山直叢叢,淮水深油油。安得桂樹枝,日夕聊淹留。

---

① 彭萬隆:《張雨集》(全三冊),2015年國家古籍整理出版專項經費資助專項,杭州:浙江古籍出版社2015年6月出版。

② 張光賓:《元張雨自書詩草》,(臺北)《"故宮"文物月刊》,1991年第6期,第38—49頁。

(12)《洛河水驛晚望》

落日下遠汀,人影長如樹。帆歸動江色,百丈回薄暮。宿鳥趨北林,啁噪不知數。雲霞裂高岸,煙霞集平墅。客懷每多感,默默欸流寓。曛氣晚未開,氤氳散成霧。

(13)《壽春懷古》(丁本)

(14—17)《古意次趙集賢子昂韻四首》(丁本)

(18—20)《燕城歲暮寓舍蕭然因憶東坡饋歲守歲別歲三詩次韻呈同邸生兼寄玉堂諸公》

(18)《饋歲》

平生梁父吟,所期在王佐。深藏若良賈,晦匿類居貨。泯泯欸羈束,默默嗟老大。空齋四壁立,日晏臥飢臥。一錢不守囊,五鬼常入座。爭如許父休,衣食給馬磨。我既不人餽,人亦不我過。數奇固不候,調高自寡和。

(19)《別歲》

祿仕何用早,物理有疾遲。未來或可迎,既去難復追。一出三十年,寂寞江漢涯。行道豈無日,得意亦有時。天殆淫者富,言乃食則肥。衰榮與疵賤,在我無喜悲。行與新歲過,復與舊歲醉。一歲復一歲,甚矣嗟吾衰。

(20)《守歲》

我生巧成拙,往往如畫虵。意欲行有適,百梗相邀遮。五十無所聞,奈此時命何。而復蜀之日,眾吠爭喧嘩。廉貞懷沙賦,蹀躞漁陽檛。河漢清且淺,經天自橫斜。昔年欲問津,此意今蹉跎。作詩語五鬼,勿誚吾言誇。

(21)《藺花行》

青青馬藺花,照日何杲杲。託根得依松,更覺顏色好。豈無苣與蘭,棄置悲遠道。秋風下白露,零落不自保。芳華亦已盛,坐閱歲年老。古來賢達士,致身自不早。物理固若斯,安用欸枯槁。(即苞荔,又曰馬荔,箴析、馬籃。亦見《漢書》)。

(22—23)《嘉禧殿山水圖歌》(丁本)

(24)《安山》(丁本)

(25)《玉堂雜興呈秋谷相國兼東院中諸公》

貞松棟樑具,落落山野姿。偶然入城府,本性諒不移。寒聲亂秋濤,涼樾涵清漪。流膏化靈餌,歲久如伏龜。蒼然起古色,霰雪不得欺。顧言保歲寒,特操固若斯。

(26)《石步洪次東坡韻》

懸流激石翻白波,長舟斗轉輕松梭。下窺玄窅見水府,仿佛龍伯牙相磨。溪風掠面過箭疾,迅若飛兔馳長坡。龍驤舣艖鶻橫海,蕩漾不翅風中荷。黿鼉驕豪鰍鱔舞，踴躍出沒千盤渦。人生行險戒僥倖，何異赤手誇憑河。可憐性命寄魚腹，翃復天塹逾汨羅。大聲洶洶若鬥虎，怒若獚獚如奔馳。我行南北屢經此，意每不樂無委蛇。跳身脫險私自幸，抑首如出白與窠。瞿塘三門在平地，此身道遠將如何。作詩拍手語河伯，濟川事業渠應呵。

(27)《呂梁洪再次東坡韻》

吳兒狃濤能撇波，水底沒得蛟人梭。幾回燃犀照幽怪，戲與龍伯相盪磨。操舟涉險如履地，穩似駿馬馳平坡。我生太一仙人孫，意欲偃仰一葉荷。臥吹洞簫看天宇，過此溰溰蛟次渦。何人牽牛飲渚次，疑是犯斗經天河。回頭失險水鏡淨，微風不動吹纖羅。脫巾傲兀坐篷背，仿佛夜跨馳明馳。不須擊楫緩容與。底用退食閑委蛇。棄官南來若脫兔，歸隱東下如投窠。此生賦分業已定，天地萬物如吾何。一杯聊爾相慰藉，二豪有口將誰呵。

(28)《虎丘秦始皇劍池歌》

池邊野陰雲幂幂，池上穹林倚高壁。直須便作滈池看，山鬼應曾此留璧。下臨重泉黑無底，萬古長教祖龍蟄。萇弘骨化知幾年，恨血猶然此凝碧。渴虹下飲終不竭，影動千山萬山赤。牧兒火冷鮑魚腥，銀甲金鳧了無跡。當時按劍睨六合，誰謂白虹曾貫日。

(29)《古意次趙集賢子昂韻》（此與前《古意次趙集賢子昂韻四首》第一首重）

(30)《歌風臺》（丁本）

(31)《秋雨吟》（《全元詩》已收）

(32)《古郢先生牧齋甲第觀圖史古物呈諒夫弟兼寄先生武昌》

翁昔楚都我瀟湘，我來郢城翁武昌。可人猶幸小坡在，拜跪問客來何方。（小坡謂先生長子楊五，即諒夫。）怡然前導登北堂，退尋康瓠（亭名，先生有記，圖史古物皆在內）陳家藏。商鬲周鼎古罍洗，卣瓛鑒敦爭煌煌。（罍卣絕佳，敦其次，瓛，子母螭虎者佳。皆三代物也。）寶鈎瑤玦來太康，螭龍盤挐鳳回翔。土花銼澀永蝕齧，酬直百萬宜莫當。（此所謂珚玉盤螭也。國初史忠武一軍守太康，有發古壙者，尚方秘器，全璧三重，玉物無數，珠琲悉爲塵土。如今之碧甸石皆如乾醬色。蓋古帝王塚，或以爲羔柴，又以爲高歡，又以爲梁孝王。孝王蓋近之。此環得之壙中者，見先生《玉譜》。）牙籤插架萬軸強，扃題緄鍋嚴閑防。乃翁心事我所悉，要留此物傳諸郎。石城眉目尤敦龐，（幼子也。）楚楚學語鶯轉篁。（最小女也。）阿圻昔見未識字，（第二子也。）今已諷讀聲琅琅。我知姚家澤未央，其源既深流自長。從茲公侯看袞袞，始信積善多餘慶。（葉平。）我將移家莫愁莊，葛巾野服從翁傍。蘇門成蹊富桃李，自揆當在盧闇行。（闇謂子濟。）感翁塵埃識楚狂，駑鈍不任翁激揚。敢期低頭拜東野，願託名姓翁文章。北風吹沙天欲黃，官舟不許留江鄉。（時驛舟詣踈齋赴湘南憲。）明朝回首碧雲合，橫山横木空微茫。

（33）《吳道玄風雩圖爲止敬左相趙公賦兼呈太初宣相》

鳳兮德衰歌楚狂，喪家之狗何悵悵。齊侯可辱地可反，甲兵無若三都強。沈猶何處朝飲羊，魯國自可東周王。誅行兩觀甫三月，女樂已至君臣荒。天生德予何畏逆，桓魋陽虎猶蚍蜉。是知日月不容毀，大明蹔晦庸何傷。用之則行舍則藏，長沮桀溺誠知方。有心擊磬道將廢，羨爾雌雄山之梁。九夷可居將遠颺，尼丘書社不足償。爭如歸歟老洙泗，坐閱諸子觀虞唐。雩壇魏魏沂水陽，冠衣儼然齋以莊。仲由率爾起避席，赤也冉有環相望。此時點爾亦侍傍，心存希聲天渺茫。寧知夫子在我側，此身與瑟俱相忘。逡巡欲對如不遑，鏗爾舍瑟聲未央。不言已知異三子，既對意度殊深長。春服既成蘭苣芳，童子冠者將翱翔。沂濱詠歸浴初罷，振衣起舞雩風涼。喟然興歎何激昂，三子之撰不足當。不須更問子之志，夫子與點相頡頏。畫師之心技亦良，髣髴問答相抑揚。畫中不盡千古意，今我作詩爲補亡。

（34）《古意次韻答元復初》

洞庭木落秋水波，我將與君遊九河。並馳兩龍繫駟馬，晞髮傲兀陽之阿。山阿舍睇帶薛荔，水中築室葺芰荷。夫君不返蕭水深，道路阻脩如君何。行吟澤畔見漁父，鼓枻坐誦滄浪歌。滄浪水寒沙渚清，歲晏雨雪何其多。青蠅止樊良足畏，白圭少玷猶可磨。逍遙汀洲搴杜若，湘靈起亂彈雲和。蹇予媒勞困辭拙，遲（去）君不來吾則那。

（35）《祠竈辭》

蜡日祀竈從古聞，黃羊遺意今豈存。我居荊俗識土俗，古觶庶品羞盆樽。煬夫爨嫗足映焱，再拜屬君千萬壽。餦餭亦足膠君牙，更復坋糠鉬君味。主人善不君飽知，我不媚君無所祈。膏君車兮秣吾馬，新年別適王孫賈。

（36）《除夜辭》

柏枝漬香蠻酒濃，吳椒巧作茱萸紅。梅花低蟬侐婪尾，桂香火熱春融融。角聲幽幽龍夜驚，西家小兒爆竹聲。美人骨醉眠枕屏，坐吹孤箎學鳳鳴。夜缸凝花笑紅薦，渴烏凍澀金壺水。興酣擊碎玻瓈盆，慷慨悲歌夜深起。南枝啼鳥聲促促，斗杓潛運斜河曲。東方淫淫轉紅旭，萬壽逢瞻聖人祝。

（37）《迎春辭》

木神開光司八荒，海天動盪春茫茫。蒼虯駟車載初日，青靷黛粗迎句芒。東風飄飄降靈雨，彩仗翠旂寒不舉。沖融淑氣轉浮灰，雲翹青陽動歌舞。曉壇蓬蓬鼛鼓鳴，何年肇此羣曹爭。前山發雷蟄已驚，東郊草色遙青青。吾君勤農古莫比，行議三推籍田禮。

（38）《林少府茂卿反風滅火歌》

閼伯不祀今幾時，食心食味誰復知。燧人官廢亦已久，畢方作祟在在萬噍尿。我從江南來，屢見此既奇。土塗綆缶遍，閭巷鳴鐘擊柝；庶民庶尹錯愕，旁午交相隨。往年武昌火，天地如蒸炊。前年餘杭火，海嶽欲轉移。去年儀真火，日月相蔽虧。陽烏顧兔焚炮煨，灼渴欲死低頭喘；汗貿貿，相與東西馳。豪甍傑棟千萬間，煙焰過眼須更期，共有性命憂何暇。誉財赀探丸，奷吏行俠子，白晝攫擿什伯曹耦羣遊嬉。老癃稚弱哭連月，壯健胥靡相拘縶。我實親見之，束手無所施。或云物之盛，或云理數宜。天災人火自古昔，但軫赤子凍餒多流離。何當長民者，盡若林君爲。反風誠偶然，滅火或庶幾。嗚呼，此意復誰語，使我三復起坐成歔欷。安得守宰如君數百布天下，坐令四海無瘝痍，蠢昔不作民熙熙。

(39)《李侯息齋仲賓著色竹》

李侯胸中有竹成，歲久天全森似束。忽然吐作一寸萌，散作蕭蕭萬蒼玉。我生踏浪瀟湘兒，眼明見此瀟湘姿。綠莖縹節先欲動，坐令短髮生涼颸。平生連蹇今白首，可堪筆削見魯叟。要侯快掃萬丈梢，慰我江湖釣竿手。

(40)《黃鵠磯贈雲伯讓》

斷磯耽耽瞰江滸，磯下潛蛟作人語。洞庭雲暝天欲愁，凍雨蕭蕭濕荒戍。饕風吹沙死留客，幸有南梅相媚嫵。豈無樽酒共留連，卻恐酣歌動羈旅。我詩雖窮君莫取，一字飢來不堪煮。試呼沙鷗詫鸚鵡，黃鶴飛來爲君舞。

(41)《同石抹君章遊西山》

黑山雄狐插九尾，飲冰齧雪老不死。隋堤古柳吹白華，搖蕩春風渡江水。佛貍骨冷霸業空，恨身不有江之東。千年精魂幻餘蘖，飛來直墮吳山中。吳山繁華幾消歇，銅狄空悲漢城月。五陵宮樹入長煙，一夜西風黯無色。呼猿亭前禪老家，盈盈列肆于闐花。紅藍瑩肌醉雙頰，鶖冠錦帔何脩姱。天風璆然動金刹，便擬投簪散予髮。興酣直上佛國山，樹間落葉石磴滑。

(42)《登齊山次唐人杜紫薇韻並序》

新天子嗣聖之年，當大德十一年丁未冬十有二月，宮師府遺正字呂洙將旨奉皇太子教持太師瀋陽王王璋書，如漢徵四皓故事，起先生牧庵以太子賓客。予時客宣城踈齋寓館，亟往秋浦候之。既至，則下維揚矣。因登齊山翠微亭，次牧之韻懷先生且寄踈齋肅政使君。

春興猿吟秋鶴飛，晴烟散作雨霏微。風廻溟渤鵬南運，雲漲溪潭龍夜歸。境納太虛塵浩浩，天圍平野日暉暉。不知吞得幾雲夢，試向岡頭一振衣。

(43)《反和一首》

有美人兮薜荔衣，山阿含睇立斜暉。時臨春渚乘龍去，或下芳洲拾翠歸。木落波平風嫋嫋，江空路轉步微微。瓊枝折得無人寄，愁絕沙禽獨自飛。

(44)《水仙花次張子敬都司韻》

淺暈鵝兒半額黃，故將白練制仙裳。佩捐漢水幽冤斷，瑟怨湘靈別恨長。好把蒼蟾棲月窟,卻騎赤鯉駐江鄉。國香流落情何限,猶幸詩人爲發揚。

(45)《黃陵廟》

賈客紛紛自乞靈,阿㜷聊此寄餘情。蛟宮妹去暝雲合,蜃舍郎回暗浪平。長劍倚天歌浩蕩,深盃捲海擊空明。日斜倚竹英皇泣,淚眼何時得蹔晴。

(46)《杜鵑次張子敬韻》

客子春深意自迷,羈禽不用盡情啼。關河歷歷吳山迥,雲海沉沉隴樹低。泣血未平千古恨,寄巢才辨一枝棲。雲安語萬非疇昔,臣甫無勞再拜題。

(47)《淮泗》

今古興亡貉一丘,悄無人唱白浮鳩。忮心不悟魚羊食,銳意猶耽燕雀謀。草木有時能濟勝,江山何處好深遊。直饒不倒符融馬,未必投鞭可斷流。

(48)《日長至李應中檢校送酒偶書》

前歲冰霜客虎林,去年風雨走江陰。好詩在在不如意,往事時時忽到心。莫道夜光多按劍,須知疏越有遺音。山瓢昨夜得新酒,且酌梅花細細斟。

(49)【按:失題】

何地醒吾目,江天見此亭。野陰青更碧,山遠燒還青。鷺立晴沙冷,魚吹暗浪腥。滄洲夢無處,獨立意冥冥。

(50)《同官驛》(同一作銅)

遠水明於練,寒山翠似葱。孤鴻號外野,殘菊臥深叢。天地嗟吾道,江湖惜此翁。惟應杯酒後,時與古人同。

七言律

(51)《江口水驛晚泊》

捍索桅檣列巨艘,濕螢煜煜遍蓬蒿。毒龍才起嶺雲合,驚鵲不飛江月高。形勢北來天杳杳,關河南去路迢迢。削綀彈徹無人會,起撫危衷歎二毛。

(52)《蘇仙馬嶺福地》

岩扉石室洞宮遙,古洞時聞白鹿號。杉影月明清磬遠,竹香雲細露壇高。山深木客尋瓊草,雨過溪童得石桃。回首煙霞迷橘井,墅鴉沙雁滿空壕。

(53)《清勝園泛舟憶西湖》

記得西湖二月天,青山影裏畫橋邊。數聲啼鳥落花雨,一逕綠楊芳草煙。雲外笙歌朝逐水,月中燈火夜歸船。要須卜築錢唐上,還我平生未了緣。

(54)《永福寺楊氏快活樓》

阿姊西游幾日還,空餘樓館此山間。石壇淨落松髯滑,竹籞密籠花骨寒。青瑣鸞鶩珠網碎,丹山鳳返玉簫閑。乃翁更有無窮意,佛國長留萬古看。

(55)《姑蘇臺》(《全元詩》已收)

(56)《岳陽樓》

岳陽樓上望神州,滿目風煙爛不收。星共北辰天浩浩,地虛南極水悠悠。君山月出蒹葭冷,澧浦霜空草樹秋。欲向滄江問漁父,隔江無語近沙鷗。

(57)《洞庭龍都》

青煙冪冪護龍都,蜃氣氤氳撥不開。雲向洞庭携雨去,水從油口送沙來。四更陰火明於電,五月奔濤怒似雷。日暮寒風冷如骨,不堪秋意滿高臺。

(58)《許旌陽祠》

旌陽遺廟入雲長,山色荒寒半夕陽。路轉紫崖煙漠漠,岩排紅樹石蒼蒼。碧潭夜靜悲龍女,別浦秋深泣蜃郎。又跨青蛇向何處,空餘銕軸鎮南昌。

(59)《留別院中諸公兼呈秋谷相國張希孟侍郎李仲囦御史文子方秘書》

此舌年來不可捫,忍教笑面作韡紋。鼻中端吸醋三斗,手內恒持筆五斤。誰遣胡孫入布袋,自慚夜鶴怨移文。便抽手板付丞相,歸臥北山山北雲。

(60)《西湖早梅》

風無忌憚月貪婪,骨立亭亭苦未堪。天亦不知緣底瘦,春猶未透帶豈憨。梨雲夢遠高情在,松雪香寒醉睡酣。秀色可餐那畫得,夜來歸思滿枝南。

(61)《南山近體一百韻》

南嶽配朱鳥,群山磔犬牙。熒煌神禹跡,欻忽祝融家。秩次三公比,巡遊百代賒。茂陵徒憚遠,虞舜不辭遐。大內青紅爛,蕭牆赭堊塗。城平旁迤靡,奧突秘窊(蛙)䆛(音茶)。影動罘罳暗,光連徼道斜。彤墀列鐘虡(巨),蘭錡設錏鍜(音丫,霞頸鎧也)。燭跋金犀轉,流蘇彩鳳遮。儀鸞閑鹵簿,彍(音古鑊切,張滿弩也)騎樹鋋(延又嬋)鉈(闍)。獵捷羅旌旆,踉蹌競鼓笳。控拳扼陵鯉,繳矢下雲駕。馴獸遵靈囿,攻駒產渥洼。巴僮踏盤鼓,戎女控琵琶。惡鬼工偵伺,獰龍怒攫拏。雕題行骯髒,椎髻立㛂。(上丫,下苦加切。女作姿態也)。豹服韜繁弱,魚文閟鏌鋣。椒房閑粉黛,天廐控驪騧。鐻耳緹衣韐(夾),隅眶朱鬒髽。齒牙翻磯(纖去)礋(電光也),鬚髮怒鬖髿。上殿心存敬,升階手自叉。金鋪光欲溜,玉座淨無瑕。白澤蹲青瑣,紅鸞舞翠筊(拏)。侍臣紆紫綬,宮婢曳青緺(瓜)。天近顏如咫,神聽語近譁。袞衣明黼黻,羽佾亂毾㲚(音加沙,毛衣也)。髢髮低瑜珥,禕揄副玉珈。宸班肅鵷鷺,仙丈雜麋麚(家)。箄齒鋪鑾象,簾鬚揭海蝦。楹筵陳几格,璸㻞冪悰㨎(音賓家,鑾賓布)。玉敦寧淪侈,珠槃亦未奢。胖(判音,半牲體)膴(音呼,無骨脂)羞鹿豕,鱐鱠薦鱃魦。工部詩難繼,昌黎事足嘉。

降神歌激楚，會鼓舞傳芭。小憩蕭王寺，閑尋唐相衙。爐煨風後葉，瓶瀹雨前芽。
驤首瞻彌勒，虔心禮釋迦。慈雲迷法界，慧日麗袈裟。梵女嬌擎挲，胡僧巧結跏。
詎能了生滅，庶可遣滛哇。馴擾跑泉虎，飛翔赴壑蛇。琅函棲貝葉，藻井蒂荷茄。
駐錫微通室，沿橋暴正邪。璇題縮蚯蚓，鐵瓦伏黿鼉。（黿鼉上鉤又㸤也，音兒
麻）。筊雪占飢饉，覘局卜秉秅（十六升曰藪，十藪曰秉，四秉曰筥，十筥曰稷，十
稷曰秅。音茶）。行深戒倀鬼，獵雋餒奔麚。海日千峰熾，林燈萬炬煆（許加反）。
煌煌紅暈赭，艷艷赤凝赮。羅漢林中帶，安期海上瓜。橫庚泉泒股，旁午樹交椏。
綠妥垂枝蔦，黄棲槁樹苴（音槎，浮草也）。韶華嬌婭姹，怪鳥弄顐頤（麻退音，語
元度也）。塹徑聯杉柵，樊園蓑儷芭。溪流迅鼊驋，棧閣走碨硪（音隈丫，地形不
平）。穴室藏鐘乳，崖傾露箭砂。溲淫川窈窕，煙聚谷峆岈（上火含切。下口加
切）。木贅樹聯癭，山幯（音慳）雲結痂。花能韻桃李，果或肖梨樝。簾瀉懸巖水，
舟橫斷港槎。松髯紛卓朔，广齾迭齰齖（槎牙）。遠綠橫眉黛，微殷輳鼻齾。縈岡
爭崬（當作崒，音未）崖（隨，上聲），朽栬遞权枒。袖揖浮丘伯，肩摩蔡少霞。羊腸
穿砎崛，豕腹轉骺（誇）骱。（五瓜友額骨）。往返巡山鹿，飛鳴護觀鵶。虹光寶露
甕，電影紫霞花。虎怒獰栽石，猴閑戲摘茶。廩充神漕米，轍熟鬼推車。白膩松
粘粉，黄乾茅蛻葤。陽巖頤岸崟，陰洞邃谺谽。翯羽投林鸛，袨髻飲澗犯。稚筠
駢篠簳，美植茂棠柞。蔓綠拖牛棘，懸青繩馬摢。靈鳴時嚀嗒，虛籟自謔（遮）謯
（拏）。杏掛鵬堪弋，花籠兔可罝。空房雄點鼠，敗壁桔貪蝸。風馭迎蕭史，霓旌
降道華。撩人厭鵾鳩，聒耳倦蠶蠚。撥雪朝尋藥，穿雲曉斷畬。滑深埋屐齒，嵐
軟撲衣紗。善女深思李，妖姑遠憶麻。道成猶善幻，技癢政須爬。咽白衣仍雅，
眉青髻或丫。依微倚閭闔，仿佛出閭闔。禮聖朝王母，懷賢慕女媧。寶盦羞淖
汋，錦帔惜脩袴。鐵板歌聲婉，瑤琴雅韻佳。吟秋猿嘯詠，警夜鶴咿啞。海闊無
來鳥，庭空有吠蟇。吹簫應自怨，委佩亦堪嗟。逸駕知何許，遺衿亦漫誇。蕊雲
香荳蔻，靈顆詫枇杷。蕙帳清無寐，銀龜冷不呿。杖攜筇地竹，瓢裹九真椰。境
迥乾坤闊，山深氣候差。尋真篷沖漠，訪道息奇邪。不管衣蒸濕，從教足瘃麻。
地幽情愈逸，詩雋句仍佇。暄暄天將晚，遲遲興未涯。何當約琴友，引袖拂仙葩。
（此少作也。語意多重復，姑錄之以識吾過）。

詞

（1）《水調歌頭·過洞庭》

　　茫茫洞庭野，浩浩接青冥。長風怒蹴高浪，千里不留停。髣髴魚龍悲嘯，恍
忽蛟鼉抃舞。五月水雲腥。元氣入橫滙。陰火閃晶熒。　　沃東菜，涵北極，渺
南溟。君山與波上下，才若一浮萍。欲問三苗何處，重感祖龍安在，曾是見揚靈。
天塹限南北，萬古控蠻荊。

（2）《又·京口陪先生牧庵浮玉山登眺》

　　蒼煙擁喬木，落日下孤城。百年人事興廢，何限古今情。我有一壺新酒，澆

起胸中磊塊。慷慨不能平。三叫問蒼月,此際爲誰明。　　小籃輿,長劍鋏,短燈檠。王侯將相有種,老卻幾儒生。不必手遮西日,何苦志填東海,且趁北山畊。得酒須徑醉,無用是虛名。

(3)《摸魚子·次呈雪樓韻呈疎齋且寄雪樓》

　　想青青、武昌官柳,只今誰賦鸚鵡。青簾搖曳漁莊外。知是儂家曾住。添逸趣。最好是、寒碧淺碧斜陽樹。離騷莫賦。怕驚起沙鷗,飄蕭飛去,煙水渺無處。

　　金沙軟、不著塵埃布武。乾坤政自相許。沙頭艇子馳雙槳,載得莫愁歸去。黃鵠舉。看異日、江湖散滿新詩句。無人付與。記紅樹題秋,滄波送晚,蕭瑟白蘋雨。

(4)《又·次先生牧翁賦玉簪韻太初宣慰同作仍呈疏齋使君》

　　是姮娥、玉簪潛墜,春工培植無處。秋來誰插芳叢上。【按:後缺】

(5)【按:失詞牌名】

　　【按:前缺】非遠,眼中樓閣雄傑。　　笑我便欲乘風,帝閽三叫,軼駕從茲發。舉手捫天青玉滑,仰見星河明滅。上逼清都,下窺倒影,爽籟生秋發。夜深歸語,躡雲微步殘月。

(6)《石州慢》

　　草不知名,花分外嬌,相與迎客。少遊鄉裏浮沈,不要聲名隆赫。平生豪舉,而今老我夷猶,江湖浩渺乾坤窄。鬢影暮蕭蕭,減當時標格。　　淒惻。千年遼鶴,歸來舊夢,可堪重索。真是真非,冰炭不留肝膈。飛雲何處,坐來渺渺吟懷,望中不盡關河隔。江上數峰青,喚湘靈鳴瑟。

(7)《聲聲慢》

　　溪頭廬舍,溪上田園,故應容我夷猶。不奈漁童,更要買個扁舟。閑時短簑笒箸,忘機靜對沙鷗。□□向、石間系纜,柳下垂鉤。　　政恐朝廷物色,有新詩千首,不博封侯。盡取裝瓢,付與江水東流。朝來斜風細雨,緩收緡、穩轉船頭。暫歸去,與樵青、齊唱棹謳。

(8)《木蘭花慢·登敬亭山呈疎齋》

　　喜相看不厭,幾度過、敬亭祠。慨春樹雲林,霞霏綺散,併入遐思。松筠似知人瘦,憫新來鬢影欲成絲。何處飛來白鳥,爲予翔舞移時。　　興來重把瘦藤枝。扶上碧參差。念景行高山,幾年仰止,今日齊而。剛風亂飄征袂,問楚人何者是雄雌。近日玄暉在郡,故應別有新詩。

這冊詩草原來應該爲書本線裝,版口摺痕依然,魚尾下有頁次,《蘭千山館法書目録》出版時經展開裱成冊頁式,總計二十二開。另有題跋四開。據版口所書頁碼,全冊應當是二十四頁。第十五開內裏魚尾下頁碼是十六,頁前五律一首無題目,知所缺爲第十五頁;最末第二十二開中版口頁碼爲二十四,倒數第二頁即第二十一開版口頁碼則是二十二,缺了第二十三頁。故二十一開(二十二頁)最後一闋《摸魚子》(次先生牧翁賦玉簪韻云云)僅存上片前三句。二十二開(二十四頁)開頭一首詞殘存,未知其詞牌名。

　　本次整理,共輯出劉致各體詩歌 47 題,61 首,除去詩草內重複 1 首,以及與《全元詩》所收重複 2 首,總計得 44 題,58 首;詞 8 首,完整者 6 首。將這些詩詞的著作權厘清,重新歸於劉致,具有重要的學術意義。正如張光賓先生評述這冊詩草價值:"這對於張雨來説,並不能增加絲毫益處,因爲他傳世的詩作詩已很衆多。而對於劉致恰是一種莫大的損失。"顧嗣立《元詩選》三集《時中集》只搜得 9 首詩作,現在如果算上《全元詩》所收,劉致存世詩篇達到了 69 首,確實是一個可觀的數量。《全金元詞》中無劉致作品,本次輯得其詞 8 闋,完全可以稱得上是金元詞輯佚的重大收穫。利用新發現的劉致詩詞研究其生平與創作,筆者另有撰文。有理由相信,本次輯佚必將對元代詩詞研究乃至散曲研究產生積極影響,從而開創一個新的研究局面。

(作者單位:浙江工業大學人文學院中文系)

李東陽佚詩文考釋

魏寧楠

李東陽(1447—1516),字賓之,號西涯,天順八年(1464)進士,授編修,累遷侍講學士,充東宮講官,以禮部侍郎兼文淵閣大學士,著有《懷麓堂集》、《懷麓堂詩話》。正德十三年(1518),李東陽的《懷麓堂集》由其門生熊貴刊刻。今人周寅賓、錢振民先生整理的《李東陽集》,是目前收錄李東陽作品最全面的集子,2008年由嶽麓書社出版。但李東陽酬贈之作頗多,掛萬漏一,實屬難免。關於《李東陽集》的輯佚工作,學界已有相關論文,比如司馬周先生的《李東陽佚文一則》;丁延峰先生的《李東陽佚作輯考》;藍青的《李東陽集外詩文考釋》;晏選軍、堯育飛的《李東陽佚作12則考釋》等等。本文輯得李東陽佚文三篇,佚詩數首,並對其進行考釋。這些作品對於瞭解李東陽的交遊頗有助益。

一、佚詩

履庵先生謫官鎮寧詩以送之(四首)

其一

朝報初傳郡佐名,尚疑傾耳未分明。方驚作客天涯路,況是思君病裏情。暫喜山川經野甸,若爲風雨住江城。春明門外明朝去,細數陽關第一程。

其二

杯酒平生幾故人,送君南去獨傷神。冰霜不改孤臣操,天地能容萬里身。未論華戎風俗異,直看夷險路頭真。東風自是無私物,瘴草蠻花也自春。

其三

交誼如君眼底稀,十年於此幸相依。長因刻燭通宵坐,每爲看山竟日歸。道義祇教吾不負,功名甘與世相違。遙憐握手論心地,應自無言對落暉。

其四

十載郎官佐一州,宦途萍梗若能收。久判世事如春夢,何必家山可畫遊。聊可適惟山水樂,更難忘是廊廟憂。絳紗銀燭中宵晏,應憶爐香候冕旒。

長沙李東陽

按,蕭顯(1431—1506),字文明,號履庵,又號海釣。直隸山海衛人。成化八年(1472)進士,歷任兵科給事中,鎮寧同知,衢州同知,累官福建按察僉事,著有《海釣遺風集》四卷。蕭顯爲詩清簡有思致,書法尤沉著頓挫,自成一家。臺灣漢學中心藏《海釣遺風集》四卷,該書影印自日本內閣文庫。《海釣遺風集》是明代詹榮編,嘉靖二十六年(1547)刊本一冊,半頁九行,行十八字。卷首有黃景夔《海釣遺風序》、汪瑛《蘇蕭二妙引》、高對《海釣遺風跋》。《千頃堂書目》卷二十云："蕭顯，海釣遺風四卷又鎮寧行稿又歸田録。字文明，山海關人，福建按察司僉事。"①《四庫全書總目》卷一百九十一，集部四十四云："《海釣遺風集》兩淮馬裕家藏本。明蕭鳴鳳編。鳴風字子雛，浙江山陰人，正德九年進士。官至廣東提學副使，事蹟具《明史》本傳。鳴鳳父顯，字文明，別號海釣。永樂甲申進士，官至給事中，其卒也，李東陽等各爲詩以哀之，題曰《海釣遺風》。鳴鳳因取顯遺詩及東陽等所作序傳並爲此集，而仍其舊名。體例糅雜，編次殊爲無法。"②《四庫全書總目》此條有些謬誤。首先，蕭顯是成化八年（1472）進士，而非永樂二年（1404）進士。其次，蕭顯官至福建按察僉事，而非給事中。此詩輯自《海釣遺風集》卷三，題爲《履庵先生謫官鎮寧詩以送之》，總共有四首。《李東陽集（一）》題爲《送蕭履庵之鎮寧二首》收録其一、其二，文字互有出入，故重録之。

海釣謫官鎮寧述懷　辛丑十二月

西掖詞垣近鎖闈，鳳毛池上惜分飛。半生交誼新題卷，十載君恩舊賜衣。
志士有懷皆後樂，達人於物本先幾。行藏但使心無愧，莫向天涯嘆未歸。

李東陽

按，此詩輯自《海釣遺風集》卷三。李東陽與蕭顯自壯及老交誼篤厚，相識相知逾四十載。李東陽《送蕭履庵詩序》云："予辱履庵蕭先生文明爲忘年交，時履庵尚未第而其清詞妙論橫絶時輩。"③又《次韻答海釣二首》云："少日才華滿帝城，衣冠四座一時傾。"④李東陽生於正統十二年（1447），蕭顯比東陽年長十六歲，故而東陽稱兩人是忘年之交。蕭顯爲諫官，以正直著稱，上疏批駁武臣中官怙勢求賞，彈劾淫祀，嚴禁私創庵觀。"辛丑"即成化十七年（1481），蕭顯因言事剴切，出爲鎮寧同知。李東陽作《送蕭履庵詩序》和《海釣謫官鎮寧述懷》。

海釣蕭公挽詩

書罷銘文一黯然，故人今已隔重泉。燈前細雨聯詩夜，河上輕塵送別年。
身似任公長釣海，書如米老自行船。因逢令子詢遺事，猶教諸孫讀舊編。

西涯李東陽大學士

按，此詩輯自《海釣遺風集》卷三。正德元年（1506），蕭顯卒，李東陽作《祭海釣蕭先生文》，見《李東陽集（三）》第 1131 頁。又作《明故福建按察司僉事致仕進階朝列大夫蕭公墓志銘》，見《李東陽集（三）》第 1297 頁。

① （清）黃虞稷：《千頃堂書目》，瞿鳳起、潘景鄭整理，上海：上海古籍出版社，2001 年，第 519 頁。
② （清）永瑢、紀昀主編：《四庫全書總目提要》，海口：海南出版社，1999 年，第 1045 頁。
③ （明）李東陽：《李東陽集（二）》周寅賓、錢振民校點，長沙：嶽麓書社，2008 年，第 434 頁。
④ 《李東陽集（三）》，第 1473 頁。

二、佚文

壽海釣蕭公七十詩序

　　海釣蕭公文明以福建按察僉事致政歸幾十年，予每詢東來□，知其動履康裕，且數得所遺詩翰，皆遒勁如少壯時。今年其子鳴鳳上京師，則知其壽已七十矣。舊與公遊者多布列朝者，間語及皆愛慕欣悅，形爲歌詩，不旬日而成卷，因寓其子歸爲壽觴之侑焉。初，公舉京闈上春官，累舉而得進士，及爲給事遷貴州移浙江，又再轉而佐一方秩五品，其間攻苦力學，危言切諫，不暇爲身家計，跋涉險阨，抵冒嵐瘴，衝犯豺虺，人事之錯遷，歲月之淹滯，亦勤且久矣。迫夫引身遐跡，居高山巨海之間，延覽形勝，搜奇而蹈僻，闢晚榆之堂，開墨香之亭。官輶使節，騷人韻士，游有從，倡有和，惟其所適。天下之事殆無以嬰其中焉。鄉使公曲志降氣，稍俟其定，資循而級進，計其筋力才識，猶足以堪之。雖至于今而後謝，其於禮猶有合也。公則寧使謀有餘智，行有餘力，先幾勇退以全其身，以益保其天年，不得乎彼而得於此。校其所直，豈止倍蓰什伯之差哉。□先事而後得者，士之心也。先嗇而後豐者，物之數也。公之歸亦豈絜長度短，故爲是蠖屈以求信哉。顧造物者之網，維權度潛撠默運，自有不能不然者耳。且公有子四人。鳴鳳以家學應貢入成均，當趾美科第。儀鳳被章服爲義官。他子姓皆秀穎駢出，左右列侍。回憶曩昔之川阻陸限、曠定省而思睽離者異矣。則其志養所適，和氣所積又頤神益壽之資。是亦非天之所畀而何哉。予聞唐有香山之社，宋有洛下睢陽之會，皆託諸文字爲衣冠盛事。山海實王畿，地遠不能數百里，第吾曹爲官守所繫，不獲肆筵授簡以相娛樂相祝頌，乃徒翹首注目，寓意於卷秩郵傳之中。若公之雄篇妙翰所以輸寫懷抱，導迎休祥者，尚可得而聞乎否也。試以諸公之作譣之，詩凡若干首。

　　弘治庚申十二月朔日

　　賜進士出身資政大夫太子少保禮部尚書兼文淵閣大學士知制誥經筵官兼脩國史　會典總裁長沙李東陽賓之書于懷麓堂

按，此文輯自《海釣遺風集》卷四。弘治五年（1492），蕭顯以福建按察僉事辭官，李東陽作《送蕭海釣詩序》，見《李東陽集（二）》第475頁。"庚申"即弘治十三年（1500），蕭顯七十大壽，李東陽作《壽海釣蕭公七十詩序》。

聽竹華處士墓表

李東陽　華蓋殿大學士

　　予爲無錫華氏文數矣，蓋雖未識華氏，每以其鄉大夫士之故而然。聽竹處士之歿，諸甥員外郎錢榮世恩奉所著狀請表其墓。布政使陳公朝用復以書速予。朝用予同年友，世恩則予禮部所舉士，其文辭論議皆可據而信也。故不可以已。按處士諱禛，字守吉，以字行。蓋其兄弟皆然。南齊孝子寶三十三世孫也。曾祖公愷國初卜築于鵝湖之上，所著有《慮得集》。祖仲諄，父思源，代以貲勝，敦尚禮義。處士生晚，少知自植而天性孝友，父病癱，手爲摩拭，毒延掌握間，猶籲天請代。其居喪，戴星秉耒以營塚壙，而於祀事尤嚴。有異母弟視若同出，諸姊妹家業盡落悉周之，諸甥婚嫁亦爲之助，葬其喪三人，附祭其無後者一人，族黨之貧者皆有給。田所入租，量歲而減。至十之二三敏貸無息米一斗。處士持己謙謹，治家詳密有法，不苟狥時以射利。雖穀價騰踴，未嘗閉糴。族人以產業相鷸蚌，每爲虛心抑己，委曲以取平。有嫉之者嗾奸人誣以事，不果發。未幾，嗾者殺人，事且覺，或請因而扼之，處士弗計也。以賑饑例當旌，爲義民請于御史大夫，移旌祖墓後，有司屢懸爵勸分，輒使其諸子應之，而以韋布自老。耕植之暇，多種竹，賞其音，每坐嘯移日。其號聽竹處士，以此後進子弟不敢字稱，因以號舉，處士亦欣然應焉。平生泛涉經籍，見格言要論，則揭而訓于庭，出則徧遊三吳，西泝長江，躋泰嶽，南極于會稽天目。及其既倦，雖鄉飲亦遜不赴。豫營兆域，中爲石槨，繚垣甃道，費踰其居，曰此歸全之地，吾所重也。比病篤，猶趣諸子刊家譜，修孝子祠，葺大宗墓，其敦本尚義如此。然則大夫士之欲表之也，固以是哉。噫！若其子煇以是而見予於千里者，可謂知所重矣。處士生正統丁巳九月十八日，卒于弘治癸亥七月二十日，壽六十又七。明年甲子十二月四日葬其地曰艮山之原，娶母族鄒氏。子五人燁、燠、煇、爟、勳。女三人，長適義官鄒愚，次適錢槩，次適義官鄒霑，皆姻也。孫七，謹、誥皆縣學生，次謨、訓、諫、年齡、鶴齡。女五。曾孫男女各八。其來者尚未艾云。

按，此文輯自（隆慶）《華氏傳芳續集》，《無錫文庫》第三輯，年譜家乘第八冊，第171頁。（隆慶）《華氏傳芳續集》，明華察輯，爲隆慶六年（1572）刊本，該書影印本收入《無錫文庫》。無錫華氏是江南地區的名門望族。王世貞《弇州續稿》卷四六《湖西草堂詩集序》云：“江表甲族推華氏，華之衣履冠蓋遍天下。”[1]詳見查清華先生的《無錫華氏家族與嘉靖文壇》。[2] 華察（1497—1574），字子潛，號鴻山，嘉靖五年（1526）進士，著有《巖居稿》。謝鐸《聽竹華處士墓碣銘》云：“予病不及見，乃復示以匏庵公所爲墓誌銘，且曰：‘大學士西涯公亦既有作。’予不得已，取君所爲翁狀按視之，狀稱翁姓華氏，諱禎，字守吉，聽竹其號也。”[3]

用齋華君守器墓表
李東陽

　　錫山華氏由宋元來其族愈盛。有吉士曰守器君，蓋自其始祖寶以孝行顯于齊梁間，歷三十有四世而得幼武，號栖碧，著《黃楊集》，栖碧之子悰驊，號貞固，著《慮得集》，則君之高曾祖也。貞固生仲諄，仲諄子五人，思浩居行之四，持重木訥，時稱長者，娶邦孝徐先生之孫有淑行，則君之考妣也。君生有至性，總角銳意書史圖畫，傾困縣橐購之，漁獵其中皆得其領要，事親長定省侍奉，尤顒顒謹飭，

① （明）王世貞：《弇州續稿》，《景印文淵閣四庫全書》，臺北：臺灣“商務印書館”，1986 年，第 1282 冊，第606 頁。
② 查清華：《無錫華氏家族與嘉靖文壇》，《文學遺產》，2015 年第 2 期，第 56—67 頁。
③ （明）華察輯：（隆慶）《華氏傳芳續集》，南京：鳳凰出版社，2011 年，第 171 頁。

未嘗有毫髮忤，居常馭群下寬和有制，不見其惡言厲色。雖承家世饒畀，雅尚儉素，居取堅朴，衣取整潔，飲食惟適，口無兼味，田園儲蓄確守其所有，不求充拓。有以奢麗豪俠言者，必正色斥之。代父兄掌外內事踰二十年，經畫幹制動循理度，人稱其能。天順間歲饑，民不堪命，而巡撫都御史劉猶征賑濟，有司迎合，蚤夜督責。君奮曰："苛政猛於虎矣。"乃冒刑辱，力陳其不便於劉，劉爲之罷征。民歡呼鼓舞，如脫虎口。既而有恩例勸民出粟，君即應募輸五百斛，又以冠帶授之，懇辭以勉。或譏其賣直，笑而領之。鄉人顧文富爲人所誣，獄既成，將寘之死，不能自白。君憫其無辜，密爲中救，遂得未減，而顧不知。久之，詢聞其由，攜老幼頓顙泣謝。君曰："此官府之明，吾何力焉，慰勞而遣之。"君子謂其勇於行義而不矜伐，以爲三難。中歲委事諸子，遠抵江浙，近入城府，往來詩壇文社，登臨覽勝。遇古今事跡之可喜可怒，必假詩歌以發其憤，好事者慕其曠達，爭欲內交。而君忽遘疾，疾甚，命移臥于正寢，翼日而沒。其生以正統丁巳十月十五日，卒以成化丁未六月四日，春秋五十有一。配曹氏。子男五，長經娶錢氏，次紈、紹皆娶鄒氏，綸、綺蚤世。女一，適蔡山。孫男三，昌元、昌本、昌明。經等既彙其所作，題曰《用齋詩集》，鋟梓以傳。將以弘治戊申冬十一月廿又五日葬君于祖塋之側，先期奉夏侍御德軋狀徵文墓道以圖不朽。予稔聞夏君行誼，知其不我誣也。乃大書曰用齋華君守器墓表。於戲！使予之言不足徵君之行則已，如其可徵，則予言傳信於後世無疑。言傳行亦傳也，孰曰諛墓云乎哉！

按，此文輯自（隆慶）《華氏傳芳續集》，《無錫文庫》第三輯，年譜家乘第八冊，第175頁。華幼武（1307—1375），字彥清，號栖碧，著有《黃楊集》。幼武少有詩名，篤行孝道，建春草堂奉養老母。官府累次徵辟，幼武不應召，以布衣終老。華悰韡（1341—1397），字公愷，號貞固，著有《慮得集》。

(作者單位：福建師範大學文學院)

姚永樸集外文補遺十七篇

劉文龍

姚永樸(1861—1939),字仲實,晚號蛻私老人,是桐城派晚期重要作家之一,文史兼擅,著述頗豐。其詩文主要收錄於《蛻私軒集》與《蛻私軒續集》中。2014 年安徽教育出版社出版《桐城派名家文集》十五冊,第十一冊收錄方寧勝、楊懷志點校整理的《姚永樸集》。整理者主要根據民國六年(1917)北京共和印刷局鉛印本《蛻私軒集》爲底本,民國二十一年(1932)安慶鉛印本爲參校本以及民國三十一年(1942)周氏師古堂刻本《蛻私軒續集》進行整理,並將兩集匯爲一編,題爲《姚永樸集》,不無遺珠之憾。今查檢晚清民國時期一些重要報刊,輯得佚文 17 篇,其中序跋類 4 篇,遊記 1 篇,墓誌銘 3 篇,論説 6 篇,訓詞 2 篇,書 1 篇,可以補其未周。這些佚文,多爲姚永樸晚年之作,涉及面較廣,既可以豐富其交遊信息,又可以探尋其文學教育實踐的情形,具有較高的文史價值。

一、分緑軒詩集序[1]

南通濱海,舊爲州,多文學之彦。就予所及見者言之,如張季直、朱曼君、范肯堂其尤也。三君少游武昌張濂亭先生門。濂亭當同治、光緒中主盟壇坫,每語人以所得士必首及之,其後果皆有名于時。肯堂于予爲妹夫,二人者亦常把袂。時聞其述同里徐君芙雙,以爲學行純潔,求諸同時,殊不多覯,獨惜未獲晤語。自滄桑變易,不惟濂亭墓木已拱,君與三君,亦先後下世,而予之年且七十餘矣。甲戌歲之冬,君兩孫宣武、詠緋,忽以所著《分緑軒詩集》寄示,屬爲之序。予展誦之,深喜其性情之厚,襟抱之高。既得詩學之本,而義法嚴密,詞條豐蔚,又足以宣之,信乎如曩者之所聞也。予嘗怪近世爲文章者,多喜作鄙倍之詞。間有一二好古之士,又惟掇拾前人奇字奧語以相誇。雖藻采可觀,而韻味實淺。如君詩,庶足以式浮振靡矣。爰不揣檮昧,題數言歸之,以志景仰之意云。桐城姚永樸謹序。

二、秋浦周氏弘毅學舍課藝題辭[2]

歲壬戌,建德周緝之先生,爲邑之後進築宏毅學舍于城南。翌年春,延予司教務。其地多佳山水,民風淳樸。同膺茲事者,復皆當世碩彦,鴻篇時接於目,名論實獲我心。邑令馬君,有幹旄好善之美。幽人野客,不以衰朽見棄,或巾車過訪,或佩玖遠貽,蓋極一時之樂事矣。諸生來舍,凡數十人。有冠者焉,有童子

---

① 該文收錄於 1935 年上海《青鶴》第三卷,第 15 期,第 2—3 頁。

② 該文是姚永樸輯《秋浦周氏宏毅學舍課藝》序。此書共兩冊,爲民國十二年(1923)油印本。安徽省圖書館藏。

焉。弦誦之聲，充乎黌宇。晨執經以待問，夕披卷而評量。時屆清和，學漸增益，雖太璞尚待琢磨，而斐然成章，要可計日以俟也。爰商于先生，擇課藝中尤勝者，隨時鈔存，並附日記於後。在吾輩可藉以考其進退，在諸生得因之以爲觀摩，或亦啟發之一助乎！墨印初成，同事諸君曰：“是不可不識其緣起也。”乃書數語，弁之簡端。既勖諸生，亦以慰先生樂育人才之盛意云爾。癸亥夏四月朔日桐城姚永樸記。

三、送京師大學文科畢業諸學士序①

自經解有六經之名，韓氏嬰以爲千舉萬變，其道不窮。蓋經也者，修諸身以治其國家者也。其爲道，有不可不變者，有必不可變者。以不可變者立其極，以不可不變濟其窮，則國家治矣。何謂不可不變者？法度也，技藝也，器械也。此所謂窮則變、變則通、通則久者也，所謂變而通之以盡利者也，所謂變通以趣時者也。何謂不可變者？道德也，倫紀也，心術也。此所謂道之大原出於天，天不變，道亦不變者也。於不可不變者而悍然不變，若是者爲迂爲固；於必不可變者而變之，若是者爲悖爲狂。當清室乾隆、嘉慶中，士大夫以經爲宗，著述無關六藝，不足與乎大雅之林，其好古也，至矣。顧考其所說爲經者，不外訓詁名物之間，而懵然於微言大義。既無以獲詩聖之心，且其時泰西諸國方興，吾國乃相率蒐殘舉碎，不肯考求異域情事以爲之所。延及道光，海疆事起，舉國震驚，莫之能禦。至咸豐之際，天下崩亂，益無暇爲經遠之圖。同治朝，二三巨公始思借他山之石，爲攻錯之資，而迂謬者流，猶執成見以爲詬病。由是一儆於臺灣生番，再儆於琉球，三儆于伊犁，四儆於朝鮮，五儆于越南、緬甸，六儆於日本，七儆于聯軍。藩封盡失，而沿邊要地繼之。光緒末年，上下之間，創鉅痛深，議論爲之一變。邇者，大之如國體，如曆法，如官制，如學科；小之如建築，如飲食，如衣服，莫不舍其舊而新是謀，宜若可以方駕歐美而雄視一時矣。乃民生之凋敝，官吏之窳敗，軍士之驕惰，財政之窮困，人心之渙散，黨派之乖爭，不惟無異疇昔，而又甚焉。豈非道德不講，倫紀不修，教化陵夷，風俗頹敗，有以致之歟？由前之論，以經爲宗矣。而寶其糟粕，忘其精神，是買櫝而還珠也。由後之論，舉千聖相傳之格言大訓，視若弁髦，又因噎廢食之類也。是二術因時之所尚，以圖一身之名利，可矣。若弘濟於艱難，則非區區之所敢知也。

京師大學分科之立在宣統二年，予以史學授課。民國既建，改授《毛詩》。二年三月，文科諸君畢業，教習咸有贈言，予義不容默。竊謂《詩》之作，蓋當時賢士大夫本其國政民俗爲之詠歌，將順其美，匡救其惡。所注意者，罔不在於道德，以蘄經夫婦、成孝敬、厚人倫、美教化、移風俗，故《六月》序曰：“小雅盡廢，則四夷交侵，中國微矣。”古人屬詞矜慎，非實有所見，決不爲是激切之語。予忝居講席三年於茲，今諸君學成而歸，爲國宣勞，乃意中事。顧吾國學術探原於經，倘統觀全體大用，即今日事勢，而於不可不變與必不可變者得其所折衷，異時救國家阽危

---

① 該文收錄於 1913 年北京《憲法新聞·文苑》，第 20 期，第 242—244 頁。

而出斯民於水深火熱，豈異人任？勉之！勉之！以諸君服膺古訓者久，知必不迂遠予言而以爲河漢也。

四、安徽大學民國二十一年級友會年刊序①

昔唐虞九官，任教者曰司徒，曰典樂。周因之。自大司徒外，亦有大司樂之設。夏商可知矣。然此就專掌者言之，若詮其實，凡諸官所掌，罔不該於道之中，即罔不該於教之中。第人之精力有限，又性各有所近，勢不能強其不欲爲者而使之必爲也。故舜命契敷五教，以立其本；夔之教冑子，復即詩歌聲律，化其氣質之偏，以成其才。若其他政術藝能，則聽其擇一二端精求之，以備國家之用。及其舉而任之也，禹治水，不必更教稼，夷典禮，不必更明刑。周召之儔，終身于師保之職，而蘇公康叔，相繼爲司寇，蓋其專也如此。春秋之末，天下英才，不見用於世，乃胥掌于孔氏之門。孔子誘人，不越博文約禮二者，而就所長，列爲四科。嗚呼！循斯道也，由體以達於用。分而求之，不以爲不足；合而用之，乃覺其有餘。夫固宜學無不成、事無不舉矣。及乎戰國，諸子蜂起。雖亦各有專長乎，然是其所是，非其所非，不能相通，反以相病，吾道遂裂。秦始皇出，舉經史百家書，悉焚而去之，以愚黔首，殆勢所必至耳。漢自文、景、武而後，名爲表章六藝，而政體實因其君所好爲之。士據以應其求，苟得利祿之計而已。隋唐以降，迄於近代，大抵束縛天下之人於科舉中。其試士惟以空文，而講求實學者愈少。數千年來，名臣碩儒，未嘗不踵出，要皆其人才識邁眾，自標所學，傳諸其徒。或致一時之太平，而於國家治教化無與。其曆之所被，不能廣且久，識此之由。自嘉慶、道光後，泰西之民，至吾國者日眾。吾國以彼富且強也，相形見絀。於是罷科舉，開學校。觀其迹，若與古之家塾、黨庠、州序、國學相符。然新知甫啟，舊訓已微，本實先撥，枝葉焉附？民國肇建，鴻才輩出，咸知教育爲重。嗚呼！是安可不綜體用之全，而樹之准，以爲國立不拔之基哉？

吾皖初立高等學堂暨師範中小各校。大學舉辦，在民國十七年秋，凡分文學、法學二院。文學系三，曰中國文學，曰外國語文學，曰哲學教育。法學系三，曰法律，曰政治，曰經濟。而理學院之設稍後。故今年夏，文、法兩院諸生始入者咸畢業。茲編以將辭歸，約校長以次在校者同攝影以紀念，且各載居址以通音訊，名曰《民國二十一年級友會年刊》，屬永樸題數言於首。永樸與諸君共几硯有年，愧無以相益，而同講授於斯者，皆當世名宿。諸君親炙久，學業既成，而可貴尤在文行並茂，異日出而問世，必迥異乎流輩。爰即古今教育之得失，就管窺所及者，書而質之，且託于古人臨別贈言之意云爾。桐城姚永樸序。

五、雙肇樓記②

海鹽徐君蔚如，夙慕南通范伯子肯堂爲人與其文學之美。肯堂沒，其詩嘗有

① 該文收錄於 1932 年安慶《安大周刊》第 92 期《第一屆畢業紀念特刊》，第 5 版，第 4—5 頁。
② 該文收錄於 1933 年《鐵路月刊：津浦線·雜俎》第三卷，第 11 期，第 99 頁。

印本,顧文多散佚不易得,惟東莞張次溪藏有全稿。蔚如之配王夫人,少師事肯堂,後復受業吾邑吳摯甫先生;次溪又吳先生哲嗣北江弟子,蔚如遂因北江求而得之,刊行於世。蔚如有女珞雲,秉資聰淑,屬北江擇對。北江謂莫〔如〕次溪宜,由是珞雲歸於張氏,伉儷相得甚。次溪築樓于舊都張園,以己名演肇,而珞雲名肇瓔,顏曰雙肇。張園地軒敞,登樓四望,遠近溪光山色,皆貢于几席之前,一時名人爭記其事,或從而歌詠之,蓋成帙矣。癸酉孟夏,復裒諸賢所作寄永樸,乞書數言於卷末。永樸老荒廢學,何以告次溪哉!顧肯堂爲予妹夫,而北江女弟,又適予弟季穀。夫以張徐二姓之婚姻,起於文字之作合,而作之合者,實爲予之姻好。雖欲已于言,烏能已於言也!

　　竊觀古詩人之言國政民風,莫不溯其原於家庭,故風雅盛陳妊姒之德,以著王季、文王修身之效,而爲治國平天下之本。及其衰也,士大夫述古賢夫婦相戒之意,亦不外夙興夜寐,以弋鳧雁御琴瑟,且贈雜佩於賓朋,助其夫講道論德。迄今讀之,猶覺其德之懿、詞之芳潤,令人低徊感慕而不能已。自此以降,若漢之鮑宣梁鴻、晉之陶潛、唐之柳公綽、宋之呂公著,皆能夫婦同德,訓其子孫,樹爲世教,不失三代遺風。迨于近世稍稍衰矣!今觀蔚如之所以訓其女,與次溪夫婦閨房靜好之樂,雖古所稱美士爲彥、美女爲媛者,竊幸於衰老之日親見之。爰不揣檮昧,記其事之始末,並爲之説如此。試質之北江以爲何如也?桐城姚永樸記。

六、直隸陽原縣熊君墓誌銘[①]

　　君姓熊氏,諱先疇,字漢農。先世當明初由江西鄱陽遷湖北黃安。清乾隆中,復遷河南光山西南鄉之長潭里,遂爲光山縣人。曾祖諱嘉祥,祖諱述堯,皆有潛德。考諱起磻,光緒丁丑科進士,累官刑部郎中,終浙江紹興府知府。有子四,君次居長。

　　少英敏,侍知府君于京師,爲文章輒驚其長老。既入縣庠,屢應河南鄉試不售,泊如也。知府君蒞紹興,復隨往研求刑名、錢穀諸學,由是通曉吏治得失,民情苦樂。嘗以才受知當軸,薦授知縣,念親老不欲遠離。及知府君卒于官,扶柩歸,卜葬潢川,服闋入都,發直隸候補。民國二年,返河南,攝新野縣事。四年,復至直隸。七年,攝東光縣事。十二年,乃補陽原縣知事。凡宰三縣,以性坦直不獲於上,所至率不過一二年即去,而民頌其德,久而弗衰。其在新野,地界豫鄂,向多盜,前令不能治。君創立保甲,分期清查,奸宄無所匿。偶有警,發兵掩捕,鞫實峻治之,合境安堵。縣城廿餘丈圮于水,歷二年餘未修,急謀於眾,鳩貲培補。甫蕆事,而鄰盜號白匪者麇至,聞備嚴,由邑南迤西而去。君蔚南鄙請恤其受害者。明年復來,率民登陴固守,匪不得逞,乃遁。泊將解任,猶慮城有未堅處,發款趁日營築,民尤德焉。在東光,其地亦苦盜,君清查保甲,如在新野。城西濱運河十餘里,舊有隄,不能禦水,爲重築之。在陽原,以地貧俗陋,增立高等小學數所,又出己貲濬海子堰石渠,以水利爲民倡。大抵君爲政,以利民爲本。

① 該文收錄於1935年河南《儒效月刊·文苑》第一卷,第2期,第79—81頁。

其於詞訟，狀入即傳，傳即訊，訊即結。苟可和解，則多方勸導以息之。案情重者，必詳鞫得其情而後定讞。若情輕，寧薄懲即釋，不苟罰鍰。大府或牒令派捐，輒代陳疾苦，不憚再三，必蠲減乃已。自奉清約，於俸外一無所取，嘗從容語其子緒端曰："吾在官，愧負吾民，惟獄無可釋之囚，囊無不可得之錢，庶免貽孽於若輩耳。"故所至，民恒恨其來之遲；既去，又惜其早。既乞留於大府不可得，則立碑誌去思。瀕行皆送至境外，有泣下者。生平孝友睦姻，任恤之事甚眾。自陽原罷，僑居天津，杜門不出，惟蒔花竹，或臨池作書，以爲樂。民國二十年四月初三日卒，享年六十有五。

配鄒夫人，孝于舅姑，治家勤儉，尤善教子女，親黨咸謂與君同德。卒於民國五年六月二十三日，享年五十有三。側室蔡氏，子一，即緒端，由京師法政學堂畢業，充河南專門學校教授，大學法律系主任。女一緒良，適同邑婁錫齡，並侍鄒夫人，出孫二，孫女四。民國二十一年十月二十九日，緒端奉君及鄒夫人之柩，合葬於潢川西鄉劉家老店之原，以時倉猝，銘未具。逾二年，寄狀于永樸，請補爲之。永樸嘉君爲今之循吏，而緒端又嘗相從論學，義不得辭，爰撮舉其事而歸之，且系以辭曰：

昔賢爲學，貴能濟世。世無治亂，端需良吏。凡國之敝，起於民窮。君洞其本，如病在躬。心誠求之，赤子可保。猶惜官微，未盡厥抱。茲土蔥郁，仁人之藏。厥配同穴，餘澤孔長。

七、安徽秋浦縣知事馬君墓誌銘①

君諱憲章，字彬甫，姓馬氏，江蘇泰州人。曾祖諱騰萬，祖諱禦九，考諱文江，妣氏黃。本生考諱文海，妣氏陳，自君始生，家甚貧。年十七，喪父，能殯葬如禮，以授徒養其母，嫁女兄弟二人。光緒十八年，補縣學生，旋食餼。游同邑黃君希平門，學大進。宣統元年，由拔貢生朝考用知縣，分河南。民國肇建，考錄入選，更以縣知事用，發山東，補棲霞縣知事。縣城南臨大河，每山水暴漲，中夜砰訇，民惴惴不敢寢。君倡議築石堤護城，自是晏然。又設訴訟寄宿所，以杜奸民之拘怨爲利者。會有富人仇其叔父，密訐于將軍，署爲黨逆，偕參謀至，要君往捕。君曰："我不能以無徵之事殺人。"則屬客納金盈萬，君怒暴其狀，將按律予罪。乃悍而遁，聞者多之。歲庚申，安徽省長以救荒諮調君。君至，活人無算。事竣，委署秋浦縣知事。其地南毗江西，逃卒過境，恒千百爲群。密偕士民籌防，而募貲購其槍械。既貲以爲衛，逃卒徒手去，無敢肆，鄰境胥安。

秋浦於漢爲石城、鄱陽兩縣地。唐置德縣，五代後更名建德。宋梅聖俞嘗宰此，其詠歌載縣志。君在官五年，既集款修孔子廟，遂平道路，築囹圄。署旁有梅公亭，新之。又葺朝峰亭，公餘輒與賓客飲酒賦詩其中。永樸客斯地久，有遊讌必與。每歸，未嘗不歡。梅公當昇平日，誘士於學宜耳。今兵戈擾攘，君綏其民人，且思以彬雅導之，爲罕覯也。然君竟積勞致疾。乙丑冬，永樸返桐城，而君於十二月初八日卒，享年五十有五。

---

① 該文收錄於 1934 年《青鶴》第二卷，第 22 期，第 3—4 頁。又載 1935 年武漢漢口《柝聲》，第 1 期。

初娶費氏，繼娶萬氏，皆封安人。子二，藻華、蔚華。女一，適張垠，皆費安人出。孫三，國勳、國霖、國徵。初君姚黃太夫人嘗得風癉疾，君侍側久，亦病且劇。費安人禱天，乞以身代。已而君瘥，安人遂遘疾沒。及君卒之明年，其子將葬之泰州城南花家祖塋，次以費安人祔，授狀。永樸知君晚，顧蒙眷厚，何敢辭？銘曰：

嗚呼！馬君乎，謂天摧之，胡豐其學，而使有令聞乎？謂天厚之，胡使之半駕而稅，中壽且未臻乎？死生亦大矣，孰能研其源乎？彼歸然四尺者，其君之墳乎？既安且吉，君其宅於此以利其嗣人乎？

八、潘君瑨華墓誌銘[1]

予從母馬孺人之孫女其昭，歸同縣潘君瑨華。君卒，卜兆縣北龍旺山保投子山前仙姑石，率孤錄來告葬期且徵銘。予與潘氏爲世好，重以其昭請，乃序而銘之。

君諱世琛，字瑨華，世居桐城縣西潘家樓，曾祖諱澤。祖諱清照，直隸天津府知府。考諱卿雲，廣東封川縣知縣，誥贈中憲大夫，姚氏宋生君及其弟世璜而卒。繼母戴氏。君少英特非常，游日本學于東京警察廳警察科。畢業後，更周覽其境，詳考乃歸。前清花翎知府銜，分省試用同知，歷任江蘇巡警總局總務科長，安徽巡警總局副提調，江蘇安徽巡警學堂總教習、自治研究所所長，第一區眾議院省議會覆選監督，民國任安徽全省警察總廳廳長。所莅廉慎，群譽翕然，尤殫心教育，創辦蕪湖職業技術學校、安徽藏書樓，又捐泥州地，助興邑之崇實學校。

母早逝，事繼母如母，服勤不怠，人以爲難。辛酉歲卒，距生於光緒戊寅得年四十有四。娶樂氏，生二子，銘、鏞，皆殤。女二，長夭。繼娶鄭氏，又繼娶馬氏，即昭。子一，即錄。女一，即韻傑。其葬也，爲丁卯歲十一月吉日。初知府君，爲人倜儻多智。予少時北游遇於都會，輒將之入肆，沃以酒，趣令醉，醉則縱談笑歌以爲樂。其後予二子遇君日本，復相甚。今二子亡十餘年，君亦且六年矣。嗟呼！天之生人也，才者少。苟才矣，能假之年，俾從容竟其學以副所忘，又何其少也。然世固有家中衰而復振者，吾安之，知厄於其躬不更福於其後也耶？銘曰：

嗟君才識，清且明兮。歸自異域，業彌精兮。謂當高壽，蜚英聲兮。云胡半駕，蛻厥形兮。人寄斯世，若旅行兮。或掩或速，隨所丁兮。吾衰久矣，猶竊生兮。視君遄返，恒我情兮。煢煢者歸，秉慎真兮。有子靜秀，緒可賡兮。誰卜茲穴，洵佳城兮。鑽石埋辭，詔萬齡兮。

九、讀經芻議[2]

我國自羲軒以降，書契浸多。孔子去其不可信者，訂爲六經。而春秋之末，至於戰國，諸子復以其所學鳴。《漢書·藝文志》總爲《七略》，時史尚少，故附《春秋》類中。洎晉荀勖，始創經史子集四部，後人因之。永樸嘗以爲四部雖殊，而經爲之原。何以言之？諸子談名理，大抵根于《易》，而《詩》《書》《禮》《春秋》又諸史

① 該文收錄於 1948 年合肥《安徽文獻》第五卷，第 1 期，第 4 頁。
② 該文收錄於 1935 年安慶《安徽大學月刊》第二卷，第 7 期，第 1—2 頁。又載 1935 年《教育雜志》第二十五卷，第 5 期，第 6 頁，題名爲《姚永樸先生的意見》。

之權輿,集則其委也。是故經者,無論孔孟以上,群聖人之言行,萃於其中,至精至博,足爲萬事之標準。即以文體論,譬如水有源,其流乃暢;木有根,枝葉乃有所附。若無經,則子史且無由作,遑論於集?故經者,吾國文字之所從來,學者不欲保存吾國文字則已,如欲保存之,以振起中國特立之精神,則讀經一事,其關係豈不重且大哉!不特此也。人之心思,固不宜束縛,而究不可不有所匯歸。使無匯歸之處,在蚩蚩之氓,既茫然不知所向。間有聰明出眾者,且將本其臆見,人自爲説,家自爲書,宗旨各殊,莫衷一是。其始萌芽於筆舌,其終影響遂及於國家,泯泯棼棼,爭胡由息?今欲統歸於一,舍經烏乎可?夫經之所言,乃人人之所固有,本于天理,愜於人情。歷代信仰,莫之敢易,良由於此。吾嘗驗諸民間舊傳俚語,其詞雖不必雅馴;泰西學者格言:其文字雖不同,要其勉人爲善去惡,以求止人類之爭奪,而納之安寧,固未始有異。特中正周密,能即吾國社會之積弊而箴砭之,實莫如吾聖人之言。今所患者,在不能實行經訓,正當尊崇推闡,合上下之力,大聲疾呼,俾國民踐而履之,勿託諸空言,斯爲要耳。如以爲古今異宜,諸經未必適世用,此則但可就事勢之變遷處言之,非所論于修齊治平之常道。《禮記·大傳》不云乎?"立權度量,考文章,改正朔,易服色,殊徽號,異器械,別衣服,此其所得與民變革者也。其不可得變革者,則有矣。親親也,尊尊也,長長也,男女有別,此其不可得與民變革者也。"諸經所言,正欲維持不可變革諸大端。若可得與民變者,焉有禁人因時制宜之理?或又謂:"經旨深奧,非盡人所喻。"此則在教者學者程度深淺而善誘之,更不足慮矣。

永樸少壯時於經粗有研究,今年逾七十,聰明不及前時,道德且負初心,愧悚何極。昨蒙諮訪,敬抒管見,未審當否,尚祈教之。乙亥春桐城姚永樸貢言。

十、宗聖芻言[①]

學也者,國之所由以立者也;教也者,學之所由以成者也。我國自周末以迄於今,講政治學術者,莫不推尊孔子。夫孔子之道,切于民生日用,如布帛菽粟,固包環球、亘萬古而莫能外者也。民國肇建,百度維新。於教育之事,使非確定宗主,其何以定國民之心志而促共和之郅治乎?論者或謂:"孔子之説,多主於列君臣之禮,明上下之分。歷代君主,資以禦世,施之今日,於國體不相容。"愚意不然。

孔子之道,不外六經。《論語》其總匯也,《孟子》則申明孔子之意者也。嘗讀而思之,諸經所載,有大義焉,有微言焉。其大義屬於懿德之好而爲民之秉彝者,固萬世之所不能廢,即所謂列君臣之禮,明上下之分者,蓋爲當世之僭亂而發,而其時君臣上下等級,實不甚相遠,非如後世之懸絕。今日共和民國,雖無君臣之名,而禮與分,固亦有之。至於微言之未能明著於當世而留以待諸來者,尤不可勝數。如《易》之有《乾》,君象也,其九五曰"飛龍",則君主國家也;然上九又曰"亢龍有悔",慮專制之害也。《坤》,民象也,其六五曰"黄裳",則民主國家也;然上六又曰"龍戰於野,其血玄黄",懼統一之難也。他若《屯》戒屯膏,《履》防夬履,

---

① 該文收錄於 1913 年山西太原府《宗聖匯志》第一卷,第 3 期,第 4—10 頁。

《剝》稱厚下，《觀》主觀民；損下益上曰《損》，損上益下曰《益》；上下交爲《泰》，不交爲《否》：其丁寧反履示人之意，可不謂深且切乎？删《書》斷自唐虞，以其有克讓之德也。《甘誓》則世及之局成焉，《湯誓》則徵誅之事起焉，《文侯之命》則霸主之業興焉。而終以《秦誓》若逆，知是後必將有以天下爲一人之私產者，非知几之神，何以及此？《詩》三百篇，半皆美刺之作，又重輿論之旨也。《禮記》載觀上之歎，穆然於大同之治，而思以天下爲公。至評四代之德，獨推虞帝，以爲生無私，死不厚其子，用意尤昭然若揭。《春秋》雖書“春王正月”，然而貶天子，黜諸侯，討大夫，譏世卿，大抵皆以維持禮法之用，書法固未嘗專主於尊君抑臣也。惟左邱明知之，固曰：“凡弑君稱君，君無道；稱臣，臣之罪。”惟太史公知之，故述董生之言曰：“有國者，不可以不知《春秋》。前有讒而不見，後有賊而不知。爲人臣者，不可以不知《春秋》。守經事而不知其宜，遭變事而不知其權。爲人君父而不通于《春秋》之義者，必蒙首惡之名；爲人臣子而不通于《春秋》之義者，必陷篡弑之誅，死罪之名。”由是言之，《春秋》之于君臣父子，皆對舉以爲褒貶，何嘗有袒君父以壓制臣子之事？故《論語》載孔子之告齊景公，亦但曰君君臣臣父父子子而已。若夫論國體，則于尚論古人見之，如大堯之則天，美舜之不與，而稱爲至德者，一則泰伯，一則文王，皆重其心之公而不私也。其論樂，又謂《韶》盡美又盡善，《武》盡美未盡善。夫亦揖讓與徵誅，固世道升降之所由分。而由著者，莫如因南宮適羿奡禹稷之問，而歎爲尚德。與答子貢博施濟眾、子路修己以安百姓兩問，而皆以爲堯舜其猶病諸。蓋禹非遭逢堯舜，必不能有天下。稷未能及身而王，逮千有餘歲，有文武而後得之正，以世及之。故尚德云者，與《禮運》“選賢與能”“不獨親其親，子其子”同一。感喟若“博施濟眾”，與安百姓，非教育普及，加以開國會用地方自治制度，必不能達其志願。彼唐虞事業，雖盛於三代，然公天下于一時，而不能立法以垂萬世。極而言之，猶有遺憾。然則，使孔子得邦家其躋大同也，必矣。宰我以爲賢於堯舜，豈無所見而云然哉？孟子學孔子者，是以倡民爲貴之說，其告齊宣王用人之道，或賢，或不可，或可殺，悉以國人衡。而“君之視臣”一章，尤見上下平等。至論國體，亦太息於繼世以有天下。雖以伯益、伊尹、周公、孔子之賢聖，而不得居其位。且謂舜受于堯，禹受於舜，天與之，實人與之。觀其時，朝覲訟獄謳歌者之歸之即，其明驗斯文，又先泰西而發明民約之理於數千載以前矣。

　　夫聖賢心之廣識之高如此，顧自漢以來，爲君若相者，名尊孔子，實利用其單辭而附會之，以途斯人之耳目。於是所謂微言者，遂沉埋掩覆於故紙中而莫之睹。今當民國創建，正孔子之道發揮廣大之時，使猶爲前世人主所欺，而謂千古至聖，心目中僅有一專制世及之局而已。此皆耳食之士，豈足以言孔子之道哉！

十一、三教異同説[①]

　　《易大傳》曰：“天下同歸而殊途，一致而百慮。”老佛之於儒亦若是爾矣。蓋

---

① 該文收録於 1922 年北京《四存月刊》，第 14 期，第 1—2 頁。又載 1927 年夏曆七月二十一日《民彝雜志》，第 6 期。

老子所宗，本周先王遺教，其後鑒文勝之弊，持論稍偏。然《道德經》述侯王稱孤寡不穀，及吉事尚左、凶事尚右，於禮何嘗不言之津津，豈真以爲可去哉？佛生西方，與吾國聖賢未嘗相接，因悼世人迷於根塵而入五藴、惑四相、圇二執、造三業，爰導之解脫，俾永斷無明以成正果。此其修已之嚴、教人之切又何如？或據棄君臣、去父子、禁相生相養之道爲之罪，不知彼特以求道之急而然，非必率天下之人而緇之而髡之也。觀佛在時，令出家者，冬夏入蘭若聽講，春秋歸養父母。在家者亦冬夏入蘭若，思欲則歸，重來若聽。迨滅度後遺制，凡受戒，每壇三人，過爲濫法，其意可見矣。間嘗即二氏書與吾儒參考之。夫人之生也，自無中來，亦自無中去，惟性之命於天者爲真，其誘於物而動者妄也。老子言："爲學日益，爲道日損，損之又損，以至於無爲。"佛言："一切賢聖，皆以無爲法。"正以此。《論語》曰："無意、無必、無固、無我。"曰："無適、無莫。"曰："無可，無不可。"曰："吾有知乎哉？無知也。"曰："予欲無言。"其論堯曰："民無能名。"論舜曰："無爲而治。"論泰伯曰："民無德而稱。"而《中庸》篇末歸於無聲無臭，此詩之所以詠文王也。吾先聖何嘗不出一轍？但所謂無者，就誘於物者言之，非謂命於天者亦可無也。故老子曰："惚兮恍兮，其中有象；恍兮惚兮，其中有物。窈兮冥兮，其中有精，其精甚真，其中有信。"佛言空相，又言實相，而曰："此道非實非虛。"此與《易大傳》"成性存存"又何以異？然則三教將無同乎？曰："其歸一也。"何謂歸？去妄存真是也。若夫所從入之路，則有不容牽合者。蓋老子以生不辰而有厭世之意，佛之道尤以出世爲宗，故一尚自然，一歸圓覺。其所以自修者在此，斯所以詔人者亦在此。孔孟則不然。其爲道也，主乎經世。雖了然於死生之説而必務民之義，故諄諄焉教以人倫，維之以禮樂刑政。觀六經所言，何其懇摯而詳備也。昔孔子曰："彼游方之外者也，而丘游方之內者也。外內不相及。"斯言也，其老佛與儒之辨也與？惟其聽從入者之異路，故曰："道不同，不相爲謀。"惟其歸也一，故曰："道並行而不悖。"

方今滄海橫流，人心之陷溺已深，固而不可拔。故老佛之言，吾徒不妨取之以爲他山之助。若夫事親從兄，與所以治天下國家者，孔孟遺書具在，抑何可置而不講哉？唐宋儒者必詆二氏爲異端，甚至比之淫聲美色而不敢近。使誠如此，何以孔子惜子喪伯子之簡，未嘗不許其可，而見老子且歎爲猶龍？至崇信二氏者，又或謂孔子未若彼所造之深廣，是但以詞章考據家之所得者爲六經，而昧昧于諸經之微言大義，亦所謂不登其堂、不嚌其胾者也。

十二、四存學會演説詞①

今日開四存學會，乃因博野顏習齋先生論學分存人、存學、存性、存治，爲四大綱，故以爲名。其説正大切實，以之提倡于世道人心，裨益匪淺。顧原書所言甚多，難以悉舉。竊謂顏氏之四存從孟子之二存來，若發揮孟子之二存，則顏氏之意，可共曉矣。

---

① 該文收録於 1921 年《四存月刊》，第 9 期，第 3 頁。

昔孟子曰："君子所以異于人者,以其存心也。君子以仁存心,以禮存心。"何謂仁? 朱子曰:"仁者,心之德、愛之理也。"人必有真愛,乃能愛家族,愛社會,愛國家。此真愛乃天地之元氣,人之所以爲人,國之所以爲國者,不可一日無也。然徒言仁愛,不能見其實際,故必繼以禮字。禮者,非他,秩敘是也。必有禮,乃有秩敘;必有秩敘,乃能使全國之人,皆由軌道而行。蓋人之初生,天賦以性於此。二字本是十分圓滿,故無人不有良心。只爲有此軀殼,便不能不有血氣。有血氣,饑便思食,寒便思衣。夫衣食人之所恃以生者,何可少也? 但求衣食則可求,而必要好好矣。又要極好極好矣,又要多天地間財物,只有此數此好,則彼必不好,此多則彼必不多,於是爭奪之心由之起,殘殺之事由之興。始也,有權力之人,欺彼無權力之人;繼也,無權力者糾合爲一體,以與有權力者爲難,於是爭奪愈甚,殘殺愈列,于斯時也,景象爲何如? 聖人逆知其害,故爲禮以教人,使之節私欲以循公理。我要食,亦念及人要食;我要衣,亦念及人要衣,但求天下之治安不專在一身一家之溫飽上起見。其究也,人各保其生命,己之生命何憂不保? 人各完其財產,己之財產何憂不完? 以愛人者愛國,即以愛國者自愛。此種用心不特可稱爲仁人,實可謂之智士。孔子論仁在"克己復禮",又曰"爲國以禮",又曰:"能以禮讓爲國乎? 何有。"正此意也。諸君試觀人與人遇於道,必正立致敬,何也? 知禮故也。犬與犬遇,則狺狺然相搏,何也? 不知禮故也。人入人家,必通刺乃入。何也? 知禮故也。鴟鴞於百鳥則取子毀室,鳩於鵲則據棄巢,何也? 不知禮故也。惟知禮乃能合群,否則胥戕胥虐,與禽獸奚擇? 今之論者,莫不重法律。吾寧不謂然? 然須知法律者,政治之本;禮者,又法律之本。無法律則是非無所折衷,將何以爲政? 無禮則良心盡喪,又何能立法而共守之。顏先生一生以《周禮》六德、六行、六藝爲教,其有見於此矣。鄙人學殖荒落,謹據管窺所及者,陳之以就正于高明。

十三、國學彝倫堂孔教大會講義[1]

鄙人不學,年垂六十,百無一成。今恭逢嘉會,蒙諸君召貢所見,其何以副盛意哉! 竊以爲國家之統一由於政,而政之發源由於教。方今教之在全球者不暇論,姑以行于我國最久者言之,如老聃、釋迦、孔子,皆天下之至人也。然而有辨。

老氏之道,起於厭世,佛尤以出世爲歸,故其學皆游心於無生之前,視天下事物如芻狗,如贅疣,如夢、如幻、如泡、如影。孔子則不然。雖洞然於生死之故,而必務民之義。所詔人者,惟在踐形於有生以後,故諄諄以人倫爲説。于人倫中,莫重乎孝。何以故? 人之生於世也,先有此身。由此身上推之,有父母、有祖、有曾祖、有高祖;下推之,有子、有孫、有曾孫、有玄孫;旁推之,有兄弟、有從父兄弟、有從祖兄弟、有族兄弟:此所謂九族也。合眾九族而社會成焉,合眾社會而國家成焉,合眾國家而世界成焉。總之,皆發源於一身,身之不修,遑論家國天下。故

---

① 該文收錄於 1922 年北京《昌明孔教經世報》第一卷,第 1 期,第 7—9 頁。文題下署名爲"戊午年聖誕節桐城姚永樸仲實"。

《大學》曰：“一是皆以修身爲本。”然修身之道，以事親爲大。親不能事，遑論百行。故孔子曰：“夫孝，德之本也。”曾子曰：“眾之本教曰孝。”有子曰：“孝弟也者，其爲仁之本與？”孟子因墨者之葬其親厚，亦發明天之生物使之一本之理。其後，鄭康成釋《中庸》，立天下之大本，遂以《孝經》當之。吾儒立教宗旨，可默識矣。夫人自墜地以來，莫不知愛其親及其長也，莫不知敬其兄。此愛親敬兄之心，乃天下所以與我者。由是而仁民而愛物，無非一孝字所推暨。時無論古今，國無論中外，人無論貧富貴賤智愚賢不肖，未有無父母而有此身者，即未有不孝而能辦天下之事者。是故當今日欲謀國家之統一，必先求政治之統一；欲求政治之統一，必先求教之統一；欲求教之統一，必先尊崇孔子。孝也者，孔子之真精神也。凡今之爭奪相殺，只圖一身之權利，而不願百姓之流離死亡者，吾敢斷言之曰：“彼其人必不慈，必不孝。”使慈孝之理，果充於中，則老吾老以及人之老，幼吾幼以及人之幼，上何忍虐其下，下何忍犯其上哉！《詩》不云乎：“嗟我兄弟，邦人諸友。莫肯念亂，誰無父母。”斯言也，豈不深切著明哉！謂予不信，請更證之歷史。自秦始皇焚書坑儒而召陳勝、吳廣之亂。迨漢高祖以太牢祠孔子，文、景大收書籍，武帝表章六經，而天下一治。其後異學爭鳴而天下裂爲三，判爲十六七，改爲南北兩朝，魏又分爲東西。隋雖混一，未久而亡。迨唐太宗幸太學，命儒臣作《五經正義》，玄宗又作《孝經》御注，而天下一治。其後，異學爭鳴，宦官亂政于內，藩鎮擅甲兵、田賦於外。凌夷至五代，而壞亂極矣。迨宋太祖幸太學，爲孔顏作贊，而天下一治。其後道君皇帝時，異學爭鳴，中原遂失。嗣是歷元明清，其治亂之跡，罔不視孔教盛衰爲轉移。夫不知來視諸往，今賴諸君之力，得有此嘉會，其或者天有厭亂之意，人存悔禍之心，四海昇平，將兆於此乎？鄙人不敏，拭目俟之。

十四、桐城姚永樸君題詞①

昔我國成周時，以司虣司稽治市，以修閭氏治國中，以野廬氏治野，其職皆以修道、捕盜、警遊、惰比、追胥爲重，蓋已統泰東西司法警察、行政警察之所掌而括之。秦漢鄉亭遊徼，亦其遺制。後世雖有保甲之法，然鄉約里正，率有名無實，國家無專官以掌之，徒寄其責於府州縣。興廢靡常，甚且爲閭閻之累，致使談吏治者，於其事之當行與否，舉訟不休，良可慨矣。自前清五口通商後，各國租界，始有巡捕之設，即以上海一埠言之，不下數千人。分衢巡視，令肅法嚴。道路修治，盜賊屏跡。庚子之亂，聯軍入京，分城內爲數區，設立警務衙門以維持治安。嗣後，我國乃知警務之爲要，因有民政部之設。民國肇建，改名內務部，而警務學校，十餘年來，自京師以及各省會，復以次創立，於是警吏得以養成，社會漸有安寧之望。夫曩日之行保甲法，初意未始不與警察同，而效果乃迥異者，固由於官吏之奉行不善，抑亦於其學講明而切究之之故也。今當共和成立之始，同人議立中華警察協會，既設總會于中央政府所在地方，而於各地方復設分會，其宗旨在研究學術，補助警察行政機關，以謀全國警察行政之統一，用意至爲深遠。顧因

---

① 該文收錄於 1913 年北京《中華警察協會雜志》，第 1 期，第 23—24 頁。

欲補助警察行政機關,乃研究學術。因欲研究,乃召集同志,相與討論,使非筆之爲書,按月發刊,則所以討論者不著,而何以資研究,更何以謀補助耶! 雜志之成,在所必急,實由於此。且警察之所司者爲内務,舉凡户口之居處,道路之平治,溝渠之宣導,鬥爭之調和,疾病水火盗賊之拯救,何一不在警察範圍中? 本親切之見,聞爲確實之摹,畫袪積弊而圖改良,皆將於此志是賴。夫警察之于國家,譬若人之有耳目手足,所以護其腹心者也。協會則所以謀耳之聰、目之明、手足之靈便者也。自今以往,果吾同人咸勉焉以盡其職,吾知將來警務完美,近之競爽於列國,遠之媲美于成周,固指顧間事。蓋其責至重而爲益亦至無窮矣。因雜志將成,謹書數語于簡端。至條列之詳,別有規則,兹不更贅云。

十五、姚仲實教授訓辭①

　　今日本校舉行第一屆畢業典禮,校長之報告,省黨部、省政府教育部代表以及各位來賓之訓詞已多矣,叫鄙人更從何處說來? 自大學創辦以至今日,鄙人均在這邊講授,今日樂觀其成,也有幾句話要説。

　　現在人都説,國家最要緊的事是人材,而人材又須教育來培養。在教育中最重要的是德智體三育,這三大件事,差不多全世界人都承認他們的重要。德便是仁。智便是知。體便是勇。《中庸》亦明言之,而總稱之曰三達德。在此三者之中,德尤爲重要,智、體不過是兩個分支而已。如有智而無德,則心粗氣浮,縱有聰明,亦不能鑽進學問裏去。如有體而無德,則嗜欲必多,一身爲酒色財氣四字所圍,弄得二三十歲的青年走起路來就像六七十的老人,如鄙人一樣。鄙人對於中國書曾讀過一些,可惜余生也太早,當時西文還未流行,等到廢科舉立學校時,鄙人已至中年,也不便再入學校,所以對於什麽皮西底,簡直講不上口。但是鄙人也曾交過兩個讀過西洋書的朋友,一個是嚴幾道,一個是辜湯生,他們是留學界的前輩,對於外國文學頗有研究。他們所譯的書以及從日本轉譯過來的西洋書,鄙人也看過不少,算起來也不下百餘種,什麽蘇格拉底哪,柏拉圖哪,亞里斯多德哪,康德哪,還有什麽孟德斯鳩哪,伯倫智禮哪,以及晚近的斯賓塞哪,赫胥黎哪,他們的書,鄙人亦看過一些。總括他們所講,亦不外乎誠實、仁愛、謙恭、勤勞、廉潔這些話。他如家庭之間,你們諸位猜猜他們講的是什麽? 也是一個孝字呵。蘇格拉底説得好,人若不孝其親,社會上便無人與之親愛。因爲他連根底都忘掉了。柏拉圖也説過,不孝順父母,不友愛兄弟,雖稍微有點好處,亦如置少許蜂蜜于一缸水中,其味必淡。赫胥黎説,慈愛乃一切生物之天性,鳥獸知愛護其幼嬰,草木知保護其果實,與父母之愛其子女,皆同一天性之表現也,所以父母養育之恩,決不可忘。人家請我吃一頓飯,我是想回請一頓;人家見到我向我鞠躬,我也要回一鞠躬。父母之恩,昊天罔極,豈可以不報乎? 泰西對於男女方面,亦主張有別,固然他們的婦女,不像我國婦女之藏身閨閫,深居簡出。然而,西洋男子對於女子特别尊重。他們見了婦女,言語舉動,特别端莊。他們在婦女面前,

---

① 該文收録於 1932 年安慶《安大周刊》第 92 期,第 3 版,第 2—3 頁。

連一支煙捲也不敢吸。這才算真正的尊重女權，真正的男女平等。這樣看來，西洋人何嘗不講德性？何嘗不講禮教？

　　曾記得光緒二十八九年時，山東大學請我當國文教習——那時還叫做教習，這是我第一次當教習。大學裡面有總教習，外國叫做赫士，是教會中人，會說中國話。一天我看見他在屋內看書，我以爲是看的《聖經》，走過去一看，原來是一部《論語》。他見我來了說道："姚先生，這部書真好呀，孔子簡直同耶穌一鼻孔出氣。"我回答他說："是呀！東海有聖人出焉，此心同，此理亦同。孔子同耶穌，自然是一鼻孔出氣呵！"赫士聽了我的話，站起來合掌稱善。民國初年，嚴幾道任北京大學校長時，約我去當教授。這時候，教習已經改名教授了。一日來了一位澳國公使，拜訪了嚴先生，請嚴先生代請一位中國有學問的人。因爲他說他現在正閱馬端臨的《文獻通考》，想找一位有學問的人做顧問。嚴先生當時就薦了一位老先生去了。這位老先生三天之後就把事情辭退。我們問他是什麼原因。他說，這位外國人把一部《文獻通考》背得透熟。說到禮，他便引到樂；說到兵，他就引到刑；說到農田，他就引到水利；說到田賦，他就引到關稅，源源本本，說得絲毫不錯。我不知道的，他知道；他知道的，我不知道；我不記得的，他記得；他記得的，我不記得。他要我去做顧問先生，豈不是顧我則笑，問道於盲嗎？嚴先生說："是呀！他們西洋人不研究我國的學問則已，一研究，就研究個透徹。"諸君諸君，泰西的人把我們的書籍看做至"寶"，難道我們可以把他們看成"草"嗎？可惜中國吃了一個大虧，什麼大虧呢？就是吃了秦始皇的虧。不過幸而那時有一般老先生不顧迎合潮流①，把先聖先賢的書一齊保藏起來，等到漢朝，才有人從山崖屋壁裡把這些書取出來，於是先聖先賢治天下之大經大法，方重放光明，如"日月之經天，江河之行地"。不過即此以來，中國有一部份經籍已經蒙其影響了。《周禮》原有六官，今僅存五官，單單不幸失去一最要緊的冬官，那一官就是講建築製造的，這與農工商的關係很大，因此我國智育亦感受很大的影響。《儀禮》今僅存十七篇，單單不幸也失去一篇最要緊的軍禮，這一篇就是講訓練士卒之方法的，因此我國體育亦感受很大的影響。幸有當今聰明才智之士研究科學，將此缺陷補救起來，這是極好的事。不過，這雖是採取西洋各國文明，亦就是恢復我國固有之文明。

　　諸君現在畢業，無論是安徽人或非安徽人，對於安徽的事總不可不知道一點。安徽出的學者很多，一時說也說不了。現在略擇幾個人說一說。皖北曾經產生了一位管子，有人稱管子爲法家，亦有人稱他爲道家，其實管子是於學無所不通的。他有四句扼要的話，我們可提出說說，他說"禮義廉恥，國之四維，四維不張，國乃滅亡"。可知禮義廉恥四字之重要。皖北又有一位莊子，於學亦無所不通，說過"爲道集虛，虛者心齋也"，是說人要虛心，就是把心地的污濁洗刷乾淨。皖南也出了一位朱子。朱子是儒家，於學也是無所不通。他主張爲學應先之以小學。所謂小學，可分三部：（一）立教；（二）明倫；（三）敬身。小學功夫做到後，再繼之以大學。所謂《大學》綱領在"明明德，在新民，在止於至善"；條目曰

---

① 般，當爲"班"字之訛。

格物,曰致知,曰誠意,曰正心,曰修身,曰齊家,曰治國,曰平天下。朱子的這類教育學説,是合德智體而一以貫之。諸君若能把這三位先哲的學説研究一番,繼之以泰西學説作爲參證,則所成就一定不小。到政界亦可辦一番大事,到學界,亦可造就不少人材。諸君諸君,我希望你們能做救世的活菩薩,做救國救世的大聖賢、大豪傑,謹以此作諸君之臨別贈言,而就正於黨政學各界諸大君子。

十六、姚老教授仲實訓詞[①]

今日鄙人聽了黨政委員諸公、各界來賓先生以及教務處長之演説,皆説的非常懇切,非常痛快! 鄙人心中之所欲説者,已經被説完了,叫鄙人還説什麼? 但鄙人在安徽大學同畢業諸君相處已有多年之久,今當離別之時,也不容不説幾句,今請略言之:

鄙人常觀古今中外之學説不外乎點兩點:其一是精神方面。精神是看也看不見,指也指不出,而是人生必不可少的事,即道德是也。其一是物質方面。看也看得見,指也指得出,也是人生必不可少的東西,即各種科學是也。你若説做學問有精神而無形質,則精神何所馮依? 又何能發展? 有形體而無精神,則無主宰,亦便不能存在。

譬如一人有耳,有目,有鼻,有手足,這皆是形體,但是耳何以能聽? 目何以能視? 鼻子何以能嗅? 手足何以能運動呢? 我們曉得:必有一段精神,鼓舞其中,然後始能效其用。精神一跑掉,軀殼何能不隨之而消滅?

今日大家看外國富強的了不得,於是説不能不講究技藝,講究氣象學等等,不錯,鄙人也都極爲贊成! 但講求貨物,振興實業,當拿到款子的時候,先想自己佔有,以自肥其身家,則貨物怎能辦得好? 這是道德心缺乏之故。造槍炮以抵禦外寇,但外國人打戰時有進無退,我們放了一槍,就跑了,所以外國人敗了戰,總是胸前受槍,而中國人打敗戰,總是背後受彈。這豈不是精神太缺乏了的原故嗎? 哎! 聖人就因爲如此,所以留下幾部經書,專門來發揮道德,教人要先修己,後治人。諸子之書,亦不外乎維持世道人心。史書又把古今治亂興衰的道理,一一詳載出來,這一段苦心,豈不令人可喜! 雖然,有説古聖人只講精神,對於物質看得很輕。這是大大不然! 何以言之? 聖人如將物質看得狠輕,何以上古之人,僅穿樹葉,而聖人教人製衣? 無飯吃,聖人教人制耒耜,種五穀,水上爲之造船,陸地爲之造車;其餘如宮室器皿,莫不細細籌畫,如有人説聖人不講求物質,這是侮辱了聖人了。

又有人説西洋人專重物質,不大講仁義,這又大大不然。鄙人生早了幾年,當他們鬧著出洋留學,到外國去逛逛的時候,鄙人已是四五十歲了,試問還能出洋嗎? 中國人懂得西文的固然不少,外國人懂得漢文的也很多,鄙人雖不懂西文,可是中國人翻譯的西籍,亦曾看過百數十種,什麼蘇格拉底啊,柏拉圖啊,亞里斯多德啊,康德啊,還有孟德斯鳩啊,柏倫智理啊,斯賓賽爾啊,赫胥黎啊,還有

---

① 該文收錄於 1933 年安慶《安徽大學周刊》畢業紀念刊卷,第 60—61 頁。

最近曾到中國來的李提摩太啊,還有日本的井上次郎啊,這班有學問的人,他們著書何嘗不在精神上注意? 如若説他不講究精神,那就是侮蔑了全球學者了。

這樣看來,可見精神與物質兩方面,是相連結的,不是分開的,二者交互爲用,不是交相反對的。諸君諸君,你們看現在中國到了何種時勢了。内而言之,各處水旱頻仍,盜匪遍地;外而言之,外國人欺侮中國,可算已達於極點了。前清時失去臺灣、琉球、高麗、越南。蒙古、西藏,若存若亡。近來遠寧、吉林、黑林、熱河四省,又讓人占去。難道還不痛心,還不爲之痛哭流涕三太息嗎? 鄙人所以還不失望者,就是幸而政府——從中央政府到各地的政府,肯提倡教育,開設學校,從這件事看來,中國定有轉機。鄙人年已老矣。其所希望將來救國,亦所以不忘政府維持學校之至意者,不在諸位青年,更在何人? 諸君出校在外辦事,總要把精神和物質打通,以精神貫注物質,以物質維繫精神,道義雙全,體用兼備,庶幾可矣。這就是鄙人與諸位臨别的贈言。諸君三思之,並請教黨政諸公各界來賓以及諸位同事。如何! 如何!

十七、學部諮議官姚永樸上張榮兩相國論學務書①

二等諮議官桐城姚永樸謹奉書中堂鈞座。敬肅者:永樸皖之下士,未嘗學問。自束髮以來,受諸經大義于先人,稍知好之。既長,從鄉先輩方存之、吳摯甫諸先生游。癸巳甲午間,客于京師,獲交即墨鄭君杲、鹽山劉君若曾,益加討論,然苦無心得,荏苒迄今。年已及艾,方期屏除世事,與二三親故,商量舊學,庶稍究先王覺世誘民之深意,以貽我後生。今年夏,忽奉學部照會,蒙明公不以永樸爲鄙陋,奏充二等諮議官。聞命之下,感與愧並。以永樸之不學,奚足備大賢之顧問? 方今時事多艱,朝廷念富強之基,在於敬教勸學,特設學部,以總司全國之教育,而以明公掌之。凡在部贊襄者,蓋莫非天下魁閎奇偉不世出之士。而明公猶復殷殷諮訪,不遺山澤之臞,雖古大臣集思廣益之風,奚以過此。天下之士,苟一無所知則已,如稍有所見,孰不欲效忠于執事? 其必不肯箝口結舌、自同寒蟬,亦其宜也。永樸於壬寅年襄教于濟南高等學堂,旋歸皖校,蓋忝居講席七年於兹矣。今就聞見所及,條陳一二,以比芻蕘之獻,惟明公垂鑒焉。

一曰限年齡。《大戴禮》言古者八齡入小學,束髮入大學。賈誼《新書》言九歲入小學,束髮入大學。《白虎通》言八歲入小學,十五歲入大學。《尚書大傳》言八歲入小學,二十入大學。雖小有不同,然吾國古昔盛時之有學齡,可見矣。今之泰東西辦法,實與吾國三代以前暗合,即此足徵心理之同。近十數年來,吾國開辦學堂,急於高等,緩于蒙小。識者頗議其非,而各府州縣經營草創,有無多寡,又不能一致。於是諸生麕集省城,咸以入高等爲得。計所收錄者,有年三十、年四十者焉,有年二十者焉,有年十餘者焉。其穉者,中文大抵欠通,僥倖畢業,遂終身崇拜歐風,無復有研求經史之志。其長者,中學較有根柢,然使之習西學,腦力既枯,齒於復鈍,加以室家累重,謀生不得不急,中途輟業,比比皆然。然彼

其人難,雖洋文算學且不能深造,而況進於此者乎? 是故穉者無前半截國文工夫,長者又將無後半截西學工夫。若長此不改,欲求有完全人才,豈復可得? 爲今日計,彼已入學者,無論如何,自不得不故寬之,以聽其循例升學。惟自今以後,斷宜早爲之限。自蒙學而小學而中學而高等學而大學,均宜有一定之年齡。庶在蒙小時,研求國文,粗知經史梗概;在中學時,中西並習;在高等時,猛求西學。迨大學畢業,彼有幼時中學基址,苟返而求之經史,自不難充實光輝,升堂入奧;即不然,其中文業已通暢,使之辦事,亦不致有扞格之虞。此實今日辦學最急之務也。若夫年已過時,不得循例入學,而志猶不衰者,如師範、存古兩學堂,及各省所設方言、數學、理化、政法諸專門學堂,未嘗不可聽其投考。且學成之後,亦可予以應得之獎勵。又奚必以入此五等學堂爲榮耶?

　　二曰定課本。方今各國教育,國家皆有一定之方針,而於中小學堂課本稽察尤嚴。蓋教育宗旨,苟不定於國家,則全國不能畫一。而青年志氣未定,苟課本不詳加審定,設有邪誕之説,簧鼓於其耳,且將誤入於歧趨。吾國學部亦有審定之事矣。然永樸觀各學堂大率任意講授,往往同一課本,高等用之,中學用之,甚至於小學亦用之,未見其首尾銜接也。其甚者,今年聘一監督焉,各教員又以監督之意旨爲轉移,而課本一變;逾年易一監督焉,各教員又以監督之意旨爲轉移,而課本又一變;又其甚者,今年聘一教員焉,以己之所學爲賢,痛毀前人,而課本一變;逾年易一教員焉,又以己之所學爲賢,痛毀前人,課本又一變。其課本屢易,其歲月已過,而學生之程度猶如故也。於是名爲畢業,而各堂教授乃無一完全之課本。間有之矣,其戕賊人才,豈淺淺哉! 愚意欲學部告各省提學與以一年之限,將全省各學堂所用之課本,悉數呈部。由部聘通人,各就所長爲之分別淺深,以爲蒙小中高等之用。所取不妨稍寬,如同一課本,或小有同異,或互有短長,皆宜並存之,以聽各省之擇用。惟淺深之界,則辨之不可不嚴。其寬也,不敢以一二人之私見爲足,當天下之公心也。其嚴也,淺深不分,則學級無由判也。又宜明告各省,如有續出善本,不妨隨時呈明提學從速諮部,以期逐漸改良。如此則各堂監督暨教務長乃得有所據依,而限各教員以每學期之定課,而教員亦不致徇監督教務長之私意,而妄事紛更矣。

　　三曰選學員。夫學生不受教員之訓導,此學生之罪也。然使教員果空疏無具,遽擁皋比,敷衍爲心,任意曠課,此則教員之罪也。學生不遵管理員之約束,此學生之罪也。然使管理員果嗜好太多,難資表率,畏葸無能,惟知見好,則管理員之罪也。而其甚者,不特放棄責任,且日以薪俸之厚薄、保案之優劣存心,知有利而不知有義,如此則爲人尤不足道矣。地方大吏暨本堂監督,如遇有此等教員,斷宜辭退,無許濫竽。永樸嘗觀各省學堂,每年上學期名爲正月杪開學,及學生到齊上課,至早亦須二月朔。至五月杪,又須放假矣。下學期名爲七月杪開學,及學生到齊上課,至早亦須八月朔。至十二月初,又須放假矣。中間又有星期之停課,端午、中秋、清明、重陽之停課,萬壽節、孔子生日之課停,期考之課停,計實上課之期多則二百日,少則一百八九十日耳。尚堪教員之曠廢乎? 至於管理員,有稽查約束之責。出入不稽查,則學生在外滋事者有之;齋舍不稽查,則博奕吹唱者有之，飲酒喧爭者有之；講堂不稽查，則任意規避者有之；考試不稽查，則懷挾者有之，傳遞者有之。不特此也，學生習氣浮囂，何所不至。或以飲食之儉而欲其豐，或以功課之繁而欲其簡，或以分數之少而欲其多，或以畢業之遲而欲其速，種種要脅，動致風潮。如此欲望學堂名譽之優美，必不可得矣。是故學堂無一人可曠職者也。一人曠職則一事不舉，群焉效此一人，則全堂之事且將不舉。是故選學員尤辦學最急之事也。大抵一堂之中，縱不能人人皆上駟，亦必有大半品端學粹、心熱才長之人，乃克有濟。是宜責成監督加意遴選，務使庸才漸易為通才。而教育猶有不日新月盛者，吾不信也。

四曰聯官紳。各省學務中丞總其綱，方伯籌其費，提學專其責。是中丞方伯提學，皆全省學務命脈之所系也。而住堂辦理，則恃監督之得人。是監督又本堂學務命脈之所系也。將以客卿為之與？而彼于紳未必盡習也，於官亦未盡習也。來自異地，必與全省之人皆融洽，始能安於其位。否則歡迎而來者，必齟齬而去矣。將以官為之與？而彼宦游於此，勢不能不有上憲之請謁，同寅之往來。又或圖兼差，或圖補缺，豈能專心始終其事。將以紳為之與？而彼生同一地，為學生者，非親即故，寬以待之則玩，嚴以繩之則怨。是三者皆不能無弊也。無已，其惟官督紳辦乎！何謂紳辦？擇全省中品學兼優、孚眾望者，總理全堂之事，畀之以全權而不掣其肘是也。何謂官督？學務大局為之提倡，經費不足為之籌畫，教員管理不稱職為之撤換，學生滋事為之懲辦是也。欲學務日有起色，必官紳協力，庶乎有濟。大抵吾國民風，畏官恒過於紳。永樸嘗見學生滋事，勢猙獰若不可解。一聞大吏查辦，開除之牌未懸，而已相顧變色矣。然則今日自由平等之說，雖浸淫全國。而吾民隱微畏官之心猶如故也。是故興學者，宜因勢而利導之，此非用壓力之說也。夫辦事惟視存心如何耳。心在乎防民之口，浚民之生，而以官迫之，是之謂虐。心在於開民之智，培民之德，而以官力維之，不特不可謂之虐，而實至慈至仁。且官與紳，皆有擔荷全省之事之責者也。使紳不辦學，何賴有紳？使官不督紳，又何賴有官？是二者固合之兩益，離之兩損者也。要而言之，大吏之辦學也嚴，則監督自不難於嚴。監督則教員管理自不難於嚴。及其久也，學生工夫日進、程度日高，且無事于過嚴矣。若大吏不嚴而欲監督之嚴，監督不嚴而欲教員、管理員之嚴，此必無之事也，其勢必歸於苟且敷衍而已。及其久也，且將並苟且敷衍之術而亦窮，其勢非格外從嚴，不可得一日之安。夫至於不得已而格外從嚴，而學生之受虧已不少矣。倘學部以此意函告各省提學，俾稟商中丞，隨時加意，實為學界幸福。

五曰嚴規條。中國一線生機，惟在學堂。而學堂之本，惟在道德。今各學堂皆有人倫道德一科，然稽諸報章，學生滋事之案，乃層見疊出。豈果賢者少不肖者多與？毋亦道德之效，未易期諸旦夕，而法律之設，正所以濟道德之窮與？夫人之為學，全恃此心，未有心在乎學無成者，亦未有心紛於他事而有成者也。是故欲諸生學業之成，必先求其心之靜專。欲求其心之靜專，必先講明道德。欲講明道德，而諸生能受知以耳而銘之於心，必先嚴定條規而實行之條規之嚴。非虐待學生，正所以安全之也。且學生之滋事，豈真出於全體哉？為之倡者，一二人而已耳、三四人而已耳、五六人七八人而已耳。此一二人、三四人、五六人、七八人者,倡之於前,而其餘浮動者,從而附和之。謹願者因而觀望焉,而規則由此而壞,學業由此而荒,光陰由此而擲,名譽由此而損。則此一二人、三四人、五六人、七八人者,實全校之蠹也。詩不云乎?“荼蓼朽止,黍稷茂止。”莊周亦有言:“去其害焉者而已。”去年學部曾頒諭學生文一通,詞至剴切。皖之諸校,皆印示諸生。諸生雖不乏因而感動之人,然狡黠者不知當事循循善誘之意,猶或視爲具文。愚意更欲學部撰嚴切告誡一通,頒行各省,俾知善良學生,既予以獎勵,則不肖者,亦在所必懲。滋事愈多,愈不能曲貸,如是則諸生庶知所警畏。中材既可勉爲善良,而善良者亦不致爲狡黠者所牽制,而得以一意向學。大抵學生滋事,動稱全體,其實決非全體也,彼善良學生知條規不能實行,故不得不避狡黠者之鋒而靡然從之耳。今果嚴定條規而期於必行,彼善良者方且歡慰之不暇,夫何患不改弦易轍哉!

六曰速獎勵。召公稱成王止“畢協賞罰”一語,周官八柄亦不外生殺予奪、賞罰廢置。蓋天下惟高尚之人,不待勸懲,而自爲善,不爲惡。若中材,則不能不資於勸懲。夫天下高尚之人少而中材多。彼不肖者,既繩之以法律,則善良者亦必加之獎勵,此不易之辦法也。夫科舉之停久矣,士舍學堂無以爲進身之階。永樸嘗見鄉之耆老相與聚談,每悵然于秀才之漸少。此雖出於一二愚鄙之私情,然治國者,不可不深察也。且今天下談革命者,頗有人矣。忠於朝廷者,每思搜捕以絕其根株。愚意此非搜捕之能絕也。果附順輿情,力行新政,縱有談革命者,其如人之不從何? 其次則獎勵善良之民,亦是結人心之一法。昔我朝之初定鼎于京師也,范文肅即以舉行鄉會試,爲第一之政策。粵匪之亂,金陵既克,曾文正亦以舉行鄉試爲請,先正駕馭英雄之遠識,治國者誠不可不加之意也。爲今日計,與搜捕亂黨,行之激烈,或生他變,何如獎勵善良出以和平,且無後災。而其機括要當自學堂始。今學部亦奏定獎勵章程矣,而各省得獎勵之學生,尚寥寥無幾。此雖由於學堂之太少,與學生中道輟業者之太多,故一時難以畢業,然果於能畢業者,速爲獎勵,則學堂之少,未始不可以漸多,學生輟業之多,亦未始不可以漸少。愚意各省中學堂以上之舉業,自不得不諮部核定,以昭慎重;若高等小學以下,似可仿從前學政歲科試之例,徑歸提學考驗。果年格相符,即照章予以獎勵。每歲但造冊送部,庶可期簡捷。大抵學部握教育之全綱,總在遴選提學而委任之耳。果爲提學者心術純正,識見開通,稍假以權,正可相助爲理。否則,雖事事操其權於學部,而鞭長莫及,隔膜之憂,終不能免。況部中又有視學官隨時稽察,提學安敢不盡其職守乎? 且於此有二善焉。一曰靖人心。如上所陳是也。一曰振學風。夫以一縣之財,自足辦一縣之事。而學堂不能廣開者,以獎勵稽延無以爲之勸也。今速行之,彼鄉之耆老,見子弟有進身之階,其孰不欣欣然解囊哉? 觀從前科舉時代,捐學田與試資者之不一而足,則民情大可見矣。

以上所陳六條,雖平平無奇,然鄙陋之見,竊以爲今日辦學之急務,倘明公恕其謬妄而鑒其愚直,即請商之學部諸公,加以採擇而見諸實行。學界幸甚! 全國幸甚!

(作者單位:南京大學文學院)

唐男卣銘文考釋

付 强

最近由於偶然的機會,筆者見到了一件唐男卣。筆者查閱吳鎮烽先生的《商周青銅器銘文暨圖像集成》和《商周青銅器銘文暨圖像集成續編》發現這件卣並沒有著錄,乃爲首次出現,卣的紋飾、銘文都非常重要,所以今天介紹出來供大家研究。

唐男卣　　　　　　　　　　　　　唐男卣銘文

唐男卣的橫截面呈橢圓形,腹部下垂,矮圈足沿外侈下有一道邊圈。提梁兩端做成圓雕獸首形。提梁上飾蟬紋。外罩式蓋,蓋沿不折邊,呈圓頂的帽狀,上有圓形捉手,兩側有一對犄角。蓋面和腹部飾垂冠回首大鳥紋,長長的冠相互纏繞,頸部飾S形夔龍紋,均以雲雷紋填地,頸的前後增飾浮雕獸頭。從唐男卣的形制和紋飾看最接近於 1965 年 1 月安徽省屯溪市弈棋鄉西周三號墓葬出土的公卣,可以説完全一樣。公卣的時代學者一般定於穆王時期①,所以唐男卣的時代也應該屬於穆王時期。

---

① 張懋鎔:《芮公簋蓋識小 兼論垂冠大鳥紋》,《古文字與青銅器論集》(第三輯),北京:科學出版社,第80—88 頁。

公卣

　　下面再看唐男卣的銘文,蓋内和卣底鑄有相同的銘文三行十七字,現依原行款隸寫下:"唐男作父丁寶隓彝,其萬年子子孫孫永寶用。"釋爲唐的字,是一個從"宀""昜"聲的字,"昜"與"唐"上古都是陽部字,聲母相近,從"昜"之字常與"唐"字相通假,例子很多,如《春秋·昭公十二年》:"齊高偃帥師納北燕伯于陽。"《左傳》陽作唐;《戰國策·趙策》:"秦以三軍強弩坐羊唐之上",馬王堆帛書本此處"羊唐"作"羊腸";卜辭中的商王成湯或作成唐;戰國楚璽"上場宫大夫璽","上場"讀爲"上唐";趙國貨幣三孔布面上的文字"南行昜"即古書上的"南行唐"①。唐男,唐國的國君,類似的稱呼如金文中許男,許男鼎《集成》02549"許男作成桓母媵尊鼎(鼎),子子孫孫永寶用。"唐、許都是國名,男是爵稱。

　　唐國的歷史很久遠,武丁時期的賓組卜辭中就有唐國的活動②,西周早期,《史記·晉世家》:"武王崩,成王立,唐有亂,周公滅唐。",滅唐之後成王把自己的弟弟虞封在了唐這個地方,稱爲唐叔虞,叔虞見於二零零一年在山西曲沃縣曲村鎮北趙村晉侯墓地一一四號墓葬出土的叔虞方鼎③,二零零七年在《考古》第三期上,朱鳳瀚先生撰文介紹了一件香港私人收藏家所藏的一件青銅簋。簋的內底鑄有銘文二十二字,銘文內容非常重要,講的主要是唐伯改封到晉作晉侯。唐伯侯于晉的唐伯是唐叔虞的兒子燮父,這一發現對於討論晉國名號的由來有重要的價值④。晉侯爲燮父最早的稱呼,成王始封叔虞于唐,所以稱爲唐叔虞,到其子燮父時由唐遷于晉才稱爲晉侯。《竹書紀年》:唐遷于晉,作宫而美,王使讓之。簋的年代有成王康王兩說,王澤文先生認爲簋屬於康王時期,《左傳》昭公十二年:昔我先王熊繹,與呂伋、王孫牟、燮父、禽父並事康王,四國皆有分,我獨無有。我們認爲簋屬於康王是正確的⑤。昭王南征時期的銅器,安州六器中有一件中觶銘文"王大省公族於庚,振旅,王賜中馬自厲侯四秉",

① 曹錦炎:《胡唐姬鼎銘文小考》,《中國文字學報》(新七輯),北京:商務印書館,2017年,第63—68頁。
② 孫亞冰:《昜國考》,《古文字研究》(第二十七輯),北京:中華書局,2008年,第42—48頁。
③ 李伯謙:《叔夨方鼎銘文考釋》,《文物》2001年第8期。
④ 朱鳳瀚:《覺公簋與唐伯侯于晉》,《考古》,2007年第3期。
⑤ 王澤文:《爻公簋試讀》,《甲骨文與殷商史》新一輯,北京:線裝書局,2008年,第227—238頁。

庚李學勤先生認爲即是唐國①。西周晚期的柯史簋銘文"柯史作唐姒滕簋"②,《國語·鄭語》記載周王室史伯言于鄭桓公曰:'當成周者,南有荆蠻、申、吕、應、鄧、陳、蔡、隨、唐。'二零零一年湖北鄖縣五峰鄉肖家河出土了一批春秋早期的銅器,銘文顯示是唐子所作,唐子就是唐國的國君③。春秋晚期唐國被楚國所滅。由此我們看到,唐國的歷史可以分爲兩段,周公滅唐前唐國在山西,即今天的山西洪洞坊堆永凝堡一帶,周公滅唐後唐國被遷到了今天的唐河縣一帶。

　　唐國的族姓,文獻中目前記載有兩種説法,唐爲姬姓,《國語》韋昭解"應、蔡、隨、唐皆姬姓也";唐爲堯後,祁姓,《史記·晉世家》司馬貞《索隱》"唐本堯後,封在夏墟,而都于鄂,鄂,今大夏是也。及成王滅唐之後,乃分徙之于許郢之間,故《春秋》有唐公是也,即今唐州也。"④。我們認爲唐的族姓最有可能是姚姓,證據如下,現藏遼寧省博物館的旟叔樊鼎銘文"旟弔(叔)樊乍(作)易(唐)姚寶鼎",易(唐)姚,證明唐爲姚姓。應侯墓地所出土的西周晚期的應姚簋銘文"唯十月丁亥,應姚乍(作)弔(叔)(誥)父(簋)",應姚,應爲嫁給應國的唐國女子。

旟叔樊鼎銘文

　　唐男卣銘文"唐男作父丁寶陴彝",上面我們已經分析了這件卣的時代屬於穆王時期,所以唐男應該是穆王時期唐國的君主,生活的地點應該在今天的唐河縣一帶。筆者查閲吳鎮烽先生的《商周青銅器銘文暨圖像集成》和《商周青銅器銘文暨圖像集成續編》發現唐男的銅器還著録的有兩件,分別是唐男方鼎和唐男鸞圓鼎,這兩件唐男鼎的銘文和唐男卣的銘文一樣,唯一的區別是唐男方鼎和唐男鸞圓鼎的銘文後面都綴有族徽"子■",唐男卣的銘文後面没有帶族徽。由唐男器物的銘文用到族徽和日名來看,唐國受到商文化的影響很大。

① 高崇文:《從曾鄂考古新發現談周昭王伐楚路線》,《江漢考古》2017 年第 4 期。
② 王正,雷建鴿:《柯史簋與柯國、唐國》,《中原文物》2015 年第 5 期。
③ 黃旭初,黃鳳春:《湖北鄖縣新出唐國銅器銘文考釋》,《江漢考古》2003 年第 1 期。
④ 徐少華:《周代南土歷史地理與文化》,武汉:武漢大學出版社,1994 年,第 56—59 頁。

唐男方鼎

唐男方鼎銘文

唐男鸞圓鼎

唐男鸞圓鼎銘文

　　這兩件唐男鼎的時代都屬於西周早期前段,唐男卣的時代屬於穆王時期,我們知道西周早期屬於殷商後裔鑄造的銅器都帶有族徽,隨著時間的發展到了西周中期穆王時期,殷商後裔鑄造的銅器帶有族徽的習慣慢慢消失,唐男卣屬於穆王時期沒有帶族徽正反應了這一現象。唐男鸞圓鼎的銘文"唐男鸞作父丁寶隨彝",由此我們知道西周早期有一代唐國的君主名鸞。

(作者單位:上海三唐美術館)

釋楚簡中的"卟"和"迅缶"

王恩田

郭店楚簡《緇衣》：

"子曰：宋人有言曰：'人而亡恒，不可爲卟筮也。'其古之遺言與？龜筮猶弗智（知）也，而況於人乎。《詩》云：我龜既厭，不我告猷。"①

上博簡也有《緇衣》，作《紂衣》。惜已殘斷，只存有：

"子曰：宋人有言曰：……云：我龜既厭，不我告猷。"②

今本《禮記·緇衣》：

"子曰：南人有言曰：'人而無恒，不可以爲卜筮。'古之遺言與？龜筮猶不能知也，而況於人乎？《詩》云：'我龜既厭，不我告猷。'"

鄭玄注："恒，常也。不可爲卜筮，言卦兆不能見其情，定其吉凶。"

孔穎達疏："龜筮猶不能得知無恒之人，況於凡人乎？"③

郭店簡和上博簡的釋文都據簡文改今本"南人"爲"宋人"，是正確的。但郭店簡《緇衣》釋文中却把"卟筮"據今本改作"卜筮"，是錯誤的。此後，無論是楚簡，還是東周金文，凡是"卟"字，或從卟的"迅"字，均被改爲"卜"或"辻"，從而造成"卜"與"卟"不分的混亂，需要加以糾正。

考古材料的可貴之處，在於可補文獻記載的缺佚，糾正文獻記載的謬誤。考古材料與文獻記載如果出現矛盾時，除非有確鑿證據證明考古材料確有錯誤，一般情況下都要遵循約定俗成的"用地下材料改地上材料"的原則，據考古材料改文獻記載。而不應本末倒置，據文獻記載改考古材料。

之所以要改"卟筮"爲"卜筮"，估計是由於下文又談到"龜筮"與"我龜"。其實"不可爲卟筮"的"卟筮"與"龜筮"毫不相干。今本《緇衣》中"人而無恒，不可以爲卜筮"，這句話是有語病的。鄭注，孔疏也不可能解釋清楚。

"人而無恒，不可以爲卜筮"。而，假設連詞，意爲如果。恒，常也。爲，用也。這句話的意思是説人如果沒有恒心，變幻無常，不可以使用卜筮。在科學尚不昌明的古代，人們認爲吉凶禍福由上天和祖宗鬼神所主宰。因此，遇事猶豫不決時，就會利用卜筮問疑解惑。何況宋人是以善於占卜著稱的殷人後裔，利用卜筮問疑解惑，是天經

① 《簡帛書法選》編輯部編：《郭店楚墓竹簡·緇衣》，北京：文物出版社，2002年，第52頁。
② 馬承源主編：《上海博物館藏戰國楚竹書》（一），上海：上海古籍出版社，2001年，第199頁。
③ 《十三經注疏》，北京：中華書局，1980年，第1651頁。

地義的事。試想，宋人遇事猶豫不決，而又不准他們使用卜筮問疑解惑、定其吉凶禍福，宋人情將何以堪？卜筮的主要功能是答疑解惑。但鄭玄却説："卦兆不能見其情、定其吉凶。"如果卜筮"不能見其情、定其吉凶"，要它何用？卜筮的功能僅限於答疑解惑、告知吉凶禍福，並不具備分辨"無恒之人"或"有恒之人"的功能。但孔穎達却説："卜筮猶不能得知無恒之人，況於凡人乎。"卜筮可以分不清哪些人是"無恒之人"，不等於平民百姓的"凡人"不能區別哪些人"有恒"，哪些人"無恒"。鄭注、孔疏顯然是荆書燕説，穿鑿附會，不足爲訓。

卜筮是殷商時代社會生活的重要組成部分，幾乎已經成爲殷商文化的符號。作爲殷人後裔的宋人，不可能留下這類不符合人情世故常識性錯誤的"遺言"。淵博的孔夫子，當然也不會利用這句不倫不類的"遺言"來證明"龜筮猶不能知也，而況於人乎"的哲理。因此，改簡文"礿筮"爲"卜筮"當然是錯的。

"礿"與"信"古音同屬心母真部。"筮"與"誓"同屬定母祭部。"礿筮"應讀作"信誓"。《緇衣》"人而無恒，不可以爲礿筮"這段話的正確訓詁應是：没有恒心、變幻無常的人，不可以信誓旦旦。就連人們信奉的"龜筮"，都不能告知事情的真相，怎能相信變幻無常之人的信誓呢？

上博簡《柬大王泊旱》也有"礿"字：

　　柬大王泊旱，命龜尹羅貞於大夏，王自臨礿。①

"礿"字，釋文也隸爲"卜"。其實"礿"通"詢"。"王自臨礿"意爲"王親自蒞臨詢問"。如果隸"礿"爲"卜"，這句話的意思變成了王命龜尹羅在大夏貞問，王又親自占卜。顯然扞格難通。

簡文這段話意思是説，楚王對任命龜尹羅在大夏占卜非常重視，故而要親自詢問占卜結果。並不是越俎代庖，替龜尹去占卜。

新蔡葛陵簡（甲三189）也有"礿"字：

　　坪夜君貞：既心悶，瘻脹，以百腯體疾，礿筮爲衭，既……②

"瘻脹"當讀作"腹脹"。"以百腯體疾"未詳。"礿""信"雙聲疊韻。"筮"，祭部。"吉"，質部。韻母旁轉。"礿筮"讀作"信吉"。《史記·魯世家》："卜人皆曰：'吉'。發書視之，'信吉'。""信吉"是占卜習慣用語，應是驗辭，與"坪夜君貞"的命辭相呼應。如釋"礿"爲"卜"，則難以通讀。

楚簡遣策中有"迅缶"。

信陽長台關一號墓：

　　二圓缶（1—9 號簡）
　　一迅缶，一湯鼎。屯有蓋。二淺缶（1—22 號簡）

望山二號墓：

---

① 馬承源主編：《上海博物館藏戰國楚竹書》（四），上海：上海古籍出版社，2004 年，第 195 頁。
② 河南省文物考古研究所：《新蔡葛陵楚墓》，鄭州：大象出版社，2003 年，第 194 頁。

　　二卵缶,有蓋(33 號簡)

　　二卵缶(36 號簡)

　　一迅缶,一湯鼎(37 號簡)

以上兩批楚簡遣策中的卵缶、圓缶、淺缶和迅缶,均爲商承祚先生所隸定①。

包山二號墓:

　　二卵缶、二迅缶、一湯鼎(265 號簡)

　　《包山楚簡·考釋》:"卵,借作盥。卵缶即盥缶。北室有兩件小口圓腹缶。"
"迅讀作酌,……即用作盛漱口水的缶"②。

　　以上三批楚簡中的"迅缶",由於上述郭店楚簡《緇衣》中的"卂"被誤釋爲"卜",故
以此爲根據,改釋爲"卜缶"③。當然是錯的。

　　楚簡遣策中的卵缶、圓缶、淺缶,目前還有不同的理解。拙見以爲,"淺""醆"雙聲
疊韻。"淺"缶即"醆"缶。《説文》:"醆,爵也。一曰酒濁而微清也。""淺缶"應是盛酒
的缶。卵、圓、淺都是元部字。卵缶、圓缶也是盛酒的缶。

　　綜上所證,楚簡中的"卂""迅"都不能改作"卜"和"辻"。

（作者單位:山東博物館）

---

①　商承祚:《戰國楚簡彙編》,濟南:齊魯書社,1995 年。

②　湖北省荆沙鐵路考古隊:《包山楚簡》,北京:文物出版社,1991 年,第 63 頁。

③　(日)廣漱薰雄:《釋"卜缶"》,《古文字研究》第二十八輯,北京:中華書局,2012 年,第 504—509 頁。

上博簡《成王爲城濮之行》"脿(淯)"字補釋

尉侯凱

上博九《成王爲城濮之行》有如下兩段話(釋文採取寬式):

蓮伯嬴①猶約,顧②持🍶飲酒,子文舉🈷責③伯嬴曰【甲3】
汝【乙2】獨不余見,食是🈷而④棄,不思老⑤人之心。【甲4】

🍶,整理者釋爲"侒",讀爲"舟",指古代飲酒器⑥。曹方向改釋爲"俯",讀爲"肉"⑦。網友"苦行僧"改釋爲"於"⑧。張崇禮改釋爲"淯",義爲羹,肉汁⑨。王寧改釋爲"侑",認爲是"侑"的或體,本義爲勸酒,這裡是敬酒之義⑩。🈷、🈷,整理者均釋爲"爲",讀爲"芻"⑪。蘇建洲將二字改釋爲"俎"⑫。曹方向認爲"🈷"字"左邊從肉,右邊從立,後文相應之字在甲本簡4,作'🈷',從肉從立,字跡比較清晰。其詞義可能和伯珵'持肉'的所謂'肉'字以類相從"⑬。王寧從之,並將二字讀爲"樑"⑭。張崇禮認爲二字見於《廣雅·釋器》,義爲羹,或以爲古汁字⑮。宋華強釋爲"脿",讀爲"謂"⑯。馮勝君亦釋爲"脿",讀爲"脅"⑰。李守奎、白顯鳳將"🍶"、"🈷"、"🈷"三字皆讀爲"肺"⑱。

---

① 蓮伯嬴,簡文作"遠白珵",整理者讀爲"蓮伯玉",網友"海天遊縱"改讀爲"芻伯嬴",見《讀〈成王爲城濮之行〉劄記》主帖,簡帛網-簡帛論壇,2013年1月5日。陳偉讀爲"蓮伯嬴",見陳偉:《〈成王爲城濮之行〉初讀》,簡帛網,2013年1月5日。

② 顧,簡文作"寡",網友"不求甚解"讀爲"顧",見《讀〈成王爲城濮之行〉劄記》第22樓,簡帛網-簡帛論壇,2013年1月5日。

③ 責,整理者釋爲"賈",網友"流行"改釋爲"責",見流行:《讀上博楚簡九劄記》,簡帛網,2013年1月8日。

④ 而,整理者釋爲"天",網友"汗天山"改釋爲"而",見《讀〈成王爲城濮之行〉劄記》第14樓,簡帛網-簡帛論壇,2013年1月5日。

⑤ 老,整理者釋爲"正",網友"不求甚解"改釋爲"老",見《讀〈成王爲城濮之行〉劄記》第24樓,簡帛網-簡帛論壇,2013年1月5日。

⑥ 馬承源主編:《上海博物館藏戰國楚竹書(九)》,上海:上海古籍出版社,2012年,第148頁。

⑦ 曹方向:《上博九〈成王爲城濮之行〉通釋》,簡帛網,2013年1月7日。

⑧ 《讀〈成王爲城濮之行〉劄記》第32樓,簡帛網-簡帛論壇,2013年1月7日。

⑨⑮ 《讀〈成王爲城濮之行〉劄記》第49樓,簡帛網-簡帛論壇,2013年1月8日。

⑩⑭ 王寧:《〈上博九·成王爲城濮之行〉釋文校讀》,簡帛網,2013年1月10日。

⑪ 《上海博物館藏戰國楚竹書(九)》,第149頁。

⑫ 蘇建洲:《初讀〈上博九〉劄記(一)》,簡帛網,2013年1月6日。

⑬ 曹方向:《上博九〈成王爲城濮之行〉通釋》,簡帛網,2013年1月7日。

⑯ 宋華強:《上博九〈成王爲城濮之行〉考釋(九則)》,《簡帛》第9輯,上海:上海古籍出版社,2014年,第97—98頁。

⑰ 馮勝君:《上博九〈成王爲城濮之行〉補釋》,《出土文獻與古文字研究》第6輯,上海:上海古籍出版社,2015年,第361頁。

⑱ 李守奎、白顯鳳:《〈成王爲城濮之行〉通釋》,《中國文字研究》第21輯,上海:上海書店出版社,2015年,第82頁。

今按：從字形上看，"𣎚"與"𦙫"、"𦡁"應非一字。"𦙫"、"𦡁"左旁從肉，右旁從立，不見於《說文》，當是有所遺漏。《廣雅·釋器》云："膜謂之胏。""胏"既然有"羹"的含義（"膜"是"羹"的俗字），則應分析爲從肉、泣省聲。《五經文字》云："湆，從泣下月，大羹也。"①張參認爲"湆"從泣下月，但"湆"既訓爲大羹，則所從之"月"當爲"肉"的訛形，"湆"從肉、泣聲，訓爲大羹，與從肉、泣省聲訓爲羹的"胏"當是一字異體的關係。《集韻·緝韻》即云："胏，或作湆。"然而典籍中卻絕少見到"胏"，也基本不用"湆"（個別早期版本偶爾使用"湆"，參看下文毛居正說），卻經常使用一個從日、泣聲的"湆"代替表示肉羹的"湆"，如《儀禮·士虞禮》"泰羹湆自門入"，鄭玄注："湆，肉汁也。"《儀禮·士昏禮》"大羹湆在爨"，鄭玄注："大羹湆，煮肉汁也。"但"湆"從日、泣聲，並沒有與肉羹相關的偏旁，而其所從之"日"常與"月（肉）"發生混同②，那麼這個"湆"其實應是"湆"的訛字。《五經文字》云："湆、湆，並丘及反，上從泣下月，大羹也，下從泣下日，幽深也。今《禮經》大羹相承多作下字，或傳寫久訛，不敢便改。"③張參認爲從泣下日之"湆"訓爲幽深，與表示大羹的"湆"並不是一個字，《儀禮》常見的"湆"當爲"湆"的訛字。按訓爲幽深的"湆"見於《說文》"湆，幽濕也。從水，音聲"，但這個"湆"從水、音聲，並非從日、泣聲，也就是說《說文》收錄的"湆"與"湆"之訛字"湆"只是形體相同，音、義均沒有什麼關聯。張參既認爲"湆"從泣下日，卻又將其與《說文》從水、音聲之"湆"混爲一談，不免有誤，但他認爲從泣下日的"湆"是"湆"的訛字，則誠爲卓識。《禮記·少儀》"凡羞有湆者"，毛居正注解說："有湆，潭本作'湆'。湆，肉汁也。從泣，聲也，從肉，義也。非從'聲音'之'音'也。"④毛居正認爲"湆"從肉、泣聲，正確可從，同時他也明確指出，從水音聲的"湆"是"湆"的誤字。

明確了字書中的"胏（湆）"從肉、泣省聲（或從泣聲），而"𦙫"、"𦡁"二字左旁爲肉，右旁爲立，與字書中的"胏（湆）"恰好相符，那麼"𦙫"、"𦡁"當釋爲"胏"，分析爲從肉、泣省聲，訓爲肉羹。上引張崇禮認爲"𦙫"、"𦡁"見於《廣雅·釋器》，義爲羹⑤，即將二字釋爲"胏"，應是正確的意見，可惜沒有展開討論。"胏"訓爲肉羹，放入《成王爲城濮之行》簡甲 3"子文舉胏責伯嬴"，"舉"訓爲執持，"舉胏"與《儀禮·公食大夫禮》"賓北面自間坐，左擁簠粱，右執湆（湆）"、"賓執粱與湆（湆）"之"執湆（湆）"相似，均省略了盛放"湆（胏）"的器皿。簡甲 4"食是胏而棄"，"食"有飲義，《論語·鄉黨》"沽酒市脯，不食"，可證。又《儀禮·少牢饋食禮》"司士進一鉶於上養，又進一鉶於次養，又進二豆湆（胏）於兩下，乃皆食"，是"湆（胏）"可言"食"之明證。

在古代的宴會活動中，主人通常會用魚羹或肉羹招待客人，如《儀禮·有司徹》"司士羞湆（湆）魚"，《儀禮·少牢饋食禮》"司士進一鉶於上養，又進一鉶於次養，又進二豆湆（胏）於兩下"，鄭玄注："湆，肉汁也。"在《成王爲城濮之行》中，子文設宴款待前來祝賀他善於治軍的賓客，除了"合邦以飲酒"，還應置辦了魚羹或肉羹等菜肴，因此

①　（唐）張參：《五經文字》，古經解彙函本，揚州：廣陵書社，2012 年，第 2457 頁。
②　參看何琳儀：《戰國文字通論（訂補）》，南京：江蘇教育出版社，2003 年，第 229—230 頁。
③　《五經文字》，第 2457 頁。
④　（南宋）毛居正：《六經正誤》，《文淵閣四庫全書》第 183 冊，臺北：臺灣"商務印書館"，1986 年，第 510 頁。
⑤　《讀〈成王爲城濮之行〉劄記》第 49 樓，簡帛網-簡帛論壇，2013 年 1 月 8 日。

下文才會有伯嬴"食是肜而棄"以及子文"舉肜責伯嬴"等情景的發生。

值得注意的是,《成王爲城濮之行》中的這個從肉、泣省聲的字,其實早年就曾發現過,分別見於司馬成公權(《殷周金文集成》10385 號)和《古璽彙編》2711 號,作"🐾"、"🐾"之形,但二字皆用爲人名,難以在具體的語境中考察其確切含義。此外,相似的字形又見於石鼓文《汧殹》:

　　　　黃帛其鯿,有鰨有鰜。其🐾孔庶,纗之毚毚,汪汪趖趖。

🐾,《古文苑》章樵注引郭忠恕釋爲"肜":"朙,今作肜,乞及反。《博雅》:'膜謂之肜。'"①吳東發釋爲"望":"此章承上章,言即而望之,不止白魚而已。"②趙烈文釋爲"淯",引張參《五經文字》云:"淯,從泣下月,大羹也。"③許莊釋爲"夜",讀爲"舍":"鼓辭承上文'有鰨有鰜',言其止舍而藏者甚眾也。"④郭沫若釋爲"景":"朙字從立、從月,字書所無,余疑古'景'字,'景'從日京聲,乃形聲字,此則會意字,言人對月而立則生景也。今作'影'。"⑤羅君惕釋爲"淯",認爲"淯"從水、從立、從月,碣文省"水"而又易"立"於"月"左⑥。馮時贊同釋爲"肜",義爲原味的肉羹,經典或作"淯",《詩經》、石鼓文中"孔庶"爲多廣之辭,"其肜孔庶",言肉羹既多且美⑦。董珊釋爲"朙",讀爲"類","其朙(類)孔庶"是説魚的種類很多⑧。

按《汧殹》上文云"君子漁之"、"其盗氐鮮",下文云"纗之毚毚"、"何以橐之,維楊及柳",可知該篇記載的内容主要與捕魚、食魚有關,因此"🐾"當以郭忠恕、趙烈文等釋"肜(淯)"訓爲肉羹最爲可信。不過需要指出的是,這個"肜(淯)"也當分析爲從肉、泣省聲,而"🐾"右旁卻從月,不從肉,羅君惕曾加以分析説:"案碣文從肉者作'夕',從月者作'夕',其别即在中畫之連與不連。"⑨筆者認爲寫手或刻工偶然把"肉"誤作"月",抑或風化剝蝕導致個别筆畫發生了脱落,也不是完全没有可能。從文意上看,"🐾"在《汧殹》中的釋爲"肜(淯)"訓爲肉羹是最爲恰當的,上博九《成王爲城濮之行》中的"🐾"、"🐾"等字的釋讀,也爲"🐾"右旁之"月"應爲"肉"之訛形這一推斷提供了可靠的證據。

（作者單位：武漢大學簡帛研究中心）

---

① (南宋)章樵:《古文苑注》,上海:商務印書館,1935 年,第 30 頁。
② (清)吳東發:《石鼓讀》,慎初堂,1926 年影印本,第 9 頁。
③ (清)趙烈文:《石鼓文纂釋》,靜圃,光緒十一年(1885)刻本,第 4 頁。
④ (清)許莊:《石鼓考綴》,許學齋,1947 年影印本,第 4 頁。
⑤ 郭沫若:《石鼓文研究》,北京:科學出版社,1982 年,第 72 頁。
⑥ 羅君惕:《秦刻十碣考釋》,濟南:齊魯書社,1983 年,第 134 頁。
⑦ 馮時:《石鼓·汧沔》疏義》,《古文字研究》第 26 輯,北京:中華書局,2006 年,第 393—394 頁。
⑧ 董珊:《石鼓文考證》,《出土文獻與古文字研究》第 3 輯,上海:復旦大學出版社,2010 年,第 121—122 頁。
⑨ 《秦刻十碣考釋》,第 134 頁。

馬王堆天文書"陛"字和尹灣漢簡《神烏賦》"比"字合證[*]

陳送文

　　馬王堆天文書《日月風雨雲氣占》："月八日南陛,陰國亡地;月不盡八日北陛,陽國亡地。"①劉樂賢先生指出:本條以月亮的運行方位占測用兵吉凶,類似説法亦見於傳世文獻。《開元占經》卷十一"月行陰陽四"引《京房易飛候》説:"月入八日北鄉,陰國亡地;月不盡八日北鄉,陽國亡地。"②《日月風雨雲氣占》"陛"字,《京房易飛候》作"鄉"。劉樂賢先生認爲:"陛,可讀爲'比'……又,'陛'也可以音近讀爲'卑'或'指'(《説文解字》説'旨'從'匕'聲,而'匕'、'比'古音相同,故'陛'可讀爲'指'),帛書的'南陛'可能是指鄉或偏鄉南方的意思。"③

　　我們認爲:"陛"當讀爲"指"。"陛"上古音爲並母脂部,"指"爲章母脂部。兩者韻部相同,聲紐關係密切。"陛",並母;"指",章母。關於並母與章母通轉,黄焯先生在《古今聲類通轉表》中指出:"䮰,《類篇》蒲交切,又側角切。柿,蒲蓋切,又側几切。"④可參考。又,陛,從𨸏,坒聲。坒,從土,比聲。指,從手,旨聲。旨,從甘,匕聲。"比"與"匕"古音皆爲幫紐脂部。從比與從匕之字多相通,可參考《古字通假會典》"妣與妽"、"庀與比"、"庀與庇"、"枇與柂"字條。⑤ "指",訓爲"鄉"。《五星占》:"小【白】來抵大白,不去,將軍死。大白期(旗)出,破軍殺將,視期(旗)所鄉(鄉),以命破軍。"⑥劉樂賢先生指出:此段根據辰星與太白的關係及太白芒角進行占測,類似説法亦見於傳世文獻。《開元占經》卷二十二"太白與辰星相犯三"引石氏説:"辰星來抵太白,不去,將死。正旗所出,破軍殺將,客勝。視旗所指,以命破軍。"《史記·天官書》説:"辰星來抵太白,太白不去,將死。正旗上出,破軍殺將,客勝;下出,客亡地。視旗所指,以命破軍。"《漢書·天文志》説:"辰星來抵太白,不去,將死。正其上出,破軍殺將,客勝;下出,客亡地。視其所指,以名破軍。"⑦《五星占》"鄉(鄉)",《開元占經》引石氏、《史記·天官書》和《漢書·天文志》皆作"指"。"指"與"鄉(鄉)"互爲異文,可證兩者意義相近。

　　出土秦漢文獻中,常用"鄉"表"鄉"。如《雲氣占》:"其鄉(鄉)有痛血康赤者,下

---

* 2016 年惠州學院教博啟動項目:簡帛佚籍異文研究(2016JB007);2016 年惠州學院校級教研教改項目:《漢字學概論》教學內容與教學體系改革(JG2016029)。

① 劉樂賢:《馬王堆天文書考釋》,廣州:中山大學出版社,2004 年,第 163 頁。

②③ 《馬王堆天文書考釋》,第 163 頁。

④ 黄焯:《古今聲類通轉表》,上海:上海古籍出版社,1983 年,第 275 頁。

⑤ 高亨纂著,董治安整理:《古字通假會典》,濟南:齊魯書社,1989 年,第 589 頁。

⑥ 《馬王堆天文書考釋》,第 68 頁。

⑦ 《馬王堆天文書考釋》,第 69 頁。

【有】溜(流)血。"①又:"望地,日已入而望之,其鄉(嚮)無雲氣而康赤者,民移,它主有之。"②睡虎地秦簡《日書》乙種七四貳—七六貳:"生東鄉(嚮)者貴,南鄉(嚮)者富,西鄉(嚮)壽,北鄉(嚮)者賤,西北鄉(嚮)者被刑。"皆可參。

　　綜上所述,馬王堆天文書《日月風雨雲氣占》"陛",讀爲"指"。"南陛"即指嚮南方的意思。

　　又尹灣漢簡《神鳥賦》簡 124—125:"其雄惕而驚,扶翼申頸,比(?)天而鳴。""比(?)"作如下之形:

　　裘錫圭先生認爲:"'比(?)'疑是'卬'(仰)之誤字。"③按:"比"在秦漢文字中常作如下之形:

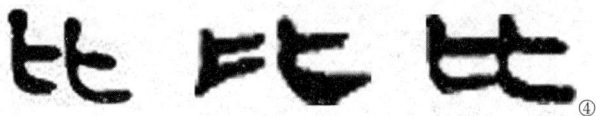

④

　　"卬"字常作如下之形:

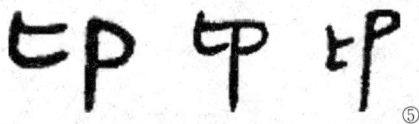

⑤

"卬"與"比"字形不類,似無由致誤。

　　張顯成、周群麗先生認爲:"比,近,靠近。……近天,極言雄烏神頸哀鳴貌。"⑥劉樂賢先生結合馬王堆天文書《日月風雨雲氣占》,認爲:"'比'字古代似可訓爲'嚮'……現與帛書此句合觀,知簡文'比天而鳴'可訓爲'嚮天而鳴'。不過,傳世文獻中'比'字似未見有用爲'嚮'的例子,故此說尚有待於進一步論證。"⑦

　　我們認爲"比"可讀爲"指",訓爲"嚮"。"比"上古音爲幫母脂部,"指"爲章母脂部。兩者韻部相同,聲紐關係密切。"比",幫母;"指",章母。關於章母與幫母通轉,黃焯先生在《古今聲類通轉表》中指出:"苴,《類篇》莊俱切,又班交切。畐,阻立切,又北及切。(又訖立切。)"⑧又"指",從手,旨聲。"旨"從甘,匕聲。"比"與"匕"古音相

---

①　《馬王堆天文書考釋》,第 183 頁。
②　《馬王堆天文書考釋》,第 185 頁。
③　裘錫圭:《裘錫圭學術文集》卷二"簡牘帛書卷",上海:復旦大學出版社,2012 年,第 264 頁。
④　漢語大字典字形組:《秦漢魏晉篆隸字形表》,成都:四川辭書出版社,1985 年,第 584 頁。
⑤　《秦漢魏晉篆隸字形表》,第 582 頁。
⑥　張顯成、周群麗:《尹灣漢墓簡牘校理》,天津:天津古籍出版社,2011 年,第 157 頁。
⑦　《馬王堆天文書考釋》,第 163 頁。
⑧　《古今聲類通轉表》,第 269 頁。

通，从匕與从比之字古多相通，詳見前述。“比天而鳴”當讀爲“指天而鳴”，“指天而鳴”即“嚮天而鳴”，文從字順。“指天”之説見於傳世典籍，《呂氏春秋·審分覽·知度》：“非其人而欲有功，譬之若夏至之日而欲夜之長也，射魚指天而欲發之當也，舜、禹猶若困，而況俗主乎！”《説苑·尊賢》引述略同。“射魚指天”意爲“嚮著天空射魚”。

（作者單位：惠州學院文學與傳媒學院）

蕭德藻年譜①

朱光立

南宋初年詩壇名家蕭德藻(約 1122—1195),工詩善文,曾有詩文集傳世。但時至今日,未見有專文考述其生平事蹟,茲勾稽相關史料,對其行跡進行編年、系地等基礎性研究,初成年譜一編,以作知人論世之助。然而事隔千載,文獻散佚殆盡,挂一漏萬,在所難免,尚乞師友先進,毋吝賜教是幸。

蕭德藻,字東夫,又字敦夫,號千巖。

梁克家《淳熙三山志》云:"蕭德藻:磐之侄,字東夫。"②趙蕃《邂逅徐應卿於都下,要之同歸不可,索詩因作》自注:"千巖,蕭德藻敦夫參議湖州所居。"③袁說友有《和王德和知縣謁蕭千巖韻二首》(五言古詩)④。

另外,時人亦有以"千巖老人"稱之者,如姜夔《揚州慢(中呂宮)》序言:"千巖老人以爲有黍離之悲也。"⑤或"千巖先生",如姜夔《自敘書》:"復州蕭公,世所謂千巖先生者也,以爲四十年作詩,始得此友。"⑥或"千巖居士",如張鎡《因過田倅坐間得姜堯章所贈詩卷,以七字爲報》自注:"千巖居士蕭東夫,即姜婦翁也。"⑦

福州長樂(今屬福建)人。

關於蕭德藻的籍貫與出生地,宋人陳振孫《直齋書錄解題》記載爲:"知峽州三山蕭德藻東夫。"⑧元人方回因之,其《瀛奎律髓》亦云:"蕭德藻,字東夫,三山人。"⑨明人徐𤊶《徐氏筆精》卷四著錄:"宋蕭德藻,號千巖,閩中人。"清人鄭方坤《全閩詩話》卷四引《閩書》則作:"蕭德藻,字東夫,閩清人。"

查蕭德藻所作《重修周將軍廟記》⑩,其落款爲"淳熙三年九月十日,長樂蕭德藻

---

① 本文爲國家社會科學基金重大項目《唐宋文學編年系地信息平臺建設》(編號 12&ZD154)的中期成果。

② (宋)梁克家:《三山志》卷二八,海風出版社,2000 年,第 361 頁。

③ (宋)趙蕃:《淳熙稿》卷一三,(臺灣)"商務印書館",1986 年影印文淵閣《四庫全書》本。

④ (宋)袁說友:《東塘集》卷一,(臺灣)"商務印書館",1986 年影印文淵閣《四庫全書》本。

⑤ (宋)姜夔:《白石道人歌曲》卷四,(臺灣)"商務印書館",1986 年影印文淵閣《四庫全書》本。

⑥ (宋)周密:《齊東野語》卷一二,(臺灣)"商務印書館",1986 年影印文淵閣《四庫全書》本。

⑦ (宋)張鎡:《南湖集》卷六,(臺灣)"商務印書館",1986 年影印文淵閣《四庫全書》本。

⑧ (宋)陳振孫撰,徐小蠻、顧美華點校:《直齋書錄解題》卷一八,上海古籍出版社,1987 年。

⑨ (元)方回選評,李慶甲集評校點:《瀛奎律髓彙評》卷六,上海古籍出版社,1986 年。

⑩ (明)沈敕:《荊溪外紀》卷一六,《四庫全書存目叢書·集部三八二》,《四庫全書存目叢書》編纂委員會編,齊魯書社,1997 年,第 772 頁。

記，浚儀趙伯津書”①，則蕭氏自述爲“長樂”人。且楊萬里有《答賦永豐宰黃巖老投贈五言古句》：“吾友蕭東夫，今日陳後山。道肥詩彌瘦，世忙渠自閑。不見逾星終，每思即淒然。鄰邑黃永豐，與渠中表間。”②詩中提及的“永豐宰”黃景説乃蕭德藻表弟，其爲閩清人，彼此是“鄰邑”關係。所謂的“三山”“閩中”，皆爲福建通稱。而宋代福建路福州長樂，治今福建長樂市；福建路福州閩清，治今福建閩清縣。據此，閩清，當爲德藻籍貫；長樂，當爲其出生地。

　　著有《千巖摘稿》《千巖集》。

　　楊萬里《〈千巖摘稿〉序》：“寄書一編，曰《千巖摘稿》，屬予序之，若未嘗窮且貧且災疾者。”③丘葵《丘釣磯集》有《送〈千巖摘稿〉還仲仁》（七言律詩）；楊萬里《答全州黃通判》有一簡爲：“台眷尊稗恭惟受祉何數。有委敢請。《千巖集》《三星圖》荷寄似，至感。”④鄭瑤《景定嚴州續志》卷四《書籍》著録“《千巖集》”，樂雷發《雪磯叢稿》卷二有《書蕭千巖集》（七言律詩）。另外，《直齋書録解題》卷一八“別集類”著録有“《千巖擇稿》七卷、《外編》三卷、《續編》四卷”⑤，《宋史》卷二〇八“藝文志七”著録有“蕭德藻《千巖擇稿》七卷，又《外編》三卷”⑥。又，史彌寧《友林乙稿》有《讀〈千巖續稿〉》（七言絕句）⑦。

　　從父：開、晛、闓、磐。

　　蕭開，字忠叔。仁宗皇祐元年（1049）進士。以承議郎致仕⑧。

　　蕭晛，字文叔，闓之兄。哲宗元祐六年（1091）進士。歷職方員外郎、朝奉郎。徽宗大觀元年（1107），知袁州⑨。

　　蕭闓，神宗熙寧六年（1073）知惠安縣，事蹟具明嘉靖《惠安縣志》卷一一。今《全宋詩》卷九一〇録其詩《留題曹娥廟》一首。

　　蕭磐，字安固（一作“安國”）。晛弟。哲宗紹聖元年（1094）進士。徽宗宣和中知梧州（王象之《輿地紀勝》卷一〇八）。官至朝請大夫、權知梧州軍、管勾學事兼管勸農事、提舉錢鹽。課農桑，興學校，百廢俱舉。暇則引諸儒飲射讀法⑩，有古循吏風，丐休，賜紫金魚袋。事蹟具明弘治《八閩通志》卷六二本傳。今《全宋詩》卷一二八三録其詩《梧州》《冰井》二首。

　　從弟：德棻、國梁；表弟：黃景説。

　　蕭德棻，字清夫。高宗紹興三十年（1160）進士，宣教郎。事蹟具明萬曆《福州府

　　①　（清）繆荃孫等纂修，江蘇省地方志編纂委員會辦公室點校整理：《江蘇通志稿·金石志》，江蘇古籍出版社，2002 年，第 362 頁。
　　②　（宋）楊萬里：《誠齋集》卷三六，《四部叢刊初編》本。
　　③　《誠齋集》卷八一。
　　④　《誠齋集》卷一〇五。
　　⑤　《直齋書録解題》卷一八。
　　⑥　（元）脱脱等：《宋史》卷二〇八，中華書局，1977 年，第 5384 頁。
　　⑦　（宋）史彌寧：《友林乙稿》，（臺灣）商務印書館，1986 年影印文淵閣《四庫全書》本。
　　⑧　《三山志》卷二六，第 318 頁。
　　⑨　《三山志》卷二七，第 329 頁。（清）劉坤一：《江西通志》卷四六，清光緒七年（1881）江西刻本。
　　⑩　“飲射”，即飲酒射箭；“讀法”則是每年正月初一日召集本州、黨之百姓，令其聽讀一年的法令，以糾其過。

志》卷四五《選舉志》①。

蕭國梁（1126—?），字挺之，福州長樂（今屬福建）人，一云永福（今福建永泰）人。孝宗乾道二年（1166）狀元②。歷秘書省正字。五年（1169），除校書郎③。七年（1171），七月，除秘書郎。九年（1173），二月除著作郎，十二月出知泉州④。歷太子侍講兼權禮部郎中，終朝奉郎、廣東轉運判官⑤。事蹟具曾敏行《獨醒雜志》卷一〇。今《全宋詩》卷二五二〇錄其殘句一，《全宋文》卷六二六二錄其文《郊祀儀禮劄子》《乞免夔路所欠轉運司錢物奏》兩篇。

黃景説（1139?—1210?），字巖老，號白石，福州閩清（今屬福建）人。孝宗乾道五年（1169）進士及第，治詩賦。光宗紹熙四年（1193），官永豐宰（《答賦永豐宰黃巖老投贈五言古句》⑥）。寧宗慶元二年（1196），爲全州通判（《送黃巖老通判全州》⑦）。嘉泰二年（1202），爲宮教（《次韻黃宮教見贈》⑧）。四年（1204）五月，除秘書丞。開禧元年（1205）七月，爲廣東運判⑨。嘉定元年（1208），以直秘閣遷知靜江府（《廣西通志》卷五一）。三年（1210）七月以户部郎中兼國史院編修官、實錄院檢討官，九月爲軍器監仍兼⑩。著有《白石丁稿》一卷。楊萬里有《答賦永豐宰黃巖老投贈五言古句》：“吾友蕭東夫，今日陳後山。道肥詩彌瘦，世忙渠自閑。不見逾星終，每思即淒然。鄰邑黃永豐，與渠中表間。黃語似蕭語，已透最上關。道黃不是蕭，蕭乃墮我前。佳句鬼所泣，盛名天甚慳。詩人只言黠，犯之取饑寒。端能不懼者，放君據詩壇。”⑪

從子：必豫、必勝；侄婿：姜夔。

蕭必豫，字伯謙，磐之侄孫。孝宗乾道二年（1166）進士。教授⑫。

蕭必勝，字仲任。孝宗淳熙二年（1175）武舉⑬。

姜夔（1155—1221），字堯章，饒州鄱陽（今屬江西）人。父噩，高宗紹興三十年（1160）進士，歷新喻丞，知漢陽縣，卒於官（陸心源《宋史翼》卷二八）。夔孩幼隨父宦，繼居姊家，往來沔、鄂近二十年（本集《以長歌意無極好爲老夫聽爲韻奉別沔鄂親友》）。孝宗淳熙年間客居湖南，就此結識蕭德藻。德藻以其兄之女妻之，攜之同寓湖州武康。居與白石洞天爲鄰，因號白石道人，又號石帚。寧宗慶元中，曾上書乞正太常雅樂，得免解，試禮部，不第。自是不復求仕，遨遊大江南北，與楊萬里、范成大、辛棄疾諸人爲友。其卒年約爲嘉定十四年（1221）。夔通音律，擅書法，工詩詞。其詩格

①　（明）林材：《福州府志》卷四五，萬曆刻本。
②　《宋會要輯稿》選舉二之二〇，中華書局，1957 年。
③　《宋會要輯稿》禮三一之二三。
④　《宋會要輯稿》職官七之二九。
⑤　《三山志》卷二九，第 376 頁。（宋）陳騤撰，張富祥點校：《南宋館閣錄》卷七、八，中華書局，1998 年。（宋）曾敏行：《獨醒雜志》卷一〇，知不足齋刊本。
⑥⑪　《誠齋集》卷三六。
⑦　《誠齋集》卷三七。
⑧　（宋）陸游著，錢仲聯校注：《劍南詩稿校注》卷五二，上海古籍出版社，1985 年。
⑨　（宋）陳騤撰，張富祥點校：《南宋館閣續錄》卷七，中華書局，1998 年。
⑩　《南宋館閣續錄》卷九。
⑫　《三山志》卷二九，第 376 頁。
⑬　《三山志》卷三〇，第 391 頁。

高秀,詞亦精深華妙,爲南宋詞人中一重要作家。姜氏詩、詞均自成一派。詩格秀美,爲楊萬里、范成大等人所重;詞尤嫻於音律,好度新腔,繼承了周邦彦的詞風,在當時和後世詞人中有較大影響。晚年自編詩集三卷,已佚。著有《白石詩》一卷、詞五卷,又有《絳帖平》《續書譜》等。今存《白石道人詩集》《白石道人歌曲》《白石詩説》等。事蹟具《宋史翼》卷二八本傳,夏承燾《姜白石系年》,陳思《白石道人年譜》(《遼海叢書》第三册),《全宋詞》第三册第二一七〇頁。今《全宋詩》卷二七二四録其詩一卷,《全宋文》卷六六一一録其文十七篇。

孫:涓。

蕭涓,字仲將,福州閩清人。理宗紹定五年(1232)進士①。

徽宗宣和四年壬寅(1122),一歲。

在福建路福州長樂(今屬福建)出生。

關乎蕭德藻生卒年的史料闕如,現根據其登第之年乃高宗紹興二十一年辛未(1151),上推三十年作爲其大約生年。以下每年的歲數皆爲擬數,非實數。

高宗紹興二十一年辛未(1151),三十歲。

在兩浙西路臨安府(今浙江杭州)。閏四月,宋科舉取士。十七日,德藻中趙逵榜進士。及第後,注仙居主簿。

《淳熙三山志》卷二八《人物類三·科名·本朝》載:“[紹興]二十一年趙逵榜,蕭德藻。”②《宋史》卷三〇《高宗本紀》:“[夏閏四月]丁亥,賜禮部進士趙逵以下四百四人及第出身。”③陳耆卿《嘉定赤城志》卷三一《仙居·應瑞侯廟》云:“既登第,注仙居主簿,視圖諜有侯祠,首祭焉。”④

光立案:是年閏四月辛未朔,故知德藻進士及第時間(丁亥)在本年閏四月十七日。

在兩浙東路台州仙居(今屬浙江)。任縣尉兼主簿。重修應瑞侯廟。

王棻等《光緒仙居縣志》卷一〇《職官·名宦》:“任仙居尉兼主簿。嘗感異夢,始至即往祭應瑞侯,新其廟。”⑤《嘉定赤城志》卷三一《仙居·應瑞侯廟》:“應瑞侯廟,在縣東二十五里麻姑巖,祀管供奉,唐時建。……紹興二十一年重建。”⑥

---

① 《三山志》卷三二,第 473 頁。
② 《三山志》卷二八,第 361 頁。
③ 《宋史》卷三〇,第 573 頁。
④ (宋)陳耆卿:《嘉定赤城志》卷三一,清嘉慶二十三年(1818)臨海宋氏刻本。
⑤ (清)王棻等:《仙居縣志》卷一〇,清光緒二十年(1894)木活字印本。
⑥ 《嘉定赤城志》卷三一。

紹興三十二年壬午(1162),四十一歲。

在荊湖南路武岡軍(今屬湖南)。在武岡使幕任判官。

夏日,初識友人楊萬里於荊湖南路永州零陵(今湖南永州),有七言律詩贈別之。楊當即唱和《和蕭判官東夫韻寄之》。

楊萬里(1127—1206),字廷秀,號誠齋,吉州吉水(今屬江西)人。高宗紹興二十四年(1154)進士,調贛州司户參軍。歷永州零陵丞、知隆興府奉新縣。孝宗乾道六年(1170)十月,召爲國子博士①。七年(1171)七月,遷太常博士,尋升丞兼吏部侍右郎官,轉將作少監。出知漳州,改常州。淳熙六年(1179),提舉廣東常平茶鹽②,尋除本路提點刑獄,以憂去。免喪,召爲尚左郎官。十二年(1185),以地震應詔上書,擢東宮侍讀。十四年(1187),遷秘書少監③。十五年(1188),因上疏駁洪邁太廟高宗室配饗議,以直秘閣出知筠州。光宗即位,召爲秘書監。紹熙元年(1190),兼實録院檢討官,會孝宗日曆成,宰臣令他人爲序,遂以失職丐去,出爲江東轉運副使,權總領淮西江東軍馬錢糧。因論江南行鐵錢不便,忤宰相意,改知贛州,未赴,遂乞祠。寧宗即位,屢召屢辭。慶元五年(1199)致仕④。開禧二年(1206)卒,年八十。諡文節⑤。有《誠齋集》一百三十三卷、《易傳》二十卷等作品傳世。事蹟具其子長孺所撰墓志(清乾隆刊《楊文節公文集》卷末附)。《宋史》卷四三三有傳,清人鄒樹榮亦編有《楊文節公年譜》。

楊萬里《〈千巖摘稿〉序》:"吾友蕭東夫,余初識之於零陵。一語意合,即樸被往其館,與之對床。時天暑,東夫詰朝欲蚤行。五鼓,東夫先起,吹燈明滅,搔首若有營者。予亦起視之,蓋東夫作詩一章以贈余別也,予即和以答賦。東夫喜曰:'吾定交如訂婚,吾與子各藏一紙。'自是別去,各不相聞者十有六年。淳熙丁酉,余出守毗陵,東夫丞龍川,相遇於上饒之西郊,一揖而別。"⑥

光立案:"淳熙丁酉",即淳熙四年(1177),上溯"十有六年",即紹興三十二年。所謂"和以答賦",即七言律詩《和蕭判官東夫韻寄之》:"湘江曉月照離裾,目送車塵至欲晡。歸路新詩合千首,幾時乘興更三吾。眼邊俗物只添睡,別後故人何似臞?尚策爬沙追歷塊,未甘直作水中鳧。"⑦(蕭德藻原作已佚)。則高宗紹興末年,蕭德藻任職判官。又據《武岡李簿回寄問蕭判官東夫》:"客有來從天一隅,相逢喜問子何如?橘洲各自分馬首,湘水更曾烹鯉魚。心近人遐長作惡,離多合少可無書?得知安穩猶差慰,敢道韋郎跡也疏。"⑧可知蕭德藻其時居官於武岡使幕。是年七月,楊萬里編輯詩作曰《江湖集》,時官湖南永州零陵縣丞。

孝宗淳熙元年甲午(1174),五十三歲。

與友人虞儔相遇於是年前後。

---

① ② ③ ④ 　《誠齋集》卷一三三。

⑤ 　《宋會要輯稿》禮五八之一〇〇。

⑥ 　《誠齋集》卷八一。

⑦ ⑧ 　《誠齋集》卷一。

　　虞儔,字壽老,寧國(今屬安徽)人。孝宗隆興元年(1163)進士。

　　虞儔《述情》詩序記載:"與蕭東夫相別幾二十年矣,此來假守吳興,而東夫令嗣監酒赴官池陽,迎侍以行,舟次城下,遂得一見。小詩述情。"①

　　光立案:據明人董斯張《吳興備志》卷五《官師徵第四之四·郡守》:"虞儔,朝奉大夫、直秘閣。紹熙五年十二月視事。"②則虞儔出知湖州當在寧宗慶元元年(1195),上溯"幾二十年",當在孝宗淳熙元年前後。故系兩人相遇之事於本年。

淳熙三年丙申(1176),五十五歲。

　　在廣南東路循州龍川(今屬廣東)任縣丞。

　　據《〈千巖摘稿〉序》"淳熙丁酉,余出守毗陵,東夫丞龍川,相遇於上饒之西郊,一揖而別。後二年,余移廣東常平使者,東夫官滿,歸訪余於南溪之敝廬"③所述,淳熙四年(1177)蕭德藻居官於龍川縣丞,六年(1179)任滿。而宋時官制,一任三年。則該任職始於本年。

　　　　九月初十日,在兩浙西路常州宜興(今屬江蘇)。應友人陳庸之邀,作《重修周將軍廟記》。

　　《重修周將軍廟記》:"吳興沈德遠言:'乾道八年夏,自樞密院檢詳去國,屏居家山之草堂。十一月望,拜守秀州命。越三夕,夢謁侯廟,[周]④視壁間,畫列宿天人及斬蛟象。寤而思之,獨宜興人廟侯耳,非吾新命之地,且平時足跡未嘗至,意念亦不及,胡爲乎神處其間哉?已而改命守常州,十二月入對便殿,即之官。道松江,振風驅湖浪耄舉平陸,漫溝塍,高下洶闘,聲撼雲空,碎舟蕩骸者相屬。吾舟亦敗,怔營有禱焉。舉室數十口、常之吏卒亦百輩躍出驚波中,相與保道旁草舍,幸皆無苦。既至常,延見吏屬,徐問宜興長吳千乘侯廟壁畫,略如吾夢中所見,且言廟久不繕理。酒以二十萬錢授千乘,俾歸新之。邑人相勸,輸財力樂成。不逾時,輪焉奐焉。益張厥靈,益大厥聲。'廟之復盛軌折蓋如此。方欲伐石大書,適遷太府少卿、總領淮東軍馬錢糧,遂不果。後二年,德藻故人丹丘陳時中爲常州。德藻過焉,因道德遠語。時中曰:'德遠若有待也。吾常多侯,幸遂書此,吾爲子碑之。'……淳熙三年九月十日,長樂蕭德藻記,浚儀趙伯津書。"⑤蕭德藻過宜興,應陳庸之邀,記錄了友人沈祖德修繕周處廟的來龍去脈。

　　陳庸,字時中,台州仙居(今屬浙江)人。高宗紹興二十一年(1151)進士。歷御史臺主簿、知常州、兵部郎中、太府少卿、中書門下檢正諸房公事。官終江南西路提點刑

---

①　(宋)虞儔:《尊白堂集》卷三,(臺灣)"商務印書館",1986 年影印文淵閣《四庫全書》本。

②　(明)董斯張:《吳興備志》卷五,(臺灣)"商務印書館",1986 年影印文淵閣《四庫全書》本。

③　《誠齋集》卷八一。

④　"周"字據《江蘇通志稿·金石志》補。

⑤　《荊溪外紀》卷一六,第 772 頁。《江蘇通志稿·金石志》,第 362 頁。

獄①。諡忠簡②。今《全宋詩》卷二一〇七錄其詩《江左驛舍寄文湖》一首。

沈祖德,字德遠,吳興人。高宗紹興三十年(1160)進士。孝宗時知衢州軍。曾官樞密院檢詳。乾道八年(1172)十一月十五日,守秀州。已而改命守常州,十二月入對便殿,即之官。後遷太府少卿、總領淮東軍馬錢糧。事蹟具《浙江通志》卷一二五。

趙伯津,開封浚儀(今河南開封)人。太祖皇帝七世孫,子瀟第五子。孝宗淳熙五年(1178),爲文林郎、秀州軍事判官。

光立案:《重修周將軍廟記》,《江蘇通志稿·金石志》與《全宋文》卷五四二三均作《重修英列廟記》。

淳熙四年丁酉(1177),五十六歲。

在龍川任縣丞。

夏日,在江南東路信州上饒(今屬江西)西郊,遇之官毗陵的楊萬里。

四月十四日,楊萬里赴常州任,據其《〈千巖摘稿〉序》"淳熙丁酉,余出守毗陵,東夫丞龍川,相遇於上饒之西郊,一揖而別"③所述,曾與蕭德藻相遇於上饒之西郊。

淳熙五年戊戌(1178),五十七歲。

是年,在龍川任縣丞。

淳熙六年己亥(1179),五十八歲。

是年,在龍川任縣丞。

官滿,歸,於江南西路吉州吉水(今屬江西)之南溪拜訪家居之楊萬里。楊萬里時任廣東提舉常平茶鹽,歸休吉水。

《〈千巖摘稿〉序》:"後二年,余移廣東常平使者,東夫官滿,歸訪余於南溪之敝廬。"④

淳熙七年庚子(1180),五十九歲。

在兩浙西路湖州歸安(今浙江湖州)任參議官。

據談鑰《嘉泰吳興志》卷八《公廨》"淳熙八年,知州事胡南逢重建,參議蕭德藻爲記"⑤所述,淳熙八年(1181)蕭德藻居官於湖州參議官;又據《千巖摘稿》序》所述:"頃廣西提點刑獄嘗闕員,丞相王公,問余孰可,余以東夫對。丞相驚曰:'子亦知東夫

①　《嘉定赤城志》卷三三。
②　(清)王梓材、馮雲濠:《稿本宋元學案補遺》卷四九,北京圖書館出版社,2002年。
③④　《誠齋集》卷八一。
⑤　(宋)談鑰:《嘉泰吳興志》卷八,《吳興叢書》本,1914年。

乎? 吾深知之,何俟子言? 子不知乎? 東夫病矣。嘗使守峽州,不能行。'"①王淮曾使蕭德藻出守峽州未果,則是官任滿當在十年(1183)前後。而宋時官制,一任三年,則該任職當始於本年。

淳熙八年辛丑(1181),六十歲。

在湖州任參議官,記知州胡南逢重修永寧倉事,撰《東坡先生祠堂記》。

談鑰《嘉泰吳興志》卷八《公廨》:"永寧倉,唐刺史李師悦增蘋洲土建,名曰永寧,見師悦神道碑。後更今名,即省倉也。嘉祐七年,知州事鮑軻重修,見舊圖經。淳熙八年,知州事胡南逢重建,參議蕭德藻爲記。"②又卷一八《碑碣·州治》:"《東坡先生祠堂記》:在魯公堂。淳熙八年,蕭德藻撰,胡南逢立。"③

胡南逢,韓世忠女婿。曾官左迪功郎、婺州東陽縣尉。孝宗淳熙五年(1178),爲宣教郎、宗正寺主簿(王應麟《玉海》卷五一)。六年,爲太常丞(《玉海》卷九六)。八年(1181),知湖州軍州事④。

淳熙九年壬寅(1182),六十一歲。

在湖州任參議官。

淳熙十年癸卯(1183),六十二歲。

在湖州任參議官。是年前後病,友人王淮使守峽州,不能行。

據《〈千巖摘稿〉序》所述:"頃廣西提點刑獄嘗闕員,丞相王公,問余孰可,余以東夫對。丞相驚曰:'子亦知東夫乎? 吾深知之,何俟子言? 子不知乎? 東夫病矣。嘗使守峽州,不能行。'"⑤則王淮使蕭德藻出守峽州未果。

王淮(1126—1189),字季海,婺州金華(今屬浙江)人。高宗紹興十五年(1145)進士,調台州臨海尉。召爲監察御史,除右正言。孝宗隆興二年(1164),爲福建轉運副使,除秘書少監兼恭王府直講。出知建寧府,改浙西提刑,尋召爲太常少卿、中書舍人,兼直學士院,知制誥。淳熙二年(1175),以端明殿學士簽書樞密院事,進同知,兼參政。八年(1181),拜右丞相兼樞密使。九年(1182),遷左丞相。十五年(1188),奉祠,提舉洞霄宮。十六年(1189)卒,年六十四,贈少師,謚文定。事蹟具楊萬里《誠齋集》卷一二〇《宋故少師大觀文左丞相魯國王公神道碑》、樓鑰《玫瑰集》卷八七《少師觀文殿大學士魯國公致仕贈太師王公行狀》、《宋史》卷三九六本傳。有詩文、制草、奏議四十卷,多所亡佚;今《全宋詩》卷二三三三録其詩三首,《全宋文》卷四九九六至四九九七録其文兩卷。

---

① ⑤ 《誠齋集》卷八一。
② 《嘉泰吳興志》卷八。
③ 《嘉泰吳興志》卷一八。
④ 《吳興備志》卷一四。

友人趙蕃來訪，有七言律詩《贈蕭參議德藻二首》。

趙蕃（1143—1229），字昌父，號章泉，信州玉山（今江西上饒）人。居玉山之章泉，故世號章泉先生。早歲從劉清之學，以曾祖暘致仕恩補州文學，調浮梁尉、連江主簿，皆不赴。爲太和主簿，調辰州司理參軍，因與知州爭獄罷。時清之知衡州，求爲監安仁贍軍酒庫以卒業，至衡而清之罷，遂從之歸。後奉祠家居三十三年。年五十猶問學於朱熹。理宗即位，以太社令召，三辭不拜，特改奉議郎、直秘閣、主管建昌軍仙都觀。越三年，差主管華州雲臺觀。紹定二年（1229）四月，轉承議郎，依前直秘閣。閱月而卒，年八十七。景定三年（1262），謚文節。蕃詩宗黄庭堅，受知於楊萬里，與韓淲（澗泉）有"二泉先生"之稱。事蹟具劉宰《漫塘文集》卷三二《章泉趙先生墓表》、《宋史》卷四四五本傳。著作已佚，清四庫館臣據《永樂大典》輯爲《乾道稿》二卷、《淳熙稿》二十卷、《章泉稿》五卷（其中詩四卷），今《全宋詩》録其詩二十七卷，《全宋文》卷六三五〇録其文六篇。

趙蕃有《贈蕭參議德藻二首》："諸侯賓客湖南盛，東海蕭生漢帝知。前後相望真一揆，流傳況復有新詩。鄉來識面嗟無地，今日登門可自遲。未信千巖趣歸去，近傳新把峽州麾。""平生苕霅幾扁舟，意在斯人豈漫游？聞道千巖有高隱，甚思一見苦無由。雖云藥石稍親近，未害煙霞塵攬收。況是交承我伯父，援茲論契許前不？"①

光立案："苕霅"是苕溪、霅溪二水的並稱，在今浙江省湖州市境内，是唐代張志和隱居之地。"交承"謂前任官吏卸職移交，後任接替。則趙蕃往湖州拜訪蕭德藻之際，蕭氏因病"趣歸去""高隱"，繼任者是趙蕃的"伯父"，結果"近傳新把峽州麾"自然無法落實。

淳熙十一年甲辰（1184），六十三歲。

在荆湖北路江陵府江陵（今屬湖北）任安撫司參議官。

據楊萬里《淳熙薦士録·蕭德藻》"今爲湖北參議官"②所述，"淳熙乙巳"即十二年（1185）蕭德藻已居官於江陵參議官；又據楊萬里《送姜夔堯章謁石湖先生》"吾友夷陵蕭太守"③所述，十四年（1187）蕭德藻已居官於夷陵知州，則是官任滿當於此前。而宋時官制，一任三年，則該任職當始於本年。

友人楊萬里向王淮推薦蕭德藻爲廣西提點刑獄，蕭氏因病不能行。

《〈千巖摘稿〉序》："頃廣西提點刑獄嘗闕員，丞相王公，問余孰可，余以東夫對。丞相驚曰：'子亦知東夫乎？吾深知之，何俟子言？子不知乎？東夫病矣。嘗使守峽州，不能行。'"④

---

① 《淳熙稿》卷一二。
② 《誠齋集》卷一一三。
③ 《誠齋集》卷二二。
④ 《誠齋集》卷八一。

淳熙十二年乙巳(1185),六十四歲。

在江陵任安撫司參議官。楊萬里時任吏部郎中,上《淳熙薦士録》於左相王淮,疏薦蕭德藻等六十人,著簡要評語。

楊萬里《淳熙薦士録·蕭德藻》:"文學甚古,氣節甚高。其志常欲有爲,其進未嘗苟合。老而不遇,士者屈之。今爲湖北參議官。"其子楊長孺於卷末注云:"淳熙乙巳,誠齋爲吏部郎中。時王季海爲丞相,一日,丞相問誠齋云:'宰相何最急先務?'誠齋答丞相云:'人才最急先務。'丞相云:'安得人才而用之?'誠齋取筆疏六十人以獻,隨所記憶者書之,退而各述其長,上之丞相,此卷是也。稿藏於家,雜然而書,初無先後之序,皆無優劣之意。後四十八年,紹定壬辰,男長孺謹識。"①

淳熙十三年丙午(1186),六十五歲。

在江陵任安撫司參議官。

冬日,自湖湘歸湖州,攜姜夔同行而寓之。

姜夔《探春慢》詞序:"予自孩幼從先人宦於古沔,女嬃因嫁焉。中去復來幾二十年,豈惟姊弟之愛,沔之父老兒女子亦莫不予愛也。丙午冬,千巖老人約予過苕雪,歲晚乘濤載雪而下,顧念依依,殆不能去。作此曲别鄭次皋、辛克清、姚剛中諸君。"②

淳熙十四年丁未(1187),六十六歲。

在荆湖北路峽州夷陵(今屬湖北)任知州。

楊萬里《送姜夔堯章謁石湖先生》:"釣璜英氣橫白蜺,欬唾珠玉皆新詩。江山愁訴鶯爲泣,鬼神露索天泄機。彭蠡波心弄明月,詩星入腸肺肝裂。吐作春風百種花,吹散澂湖數峰雪。青鞋布襪軟紅塵,千詩只博一字貧。吾友夷陵蕭太守,逢人説君不離口。袖詩東來謁老夫,慚無高價當璠璵。翻然卻買松江艇,徑去蘇州參石湖。"③此詩編入《朝天集》,乃本年三月事。據《直齋書録解題》記載:"知峽州三山蕭德藻東夫。"④陳振孫著録均作者之終官,則夷陵太守、峽州知州乃蕭德藻最後之官職。

淳熙十五年戊申(1188),六十七歲。

武康巨室聞人觀國、觀時遵其父武經君頤命作大成殿,奉先聖及先師十哲像,揭徽宗御書殿額,造四齋,蕭德藻爲之撰《宋重建縣學記》。

《嘉泰吳興志》卷一八《碑碣·武康縣》:"《宋重建縣學記》:在縣學。淳熙十五年,

---

① 《誠齋集》卷一一三。
② (宋)姜夔撰,夏承燾箋校:《姜白石詞編年箋校》,上海古籍出版社,1981 年,第 17 頁。
③ 《誠齋集》卷二二。
④ 《直齋書録解題》卷一八。

郡人蕭德藻作。"①嵇曾筠等《浙江通志》卷二六《武康縣儒學》："淳熙十五年,邑巨室
聞人觀國、觀時作大成殿,造四齋,蕭德藻爲記。"②

光宗紹熙元年庚戌(1190),六十九歲。

病中家居湖州。十一月間,任婿姜夔與友人徐徹欲來拜訪。

姜夔《呈徐通仲兼簡仲錫。通仲與誠齋爲鄉人,近來赴調,而誠齋去國。又通仲
久與千巖有苕雪之約而未至,余挽通仲欲與同歸千巖,故末章及之》："斯文准乾坤,作
者難屈指。我從李郎游,知有徐孺子。春風橘洲前,白月太湖尾。懷哉來無期,玉唾
炯在紙。去年識仲氏,何啻空谷喜。合併忽自天,傾倒見底裏。維君天下士,竹箭東
南美。胡不在石渠,諸公當料理。千巖今林宗,泉石助風軌。示疾不下堂,有句高八
米。此老筆硯交,誠齋古元禮。毫端灑秋露,去國詞愈偉。屬聞都門別,回首即桑梓。
獨憐苕溪上,垂榻俟行李。煙波肯尋盟,歸棹爲君艤。"

徐徹,字通仲,吉水人。孝宗乾道元年(1165)解試,五年(1169)進士。曾官宜春
丞③。淳熙十二年(1185),知臨江軍清江縣④。詩句明爽,箋奏典重。作邑愛民,辦而
不擾。"赴調"即前往吏部聽候遷調。"誠齋去國",指紹熙元年十一月十三日,楊萬里
特授直龍圖閣、江東轉運副使。十二月二十六日,就任江東運漕。則姜夔此詩當作於
本年十一月間。"示疾",佛教語,謂佛菩薩及高僧得病,則蕭德藻當時在病中。

紹熙二年辛亥(1191),七十歲。

家居湖州。友人楊萬里於紹熙元年十二月二十六日抵達江南東路建康府上
元(今江蘇南京)任轉運副使,一個月後致書問候蕭德藻。蕭德藻復信楊萬里並
寄送詩集《千巖摘稿》,屬其序之。

九月初七日,楊萬里爲蕭德藻《千巖摘稿》作序。

《〈千巖摘稿〉序》："余至金陵之一月,呼中男次公而告之曰:'東夫可念。'亟遣騎
以書候之。東夫答余書,其辭充然自得,其意怡然自樂。寄書一編,曰《千巖摘稿》,屬
予序之,若未嘗窮且貧且災疾者。予媿,謂次公曰:'東夫甚樂而不憂,余淺之爲丈夫
也。余何足以知東夫哉!'余嘗論近世之詩人,若范石湖之清新,尤梁溪之平淡,陸放
翁之敷腴,蕭千巖之工致,皆予之所畏者云。紹熙辛亥九月七日,友生誠齋野客廬陵
楊萬里謹序。"⑤

---

① 《嘉泰吳興志》卷一八。

② (清)嵇曾筠等:《浙江通志》卷二六,清光緒二十五年(1899)浙江書局刻本。

③ 《江西通志》卷一五。

④ 《誠齋集》卷一一三。

⑤ 《誠齋集》卷八一。

寧宗慶元元年乙卯（1195），七十四歲。

家居湖州。其子爲池州監酒稅，上任途中，舟次湖州城，與其友人虞儔聚會。

虞儔《述情》詩序記載："與蕭東夫相別幾二十年矣，此來假守吳興，而東夫令嗣監酒赴官池陽，迎侍以行，舟次城下，遂得一見。小詩述情。""間闊忻逢諸葛豐，不應阮籍哭途窮。擬留重客傾家釀，更喜賢郎有父風。詩思憑陵煙雨上，宦情抖擻簿書中。擊鮮下舍聊乘興，未許黃堂舍蓋公。"①"赴官"，即往赴任所，上任。"迎侍"，迎候侍奉。"間闊"，久別、久不相見。"擊鮮"，宰殺活的牲畜禽魚，充作美食。"下舍"，家、私宅。"黃堂"，古代太守衙中的正堂。

（作者單位：中國人民解放軍國防大學政治學院軍政訓練系）

---

① 《尊白堂集》卷三。

晚清閨秀詩人鄭蘭孫行年考

喻宇明

晚清閨秀詩人鄭蘭孫(1814—1861),字娛清,才華出眾,雅擅詩詞,有《蓮因室詩詞集》三卷①、《都梁香閣詩詞集》二卷②及《蓮因室詞》一卷③。俞樾稱許其“躬操井臼,不廢翰墨,兵亂中猶時以詩歌見志,可謂女士矣!”④,對鄭蘭孫的品格、詩歌評價頗高。施淑儀《清代閨閣詩人徵略》、徐珂《近詞叢話》亦著録其事跡、詩詞集。徐珂稱“其所作詩時有禪悟,與司馬所著之《簷蔔花館詩》并稱於時”⑤,司馬即指鄭蘭孫丈夫徐鴻謨。張德瀛《詞徵》評二人詞:“徐若洲鴻謨詞,如十笏茅庵,時聞清磬。”“鄭娛清蘭孫詞,如瑤石含光,可鑒毛髮。”⑥雷瑨、雷瑊《閨秀詞話》稱許鄭蘭孫《浣溪沙》(悶倚龍鬚八尺床)並小序:“詞既清婉,序更幽馨可誦,閨秀中實罕見之。”⑦

鄭蘭孫生活於晚清內憂外患之時,其詩詞越出閨閣,有意識地記録了兵亂中個人及家族遭際,展現出晚清社會變遷中的一個側面。目前學界較少專門關注其人及詩詞⑧,對其生平尚無考索。此外,清代才媛輩出、閨秀詩詞及著作蔚爲大觀⑨,學界對清代閨秀詩詞、詩話乃至其社會文化等方面研究皆頗爲深入,然而,對清代閨秀的生

---

① (清)鄭蘭孫著,徐琪編:《蓮因室詩詞集》三卷,光緒元年乙亥(1875)刊本。影印本收録於兩處:一、方秀潔(Grace Fong)、(美)伊維德(Wilt L. Idema)主編《美國哈佛大學哈佛燕京圖書館藏明清婦女著述彙刊》,桂林:廣西師範大學出版社,2009年,第2冊;二、Ming Qing Women's Writings(明清婦女著作),http://digital. library. mcgill. ca/mingqing/chinese/index. php.

② (清)鄭蘭孫著,徐琪編:《都梁香閣詩詞集》二卷,宣統三年辛亥(1911)刊本。影印本收録於兩部叢刊:一、北京師範大學圖書館編:《北京師範大學圖書館藏稀見清人別集叢刊》,桂林:廣西師範大學出版社,2007年,第24冊。二、肖亞男主編:《清代閨秀叢刊》,北京:國家圖書館出版社,2014年,第42冊。此外,胡曉明、彭國忠編《江南女性別集·二編》收録《蓮因室詩詞集》三卷、《都梁香閣詩詞及》二卷整理本,合肥:黃山書社,2010年。

③ 鄭蘭孫《蓮因室詞》一卷本,有兩個版本。一、光緒二十四年戊戌(1898)刊本,載於南陵徐乃昌《小檀欒室匯刻閨秀詞》第七集。一卷刊本所收詞與《蓮因室詩詞集》首數、篇目相同。二、光緒三十四年戊申(1908)張鴻辰、金保福寫刻本,收録於徐琪編《徐氏一家詞》,光緒三十四年戊申(1908)寫刻本。筆者所見爲香港嶺南大學圖書館藏《徐氏一家詞》。一卷寫刻本由俞陛雲題署集名,金保福序、恭親王題詞,金保福手書原《蓮因室詩詞集》中詞,張鴻辰手書未刊詞作“蓮因室詞補”,後有徐琪跋。集中“蓮因室詞補”部分,後刻入《都梁香閣詩詞集》中。

④ (清)俞樾:《鄭孺人傳》,鄭蘭孫:《蓮因室詩詞集》,光緒元年乙亥(1875)刊本,傳,第3頁。

⑤ (清)徐珂:《近詞叢話》,唐圭璋編:《詞話叢編》,北京:中華書局,2005年,第5冊,第4221頁。

⑥ (清)張德瀛:《詞徵》,唐圭璋編:《詞話叢編》,北京:中華書局,2005年,第5冊,第4186—4187頁。

⑦ (清)雷瑨、雷瑊:《閨秀詞話》,朱崇才編纂《詞話叢編續編》,人民文學出版社,2010年,第4冊,第2238頁。

⑧ 目前大陸地區尚無專著、單篇論文或碩博論文研究鄭蘭孫,僅見徐燕婷《清代錢塘閨閣詞人研究》中將鄭蘭孫作爲清代後期錢塘地區代表女詞人之一,略論及其人其詞。徐燕婷,《清代錢塘閨閣詞人研究》,華東師範大學碩士論文,2007年,第11頁。

⑨ 民國施淑儀《清代閨閣詩人徵略》載其大略,胡文楷編、張宏生先生增訂《歷代婦女著作考》搜羅備至,篇幅達二十一卷,其中清代即占十五卷之多。

平事跡等方面，卻少有細緻考證及梳理。本文旨在釐清鄭蘭孫一生行跡，解決其生平中相關疑點，以期推動、豐富清代閨秀詩人的實證性研究①。

　　鄭蘭孫字娱清。俞樾《鄭孺人傳》："鄭孺人諱蘭孫，字娱清，別字蘅洲，杭州仁和人。"②其子徐琪編《蓮因室詩詞集》卷端署"錢唐 鄭蘭孫 娱清"，《都梁香閣詩詞集》卷端亦署"錢塘 鄭蘭孫 娱清"。徐乃昌《小檀欒室匯刻閨秀詞》第七集《詞人姓氏》："鄭蘭孫，字娱清，錢唐人。"③徐珂《近詞叢話》："錢塘鄭太夫人名蘭孫，字娱清"④。雷瑨、雷瑊《閨秀詞話》："錢唐鄭蘭孫，字娱清"⑤。胡文楷《歷代婦女著作考》："蘭孫字娱清，浙江錢江人"⑥。另據《鄭孺人傳》，則其一字蘅洲。

　　其籍貫，有仁和、錢塘（唐）、錢江三説。按《清代硃卷集成》"徐琪"條："妣氏鄭，誥封宜人，同里新甫公女。"⑦又"徐琪，……杭州府仁和縣學優行廩膳生民籍。"⑧按鄭蘭孫父家與徐氏"同里"，而徐琪籍貫又爲杭州府仁和縣，推知鄭蘭孫應爲杭州府仁和縣人。鄭蘭孫年幼即依其外家錢塘孫氏⑨，或因此亦署爲錢塘人。另據《仁和縣志》："仁和爲郡首邑，其地在禹貢揚州之域。自秦漢罷侯置守，始有令焉，乃置錢唐縣，屬會稽郡。時則今日，仁和之土地、人民，悉混于其間。至西漢，改爲會稽西部都尉治所。逮東漢，乃省其縣。晉復置之，屬吳郡。陳改爲錢塘縣。隋改爲杭州。唐改唐爲塘。宋元因之。五代梁龍德二年，錢氏據浙，始割錢塘鹽官地，置錢江縣，以治錢塘。至宋太平興國三年，因錢氏納土地，乃改錢江縣爲仁和縣。後高宗南渡幸杭，因見縣名仁和，乃曰此故都城門名也，而建都之意遂決。"⑩由縣志知五代時，錢氏曾置錢江縣，故錢江亦爲仁和代稱。

　　父鄭新甫。《清代硃卷集成》"徐琪"條曰："妣氏鄭，誥封宜人，同里新甫公女，太學生名貞元胞姊。"⑪知鄭蘭孫父親名鄭新甫，並有一胞弟名貞元。

　　王文治《門人鄭新甫問字於都轉蒲快亭，再用前韻爲贈，因傚義山體謔之，新甫，快亭同年友也》："見説龍門未易遊，同年同探西山幽。欣逢舊雨開詩社，無那春風閉畫樓（快亭春日有遣姬事，至今不無惆悵）。桃觀難尋前度夢，桂宫將到昔年秋（今歲開科）。不知身在蒹葭列，苦慕連珠比夏侯（蒲詩引夏侯湛連璧事，蒲鬚髯如戟，殊不

　　① 本文選題及論文寫作，得益於香港大學中文學院訪問教授方秀潔的指導，中南民族大學王師兆鵬先生亦對本文修訂提出了諸多建議，在此予以衷心感謝！

　　② 《蓮因室詩詞集》，傳，第 1 頁。
　　③ （清）徐乃昌：《小檀欒室匯刻閨秀詞》，清光緒二十四年（1898）自刊本，香港大學圖書館藏。
　　④ 《詞話叢編》，第 5 册，第 4220 頁。
　　⑤ 《詞話叢編續編》，第 4 册，第 2238 頁。
　　⑥ 胡文楷編著，張宏生等增訂，《歷代婦女著作考》（增訂本），上海：上海古籍出版社，2008 年，第 744 頁。
　　⑦ 顧廷龍主編：《清代硃卷集成》，臺北：成文出版社，1992 年，第 263 册，第 172 頁。
　　⑧ 《清代硃卷集成》，第 263 册，第 163 頁。
　　⑨ 按錢塘孫氏，詳考於後文"道光三年癸未（一八二三）"年。
　　⑩ （明）沈朝宣：《嘉靖仁和縣志》，明嘉靖二十八（1549）年修、清光緒十九年（1893）校刊本，台北：成文出版社，第 1 册，第 34 頁。
　　⑪ 《清代硃卷集成》，第 263 册，第 172 頁。

稱也）。"①按：王文治（1730—1802），字禹卿，號夢樓，江蘇丹徒人。乾隆庚辰（1760）年進士，翰林院編修、雲南臨安府知府，約於乾隆三十六年（1771）至三十九年（1774）居杭州，於 1771 年主講杭州崇文書院。蒲忭（1751—1815），字快亭②，江蘇淮安府清河縣人。鄭蘭孫幼失怙恃，若出生年以嘉慶甲戌（1814）推算，其父鄭新甫確有可能與蒲快亭相識。而王文治曾於乾隆三十六（1771）在杭州崇文書院主講，鄭新甫亦可能成爲王文治門人。若詩題中確爲鄭蘭孫父親，則鄭新甫與蒲忭同年。古人稱同年有兩意，一爲同榜録取者，一爲同年出生。按詩中稱"同年同探西山游"，又"桂宮將到昔年秋（今歲開科）"，則似此時蒲、鄭皆尚未中鄉試，故似乎此處同年應取同歲義。《清代硃卷集成》中載鄭蘭孫有一弟名貞元，然而，徐鴻謨《娛清女史詩詞集序》（1843）載"左家嬌女，歎中郎之無子；十載飄搖，痛任昉之早亡"③，似明言鄭新甫無子。因未見其他材料，姑存此。

　　夫君徐鴻謨（1813—1864），字楷存，號若洲，浙江仁和人。諸生，官江蘇揚州府經歷、通州呂東司巡檢等。擅長詩畫、篆刻，著有《蒼葍花館詩詞集》三卷④。《兩浙輶軒續録》"徐鴻謨"條："徐鴻謨，字若洲，仁和諸生。官江蘇揚州府經歷。"⑤《續纂揚州府志》（1874）卷六"秩官"之"揚州府經歷"載："徐宏謨，浙江人。"⑥按：方志中"鴻"誤作"宏"。又，《如皋縣續志》（1873）卷九《寓賢傳》載："徐鴻謨，字若洲。錢塘人。官揚州府經歷⑦。咸豐年間，避兵來皋。"⑧則徐鴻謨曾官揚州府經歷，應無疑問。又，《清代硃卷集成》"徐琪"條載："父諱鴻謨，字楷存，號若州，又號公遠。誥授奉政大夫。邑庠生。江南揚州府經歷，江都上官司，六合瓜步司，分縣高郵時堡司，通州呂東司，分州泰州吏目，揚州府同知。"⑨俞樾《徐若洲君傳》："入貲爲從九品，分發江蘇，歷署上官時堡司巡檢，又署江都、甘泉兩縣典史。咸豐五年，署揚州府經歷，兼理清軍同知。同知五品官，以從九品攝之，重其才也。……服闋，奉檄治揚州善後局文書……十年，署桃源縣典史，縣境陷賊中，不能往，仍從事揚泰間。明年，又署瓜步司巡檢，未逾年，又署呂東司巡檢。"⑩按《通州直隸州志》秩官志《文職表一》載，徐鴻謨於同治三年（1864），由附監署通州巡檢，卒於任⑪。據此可知，徐鴻謨最後一任官職爲通州（今江

　　①　（清）王文治，《夢樓詩集》，道光二十九年己酉（1849）重刻本，《清史文集彙編》編纂委員會編：《清代詩文集彙編》，上海：上海古籍出版社，2010 年，第 370 冊，第 23 卷，第 831 頁。

　　②　陳乃乾編纂：《清代碑傳文通檢》，北京：北京圖書館出版社，2003 年，第 305 頁。

　　③　《蓮因室詩詞集》，序，《娛清女史詩詞集序》，第 1 頁。

　　④　（清）徐鴻謨：《蒼葍花館詩詞集》，光緒乙酉十一年（1885）刻本，《清史文集彙編》編纂委員會編：《清代詩文集彙編》，上海：上海古籍出版社，2010 年，第 652 冊。

　　⑤　（清）潘衍桐輯，《兩浙輶軒續録》，《續修四庫全書》，上海：上海古籍出版社，1995 年，第 1686 冊，第 39 卷，第 464 頁。

　　⑥　（清）英傑修，晏端書等纂：《續纂揚州府志》，同治十三年甲戌（1874）刊本，台北：成文出版社，1970 年，第 6 卷，第 323 頁。

　　⑦　按：原書"經歷"誤作"經廳"。

　　⑧　（清）周際霖等修，（同治）《如皋縣續志》，臺北：成文出版社，1970 年，第 2 冊，第 440 頁。

　　⑨　《清代硃卷集成》，第 263 冊，第 171—172 頁。

　　⑩　（清）俞樾：《春在堂雜文》，台北：文海出版社，1969 年，第 3 冊，第 898—902 頁。

　　⑪　（清）梁悦馨等修、季念詒等纂：《通州直隸州志》，光緒元年（1875）刊本，台北：成文出版社，1970 年，第 2 冊，第 354 頁。

蘇南通）巡檢，經查通州官制，巡檢即應爲"呂東巡檢司巡檢"①。然而誠如俞樾所言，"君以薄宦出入兵間"②，除揚州府經歷、呂東巡檢司巡檢二職外，以上其他官職，尚未見載於方志。

《兩浙輶軒續錄》"徐鴻謨"條："著《蒼葍花館詩詞集》。"③《清代硃卷集成》"徐琪"條載："父諱鴻謨……著有《十願齋一家言》、《籌海十策》、《奇門輯要》、《蒼葍花館詩》、《娛室詩詞集》。詩采入《杭郡詩》續輯。"④俞樾《徐若洲君傳》："父南匯公，工篆隸書，君得其傳，凡書畫及鑱刻金石，皆極精妙。自孫太宜人歿，君頗好佛法，通內典，嘗注《楞嚴經》，識者讚歎，以爲希有。其外所著有《十願齋一家言》、《論墨元品》、《奇門輯要》、《簷葍館雜文》及詩詞各如干卷。"⑤《如皋縣續志》："（徐鴻謨）工詩善畫，尤精篆、隸、鼎、彝、敦、禹文，一見輒辨真贋。"⑥可知徐鴻謨擅長詩畫、書法及篆刻。淵源所自，除其父南匯公外，爲其外家，據俞樾《杉泉公配孫太宜人墓表》："太宜人攜其二子依母家，以居寓嘉興之平湖。孫氏子弟皆能文章，工篆隸。太宜人使二子與之游，而又延宿儒陸君曉汀教之讀。"⑦則徐鴻謨與母孫太宜人寄寓外家，與孫氏子弟游，故工詩畫、篆隸。現存徐鴻謨著作有《若洲遺集》七卷、《蒼葍花館詩集》二卷附詞一卷、《蒼葍花館詩詞》不分卷⑧。

徐鴻謨祖上爲杭州巨族。五世祖徐文敬公爲故吏部尚書，四世祖文穆公爲故東閣大學士，曾祖以炬爲兵部侍郎⑨，祖諱紹基，考諱蕭⑩。其父徐蕭曾於嘉慶十九年（1814）任江蘇南匯縣知縣。光緒《南匯縣志》卷十《官司志》，"知縣"類載："徐蕭，浙江錢塘人。監生。嘉慶十九年任。"⑪徐鴻謨爲其次子，長子名徐鴻度⑫。徐鴻謨生平詳

① 《通州直隸州志》，第 330 頁。
② 《春在堂雜文》，第 901 頁。
③ （清）潘衍桐：《兩浙輶軒續錄》，光緒十七年（1891）浙江書局刻本，《續修四庫全書》，第 1686 冊，第 39 卷，第 464 頁。
④ 《清代硃卷集成》，第 263 冊，第 171—172 頁。
⑤ 《春在堂雜文》，第 903 頁。
⑥ 《如皋縣續志》，第 2 冊，第 440 頁。
⑦ （清）俞樾：《杉泉公配孫太宜人墓表》，徐琪編：《誦芬詠烈編》，光緒十七年（1891）版，第 21 卷，第 1 頁。
⑧ "所撰《若洲遺集》七卷，內詩三卷、文四卷，輯入《誦芬詠烈編》，光緒間刻，南京圖書館藏。又有別本二種：一爲《蒼葍花館詩集》二卷，附詞一卷，光緒十一年刻，中國國家圖書館藏；一爲《蒼葍花館詩詞》不分卷，稿本，俞樾、吳蔭培、鄒福保等跋，中國科學院圖書館藏。"柯愈春著，《清人詩文集總目提要》，北京：北京古籍出版社，2002 年，中冊，第 1486 頁。
⑨ 《徐若洲君傳》："故吏部尚書徐文敬公之來孫，東閣大學士文穆公之元孫，禮部侍郎諱以炬者之曾孫也。"《春在堂雜文》，第 897—898 頁。按：徐潮、徐本、徐以炬皆見載於《清史列傳》。王鍾翰點校，《清史列傳》，北京：中華書局，1987 年。
⑩ 徐蕭，字杉泉，號聖植，又號尚文。敕授文林郎。邑庠生。江南揚州府江都縣知縣，以月樵公觀察淮陽，循兄弟迴避例，改江蘇南匯縣知縣。誥封奉政大夫，江南揚州府同知。著有《墨品》及詩文稿，詩采入《杭郡詩》續輯。《清代硃卷集成》，第 263 冊，第 171 頁。
⑪ （清）金福曾等修，張文虎等纂，（光緒）《南匯縣志》，台北：成文出版社，1970 年，第 2 冊，第 735 頁。按：下一任沈映楓署於嘉慶二十一年（1816），則徐蕭在任上兩年。
⑫ 《清代硃卷集成》，第 263 冊，第 173 頁。

見俞樾爲其所作家傳《徐若洲君傳》①。徐氏族譜詳載《清代硃卷集成》②,記述、文集皆録於徐氏家集《誦芬詠烈編》③,俞樾文集中亦載《石船徐公家傳》、《杉泉徐公家傳》④。

嘉慶十九年甲戌(一八一四)　一歲

　　是年上巳,鄭蘭孫生。

　　鄭蘭孫生年,胡文楷《歷代婦女著作考》、馬興榮《詞學大辭典》、胡曉明《江南女性別集·二編》等,皆未注明。明清婦女著作網站、中國歷代人物傳記資料庫⑤、《清人詞話》⑥三處皆載其生年約爲 1819 年,即嘉慶二十四年。然據鄭蘭孫《蓮因室詩詞集》,可考其生年爲 1814 年,即嘉慶十九年。

　　現存《蓮因室詩詞集》爲光緒己亥(1875)年鄭蘭孫子徐琪刊刻,徐琪在《附記》(1875)中記述:

　　　此集之未刻也,舊有《都梁香閣》、《蓮因室》兩集,咸豐癸丑揚城告警,先母倉皇出避,惟奉高廟御賜詩卷及家乘、宗像以行,而兩集遂失。居如皋時,默然録一卷,與嗣後所得皆題爲《蓮因室集》,即今所刊本也⑦。

由此而知,《蓮因室詩詞集》中所編録詩詞,可分爲兩段,前段爲默録所得詩作,而後段則爲其旅居如皋後新得詩作。並且,《蓮因室詩詞集》中詩集二卷,正以寓居如皋爲分界點,編爲上、卜兩卷。

　　鄭蘭孫《蓮因室詩詞集後序》(1854)亦自述:

　　　詎意癸丑春二月間,粵匪作亂,揚城告警,倉皇出避,兩集俱失。嗟乎! 十餘年心血,棄於瞬息之間。……甲寅(1854)春日,因避兵遷居雉水……爰將舊作強記十分之一,録成一冊,并以自題蓮因室序一篇,亦默出,録之卷首⑧。

雉水,如皋別稱。因此,《蓮因室詩詞集》中詩集卷上所録詩作,乃鄭蘭孫抵達如皋后,默録遷居如皋前即甲寅(1854)春日前所作詩作⑨,即卷上詩作原始寫作時間迄於癸丑(1853)。

　　而在詩集卷上靠後的位置,鄭蘭孫默録了一首《放歌》:

　　① 《春在堂雜文》,第 897—905 頁。

　　② 《清代硃卷集成》,第 263 冊,第 163—172 頁。

　　③ (清)徐琪編:《誦芬詠烈編》,光緒十七年(1891)版,武漢大學圖書館藏。

　　④ 《春在堂雜文》,第 891—897 頁。石船徐公爲其祖徐紹基,杉泉徐公爲其父徐甫。

　　⑤ Harvard University, Academia Sinica, and Peking University, China Biographical Database (May 9, 2018), https://projects. iq. harvard. edu/cbdb.

　　⑥ 孫克強、楊傳慶、裴喆編:《清人詞話》,天津:南開大學出版社,2012 年,下冊,第 1584 頁。

　　⑦ 《蓮因室詩詞集》,附記,第 2 頁。

　　⑧ 《蓮因室詩詞集》,序,《蓮因室詩詞集後序》,第 1 頁。

　　⑨ 如俞樾所稱許,鄭蘭孫"兵亂中猶時以詩歌見志":《蓮因室詩詞集》卷上倒數第四首爲《癸丑二月,揚城告警,予倉皇奉姑慈出避,感而賦此》,倒數第三首爲《六月十二日哭子竺弟殉難》,最末兩首記録兵亂間事。

旭日照我窗，明月照我帷。請君雙眉展，聽我前致辭。四十年已衰，二十心尚癡。從春又復夏，歲月能幾時。生前不開懷，死後何所知。安用黃壚下，羅襦鈿匣爲①。

"請君雙眉展，聽我前致辭"清楚地顯示出此詩爲詩人自述。鄭蘭孫向來作詩詞，自道"擁髻微吟，半由感慨平生"、"客邸衷懷，猶冀傳諸翰墨"②，具有較强的自傳性色彩，絶少虛擬代筆之作。並且，《放歌》與鄭蘭孫前後詩作表達心境一致，其中"生前不開懷，死後何所知"等句中對生死的思考，也暗啟咸豐兵亂後所作《生朝自悼詩八首并生輓文》。

詩句中"四十年已衰，二十心尚癡"可視爲寫實之筆。也就是説，鄭蘭孫至遲在咸豐兵亂時，即癸丑（1853）年已發出"四十年已衰"的感慨，那麽，以此逆推四十年，鄭蘭孫應不晚於甲戌（1814）年出生。惟此時仍不知四十是否爲確數，故甲戌（1814）年僅爲下限。

所幸其詩詞集中尚有其他線索。《蓮因室詩詞集》卷上又録一首《長歌示孫子竺弟》：

七年客他鄉，三年避烽火。宦游鼠搬薑，謀生計亦左。屈指十年間，依然猶故我③。

在這首詩歌中，鄭蘭孫記録了一段十年歲月。據其自述，十年之間，七年作客他鄉，三年躲避烽火。而鄭蘭孫丈夫徐鴻謨所作《娛清女史詩詞集序》（1843）中，恰好記録了這"三年避烽火"的時段：

烽煙海嶠，戎馬南來（庚子海氛不靖，直犯乍浦，余家由當湖還杭州）。羽檄危城，扁舟北渡（壬寅夏又避地秦郵）。抛殘鈿合，盡室倉皇；捭擋金釵，全家遷徙④。

在咸豐癸丑（1853）揚州之亂前，徐、鄭詩文中僅有此兩處記載躲避烽火：即庚子（1840）與壬寅（1842）年，徐、鄭兩次全家遷徙。然須指出，從庚子（1840）年至壬寅（1842）夏，以時間跨度而言，其實不滿三年，鄭蘭孫"三年避烽火"爲虛指。

按照鄭詩中記載的順序，"七年客他鄉"的歲月在"三年避烽火"之前，那麽這段時間應前後緊接，試問此時鄭蘭孫處於什麽人生階段，在何處度過？

據徐鴻謨《娛清女史詩詞集序》（1843）前半段記載：

迨至遠嫁黔婁，椎髻作梁鴻之婦；早離故土，荷鋤爲萊子之妻（年十九歸余）。黃霸家貧，孟光志合，寄簞瓢於陋巷；琴和瑟鳴，等蓬梗於浮家（時余僑居當湖）。婦吟夫唱，妝臺春暖，或選韻以聯詩；繡幄宵深，或分題而刻燭。此亦人生之樂事，寒士所快心者矣。然而囊空羞澀，菽水需謀，親老承歡，旨甘不足（余以己亥、

---

① 《蓮因室詩詞集》，詩集卷上，第 13 頁。
② 《蓮因室詩詞集》，序，《蓮因室詩詞集前序》，第 1 頁。
③ 《蓮因室詩詞集》，詩集卷上，第 9 頁。
④ 《蓮因室詩詞集》，序，《娛清女史詩詞集序》，第 2 頁。

庚子、辛丑、壬寅連歲作客,謀食四方)。陸士龍之入洛,半爲饑驅;王仲宣之離家,無非寄食。年年橐筆,唱河梁攜手之詩;歲歲登樓,吟灞岸懷人之句①。

鄭蘭孫自十九歲嫁與徐鴻謨,其時徐鴻謨僑居浙江當湖(今浙江平湖),鄭蘭孫也移居平湖。此後一段歲月,夫婦感情甚篤,集中體現在詩詞唱酬上,二人時常選韻聯詩、分題刻燭。之後,因生計緣故,徐鴻謨不得不謀食四方,夫婦開始聚少離多的日子。徐鴻謨己亥(1839)開始外出宦游,與此同時,鄭蘭孫應仍續居於平湖家中,直至庚子(1840)年英軍從平湖縣乍浦入侵,徐氏一家才由平湖遷還杭州。那麼,鄭蘭孫七年客他鄉的時段,即可清楚推知:始於鄭氏十九歲出嫁,迄於全家遷還杭州。該時段中絕大部分時間,鄭蘭孫居住於浙江平湖。

前已指出,自庚子(1840)至壬寅(1842)夏,以時間跨度而言,尚不滿三年,鄭蘭孫"三年避烽火"爲虛指,即可推知其"七年客他鄉"所指時段約自癸巳(1833)年至己亥(1839)年。若約於癸巳(1833)年前後,鄭蘭孫十九歲,則鄭蘭孫生年約在庚午(1815)前後。前已推斷鄭蘭孫生年不遲於 1814 年,則鄭蘭孫應即出生於嘉慶十九年甲戌(1814)。

鄭蘭孫《生朝自悼詩八首并生輓文》:"爰於上巳生朝,花明晝靜之時,敬禮大悲寶懺一壇"②,知其生日爲上巳,即農曆三月三日。

道光三年癸未(一八二三) 十歲

是年能吟詩,居杭州。

幼失怙恃,與繼母相依,寄育外家,由其外祖父孫補年教讀經史、詩詞。

鄭蘭孫《生朝自悼詩并生輓文》:"三齡識字,學辨之無,十歲能問,已諧平仄。西湖水秀,慧解今生。南海雲慈,皈依凤昔。吟紅刻翠,爭誇詠絮之才;鏡影眉痕,敢説比花之貌。"③據此,則鄭蘭孫三歲識字,十歲能詩,早歲即顯露出詩歌才華。徐鴻謨《娛清女史詩詞集序》:"春雨一簾,正弄筆清吟之日(內子幼耽筆硯,十歲能吟)。"④俞樾《鄭孺人傳》:"六歲通四聲,九歲能爲小詩,以庭前花木命之賦,輒有新意。"⑤鄭蘭孫始能詩年齡,取鄭、徐之説。又,"西湖水秀,慧解今生"一句可知其出嫁前居於杭州外家。

鄭蘭孫《甲辰冬夜夢孫補年外祖父》:"難向泉臺問消息,廿年恩重豈尋常。"⑥又,《哭孫補年外祖父》其一:"湖山回首成千古,詩禮傳家有一經。"⑦徐鴻謨《娛清女史詩詞集序》(1843):"廿年孤露(內子失怙恃),相依繼母,弔影生憐,寄育外家,傳經有自

① 《蓮因室詩詞集》,序,《娛清女史詩詞集序》,第 1 頁。
② 《蓮因室詩詞集》,詩集卷下,第 7 頁。
③ 《蓮因室詩詞集》,詩集卷下,第 8 頁。
④⑧ 《蓮因室詩詞集》,序,《娛清女史詩詞集序》,第 1 頁。
⑤ 《蓮因室詩詞集》,傳,第 1 頁。
⑥ 《蓮因室詩詞集》,詩集卷上,第 8 頁。
⑦ 《蓮因室詩詞集》,詩集卷上,第 4 頁。

(外叔祖孫補年公,内子外祖也,恩勤撫育,口授經史。)"⑧俞樾《鄭孺人傳》:"幼孤,鞠於外家,其外王父孫公,博雅士也,愛其慧,教之讀。"①知其早歲父母雙亡,與繼母相依,寄於外祖父孫補年公處。鄭蘭孫受其撫育教養,並從之習經史、詩詞等,與外祖父感情深厚。從徐鴻謨序注"外叔祖孫補年公,内子外祖也"可知,鄭蘭孫外祖父孫補年爲徐鴻謨外叔祖,徐鄭兩家亦有親緣關係。

《清代硃卷集成》"徐琪"條:"祖妣氏孫,誥封宜人。同邑雍正癸卯舉人、庚戌進士、翰林院編修、原任督察院左副都御史諱灝侄孫女。原任江南淮安府桃北河務同知諱同琨長女。"②可知徐琪祖母、徐鴻謨母親孫氏爲孫同琨長女,則徐鴻謨外祖爲孫同琨。前已述鄭蘭孫外祖父孫補年爲徐鴻謨外叔祖,那麼孫補年應爲孫同琨的堂兄弟,並且應同出於錢塘孫氏③中,孫灝這一宗支。孫灝爲雍正庚戌(1730)進士,又歷任翰林院編修、督察院左副都御史等職,如此可解徐鴻謨《娱清女史詩詞集序》中所稱"浙水名門"含義。另,鄭蘭孫有《讀安卿姨母白雲樓遺稿,凄然有作》詩。按:安卿姨母,即孫安祥,"錢塘孫同寶女,安詳字竹卿,著有《白雲樓遺詩》。"④

道光七年丁亥(一八二七)　十四歲

十四五歲,工書畫,且善爲詞。居杭州。

鄭蘭孫《生朝自悼詩八首并生輓文》:"筆床硯匣,瀟灑深閨;湘帙雲箋,零星滿案。"⑤俞樾《鄭孺人傳》:"至十四五,工書畫,且善爲唐宋人小令。"⑥

道光十二年壬辰(一八三二)　十九歲

是年適仁和徐鴻謨,由杭州遷居平湖(今浙江平湖)。事其姑孫太孺人,能得其歡心。

徐鴻謨《娱清女史詩詞集序》(1843):"迨至遠嫁黔婁,椎髻作梁鴻之婦;早離故土,荷鋤爲萊子之妻(年十九歸余)。"⑦俞樾《鄭孺人傳》:"孺人歸徐君,年甫十有九"⑧。知其十九歲出嫁。又,俞樾《鄭孺人傳》:"孫公益奇,愛之,難其婿,久之,謂同里徐君才婿也。"⑨知其婚配爲外祖父孫公所擇定。

徐鴻謨《娱清女史詩詞集序》:"琴和瑟鳴,等蓬梗於浮家(時余僑居當湖)"⑩。又,俞樾《徐若洲君傳》:"(徐鴻謨)少孤,隨其母孫宜人依外家居平湖"⑪。俞樾《杉泉

①⑥⑧⑨　《蓮因室詩詞集》,傳,第 1 頁。

②　《清代硃卷集成》,第 263 册,第 171 頁。

③　《孫灝列傳》:"孫灝,浙江錢塘人。"載見臺灣"故宫博物院"藏稿本《國史大臣列傳》,第 75 册,第 121 卷。又,左輔《合肥縣丞孫君待庵形狀》:"君姓孫氏,諱同珍,字尚之,號待庵。先世家江南新安,明始祖宜民遷浙江之杭州,遂世爲杭州錢塘人。"(清)左輔:《念宛齋文稿》,嘉慶二十三年(1818)本,《清代詩文集彙編》,上海:上海古籍出版社,2010 年,第 430 册,第 190 頁。

④　(清)李榕等纂:(民國)《杭州府志》,民國十一年(1922)本,第 94 卷,第 36 頁。

⑤　《蓮因室詩詞集》,詩集卷下,第 8 頁。

⑦⑩　《蓮因室詩詞集》,序,《娱清女史詩詞集序》,第 1 頁。

⑪　《春在堂雜文》,第 898 頁。

公配孫太宜人墓表》:"杉泉公官江蘇,太宜人從之官,衣履之類,手自縫紉,不異寒素。杉泉公身後無銖金寸錦之儲,太宜人攜其二子依母家以居,寓嘉興之平湖。"①按:當湖即平湖,屬浙江嘉興府,今浙江平湖。杉泉公即徐鼐,徐鴻謨父。徐鴻謨父亡後,其母孫太宜人攜二子依外家,寓居平湖。綜上所引,皆可推出鄭蘭孫出嫁後即往平湖,與徐鴻謨及其外家居住。

俞樾《鄭孺人傳》:"孺人歸徐君,年甫十有九,事其姑孫太孺人,能得其歡心"②,知鄭蘭孫事孫太孺人,能得其歡心。孫太孺人,原江南淮安府桃北河務同知孫同琨長女,閨秀詩人孫會祥胞姊。《誦芬詠烈編》卷五十一錄其遺詩兩首。又,徐琪稱孫氏一族:"閨秀一門,語雖不多,覺先君子親承母教,與太宜人家庭雍睦之象,千載而下,令人如或見之。而先母之詩學淵源,更可知所從出矣。若僅以繡餘吟韻比之,則淺視乎斯編。"③徐琪將其母鄭蘭孫的詩學淵源溯於孫太宜人家庭,亦證鄭蘭孫母親一支與孫太宜人家親緣極近。

道光十三年癸巳(一八三三)　二十歲

本年當續居平湖。

道光十四年甲午(一八三四)　二十一歲

本年當續居平湖。春,徐鴻謨偕同人游杭州理安寺。

徐鴻謨《游理安寺題壁》:"殘墨成雙絕,重游紀十年(甲午春偕同人游此,迄今已十載矣)。"④甲午爲1834年。

道光十五年乙未(一八三五)　二十二歲

本年當續居平湖。秋,徐鴻謨應乙未恩科鄉試,不第。

徐鴻謨《戊申中秋,舟泊寶應,湖中玩月,成歌即以誌感》:"乙丁兩載及庚歲,矮屋蒙頭倚鐙睡。年少名心氣尚雄,搖筆向天天已醉。(乙未、丁酉、己亥、庚子,文場疊放,□□秋風)"⑤乙未爲1835年,丁酉爲1837年,己亥爲1839年,庚子爲1840年,徐鴻謨曾四次參加科舉考試,由"秋風"可知爲鄉試。此年爲恩科。

道光十六年丙申(一八三六)　二十三歲

本年當續居平湖。是年起至甲辰,始集《都梁香閣集》。

鄭蘭孫《蓮因室詩詞集前序》(1852):"予自丙申(1836)至甲辰(1844)所得之句,

① 《誦芬詠烈編》,第21卷,第1頁。
② 《蓮因室詩詞集》,傳,第1頁。
③ 《誦芬詠烈編》,第51卷,《孫太人遺詩第十四》,第1頁。
④ 《蒼蔔花館詩詞集》,詩集卷上,第13頁。
⑤ 《蒼蔔花館詩詞集》,詩集卷上,第16頁。

已集成一卷,題曰《都梁香閣集》。"①

道光十七年丁酉(一八三七)　二十四歲

本年居平湖。是年清明,送孫竺樵三兄隨舅氏孫觀任山東。秋,徐鴻謨應鄉試,不第。

鄭蘭孫《送竺樵兄隨任山左》:"風風雨雨過清明,一唱陽關百感生。故里秖憑歸夢去,天涯愁絕送人行。柳絲拂面鶯嗁緩,草色如煙客騎輕。別後韶光正無限,水聲山影暮雲平。"②此爲原作。《蓮因室詩詞集》中亦載默錄此首,題作《當湖送孫竺樵三兄之山左》,可知此時鄭蘭孫居當湖。山左,即今山東省。按:孫太宜人胞兄弟中僅孫觀在山東任職,曾任清河縣知縣、觀城縣知縣及菏澤縣知縣③。《長清縣志》卷四職官志"知縣"載:"孫觀,浙江錢塘人。嘉慶癸酉舉人。道光丙戌大挑一等。十五年二月署任。"④《觀城縣志》卷六職官志"知縣"載:"孫觀,浙江錢塘縣癸酉舉人。道光十七年三月任,二十年調補菏澤縣。"⑤按,鄭蘭孫稱其詩集自丙申(1836)始集,十五年爲1835 年,故該詩應作於孫觀赴觀城任知縣時,即道光十七年(1837),三月亦合清明時節。此外,《觀城縣志》修輯姓氏"分校"中,載"庠生孫念培,浙江錢塘縣人"⑥。按孫念培即孫竺樵,則亦證孫竺樵曾隨任觀城。

徐鴻謨《戊申中秋,舟泊寶應,湖中玩月,成歌即以誌感》:"乙丁兩載及庚歲,矮屋蒙頭倚鐙睡。年少名心氣尚雄,搖筆向天天已醉。(乙未、丁酉、己亥、庚子,文場疊放,□□秋風)"⑦

道光十八年戊戌(一八三八)　二十五歲

爲《都梁香閣集》徵題詠。秋,徐鴻謨、孫竺樵爲《都梁香閣集》題辭。本年當續居平湖。

徐鴻謨《戊戌秋日題〈都梁香閣集〉》(1838):"林下風流早出群,調脂弄粉漫紛紜。齊梁艷語香盈卷,周柳新詞唱入雲。筆底塵沙輸盡掃,閨中師友許平分。少年喜作驚人句,第一清新已讓君。"⑧孫竺樵《戊戌秋日題〈都梁香閣集〉》(1838):"脫口珠璣有別裁,繡餘寫韻綺窗開。行間新試簪花格,江左重驚詠絮才。好句全消脂粉氣,工愁端自性靈來。鬚眉未得窺廊廡,敢效詞人序玉臺。"⑨《蓮因室詩詞集》題辭二,徐琪

① 《蓮因室詩詞集》,序,《蓮因室詩詞集前序》,第 1 頁。
② 《都梁香閣詩集》,詩集,第 3 頁。
③ 《清代硃卷集成》,第 263 卷,第 171 頁。
④ (清)舒化民、孫觀修,《長清縣志》,道光十五年(1835)刻本,第 4 卷,第 5 頁。
⑤ (清)孫觀纂修,《觀城縣志》,道光戊戌(1838)年重修、民國二十二年排印本,第 6 卷,第 10 頁。
⑥ 《觀城縣志》,修輯姓氏,第 1 頁。
⑦ 《蒼葍花館詩詞集》,卷上,第 16 頁。
⑧ 《蓮因室詩詞集》,題辭一,第 1 頁。
⑨ 《蓮因室詩詞集》,題辭二,第 3 頁。

注:"原集所徵題詠,兵亂時與集俱失。先母在日,僅默得二首。"①由以上可知,鄭蘭孫曾於戊戌(1838)爲《都梁香閣集》徵集題詠若干,以上兩首爲兵亂後默得。

道光十九年己亥(一八三九)　二十六歲

　　是年始,徐鴻謨連歲作客,謀食四方,鄭蘭孫仍居平湖,不輟吟詠。秋,徐鴻謨應鄉試,不第。

　　徐鴻謨《娛清女史詩詞集序》(1843):"然而囊空羞澀,菽水需謀,親老承歡,旨甘不足(余以己亥、庚子、辛丑、壬寅連歲作客,謀食四方)。陸士龍之入洛,半爲饑驅;王仲宣之離家,無非寄食。年年橐筆,唱河梁攜手之詩;歲歲登樓,吟灞岸懷人之句。徒令深閨少婦,寄錦字以迴文;遠道離人,寫怨情於新柳。闌干倚月,不減低吟,刀尺經秋,多成好句(內子耽於覓句,雖忙迫不輟吟詠)。"②自己亥(1839)年始,因生計故,二人始多離聚,鄭蘭孫此期多有寄遠懷人之作,現存《春暮偶作寄懷夫子》、《蘇幕遮·憶外》等。

　　徐鴻謨《戊申中秋,舟泊寶應,湖中玩月,成歌即以誌感》:"乙丁兩載及庚歲,矮屋蒙頭倚鐙睡。年少名心氣尚雄,搖筆向天天已醉。(乙未、丁酉、己亥、庚子,文場疊放,□□秋風)"③

道光二十年庚子(一八四○)　二十七歲

　　七月,英軍由海上侵犯浙江平湖乍浦,其家由平湖還杭州。秋,徐鴻謨應庚子恩科鄉試,不第。

　　徐鴻謨《娛清女史詩詞集序》:"烽煙海嶠,戎馬南來(庚子海氛不靖,直犯乍浦,余家由當湖而還杭州)。"④庚子年,即 1840 年。小注中稱"余家由當湖而還杭州",知此時全家由平湖還杭州。

　　《清實錄·宣宗成皇帝實錄》道光二十年庚子秋七月上癸巳:"本日又據長喜馳奏,夷船直逼乍浦海口,該副都統率兵堵禦,互相轟擊,傷斃兵丁十餘名等語。"⑤甲午:"又諭,本日奇明保由驛馳奏,乍浦海口有夷匪船隻。"⑥據此知庚子七月,乍浦曾受英軍侵擾。

　　徐鴻謨《戊申中秋,舟泊寶應,湖中玩月,成歌即以誌感》:"乙丁兩載及庚歲,矮屋蒙頭倚鐙睡。年少名心氣尚雄,搖筆向天天已醉。(乙未、丁酉、己亥、庚子,文場疊放,□□秋風)"⑦此年爲恩科。

---

① 《蓮因室詩詞集》,題辭二,第 3 頁。
② 《蓮因室詩詞集》,序,《娛清女史詩詞集序》,第 1—2 頁。
③⑦　《蒼葡花館詩詞集》,卷上,第 16 頁。
④ 《蓮因室詩詞集》,序,《娛清女史詩詞集序》,第 2 頁。
⑤ 《清實錄》,北京:中華書局,1987 年,第 38 冊,第 336 卷,第 101 頁。
⑥ 《清實錄》,第 38 冊,第 336 卷,第 103 頁。

道光二十一年辛丑(一八四一)　二十八歲

是年或續居杭州。徐鴻謨曾客袁江(今江蘇淮安),居於舅氏孫國壽處。

徐鴻謨《戊申中秋,舟泊寶應,湖中玩月,成歌即以誌感》:"辛丑櫜筆饑驅來,清光邀我淮陰臺(辛丑重遊袁江,館虞尊舅氏館舍)。"①徐鴻謨《娛清女史詩詞集序》:"況乎杜牧依人之日,袁浦春波(辛丑客袁江)。"②可知辛丑(1841)年,徐鴻謨曾客袁江,并借居其舅氏家中。按袁江,又稱袁浦,即清江浦,清代屬淮安府清河縣,今屬江蘇淮安市。《清代硃卷集成》中載,孫太宜人胞兄孫國壽"原任同知,銜江南淮安通判"③,虞尊爲其字。

道光二十二年壬寅(一八四二)　二十九歲

是年居揚州。是年六月,英軍溯長江而上,進攻鎮江,揚州告警,其家由揚州避居秦郵(今江蘇高郵),作《避兵秦郵寓舍,偶作示吳琴淑夫人》。不久,由高郵復還揚州。秋,寄《都梁香閣詩集》呈表嫂朱璵,朱璵作題辭。是年,次女通兒生。

徐鴻謨《戊申中秋,舟泊寶應,湖中翫月,成歌即以誌感》(1848):"壬寅□□□□□,麏社湖中蟾影吐(壬寅秋,□英夷入江,奉母由揚避居秦郵)。"④又,徐鴻謨《娛清女史詩詞集序》:"相如賣賦之年,邗江花月(壬寅客揚州)……羽檄危城,扁舟北渡(壬寅夏又避地秦郵)。拋殘鈿合,盡室倉皇,捫擋金釵,全家遷徙。"⑤壬寅年,即1842年,因第一次鴉片戰爭中英軍進攻鎮江,揚州告警,故徐鴻謨侍奉母親并攜全家,從揚州北上至高郵。徐鴻謨《將歸武林,留別蘇香海、孫吉生》其三"紛馳羽檄夢魂驚,烽火家山驟點兵。怕向人前談往事,忍從劫外慶餘生(夷船入江,余與香海同避兵秦郵)。"⑥亦記錄此時情事。

鄭蘭孫《避兵秦郵寓舍,偶作示吳琴淑夫人》:"海上烽煙客夢驚,不堪回首又遄征。干戈擾攘鄉書斷,身世飄零俗累盈。白眼遭逢增閱歷,青山迢遞誤經營。蓬萊路迥無由到,何日求仙我共卿。"⑦詩應作於此時。

《清實錄·宣宗成皇帝實錄》道光二十二年壬寅六月中乙未:"本日據德珠布奏,逆夷猖獗。大幫船隻,已將瓜洲口門封堵。京口、江寧現俱危急,並有夷船駛進儀徵口,揚州亦甚可危。又據齊慎等奏,夷船五十六隻,由京口至瓜洲一字排列,並於金山插有紅旗各等語。逆夷闖入大江,勢甚猖獗。江寧、鎮江、揚州一帶,防堵均十分緊急。"⑧丙申:"本日據牛鑑奏,該逆於十四日由京口登岸,攻圍鎮江府城,勢已不支。"⑨

---

① ④　《蒼蔔花館詩詞集》,詩集卷上,第16頁。
② ⑤　《蓮因室詩詞集》,序,《娛清女史詩詞集序》,第2頁。
③　《清代硃卷集成》,第263卷,第171頁。
⑥　《蒼蔔花館詩詞集》,詩集卷上,第12頁。
⑦　《都梁香閣詩詞集》,詩集,第6頁。
⑧　《清實錄》,第38冊,第375卷,第764頁。
⑨　《清實錄》,第38冊,第375卷,第767頁。

丁酉"又諭,耆英奏,逆夷攻陷鎮江府城一摺。"①則該年六月中旬,鎮江即已失守,揚州告警。

朱璵《題鄭娛清女史〈都梁香閣詩稿〉》:"自挹西湖水,妝臺浣筆吟。淨如鏤月魄,清若抱冰心。春草傳新句,秋風愜素襟。題詩寄香閣,悵望企芳音。"②鄭蘭孫作悼朱璵輓詩二首其一:"秋風秋雨意纏綿,千里神交妙句傳(壬寅秋,曾寄題拙稿)。"③據小注知,壬寅(1842),鄭蘭孫曾寄呈詩集並請朱璵題辭。朱璵,字葆瑛,爲海鹽朱方增女,曲阜孔憲彝妻。按:孔憲彝母孫氏爲孫同琨次女④,即孫太宜人胞妹,故朱璵爲徐鴻謨、鄭蘭孫表嫂。

鄭蘭孫《臺城路·己酉正月十三日哭次女通兒》:"八年繞膝今成夢,傷心不堪回首。掌上珠沈,懷中月冷,恰是燒燈時候。"⑤己酉爲道光二十九年(1849),逆推八年,則次女通兒應在道光二十二年(1842)年出生。

道光二十三年癸卯(一八四三)　三十歲

是年秋,由揚州移住吳門(今江蘇蘇州),鄭蘭孫作《漁家傲》詞。徐鴻謨曾歸杭州應癸卯鄉試,與孫竺樵、孫葆麓同遊理安寺。

徐鴻謨《娛清女史詩詞集序》(1843):"幸而鼙鼓聲銷,欃槍影落,蘇臺小住,鏡檻初安(癸卯秋,由揚州移住吳門)。……此日玉臺小序,梅萼含春,他時彩筆同題;杏花吐艷,唱隨樂志,極平生好合之歡;婉孌同心,補已往別離之缺。"⑥末署"道光癸卯十二月望後一日若洲題於吳門寓舍,率意寫情,殊不覺言之冗也。"道光癸卯,即1843年,徐鴻謨在吳門(今江蘇蘇州),爲鄭蘭孫詩詞集作序,即《娛清女史詩詞集序》。徐鴻謨及其家小住蘇州之時,時局平穩,闔家相聚,夫妻和樂,心態亦較爲寬裕。又,《序》中亦述此集創作內容:"年年橐筆,唱河梁攜手之詩;歲歲登樓,吟灞岸懷人之句。徒令深閨少婦,寄錦字以迴文;遠道離人,寫怨情於新柳。闌干倚月,不減低吟,刀尺經秋,多成好句(內子耽於覓句,雖忙迫不輟吟詠)。合兩心之離聚,集一卷之珠璣。不四五年,得數百首(詩草三百九十餘首,詞草一百八十餘首)。詩則纏綿悱惻,盡送行、惜別之章;詞則綺麗清新,悉殘月曉風之曲。"⑦由徐鴻謨序可知,集中猶多送行、惜別之作,以此可窺見《都梁香閣集》原貌。並且,原集《都梁香閣集》共詩作390餘首,詞作180餘首。

鄭蘭孫《漁家傲》(至吳門舟中晚眺):"昏鴉陣陣投林黑,好山迎面如相識。閒倚篷窗心似織,蒲帆直,西風吹夢來無力。斜照將沉烟水碧,鄉心撩亂天涯客。雁自南

---

① 《清實錄》,第38冊,第375卷,第769頁。
② (清)朱璵,《小蓮花室遺稿》二卷,道光二十五年(1845)刻本,第2卷,第23頁。
③ 《小蓮花室遺稿》,輓詩,第3頁。
④ 《清代硃卷集成》,第212冊,第7頁。
⑤ 《蓮因室詩詞集》,詞集,第4頁。
⑥ 《蓮因室詩詞集》,序,《娛清女史詩詞集序》,第2頁。
⑦ 《蓮因室詩詞集》,序,《娛清女史詩詞集序》,第1—2頁。

飛燕自北，韶華易，蘆花兩岸秋將白。"①該詞爲吳門秋景，應作於此時。

徐鴻謨《戊申中秋，舟泊寶應，湖中玩月，成歌即以誌感》："□□□□歸故鄉，故鄉明月照我裳。榜人催渡不得住，漠漠江雲渺天暮。明年舊夢試重尋，袁浦傷心華屋故。（癸卯復歸武林，甲辰秋再至袁江，舅氏已歸道山，昔日知交零落殆盡）"②知徐鴻謨於癸卯（1843）年曾歸故鄉杭州。徐鴻謨《游理安寺題壁》："殘墨成雙絕，重游紀十年（甲午春偕同人游此，迄今已十載矣）。"③甲午爲 1834 年，十年之後即爲癸卯（1843）年。又，徐鴻謨《和竺樵游理安詩韻》："笑指烟霞結勝游，振衣同上最高樓。（同游者爲沈雲史、約齋昆仲、孫竺樵、葆麓表弟。）""快意雲山遙縱目，及時鷹隼猛盤秋。"④可知其時爲秋。是年有癸卯科鄉試，徐鴻謨、孫竺樵、孫葆麓及諸人同遊，應即同赴秋闈。俞樾《徐若洲君傳》載其"應鄉試，五薦不見取。"⑤

道光二十四年甲辰（一八四四）　三十一歲

是年，《都梁香閣集》集成。春，自蘇州回故鄉杭州。三月十七日，孫補年去世，鄭蘭孫作《哭孫補年外祖父》。回程道出鴛湖（今浙江嘉興），至孫匡叔三舅父署中，晤談甚快，臨行與六表弟孫葆麓舟中話別，後之揚州。秋，徐鴻謨再至袁江（今江蘇淮安），時舅氏孫國壽已去世。重陽後三日，徐鴻謨爲《都梁香閣集》題辭。冬，作《甲辰冬夜夢孫補年外祖父》。是年女徐雲芝生。

鄭蘭孫《蓮因室詩詞集前序》（1852）："予自丙申（1836）至甲辰（1844）所得之句，已集成一卷，題曰《都梁香閣集》。"⑥知此年《都梁香閣集》已集成。徐鴻謨《甲辰重陽後三日題〈都梁香閣集〉》（1844）："嘔空心血寫新詩，月底花前弄筆時。語到纏綿難著句，事當離別易悲思。風塵對影懷前度，雲海盟心數舊詞。慚愧王郎笑天壤，筆花禿盡苦吟遲。"⑦徐鴻謨爲集成《都梁香閣集》題辭，自比王郎，見夫妻感情融洽。

鄭蘭孫《蓮因室詩詞集》卷下載《憶孫竺樵三兄、葆麓六弟》："春江細雨羈棹歸，東閣嚴寒話客心。（甲辰予返武林，道出鴛湖。至匡叔舅氏署中，晤談甚快，臨行葆麓登舟話別，時值細雨，榜人慷於解維。）"⑧知其甲辰（1844）年返杭州，由"春江細雨"一句，可知季節爲春。按據徐鴻謨《娛清女史詩詞集序》署"道光癸卯十二月望後一日若洲題於吳門寓舍"，可知上年即癸卯（1843）冬，徐、鄭仍居蘇州，故此次返杭州，應自蘇州出發。又，回程時途經鴛湖，鴛湖即今浙江嘉興。鄭蘭孫回程經舅氏孫匡叔即嘉興縣學教諭孫頤⑨處，《禾中小住三日，臨別賦此呈孫匡叔三舅父》或載此時情境。又，鄭蘭孫集中載《重之邗江，留別故鄉親友》、《重之邗江後，寄懷禾中孫匡叔三舅父》，可

①　《蓮因室詩詞集》，詞集，第 1 頁。
②　《薔蔔花館詩詞集》，詩集卷上，第 16—17 頁。
③④　《薔蔔花館詩詞集》，詩集卷上，第 13 頁。
⑤　《春在堂雜文》，第 898 頁。
⑥　《蓮因室詩詞集》，序，《蓮因室詩詞集前序》，第 1 頁。
⑦　《蓮因室詩詞集》，題辭一，第 1 頁。
⑧　《蓮因室詩詞集》，詩集卷下，第 5 頁。
⑨　《清代硃卷集成》，第 263 卷，第 171 頁。

知離別故鄉及禾中後，鄭蘭孫又重之邗江，即江蘇揚州。

徐鴻謨《戊申中秋，舟泊寶應，湖中玩月，成歌即以志感》："明年舊夢試重尋，袁浦傷心華屋故。（癸卯復歸武林，甲辰秋再至袁江，舅氏已歸道山，昔日知交零落殆盡）"①知甲辰（1844）年徐鴻謨再至袁江，即今淮安。

是年冬，鄭蘭孫作《甲辰冬夜夢孫補年外祖父》，詩中有"浮雲聚散本虛無，難向泉臺問消息。廿年恩重豈尋常，往事追思寸腸裂。速死從親亦何憾，萍梗天涯有誰惜。銅壺滴盡更漏殘，援筆書成淚凝血"②等句，情感極爲強烈，推知孫補年應即於甲辰去世，鄭蘭孫春日返鄉應即爲此。《金縷曲》詞序中稱"三月十七日，乃孫補年外祖父仙遊之辰"③，據此，孫補年應爲甲辰三月十七日去世。《哭孫補年外祖父》應爲去世時作。

徐琪《庚寅十月仰蒙特恩，貤封先姊，感荷殊榮，恭紀二律并序》："四十餘年願始償（姊氏生於道光甲辰，至今四十七年），獨邀異數拜恩光。"④知徐琪姊氏生於道光甲辰（1844 年）。又，《清代硃卷集成》"徐琪"條："胞姊適袁氏，敕授登仕佐郎候補從九品同里袁公坦齋子啟瀛，敕授登仕佐郎候補從九品諱豫太學生名啟湘胞弟。先姊性至孝，嘗割股愈先太宜人疾，且工吟詠，善畫，著有《繡餘稿》，采入《杭郡詩》續輯。"⑤又，俞樾《鄭孺人傳》："生女一，曰雲芝。……雲芝亦能詩，嫁同里袁啟瀛。"⑥知徐琪姊氏名雲芝，嫁袁啟瀛，能詩。徐珂《近詞叢話》："仁和徐紫仙女士雲芝，爲若洲司馬鴻謨娛清太夫人蘭孫之女，花農侍郎琪之姊，好倚聲，即以咸豐戊午辛酉，兩次割股療母疾，著稱於時者也。咸豐初，隨宦揚州，適有粵寇之擾，紫仙乃與侍郎同侍太夫人避居如皋，雖晨炊暮爨，紫仙亦兼任之。然稍暇，必填小詞以自遣，多雋句，可與侍郎之玉可詞、落葉詞并傳。癸亥，適袁子才之從曾孫蔚文上舍，倡隨甚得。及太夫人卒，以思慕成疾，遂至不起，時同治癸亥也。所著爲《秀瓊詞》，恭忠親王奕訢題詞以譽之，有"裁雲縫月，驪珠一一陽春調"等句。"⑦另按：俞樾《鄭孺人傳》載："咸豐三年……從孫太孺人挈子女以出，奔如皋。未至，失其長女，女甫十歲，意必殤折矣。未幾，竟得於吳陵之鄉間。"⑧若俞樾記載準確，則鄭蘭孫長女於咸豐三年（1853）年剛滿十歲，則長女應生於道光二十四年（1844），應指徐雲芝。然而，據前所考，鄭蘭孫寫詞悼次女通兒，通兒生於道光二十二年（1842），則徐雲芝其實並非長女。姑存其說備考。

道光二十五年乙巳（一八四五）　三十二歲

是年居揚州。三月十七日，外祖父孫補年去世期年，作《金縷曲》懷之。六月

①　《薔蔔花館詩詞集》，詩集卷上，第 17 頁。

②　《蓮因室詩詞集》，詩集卷上，第 8 頁。

③　《蓮因室詩詞集》，詞集，第 1 頁。

④　（清）徐琪：《花磚日影集》，清光緒三十三年（1907）刻本，《清史文集彙編》編纂委員會編：《清代詩文集彙編》，上海：上海古籍出版社，2010 年，第 775 冊，第 238 頁。

⑤　《清代硃卷集成》，第 263 冊，第 175 頁。

⑥　《蓮因室詩詞集》，傳，第 3 頁。

⑦　《詞話叢編》，第 5 冊，第 4226 頁。

⑧　《蓮因室詩詞集》，傳，第 1—2 頁。

十五日，表嫂朱璵去世，作輓詩兩首、《浪淘沙》詞并序。冬，孫竺樵南歸杭州掃墓，道經揚州小住。

鄭蘭孫《金縷曲》（三月十七日，乃孫補年外祖父仙遊之辰，撫今追昔，愴然於懷，爰賦此闋，聊當一哭）中有“千里關山隔。痛慈顏，仙遊去也，今生永訣。寒食棠梨風雨共，又是期年時節。”①“期年時節”，即可知爲外祖父去世後一年作。又，《憶孫竺樵三兄、葆麓六弟》自注：“乙巳冬日竺樵南歸掃墓，道經邗江小住。”②表兄孫竺樵從山東回杭州掃墓，途經揚州，住在其家，按應即爲其祖父孫補年掃墓。可知鄭蘭孫此年住揚州，亦可證孫補年於甲辰（1844）去世。《重之邗江后，寄懷禾中孫匡叔三舅父》中有“睽隔慈顏又一年，依依孺慕望南天”之句，應亦作於此時。

鄭蘭孫《浪淘沙》詞序：“葆瑛表嫂夫人工花鳥，深得元人畫法，惜未得片紙。近聞已謝世，遺稿尚存，因制小詞寄呈繡山表兄，即乞數紙以爲畫學楷模，一瓣心香，當許阿儂敬奉耳。”③《小蓮花室遺稿》中另有鄭蘭孫作輓詩兩首。

居揚州時，鄭蘭孫常懷念故鄉，如《吳蘭齋夫人以詩寄懷，賦此代柬》：“河梁握手記臨歧，強說還鄉定有期。路遠祇憑書往返，愁多翻覺語支離。”“二分明月他鄉夢，一紙音書此日言。知否客中無賴甚，藥爐經卷伴朝昏。”④與此同時，對揚州頗不習慣，如《和故鄉吳蘭齋夫人病中寄懷原韻，時予亦臥疾》：“揚州風味異杭州，雪過清明尚未收。秋早已鋪方錦褥，春深猶著木棉裘。生疏歧路交親少，冷淡襟懷別思悠。惟有多情簾外月，夜來仍照客中愁。”⑤

道光二十六年丙午（一八四六）　三十三歲

是年居揚州。

道光二十七年丁未（一八四七）　三十四歲

是年居揚州。丁未中秋，徐鴻謨曾與傅立庭、沈月峰、周小坡並蔣君等於揚州賞月。

徐鴻謨《戊申中秋，舟泊寶應，湖中翫月，成歌即以誌感》（1848）：“揚州花月寄琴劍，燈紅酒綠華年驚。步兵老去嵇康死，昔日酒徒今已矣（丁未中秋，傅立庭參軍招同沈月峰、周小坡並蔣君，賞玩月色。今夏，立庭謝世，小坡返吳中，月峰亦歸武林，座中諸人無一在廣陵矣）。”⑥言戊申時座中諸人無一在廣陵矣，可證丁未中秋時，徐鴻謨及諸君皆在揚州。鄭蘭孫亦應續居揚州。

①　《蓮因室詩詞集》，詞集，第 1 頁。
②　《蓮因室詩詞集》，詩集卷下，第 5 頁。
③　《小蓮花室遺稿》、《小蓮花室圖卷》，題辭第 5 卷，第 3 頁。亦載《都梁香閣詩詞集》，詞集，第 5 頁。
④　《蓮因室詩詞集》，詩集卷上，第 5 頁。
⑤　《蓮因室詩詞集》，詩集卷上，第 6 頁。
⑥　《蒼葍花館詩詞集》，詩集卷上，第 17 頁。

道光二十八年戊申(一八四八)　三十五歲

是年居揚州,以《都梁香閣集》呈仁和許延礽,許延礽作題辭。徐鴻謨奉檄往寶應任上官時堡司巡檢。

許延礽《娛清夫人以都梁香閣集見示,拜讀一過,聊成短律,以誌欽佩,時戊申初夏,書於福連室》:"廣陵同作客,閨閣乍聯盟。相見恨吾晚,論才數獨清。生花春旖旎,詠絮雪分明。重結西泠社(予舊有西泠吟社),登壇讓鑑衡。"①由"廣陵同作客"可知鄭蘭孫此年仍居揚州,並與仁和許延礽結爲同盟姊妹。

徐鴻謨《戊申中秋,舟泊寶應,湖中翫月,成歌即以誌感》(1848):"今年捧檄來湖西,湖西波浪天與齊(時之上官分署任)。"②俞樾《徐若洲君傳》:"又以母老冀以祿養,乃入貲爲從九品,分發江蘇,歷署上官時堡司巡檢,又署江都、甘泉兩縣典史。"③據兩處記載,則徐鴻謨於戊申(1848)年舟泊寶應縣(今江蘇寶應),將任上官時堡司巡檢。

道光二十九年己酉(一八四九)　三十六歲

是年居揚州。正月十三日,次女殤,作《臺城路‧己酉正月十三日哭次女通兒》。

鄭蘭孫《臺城路‧己酉正月十三日哭次女通兒》:"八年繞膝今成夢,傷心不堪回首。掌上珠沉,懷中月冷,恰是燒燈時候。韶光依舊。歎一現曇花,罡風吹瘦。盼爾重來,今生已矣那能夠。聰明怎偏不壽,檢斷紙零箋,淚痕盈袖。飄緲泉臺,凄涼人世,幾個黃昏清晝。茶前飯後。每誤喚兒餐,存心酸透。空奠椒漿,冥途知也否。"④此年次女通兒殤,時八歲。

道光三十年庚戌(一八五〇)　三十七歲

是年居揚州。

咸豐元年辛亥(一八五一)　三十八歲

是年居揚州。春,曾於許延礽齋中晤錢塘沈善寶,贈沈善寶詩四首。十二月二十九日,生長子徐琪。

沈善寶《名媛詩話》:"辛亥春日,北上至廣陵,訪雲林、雲姜、伯芳,班荆道固,舊雨情深。……又於雲林齋中,晤雪溪鄭蘭孫娛清,美秀工詩。雲林出其贈句四章,錄二云:'簾捲西風翠袖涼,一燈秋雨送昏黃。疏園久負湖山約,歸夢難尋別意長(原注:余別西湖八載,今春君歸,擬同行,不果)。''鴻爪泥痕感舊游,自憐青鬢不禁秋。吟肩消

① 《都梁香閣詩詞集》,題辭三,第1頁。
② 《舊蔔花館詩詞集》,詩集卷上,第17頁。
③ 《春在堂雜文》,第898—899頁。
④ 《蓮因室詩詞集》,詞集,第4頁。

瘦吟懷減,別是天涯一種愁。'"①按:雲林,許延礽字。知是年沈善寶曾歸杭州,鄭蘭孫本擬同行,不果。後沈善寶北上至揚州,遂晤之於許延礽住處,鄭蘭孫贈沈善寶詩四首,今錄存兩首。亦由鄭蘭孫詩原注知,其別西湖八載,即自道光甲辰(1844)後未嘗還西湖,可推八年間皆應住揚州,亦可證其外祖父孫補年確於甲辰歲去世。

《清代硃卷集成》:"徐琪,字涵哉,號花農,行一。咸豐辛亥年十二月二十九日吉時生,杭州府仁和縣學優行廩膳生民籍。"②知其子徐琪生於此年。

咸豐二年壬子(一八五二)　　三十九歲

夏,患疾,夢大士獲痊。秋,錄存乙巳至壬子年詩作,題爲《蓮因室稿》,并自序。七月十二日,作《臺城路·壬子七月二十夜紀夢》。居揚州。

鄭蘭孫《蓮因室詩詞集前序》:"惟乙巳(1845)至今,凡有吟詠,隨作隨忘,零星拋棄,散失殊多。兼之作客天涯,詩懷草草,寄身宦海,歲月堂堂,東閣觀梅,時有奇懷之什,西窗剪燭,每多寓感之詞。……志氣已拌,誤盡蛾眉;客邸衷懷,猶冀傳諸翰墨。爰於雨窗,秋日姑錄存之,名曰《蓮因室稿》,感入世之因,悟出塵之妙。蓋予夏間臥疾,幾殆迷惘中,似爲大士引去,戒之曰:汝本蓮座侍香之童,偶謫塵寰,諸宜留意并示偈言四句云:心如明鏡不沾塵,慧業無端誤爾身。記取本來真面目,蓮華會上證前因。予擬再叩,則覺花雨著衣,旃檀竟體,惕然而寤,疾亦頓瘥。"③知鄭蘭孫於秋日,錄存乙巳(1845)至壬子(1852)詩作,又記夏日臥疾,後夢大士獲痊事。末署"咸豐壬子(1852)秋七月蓮因室主人自序"。

咸豐三年癸丑(一八五三)　　四十歲

春二月間,太平天國侵揚州,揚州告警。時徐鴻謨方奉檄至袁浦(今江蘇淮安),鄭蘭孫從孫太孺人挈子女倉皇出避,棄《都梁香閣集》《蓮因室稿》兩集,惟奉清帝賜文、穆詩卷及其家乘,與先代遺像。避兵時,女徐雲芝及其從兄走失,後竟復得。是年冬暫居小紀(今揚州江都),作《放歌》《癸丑二月揚城告警,予倉皇奉姑慈出避,感而賦此》等。是年,子竺弟殉難,作《六月十二日哭子竺弟殉難》。

鄭蘭孫《癸丑二月揚城告警,予倉皇奉姑慈出避,感而賦此》其二:"承歡何以慰姑慈,歷盡艱辛到此時。一卷遺容重香火,四齡幼子念宗支。畫眉人遠書難寄,白髮秋生感可知。尤望天公黯呵護,奎章家乘莫相離。"④末句自注:"予出避時行篋皆棄去,惟奉高廟賜先相國詩卷及先人遺像、家乘,敬不敢失。"⑤俞樾《鄭孺人傳》:"咸豐三年,賊陷江寧,順流而下,將薄揚州。時徐君奉檄乞援於淮。孺人曰:'事急矣!吾姑高年,不宜久居危城。'而又懼中途遇鈔掠,乃盡棄其囊匧,惟奉純皇帝賜文穆詩卷及

---

①　(清)沈善寶,《名媛詩話》,清光緒鴻雪樓刻本,續集下,第 6—7 頁。
②　《清代硃卷集成》,第 263 冊,第 163 頁。
③　《蓮因室詩詞集》,序,《蓮因室詩詞集前序》,第 1 頁。
④⑤　《蓮因室詩詞集》,詩集卷下,第 15 頁。

其家乘,與先代遺像,從孫太孺人挈子女以出,奔如皋。"①又俞樾《杉泉公配孫太宜人墓表》:"咸豐三年,粵賊攻揚州,若洲君方奉檄至袁浦。其配鄭太宜人請太宜人出避之。太宜人曰:'吾守此待二兒歸耳,何避爲?'鄭太宜人因固請,乃遷居如皋。……鄭太宜人於筐箱囊橐,皆棄不顧,惟奉高廟賜文敬公詩卷及先世畫像與家乘以行,道途跋涉,風雨霑濡,詩卷畫像均幸無恙。家乘則稍損焉,太宜人手自補葺之。今武林徐氏猶得以考訂世系,敍次昭穆,賴有此冊之存,兩太宜人之力也。"②據以上兩條,則此時徐鴻謨正在袁江奉檄乞援,揚州兵亂之時,鄭蘭孫以一女子而攜孫太宜人、子女避難,惟奉清帝所賜文穆詩卷、家譜及先代遺像,而捨棄自身詩詞稿,最終使徐氏家譜得以保存下來。

又,徐琪《欽旌先姊袁宜人刲臂孝行恭紀》詳細追述了其家避難過程:"我生四齡前,其事多不記。溯余五齡時,實維癸丑歲。吾父呂東公,僑居邗江地。吾母鄭恭人,慈姑日隨侍。吾與姊俱幼,繞膝競嬉戲。未幾烽煙警,倉皇驟出避。姊偕余從兄,相失在途次。母攜余後行,尚兼一幼弟。弟弱艱跋涉,悲哉遽折翅(胞弟璠以幼行維艱,遂落後殉寇難矣)。吾母慎宗祧,艱危籌百計。日履荊榛叢,饔飧每不繼。周遭歷十月,始與慈姑會(先世母張宜人奉先王母孫太恭人出避,先母携琪後行,亦相失輾轉,避匿民間者,十月辛苦備嘗)。其時我世母,嗟余從兄事。日夕聲悲啼,吾父亦隕涕。大書懸上賞,得者酬以幣。書不及吾姊,磊落十數字。不圖一旦間,吾姊亦俱至。僉謂丙吉家,陰德綿累祀。不然求大郎,何來女公子。時姊方十齡,天性已肫摯。雙手牽母衣,淚下巾爲漬。旁觀動驚歎,咄咄各稱異。"③由詩及詩注可知,鄭蘭孫嫂張宜人奉孫太宜人一道,女徐雲芝與其從兄一道,鄭蘭孫攜徐琪及幼子徐璠一道,途中輾轉相失,備嘗艱辛,至重新會合,共歷時十個月。徐雲芝與其從兄曾中途走失,徐鴻謨後懸幣求其兄子,徐雲芝及其從兄後終行至。另,知鄭蘭孫另有一幼子,徐璠,在逃難途中殉難。按:徐琪於咸豐元年(1851)十二月二十九日出生,推算其幼弟應於咸豐二年(1852)末或咸豐三年(1853)初出生。

鄭蘭孫《如皋寓齋感懷》:"依稀風景又他鄉,回望邗江黯自傷。小紀寒宵支病榻,如皋春日卸行裝。"④"小紀"句自注:"去冬揚城寇亂,侍子避兵寄寓小紀,驚憂所致,病幾殆。"⑤詩以"邗江"代稱揚州,揚州遭受太平天國之亂,時在咸豐癸丑(1853)。據小注中記載,其家於1853年冬先從揚州避居小紀。小紀,今揚州市江都區小紀鎮,在泰州西北。

是年六月十二日,孫子竺於揚州之亂中殉難,作《六月十二日哭子竺弟殉難》。

《續纂揚州府志》:"咸豐三年春二月,粵賊林鳳祥等,率衆陷揚州、儀徵。……粵賊洪秀全既陷金陵,與楊秀清計遣偽丞相林鳳祥、羅大綱、李開芳、曾立昌等率賊東下,時鎮江已陷,二十日陷儀徵,二十三日遂陷揚州。"⑥

---

① 《蓮因室詩詞集》,傳,第1頁。

② 《誦芬詠烈編》,第21卷,第2頁。

③ 《花磚日影集》,第5卷,第9—10頁。

④⑤ 《蓮因室詩詞集》,詩集卷下,第1頁。

⑥ 《續纂揚州府志》,第3冊,第24卷,第1369頁。

咸豐四年甲寅（一八五四）　四十一歲

　　春二月，携家由小紀移居如皋，驚憂幾殆。六月十二日，表弟孫子竺亡期滿一年，復作詩十六章悼念。又强記戰亂前舊作，録成一冊，默壬子年自題蓮因室序一篇，録於卷首，即前序。初夏再作一序，即後序。又作《甲寅春日客館無聊，記録兵亂時失去舊作，愴然有感，爰成十絕句，即自題蓮因室稿卷首》。是年徐鴻謨代篆揚城。

　　鄭蘭孫《如皋寓齋感懷》："依稀風景又他鄉，回望邗江黯自傷。小紀寒宵支病榻，如皋春日卸行裝。"①"小紀"一句自注："去冬揚城寇亂，侍子避兵寄寓小紀，驚憂所致，病幾殆。"②"如皋"一句自注："今二月間，由小紀移居如皋。"③去冬既爲揚州戰亂之時，即咸豐癸丑（1853），則今二月即爲甲寅（1854）春二月，始至如皋。胡懷玉《鄭太夫人都梁香閣集爲人借閱二十七年始重還花農太史家，余獲展觀，敬題二律》："未待談詩坐，曾尋選佛場。"句注："太夫人僑寓如皋，居東岳禪院旁。"④據此，則其於如皋寓所，在東岳禪院旁。鄭蘭孫有《東嶽禪寺題壁》詩。

　　鄭蘭孫《如皋寓齋感懷》："辛勞作宦憐夫婿，嬌小無知念幼嬰。堂上姑慈恩未報，故鄉親墓痛難營。"⑤"辛勞"一句自注："時夫子代篆揚城"⑥；"堂上"兩句自注："嚴慈靈櫬均未卜葬，茲又緣逆匪作亂，未克買棹南歸。"⑦此句應指鄭蘭孫父母之靈柩，尚未選好葬地，而如今遭亂，亦傷痛未能回杭州處理此事。

　　鄭蘭孫《子竺弟去歲避兵鄉間，潛入賊營，欲殲其渠魁，爲我軍應以機事，不密被害，今歲六月十二日乃其期年亡期，賦詩十六章哭之，詩成泣鬼，固未敢當此言，而哀情或過焉。弟果有知，當亦隕涕矣》⑧，於孫子竺遇難後一年，又賦詩十六章紀念。孫子竺，《清代硃卷集成》"徐琪"條："祖妣氏孫……太學生諱因培……胞姑"⑨，則其爲徐鴻謨母親孫太宜人侄，爲徐鴻謨、鄭蘭孫表弟，更爲鄭蘭孫引爲益友、知己。鄭蘭孫《長歌示孫子竺弟》稱："落落雲萍交，惟君是益友"、"所以區區念，最貴者知己"⑩，《送孫子竺弟之皖江》（其一）："異鄉知己孰如君，慷慨胸襟卓不群"⑪。《蓮因室詩詞集》卷上亦録有一首孫子竺和韻，原韻爲鄭蘭孫《夕照將沉，月痕初上，與孫子竺弟清話，信筆賦此》，孫子竺和韻中亦稱"天上神仙原免俗，人間知己定無雙"⑫句，署"孫因培子竺"，亦引鄭蘭孫爲知己。

　　鄭蘭孫《蓮因室詩詞集後序》（1854）："甲寅春日，因避兵遷居雉水，虛齋寂寂，顧影生憐，明鏡朝朝，容華暗減。悵昔游之如夢，散盡晨星，幻質之非堅，等諸朝露，恒眉愁不解，益往事難忘，排悶無朋，防憂斷酒，於無可如何之時，作無可如何之事。爰將

　　①②③⑤⑦　《蓮因室詩詞集》，詩集卷下，第 1 頁。

　　④　《都梁香閣詩詞集》，題辭三，第 1 頁。

　　⑧　《蓮因室詩詞集》，詩集卷下，第 1—4 頁。

　　⑨　《清代硃卷集成》，第 263 冊，第 171 頁。

　　⑩　《蓮因室詩詞集》，詩集卷上，第 9 頁。

　　⑪　《蓮因室詩詞集》，詩集卷上，第 13 頁。

　　⑫　（清）孫子竺：《和韻》，鄭蘭孫：《蓮因室詩詞集》，光緒乙亥（1875）刊本，詩集卷上，第 14 頁。

舊作强記十分之一,録成一册,并以自題蓮因室序一篇,亦默出,録之卷首。"①雉水,即如皋。由後序可知,鄭蘭孫遷居如皋後,將舊作强記默録一册,并默出自題蓮因室序一篇。是年亦作《甲寅春日客館無聊,記録兵亂時失去舊作,愴然有感,爰成十絶句,即自題蓮因室稿卷首》。

咸豐五年乙卯(一八五五)　四十二歲

春,疾病時作,祈得兩籤,仿袁枚作生輓詩自輓,共十六章,并作生輓文。五月,孫太孺人卒,獨治喪。居如皋。徐鴻謨署揚州府經歷,兼理清軍同知。如皋顧梅卿爲其畫《西窗坐月圖小影》,鄭蘭孫作《自題西窗坐月圖小影》及《西窗坐月圖成,後懸諸壁間,夜燈對影,余懷黯然,因以瓣香自弔,重題六絶句以誌感》詩。

鄭蘭孫《生朝自悼詩八首并生輓文》:"乙卯春日,塵勞所積,疾病時作,祈得二籤,一云:'晝長一枕黑甜餘,夢入南柯上使車。富貴榮華何足羨,覺來萬事總空虛。'其一籤亦有:'世事盡隨流水去,功名富貴等浮雲'之句。……因憶袁簡齋太史緣卜筮歲星,不吉,作生輓詩自輓……爰於上巳生朝,花明晝靜之時,敬禮大悲寶懺一壇,一則懺已往之業因,一則祈將來之淨果,仰仗佛力,普渡迷津外,另設瓣香、佳果、清茗。時花影形相弔,自致辭於錢唐娛清女史,蓮因室主人座前……"②知乙卯(1855)春日,鄭蘭孫患疾,祈得二籤,因憶袁枚卜筮不吉作生輓詩事,遂亦自作生朝自悼詩並生輓文。

俞樾《鄭孺人傳》:"越二年,孫太孺人卒,徐君方護理揚州府清軍同知,孺人獨治喪,衣衾皆手自縫紉,人稱其孝。"按咸豐三年越二年,爲1855年。俞樾《杉泉公配孫太宜人墓表》:"咸豐五年五月辛卯,卒於如皋,年八十有二。"③

俞樾《徐若洲君傳》:"咸豐五年,署揚州府經歷,兼理清軍同知。"④若俞樾所言爲確,則此時徐鴻謨在揚州,任揚州府經歷,并兼清軍同知一職。

鄭蘭孫《顧梅卿以筆囊索題,賦四絶句》其一自注:"顧君善繪事,名冠一時。余《西窗坐月圖小影》,即其所寫。"⑤鄭蘭孫作《自題西窗坐月圖小影》及《西窗坐月圖成,後懸諸壁間,夜燈對影,余懷黯然,因以瓣香自弔,重題六絶句以誌感》詩,亦有自弔之感,故繫於此年。按:顧梅卿,名承慶,爲徐琪受業師,江蘇如皋縣貢生。⑥據鄭蘭孫載,《西窗坐月圖小影》爲其所寫,鄭蘭孫亦作詩記之。

咸豐六年丙辰(一八五六)　四十三歲

春,院中牡丹盛開,作詩記之。夏,如皋大旱,鬻衣易粟,食鄰居之餓者。宗友石遺瓜解暑,作詩謝之。

---

① 《蓮因室詩詞集》,序,《蓮因室詩詞集後序》,第1頁。
② 《蓮因室詩詞集》,詩集卷下,第7—8頁。
③ 《誦芬詠烈編》,第21卷,第3頁。
④ 《春在堂雜文》,第899頁。
⑤ 《蓮因室詩詞集》,詩集卷下,第13頁。
⑥ 《清代硃卷集成》,第263册,第173頁。

鄭蘭孫作《避兵僑寓雉城,迄今三載,院中牡丹自寄迹後更盛於昔,豈花亦識余耶。嗟乎,天涯萍梗,逆旅勞人,逝水華年,涼蟬身世,詩懷冷落,非復當時,勉再賦四章,聊酬花神之深意云爾》詩。由詩題知,此時距僑寓如皋,已三載,即丙辰(1856)年。

俞樾《鄭孺人傳》:"明年大旱,孺人鬻衣易粟,食鄰比之餓者。"[1]明年,依其前後文,爲咸豐三年(1853)之後"越兩年",又"明年",故應爲 1856 年。鄭蘭孫《謝宗友石遺瓜》:"炎暑難消盼日斜,感公親賜綠沈瓜。"應作於此年。按:宗金樹,字友石,歲貢生,選新陽縣訓導[2],著《三禮條貫》、《枕經山房詩詞集》[3],鄭蘭孫與之唱酬頗多。

《如皋縣續志》:"(咸豐)六年丙辰夏旱蝗,秋穀不登。"[4]

咸豐七年丁巳(一八五七) 四十四歲

是年居如皋。

咸豐八年戊午(一八五八) 四十五歲

是年居如皋。患疾,徐雲芝刲股療母疾。太平天國軍再陷揚州,徐鴻謨時駐守揚州,率兵迎戰,多處重傷,幾死。

徐琪《欽旌先姊袁宜人刲臂孝行恭紀》序:"先姊氏於咸豐八年、十一年兩次刲股療母疾"[5]。咸豐八年,即 1858 年。

徐珂《近詞叢話》:"仁和徐紫仙女士雲芝,爲若洲司馬鴻謨娛清太夫人蘭孫之女,花農侍郎琪之姊,好倚聲,即以咸豐戊午辛酉,兩次刲股療母疾,著稱於時者也。"[6]

俞樾《徐若洲君傳》:"八年(1858),賊再犯,揚州太守發兵迎戰,皆大敗。賊薄城下,乃使君以五十人拒之。君大呼馳出,手刃數人,斬其黃旗頭目一人。賊發火銃,中君右目顛,一賊以刃加頸,膚裂血流,又一賊以矛刺其足,曰是已死矣,乃舍之入城。有民自城中出者,見之曰,此非徐少尹乎? 好官也,胡死此? 撫之,尚有氣,解衣裹其首,負之行至仙女廟大營,飲以水漿乃蘇。鄉人許君緣仲牧泰州,迎君至署凡十月,創始愈。"[7]

咸豐九年己未(一八五九) 四十六歲

夏,吳春林以所著《蘭雪山房詩集》見示並賜詩作,鄭蘭孫作《和答吳春林茂才》。先爲孫太孺人卜地葬於如皋城東秦家港,後乘舟至泰州,知徐鴻謨戰守揚州遇救,亟往視之。

① 《蓮因室詩詞集》,傳,第 2 頁。
② 《如皋縣續志》,第 2 冊,第 427 頁。
③ 《如皋縣續志》,第 2 冊,第 652 頁。
④ 《如皋縣續志》,第 2 冊,第 677 頁。
⑤ 《花磚日影集》,第 5 卷,第 10 頁。
⑥ 《詞話叢編》,第 5 冊,第 4226 頁。
⑦ 《春在堂雜文》,第 900 頁。

鄭蘭孫《和答吳春林茂才》序："春林先生乃當世之奇才,有出塵之素志,胸襟沖淡,不趨利祿之途。意氣清閑,早悟真空之妙。……已未夏日,先生以所著《蘭雪山房詩集》見示,并賜瑤篇,捧誦之餘,香生齒頰,塵俗頓消。……余也雖居閨閣,久耳清名。今讀佳章,益深欽佩。願圖師事,甘執贄於吟壇。竊幸指迷,示維舟於彼岸。"①知吳春林曾將所著《蘭雪山房詩集》呈鄭蘭孫,並贈詩作,鄭蘭孫頗欽佩,并願師事、求問於吳氏②。

俞樾《鄭孺人傳》："九年(1859),賊再陷揚州,徐君力戰受創,幾死,傳聞已歿於陣,孺人欲冒險往偵之,乃先爲孫太孺人卜地於如皋城東,權葬焉,封以土,識以石,罔不如禮。已而舟次泰州,知徐君遇救未死,乃迎之至如皋,躬視醫藥,歷十月之久始愈。"③俞樾《徐若洲君傳》："鄉人許君緣仲牧泰州,迎君至署凡十月,創始愈。……鄭宜人在如皋,聞君於揚州力戰手上,將往視之,乃先葬孫太宜人於如皋東門之外,而後行及。"④此兩處記載稍有出入,一説爲鄭蘭孫迎徐君至如皋並躬視醫藥,十月始愈;一説爲鄉人許緣仲迎徐君至泰州官署,十月始愈,鄭蘭孫藏孫太夫人於如皋後,行至泰州。姑并存之。

俞樾《杉泉公配孫太宜人墓表》："時南北道梗,不能以時歸葬,而若洲公在揚州禦賊受傷,訛傳已沒,鄭太宜人欲奔赴之,泣曰:'先姑奄歾,未安奈何。'有顧君梅卿者,琪所從受業者也,以城東地一區爲贈,即所謂秦家港者是也。遂奉太宜人葬焉。"⑤則知其所卜葬地爲顧梅卿所贈,其地名秦家港。

咸豐十年庚申(一八六〇)　四十七歲

居如皋。夏,自海陵(今江蘇泰州)返如皋,作《庚申夏五月海陵返棹後,代柬熊晉生姻世兄》。錢士杓为《蓮因室詩詞集》作序,郑氏作《賀新郎·錢奎卿見貽佳句,又爲余蓮因室稿作序,賦此以謝》謝之。

鄭蘭孫《庚申夏五月海陵返棹後,代柬熊晉生姻世兄》："烽火驚傳又遠遊,布帆三挂海陵舟(余自甲寅至今,海陵之游已三度矣)。天涯何限晨星感,怪煞垂楊不繫愁。"⑥知鄭蘭孫自甲寅(1854)至庚申(1860),已三次赴海陵。此次赴海陵,爲避烽火。

錢士杓《序》："君乎自愛,毋悼柴桑生挽之詩(主人有生朝自悼詩,詳載集中),僕也請更作玉臺新詠之序。"⑦末署"咸豐庚申(1860)荷花生日如皋錢士杓奎卿氏拜

---

①　《蓮因室詩詞集》,詩集卷下,第15—16頁。

②　《徽州府志》卷十一之四載:"吳宏章,字景南,休寧大裴人。婁縣學生。自入小學即知體認身心,以見諸實事而不急於求名。所著箴銘,門階户席,遇物垂訓,皆幾於道。尤精晉唐楷法,能自名家。有《蘭雪山房詩集》。"(清)馬步蟾纂修,《徽州府志》,道光七年刊本,第11卷,第35頁。按:吳春林或即吳宏章,存此備考。

③　《蓮因室詩詞集》,傳,第2頁。

④　《春在堂雜文》,第900、904頁。

⑤　《誦芬詠烈編》,第21卷,第3頁。

⑥　《蓮因室詩詞集》,詩集卷下,第20頁。

⑦　《蓮因室詩詞集》,序,《錢士杓序》,第2頁。

撰"。鄭蘭孫則作詞《賀新郎》謝之,小序稱"錢奎卿見貽佳句,又爲余蓮因室稿作序,賦此以謝"①。按:錢士杓,同治九年庚午(1870)舉人②。

咸豐十一年辛酉(一八六一)　四十八歲

夏五月,卒於如皋,葬城東秦家港。徐琪、徐雲芝曾刲股療母疾。時徐鴻謨任瓜步司巡檢,未及還。

俞樾《鄭孺人傳》:"十一年(1861),徐君攝六合瓜步司巡檢,其夏五月,孺人卒於如皋。先卒前十日,謂琪曰:'吾病不可爲矣,後十日當逝。汝父未還,身後事吾自任之。'乃召僕媼治歛具,且命題墓碣,曰蓮因室主人墓。蓮因者,其所居室名也。琪及其女兒各刲股羹以進,竟不效,如期而卒。卒之日,異香滿室,有金光穿户,左右皆見之。"③鄭蘭於是年夏五月卒於如皋,徐琪及徐雲芝曾刲股療母疾。其時徐鴻謨因在六合任瓜步司巡檢,未及還。俞樾《徐若洲君傳》:"明年,又署瓜步司巡檢。"④依前後文,爲咸豐十一年(1861)。

俞樾《杉泉公配孫太宜人墓表》:"有顧君梅卿者,琪所從受業者也,以城東地一區爲贈,即所謂秦家港者是也。遂奉太宜人葬焉。有隙地,曰:'吾他日即歸骨於此,庶與先姑地下相依乎?'後三年,鄭太宜人卒,即葬其旁。"⑤知鄭蘭孫亦葬於如皋城東秦家港,其姑孫太宜人墓旁。

徐琪《欽旌先姊袁宜人刲臂孝行恭紀》序:"先姊氏於咸豐八年、十一年兩次刲股療母疾"⑥。咸豐十一年,即 1861 年。徐珂《近詞叢話》:"仁和徐紫仙女士雲芝,爲若洲司馬鴻謨娛清太夫人蘭孫之女,花農侍郎琪之姊,好倚聲,即以咸豐戊午辛酉,兩次刲股療母疾,著稱於時者也。"⑦

同治元年壬戌(一八六二)

夏,謝世一年,徐鴻謨作悼詩懷之。

徐鴻謨《昔留孫子荆除婦服,作詩示王濟,王曰未知文生於情,情生於文,覽之淒然,增伉儷之重。余以今年季夏之月,先室謝世一周,既除服矣,因思才固不敢追古人,伉儷之情,古今或同,賦詩誌感》:"歲序遞易,駒光若流。去何所之,靈爽邈游。感念今昔,悲不自由。儀度嫺雅,德言並優。允矣孝慈,喪葬是謀。詞賦摛華,蘇蔡可儔。元理宿悟,四諦博求。精進證果,不懈不休。遘癘三載,命也毋瘳。夢幻泡影,不爲我留。逝者罔知,我心煩憂。去年今日,忽已歲周。悲悼傷懷,催我白頭。深情固

① 《蓮因室詩詞集》,詞集,第 12 頁。
② 《如皋縣續志》,第 1 冊,第 262 頁。
③ 《蓮因室詩詞集》,傳,第 2—3 頁。
④ 《春在堂雜文》,第 901 頁。
⑤ 《誦芬詠烈編》,第 21 卷,第 3 頁。
⑥ 《花磚日影集》,第 5 卷,第 10 頁。
⑦ 《詞話叢編》,第 5 冊,第 4226 頁。

結,莫達九幽。"①由詩題"今年季夏之月,先室謝世一周"及"去年今日,忽已歲周"句,知詩作於是年夏,時鄭蘭孫謝世一年,見伉儷之重。

同治二年癸亥(一八六三)

是年,女徐雲芝嫁同里袁啟瀛。後因思母病卒。

徐琪《欽旌先姊袁宜人刲臂孝行恭記》題序載:"同治二年姊氏以思母,病卒。"②

徐珂《近詞叢話》:"仁和徐紫仙女士雲芝……癸亥,適袁子才之從曾孫蔚文上舍,倡隨甚得。及太夫人卒,以思慕成疾,遂至不起,時同治癸亥也。"③同治癸亥(1863),徐雲芝嫁同里袁啟瀛,同年因思母病卒。"及太夫人卒"不確,鄭蘭孫於咸豐辛酉(1861)去世。

同治三年甲子(一八六四)

其丈夫徐鴻謨卒,合葬於如皋城東秦家港。

俞樾《杉泉公配孫太宜人墓表》:"又三年,若洲君卒,啟鄭宜人之窆而空焉,禮也。……銘曰:'如皋東門之外,有武林徐氏之阡。蓋其始以兵亂,渴葬而其後安焉。紫藤繞棺,瑞氣盤旋。既安且固,是不可遷。以利其子姓,子姓綿綿。我作銘辭,墓門是鐫。千百年後,保此墓田。'"④"又三年"即鄭蘭孫去世後三年,同治三年(1864),徐鴻謨與鄭蘭孫合葬。

光緒元年己亥(一八七五)

其子徐琪中光緒元年恩科舉人。是年,《蓮因室詩詞集》由子徐琪刊刻出版。

光緒六年庚辰(一八八〇)

其子徐琪中進士。

光緒十六年庚寅(一八九〇)

是年夏,徐琪以都梁香閣詩録、詞録各一卷寄呈其師俞樾,俞樾爲之序,即《都梁香閣詩詞集序》。

光緒十七年辛卯(一八九一)

是年徐琪編次家集《誦芬詠烈編》八十卷,收《都梁香閣》、《蓮因室》詩詞

① 《蓮因室詩詞集》,題辭一,第2—3頁。
② 《花磚日影集》,第5卷,第9頁。
③ 《詞話叢編》,第5冊,第4226頁。
④ 《誦芬詠烈編》,第21卷,第3頁。

兩集。

光緒二十年甲午(一八九四)

是年徐琪刊《香海盦叢書》，收《蓮因室詩集》二卷《詞集》一卷①。

光緒三十三年丁未(一九〇七)

其丈夫徐鴻謨被清廷追予優恤，並附祀江浙兩省忠義祠。鄭蘭孫亦蒙旌爲孝婦。

《清實録》光緒三十三年八月："以忠義未彰，追予陣亡揚州府經歷徐鴻謨優恤，並附祀江浙兩省忠義祠。"②恭親王隨齋《光緒戊申春分後四日，題徐花農太史尊人若洲先生手書鄭太夫人詩詞冊》(1908)："漫將趙管圖書擬，忠孝遺徽此幀中。"自注："先生歿後奉旨入祀忠義祠，太夫人亦蒙旌爲孝婦。忠孝一門，古今罕睹。"③

宣統三年辛亥(一九一一)

《都梁香閣詩詞集》④由其子徐琪刊刻出版。

（作者單位：香港大學中文學院）

---

① 所收《蓮因室詩集》二卷《詞集》一卷，即光緒元年(1875)年刊本。載上海圖書館編，《中國叢書綜録》，北京：中華書局，1959 年，第 1 冊，第 891 頁。
② 《清實録》，北京：中華書局出版社，1987 年，第 59 冊，第 577 卷，第 640 頁。
③ 《都梁香閣詩詞集》，題辭一，第 1 頁。
④ 原《都梁香閣詩詞集》於戰亂時失去，後鮑問梅於書攤得《都梁香閣詩詞集》詩録、詞録各一卷，爲徐鴻謨手書，該冊被借去 27 年，光緒十六年庚寅(1890)始由周子謙歸徐琪，宣統三年辛亥(1911)出版。光緒庚寅(1890)俞樾序，恭親王、陳夔龍等題辭，徐琪跋。凡詩三十四首，詞十二闋。

三百年的文化接力
——《宛雅全編》整理綜述

彭君華

一

"宣城自古詩人地"。

宣城地處風景秀美的皖南,兩水夾明鏡,江城如畫裏。古代的文人墨客,或遊歷或官宦於此,南來北往,徜徉其間,均不覺手舞足蹈,形諸歌詠,謝朓、李白、杜牧之是其中傑出的代表。

地靈人傑,其本土詩人,舉其犖犖大者:若唐代之劉太沖劉太真兄弟、李咸用、汪遵,體兼文質,達於大雅。宋代,梅堯臣崇尚現實主義,詩風古淡,與尹洙、歐陽脩等共領詩文革新運動,文壇盟主歐陽脩尊之爲"詩老",劉克莊譽之爲宋詩的"開山祖師",陸游更推之爲李、杜而後第一位作家。南宋的吳潛、周紫芝,都是彪炳文學史册的大家。元代,貢氏異軍突起,可爲當地文學家族的突出代表,自貢士溶至貢奎、貢師泰、貢性之(入明),四代計有二十多人以文學相傳承。明代,其佼佼者如沈懋學、梅鼎祚、沈壽民、吳肅公。入清,施閏章主盟東南詩壇數十年,與同邑高詠、梅庚、梅清、梅朗中、梅文鼎、沈泌等更相唱和,含蓄雋永,清真雅正,自具面目,號"宣城體"。閏章先生更與山東萊陽宋琬並稱爲"南施北宋",又被列入所謂"燕臺七子"、"清初六家"、"海内八大家"。施閏章作爲清初文壇宗匠,影響深遠。梅氏家族人才輩出,詩歌而外,諸如書畫、科技,都取得了令人刮目甚至歎爲觀止的巨大成就。"桐城文章宣城詩",其影響所及,均遠非一鄉一邑所能囿限。

從明代開始,宣城當地學者就開始留意於彙錄地方詩人作品,此即《宛雅》一書編纂之所由起。

二

整理本《宛雅全編》涵括了三種著作:《初編》八卷、《二編》八卷、《三編》二十四卷,爲宛陵一郡(即今天的安徽省宣城市)自唐代至清代乾隆初年的詩歌總集。合計三編四十卷,共甄錄宛陵四百四十三人的二千五百三十一首詩歌作品。

《初編》編撰者爲梅鼎祚(一五四九——一六一五)。作爲創始,其書即名《宛雅》,只是到有了《三編》,三種合刻時,爲區別起見,這纔稱之爲《初編》。

鼎祚字禹金，號盛樂道人，明代宣城人。其父守德，嘉靖間進士，官給事中，因忤嚴嵩出知紹興府，累遷至雲南參政，返鄉建書院講學，世稱宛溪先生。鼎祚自幼篤志好學，少年即以詩文名揚江南。不仕，一生以藏書、讀書、著述爲樂，與大文豪王世貞、汪道昆相交甚歡。其詩文集名《鹿裘石室集》。戲曲《玉合記》、小説《青泥蓮花記》頗有影響。

《二編》編撰者爲施閏章、蔡蓁春。其初衷即自覺地爲了接續《宛雅》，命之曰《續宛雅》。《二編》之名，也是在有了《三編》，三種合刻時產生的。

施閏章（一六一九——一六八三），字尚白，一字屺雲，號愚山，晚年又號矩齋，宣城雙溪人。順治六年（一六四九）進士，歷官刑部主事、山東學政、江西參議分守湖西道。晚年舉鴻博，與修《明史》。官至翰林院侍讀，卒於任。其人品、官品一如其詩品、文品，生前即享有盛譽。有《學餘堂文集》《學餘堂詩集》等著作傳世。

蔡蓁春，字大美，一字象山，號芹溪。性耽詩書，負才，久困諸生不得申。兄弟三人相友。與陳子龍等相友善，晚年與施閏章詩歌唱和頗多。年六十五卒。據施閏章所言，則《二編》根本上係出自蔡蓁春之手。

《三編》編撰者爲施念曾、張汝霖。

念曾爲閏章曾孫，字得仍，號藥齋，一號竹窗。雍正七年（一七二九）拔貢生，十二年（一七三四）授廣東興寧令，後調新會。以母老請改近地，補浙江餘姚。陞河南禹州，被誣解官，未幾卒。著《藥齋詩文遺稿》。曾經續刻其曾祖《蠖齋詩話》二卷、《矩齋雜記》二卷，作爲愚山別集。又補刻《家風述略》一卷，編撰《愚山先生年譜》四卷。

張汝霖，字芸墅，號柏園。雍正十三年（一七三五）選貢生，發廣東，歷徐聞、英德縣事，惠民有聲。署澄海知縣，兼權南澳同知，調香山，丁母憂。署陽春縣，除首猾，清冤獄。再調香山，兼權澳門同知，後實授，不久告歸。著有詩文集三十卷、《槎江政牘》、《從政牘稿》五十卷等。

道光本補輯者張銘東渠，事蹟待考。

光緒本主刻者劉慕燃舒文，係張汝霖玄外孫。

<h1 style="text-align:center">三</h1>

《宛雅》創始于梅鼎祚，時爲明隆慶六年壬申（一五七二），萬曆紀元前一年。以下簡稱隆慶本。

施閏章、蔡蓁春編纂《續宛雅》，並將二種合刻。其刊刻時間，據時任宣城"郡司馬"、捐資人李士琪序言，爲順治十四年丁酉（一六五七）。以下簡稱順治本。

施念曾、張汝霖接續編纂《三編》，並將三種合刻。張汝霖撰序時間爲乾隆十四年己巳（一七四九）；劉方靄撰序時間爲乾隆八年癸亥（一七四三），早于張序六年；梅毅成撰序時間爲乾隆十七年壬申（一七五二），則晚于張序三年。以下簡稱乾隆本。

張銘補輯刊刻三種本，時間爲道光八年戊子（一八二八）。其序言謂，自乾隆己巳至今將近百年，前賢又有增訂之爲《四編》者，自己"復爲網羅釐定，授之剞劂，俾與前三編並行於世"。以下簡稱道光本。

劉慕燃刊刻三種本,時間爲光緒元年乙亥(一八七五)。其序言明確指出,《四編》"未板行"。以下簡稱光緒本。

《宛雅》自其創編以來,目前可知者共有過以上五種版本。

縱觀《宛雅》一書的編纂、刊刻,前後跨越兩朝,超過了三個世紀。其部帙不斷壯大,體例日臻完備,資料越加豐富。宣城鄉賢薪火相傳,文化接力,其情可感!

四

梅鼎祚《宛雅》隆慶本的面貌已杳不可見。施閏章《續宛雅序》云:"禹金先生取宣之能詩者,無慮縉紳、布衣,始自唐人,迄明正德,彙而存之,命曰《宛雅》。"全書依時爲序,釐爲十卷,甄錄唐代二人,宋代九人,元代五十八人,明代洪武至正德二十二人,總計九十一位作者,六百四十六首詩作。順治本《宛雅》於各卷卷首署"螺川李士琪龍沙重訂　吳門陸壽名處實參訂　汝南梅鼎祚輯"。

順治本《二編》專門甄錄有明一代宣城詩人詩作,總計六十九位作者,四百五十首詩作,釐爲八卷,名之曰《續宛雅》。順治本於各卷卷首署"螺川李士琪龍沙吳門陸壽名處實同定　象山蔡蓁春大美　雙溪施閏章尚白同輯"。

上海圖書館現藏有順治本。大字半葉九行,行十字。作者小傳小字雙行。白口,單邊,單魚尾。其序言共四篇,依次是:李士琪《宛雅合刻序》、蔡蓁春《續宛雅序》、施閏章《續宛雅序》、梅鼎祚《宛雅序》。可惜其中有部分缺頁:如梅序,《宛雅》的目次、卷五、卷八等。

乾隆本《三編》正編二十卷,計甄錄二百七十九位作者一千四百一十八首詩作(含閨閣、方外、伎女、聯句),其中:唐代三人,五代一人,宋代三人,元代五人,明代三十人,清代二百一十五人,閨閣四人,方外十七人,伎女一人,聯句、逸句一卷。又詩話三卷,計一百六十八則。

首都圖書館藏有乾隆本,署西陂草堂刻本。大字半葉十行,行二十一字。小字雙行,行十八字,頂空三字。白口,單邊,單魚尾。

道光本,我們查閱到國家圖書館有藏,署"仰謝山房藏板",可惜是個殘本。張銘自序之外,另有佚名作者所撰《宛雅續修序》,亦難睹全璧。

光緒本,安徽省圖書館有藏,完好無損,署"宛村劉樹本堂藏板"。與道光本相對照,兩本板式完全相同:大字半葉十行,行二十一字;小字雙行,行十八字,頂空三字;白口,單邊,單魚尾。進而將兩本內容加以比照,發現光緒本也完全因襲了道光本。可以確認,光緒本是對道光本的翻刻。

五

乾隆本,爲三種合刻之始。爲此,施念曾、張汝霖耗時七年,在編纂體例的斟酌和相關材料的搜集方面用力頗勤，其呈現的面貌也迥異于順治本，基本走向了定型。大要有四：

一是作者傳記資料的完善。如其《凡例》所云："前《宛雅》二編於各姓氏之下，凡爵秩事實，或略紀數語，或缺而待考，今務廣爲搜輯。"諸如史傳、傳記、墓誌、郡邑方志、社會輿論，循序而退，均在採集之列；實在荒邈無稽、不能懸斷者纔付之闕如。如《初編》填補了王圭、陳良弼、梅德明、楊貞等人的資料空白；而《三編》二百七十九位作者中，無任何資料者僅五人。凡保留了順治本小傳資料者，乾隆本均以"原編"二字明示：其中《初編》二十三人(則)，《二編》二十人(則)。

順治本有傳者，主要出自編者撰寫。如梅堯臣：

字聖俞，蔭襄城令。召試，賜進士。歷國子直講、都官員外郎。工詩文，康曙覽而歎曰："二百年無此作矣！"歐陽脩與友善，爲志其墓。《宛陵集》六十卷、注《孫子》十三篇行世。史稱其詩深遠古淡云。《唐載記》二十六卷、《毛詩小傳》二十卷逸。

乾隆本於作者小傳，採取的是述而不作的辦法，直接輯錄史傳、傳記等。如梅堯臣，便徑用了《宋史》本傳；劉太沖，採錄了《江南通志》、《萬曆府志》；劉太真，採錄了《新唐書》本傳、《舊唐書》本傳。

二是名人軼事、序跋評論資料的輯錄。如劉太沖，採錄了顏真卿《送太沖序》；劉太真，採錄了《宣城事函》、蕭穎士《送太真序》、《全唐詩》傳。經廣爲勾稽，詩作者的生平仕履、道德文章多昭然可考，於知人論世頗稱有益。

三是對前兩編未予收錄者加以拾遺補缺，凡唐代三人、五代一人、宋代三人、元代五人、明代三十人，計四十二位作者的二百零一首詩作，編爲《三編》前四卷。

四是別立"逸句"、"詩話"兩門，綴於卷末。

此外，通過比對順治本，我們發現，乾隆本對於前兩編還有如下一些改變：

其一，適當調整了卷數。如《初編》，由十卷壓縮爲八卷。當然，其前提是全盤接收了原編的作者和詩作。

其二，適當調整了作者及詩作。《初編》於元代增補了"貢師道"，詩二首，於明代刪除"吳豫"，《宮詞》一首。《二編》新增了方夢龍、嚴弘志、梅膺祚、李俠四位作者，各一首詩作；刪除了詹沂詩一首、唐公靖詩一首。

其三，適當調整了作者編序。《初編》，典型者如梅堯臣，原編爲緊接其叔梅詢之後，爲宋代第二人，作品釐爲上、中、下三部分，跨越卷一、卷二、卷三；現抽出予以單列，爲宋代第九人，即最後一人。編者加按語説明："論世次，應在李含章之前，因原詩較多，故另編二卷，以便繙閱。"作品釐爲上、下兩部分，設卷二、卷三兩卷。其作品總量仍爲一百八十八首，沒有作增刪替換。《二編》雖然沿襲了順治本八卷的分卷方案，但對其中作者的編序也作了局部調整。

其四，適當調整了詩篇編序。較爲嚴格地採用由古體到近體、由五言到七言、由律詩到絶句的常規分類編序方法。這方面也於梅堯臣最能見出。

其五，網羅並採用了其它版本，對詩歌作品進行校對。這一點，可從整理本《初編》《二編》正文各卷有關比照順治本的異文校記中具體見出。應該説，兩版各有勝場。

六

道光本，張銘自序謂"將已刻之三編，漫漶者修之，殘缺者補之"，果然不虛，僅據以補足乾隆本完整缺葉者即有四葉之多。

更爲可貴的是，張銘又進一步網羅了作者傳記和序跋評論資料，長足地提高了《宛雅》的文獻價值。如"劉太真"，又新輯了《大清一統志》、顧況《信州刺史府君集序》略、《永樂大典》《宣城縣誌左纂》；"梅堯臣"原輯十五條，新輯十八條；"施閏章"原輯十三條，新輯十四條；"貢師泰"原輯六條，新輯十八條；"梅文鼎"原輯七條，新輯十一條。據統計，乾隆本《初編》原輯資料一百二十六則，道光本新輯一百二十三則；乾隆本《二編》原輯資料一百四十五則，道光本新輯七十四則；乾隆本《三編》原輯資料四百一十八則，道光本新輯一百六十六則。新輯條目均以"增"字明確標示。

在新輯資料的同時，張銘還對乾隆本原有資料作了局部變更，以刪削居多。其中，《初編》中刪削資料兩則：卷一"李含章"刪削梅鼎祚《鹿裘石室集》一則，卷八"陳迪"刪削李贄《續藏書》一則。《二編》中完整刪削資料五則：卷一"徐元太"刪削《邑志名臣傳》一則，同卷"梅守箕"刪削錢謙益《列朝詩傳》一則；卷二"梅蕃祚"刪削《列朝詩傳》一則；卷六"湯賓尹"刪削湯賓尹《睡庵文集》一則；卷八"麻三衡"刪削吳肅公《明語林》一則。《三編》中刪削資料十則：卷四"唐允甲"刪削錢謙益序略、周亮工序略共二則，同卷"沈壽崇"刪削吳肅公傳略一則；卷五"戚懋"刪削吳肅公序、吳肅公《街南文集》共二則，同卷"吳坰"刪削吳肅公序一則及上一則"卒後肅公刊其集行世"二句，同卷"梅磊"刪削錢謙益序一則；卷六"施閏章"刪削錢謙益序一則；卷十八"耿世昌"刪削陳以剛《國朝詩品》一則；卷二十"沈七襄"刪削《明詩綜傳》一則。卷二十三"詩話"，將"《列朝詩傳》載梅鼎祚"云云挪至卷末。大致可見，刪削的原因主要應該在於避嫌忌諱。

道光本還從《宛陵群英集》等資料中輯補了十五首詩作，其中，《初編》十三首，《三編》二首。

道光本調整作者編序三人：《初編》中"吳寶儒""吳鍈"原分繫卷六和卷五，而二人實係父子，編次失倫，茲予對調；《三編》"梅士昌"原在卷十六第三，現調至卷十四之末。

道光本還對乾隆本資料進行了核對，所用有《江南通志》《大清一統志》《宛陵群英集》《萬姓統譜》及個人別集等。

七

《宛雅全編》爲國家古籍整理出版專項經費資助專項目。

此前，《宛雅》有署名宣城市檔案局（方志辦）整理、蘇愛梅點校的簡體字橫排本，由華藝出版社 2010 年出版。據其書後記交待，係以首都圖書館藏乾隆十四年西陂草堂刻本爲底本，進行點校工作，並借助詩歌總集和詩人別集，進行了必要的他校。然而没見校語，乾隆本四處闕葉一仍其舊。可見，必要的版本調查工作不够充分，整理本留有較大缺憾。

　　我們這次整理，系依據齊魯書社版《四庫全書存目叢書》影印的乾隆本作爲工作底本，以順治本、光緒本作爲主校本，重要作家的作品並參校了他們的别集。

　　整理本沿襲了乾隆本的結構要件和編序，將道光本、光緒本序言接編於乾隆本所録序言之後。

　　整理本將乾隆本刪除了的順治本中的詩作，在校記中予以補録；不再如乾隆本將所輯資料作大小字之别——小傳大書，逸事、詩評細注，而是統一了字體字號。

　　整理本將張銘新輯補的作者傳記等資料，悉數照録，仍保留“增”字以示區别；凡張銘新輯補的詩歌作品、核校按語，均予補入，並出校説明；仍然保留被張銘刪削的資料，也出校説明。

　　整理本據光緒本基本補足乾隆本缺葉和嚴重漫漶，少數剜板則儘量核查了相應文獻予以補足，均出校説明。

　　整理本因爲實際比對採用的是光緒本，故校記措辭没有使用“道光本”一語。

　　整理本於所有顯誤、疑誤文字，一般不改正文而出校説明。

　　整理本爲了方便讀者，附編了作者索引和篇目索引。

　　整理本打磨不周之處定然尚多，幸讀者諸君不吝教正。

（作者單位：安徽省古籍整理出版辦公室）

江永《禮書綱目》的引書及其學術史意義

蘇正道

禮書編撰的成功取決於體系和材料的某種平衡①,其先務是禮學資料的收集。儘管已有《周禮》《儀禮》《禮記》三部經典和注疏,以及歷朝學者的相關研究可資借鑒,但禮學資料的收集還有提升的空間,尤其是那些保存於上古墳典中的大量禮儀記載,證明逸禮的存在。但是開掘這些寶藏卻頗費周章,因爲古書流傳隨時間遷移會發生古今懸隔等問題,於是不斷有新的注解的出現。這些注解的層纍,極易造成禮書編撰過於冗繁,杜佑《通典》、陳祥道《禮書》、朱熹《儀禮經傳通解》,尤其是黃干、楊復續編的《喪禮》《祭禮》部分,未能有效解決體系和材料的矛盾,受到四庫館臣的批評。江永通過刪削注疏,保留古注的辦法,意外地解決了體系和材料的矛盾。在材料的使用上,由於漢宋學術的差別,不同注疏代表不同觀點,江永選擇性地引用書注,表徵他的學術態度。通過考察江氏引書注的具體情況,可窺觀清代前中期學風。

一、引書概況:對朱子禮書的承繼和創新

《禮書綱目》參稽眾籍,據四庫館臣統計,《綱目》共引書48種,其中經部13種、附經4種、雜書8種、子書5種、兵書5種、史書4種、類書1種、字書算書各1種、宋儒集6種,加上注解,共93種②。分別如下:

經部十三種:1.《儀禮》,鄭康成《注》、賈公彥《疏》。2.《周禮》,鄭康成《注》、賈公彥《疏》。3.《禮記》,鄭康成《注》、孔穎達《疏》。4.《易》,程子《傳》、朱子《本義》。5.《書》,孔安國《傳》、孔穎達《疏》、蔡沈(沉)《集傳》。6.《詩》,毛萇《傳》、鄭康成《箋》、朱子《集傳》。7.《春秋左氏傳》,杜預《注》、孔穎達《疏》。8.《春秋公羊傳》,何休《注》、長孫無忌《疏》。9.《春秋穀梁傳》,范寧《注》、楊世勛《疏》。10.《論語》,何晏《集解》、邢昺《疏》、朱子《集注》。11.《孝經》,唐明皇《注》、邢昺《疏》、朱子《刊誤》。12.《孟子》,趙歧《注》、孫奭《疏》、朱子《集注》。13.《爾雅》,郭璞《注》、邢昺《疏》。

附經四種:1.《大戴禮記》,鄭康成注。2.《國語》,韋昭注。3.《孔子家語》,

【基金項目】四川省社會科學"十三五"規劃項目(SC17C049);四川省教育廳重點項目(18SA0211)。

① 徐到穩博士指出,在體系禮書的編撰中,"體系的建構會影響到材料的搜集、編纂,而材料的搜集、編纂也會影響到體系的建構。高明的體系禮學著作必須儘量緩解兩者之間的矛盾,儘量在兩者之間取得某種平衡,這是非常不容易做到的。"《江永禮學研究》,清華大學博士論文,2013年,第47頁。

② 《禮書綱目采輯群書目》,(清)江永:《禮書綱目》,臺北:臺灣"商務印書館"景印文淵閣《四庫全書》本,1983年,第133冊第1—3頁。

王肅注。4. 伏生《尚書大傳》，鄭康成注。

雜書八種：1.《汲冢周書》，孔晁注。2.《呂氏春秋》，高誘注。3. 賈誼《新書》。4. 劉向《說苑》。5. 劉向《新序》。6. 劉向《列女傳》。7. 劉向《世本》。8. 班固《白虎通》。

子書五種：1.《管子》，房玄齡注。2.《莊子》，郭象注。3.《荀子》，楊倞注。4.《淮南子》，高誘注。5.《孔叢子》。

兵書五種：1.《握機經》。2.《三略》。3.《六韜》。4.《司馬法》。5.《李靖對》。

史書四種：1.《史記》，司馬貞《索隱》。2.《漢書》，顏師古注。3.《後漢書》。4.《資治通鑒》。

類書：杜氏《通典》。

字書算書各一種：1. 許慎《說文解字》。2.《九章算術》。

宋儒集六種：1.《儀禮經傳通解》，朱子編、勉齋黃氏續編。2.《朱子文集》。3.《朱子語類》。4. 朱子《易學啟蒙》。5. 陳祥道《禮書》。6. 蔡氏《律呂新書》。

按編撰計劃，《禮書綱目》缺少疏解和諸儒議論，汪紱指出“若及唐宋疏義與古今諸儒議論，搜羅太多，則議論恐不能無雜。……不增入焉，正可以全經而不爲闕略也。”[1]相較於朱子《通解》，《綱目》僅保留古注，幾乎完全刪削了注疏，僅在必要時以按語的形式出現。這樣的背景下，高達 93 種的各類引書，證明著江永學術視野的廣闊。表面上看，江永引書涵蓋經、史、子、集而無孑遺，尤以對兵書、字書、算書的引用，在補充資料的同時，含有輯佚的性質，爲後世學者的相關研究提供了幫助，爲清代輯佚學的繁興起到了推進作用[2]。但覆按引書，則發現其主據三《禮》，對兵書、字數等的引用，頻率較低，《三略》《六韜》《李靖對》《九章算術》引用次數均 1 次。綜合來看，江永的引書主要在《通解》的基礎上進行，有時并未覆核原書，如引《握機經》1 次，而且據《通解》轉引；引《通鑒》3 次，亦轉引自《通解》。這說明，《禮書綱目》在材料上的擇選上并未有突破，其主要的調整是結構的更定和體系的構建。

江永禮書以朱子《儀禮經傳通解》爲基礎進行增訂，引書的突出特點，一是刪除疏解，二是節引經注。江永刪削了朱子《通解》的釋文、訓詁，和疏解，但保留了古注。一方面，刪削疏解可以使所編禮書更簡潔；另一方面，保留魏晉古注，以及在關鍵問題上保留部分疏解，不會降低所編禮書的學術價值。

對於魏晉古注的保留，體現出江永對朱熹學術的承繼與超越。如對禮學文本的引用，江永在注疏上遵從朱熹，採納鄭注，在異議處以按語形式徵引疏解。對鄭注的採納值得注意，因爲清初《儀禮》學深受敖繼公《儀禮集說》的影響，《禮記》學一尊陳澔《禮記集說》，鄭注並未被學者廣泛接受。此種背景下，江永選擇在異議處保留鄭注和

①　（清）汪紱：《雙池文集》卷 3《與江慎修論學書》，（清）余龍光：《雙池先生年譜》，薛貞芳主編：《清代徽人年譜合刊》，合肥：黃山書社，2006 年，第 184 頁。

②　禮書的“資考核”作用有功於古書的輯佚工作，如陳壽祺《尚書大傳輯校》得益于朱子《儀禮經傳通解》及其續編。見孫致文《朱熹〈儀禮經傳通解〉研究》，“國立中央大學”博士論文，2003 年，第 210—222 頁。江氏《禮書綱目》亦具有此類作用。

孔、賈疏解,表現出對於朱熹《通解》的認同。

《綱目》對所甄選的材料,往往採取節引的形式,這種形式亦承自朱子禮書。朱子《通解》往往節引禮學材料,外表上看似完整,如不覆按原文,常常讓人產生誤解,如朱熹實際上節引《儀禮》鄭注、賈疏,但因爲自宋元以來,《儀禮》的研究不受重視,學者對於《儀禮》的研究往往依賴於《通解》所保留的經文和鄭注、賈疏。尤其是朱子對鄭注的節略,由於形式上看似完整,甚至讓精於校勘的阮元產生誤解,以爲全引了鄭注。這種情況一直延續到嘉慶時黃丕烈發現《儀禮》單疏本,朱熹對鄭注、賈疏的節引才被發現①。

《禮書綱目》對禮書材料的引據,並非選取全文,而是根據需要進行省減,其中尤以對《春秋》三傳和注解的省減爲最。如所補《冠昏記》"諸侯天子昏禮",江永在《春秋》引文同一年度、同一經文下,分引《春秋》三傳注解,每《傳》之前並不標注年月,甚至節引相關經文,只保留傳注②。有時甚至據需要對行文進行改寫,如《歷數》"治曆"章,經文引《左傳·昭十七年》,江氏按文意改成"少暤氏以鳥名官",後接分司四職之官③。江永對諸子、史傳等材料的處理亦是如此,如《冠禮》"奠摯於君及鄉大夫鄉先生",《綱目》附《晉語》"趙文子冠",節引《國語》相關引文,韋昭注亦隨之省略④。江永禮書在《通解》基礎上進行增訂,對材料進行節引,行文簡潔,綱舉目張。

二、正文的引書:回歸《周禮》和漢學考據的萌芽

江永禮書的編撰,正文的引据以三《禮》和三《傳》爲主。三《禮》是禮學研究的正宗,江永對這些材料的處理,是宗法朱子,以《儀禮》爲經,《禮記》附記,以此編撰禮書。具體來説,《綱目》仿效朱子,在每種禮儀後附記,作爲該禮儀的闡發。如《士冠禮》附《冠義》,《士昏禮》附《昏義》,《燕禮》附《燕義》。這些"義"大多存於今本《禮記》,若《禮記》所無,則以相關資料補輯,如《公食大夫禮》後附劉敞所補《公食大夫義》。《諸侯相朝禮》附《諸侯相朝義》,輯編自《大戴禮記》。朱子還把《儀禮》本經記附至經文相關各處,如《士冠禮》"戒賓"後附"戒辭","宿賓"後附語辭,"三加"及"子冠者"後均附本經記字辭⑤。江永一一承繼,如《綱目·士冠禮》"戒賓"承朱子《通解》附本經記"戒辭",並注明"諸辭本總見經後,舊例悉分附本章之左,以從簡便,今仍之"⑥。江永去掉了朱熹的釋文、訓詁,也刪削了孔穎達、賈公彥的疏解,只在較爲重要的地方以"按語"形式加以説明。

值得注意的是,《通解》和《綱目》對於《周禮》的引据不盡一致。《通解》以家、鄉、

① 孫致文:《〈儀禮經傳通解〉研究》,"中央"大學博士論文,2003 年,第 55—58 頁"《通解》並未全録鄭《注》"。

② (清)江永:《禮書綱目》卷 3,叢書集成續編本(影廣雅書局本)經部第 11 冊,上海:上海書店,1994 年,第 231—235 頁。《綱目》凡引三傳處均刪略年月及相關經文,不具述。

③ 《禮書綱目》卷 53,第 663 頁。

④ 《禮書綱目》卷 1,第 216 頁。

⑤ 《儀禮經傳通解》卷 1,《朱子全書》第 2 冊,上海:上海古籍出版社,2002 年,第 46、48、58、59、61 頁。

⑥ 《禮書綱目》卷 1,第 213 頁。

邦國、王朝爲範圍來劃分禮儀，有著“修齊治平”的理學旨趣，但將喪、祭禮附於王朝禮之後，有畫蛇添足的嫌疑，加上學禮置於家、鄉與邦國、王朝禮之間，前後體例不一。江永回歸《周禮》五禮體系，表現在篇目的分類上，即在今本《儀禮》十五種儀禮之外，另設軍禮、通禮，進行典制考證，體現出宗主《周禮》的傾向。在具體的章節分段中，亦以《周禮》爲“經”，《禮記》和附引材料爲“傳”，其中“經文”甚至細分到《周禮》相應職官，如《軍禮·田役》“概論”引《春官·大宗伯》《天官·小宰》《宰夫》《秋官·士師》職官爲“經”①。江永極爲自信地表示其書“篇章次第較《通解》尤詳密焉”②。

江永放棄朱子禮書的理學體系，轉向《周禮》五禮系統，這與清代學風的轉變一致。我們知道，清代理學由官方刻意提倡，但影響不及民間漸興的考證學術，理學向漢學的轉變正是這一趨勢的結果。值得注意的是，明清《儀禮》研究宗主敖繼公《儀禮集說》，《禮記》研究一遵陳澔《禮記集說》，但江永禮書未有涉及二書，這與該書以《通解》爲基礎進行增訂有關，《綱目》沿襲《通解》對於鄭、孔、賈注疏的引用，其中多引“朱子曰”便是明證。

《春秋》字句短少，但經由三《傳》的補充，呈現出先秦時期的眾多社會史料，其中以《左傳》包含的禮制最多。《左傳》常以“禮也”、“非禮也”的論斷代替經義的判定，《公羊》《穀梁》對於義理的闡發，有助於幫我們理解《春秋》背後的經義，包括禮制情況。《春秋》三傳是絕好的禮書編撰材料，朱熹、江永的禮書引據它。相校朱子禮書，《綱目》對三《傳》的使用更嚴謹，節略更多。

《綱目》往往排陳《春秋》三《傳》，統一經文年月，節引漢唐注疏。以《冠昏記》“天子諸侯昏禮”爲例，《綱目》引《春秋》三傳多條，先引《左傳》“桓公八年，冬祭公，來遂逆王后于紀”，繼之《公羊》、《穀梁》；接著引《公羊傳·桓九年》關於經文“紀季姜歸於京師”的解釋，和《穀梁》的説法；續引“周靈王求后於齊，齊侯據晏桓子引先王禮辭而許昏”、“官師劉夏從單靖公逆王后于齊”、“公子遂如齊納幣”等例子，統一經文年月。在節引和改寫方面，最著者如《曆數》“治曆”章，江永改《左傳·昭十七年》冗長原文爲“少暤氏以鳥名官”③。這種統一經文年月和節引的做法，爲禮書的簡潔編撰提供了條件。

三、注疏的引用：尊崇程朱，漢宋兼采

江永所引書目共 93 種，其中經部 13 種，含注疏共 44 種，所引書注包括漢魏古注、唐宋注疏，也包括宋代以後的重疏，如程子《易傳》、朱子《本義》，蔡沈《尚書集傳》，朱子《論語孟子集注》、《孝經刊誤》等④。由於儒家經書的不同注解代表不同觀點和學術派別，長久以來形成漢學和宋學相互對峙的局面，漢學以漢唐注疏爲代表，宋學以宋元經注爲代表。對於經書，尤其是經文注疏的引用，可以窺觀學者取徑。以下依

① 《禮書綱目》卷 52，第 653 頁。
② 《禮書綱目序》，第 153 頁。
③ 《禮書綱目》卷 53，第 663 頁。
④ 《禮書綱目采輯群書目》，臺灣“商務印書館”景印文淵閣《四庫全書》本，第 133 冊第 1—2 頁。

經書次第考察江氏引書，及其對漢宋學術的態度，以及這種引書趨勢和當時學風的關係。

《周易》。《周易》爲群經之首，在經書中具有重要地位，其經文中包含很多古老的禮儀，多爲學者利用，鄭玄以禮注詮釋《周易》，可惜其書不存，只能據清人輯佚略窺一斑。易學研究歷經象數、義解等所謂“二派六宗”的歷史，至宋代程頤依然保持著義解特色，朱熹則補充了程氏未備的象數，還原其原本卜筮的事實。明清以來，具有濃厚河洛色彩的朱子《本義》被欽定爲官方義解，爲功令所尊。清初李光地奉勑修纂《周易折中》，以程、朱易解爲鵠的，詳加眾説，進行折中。此種背景下，江氏對於《易經》的引用，復以程、朱爲主。

《綱目》引《周易》經注主要有四處，分別爲《天神》“祀天”引《豫·象》，復引《本義》“雷出地奮，和之至也。先王作樂，既象其聲，又取其義。殷，盛也。”①《朝廷禮》“號令復逆”，引《姤·象》》“天下有風，姤。後以施命誥四方”②。《刑辟》“聽斷”，引《豐》、《旅》、《澤》象傳，注引《本義》③。《樂制》“樂事”，引《豫·象》和《本義》，雖與“祀天”同，但二者側重點不一致，“祀天”側重“殷薦上帝”，“樂事”強調“作樂崇德”④。另外，《卜筮》“筮法”引據《易學啟蒙》關於占卜方法的記載⑤。這一占卜方法通載於《本義》卷端，是《周易》入門的必備啟蒙。總的來説，《綱目》引《周易》經注數量較少，主要受到《周易》經文比較簡潔的限制，同時也與江氏補充的祭祀、朝廷禮、樂制等禮制比較莊嚴、隆重有關。江永選用程朱義解，一方面是服膺朱子學術的體現，另一方面代表著當時《周易》研究以程朱爲矩矱的局面。

《尚書》。《尚書》記載著上古至殷周的典章制度，是禮書編撰的上選材料。江永對《尚書》的引用，包括《尚書》經文、孔安國《注》、孔穎達《疏》、蔡沈《集傳》，其中蔡沈《集注》依朱子旨趣，以宋儒“二帝三王心法”爲主旨，爲明清以來功令所遵。此種背景下，江永引據漢、宋兼采，難能可貴。

《綱目》引《尚書》經文多條，如“陳寶器”引《顧命》、《康王之誥》、《伊訓》喪服、托孤的記載⑥，“衛兵”引《立政》、《顧命》⑦，“誓禁”引《大禹謨》、《甘誓》、《湯誓》、《泰誓》、《牧誓》⑧，“兵柄”引《甘誓》、《胤征》，“職官”引《甘誓》、《皋陶謨》等，數量很多，不勝枚舉。

在《尚書》注解的引用方面，江氏一般於經文後附孔安國注，如《百神》“六宗”引《舜典》“禋于六宗”，下附孔注：“精意以享謂之禋。宗，尊也，所尊祭者，其祀有六，謂四時也，寒暑也，日也，月也，星也，星也古本星下有辰字水旱也，祭亦以攝告。”⑨同時

---

① 《禮書綱目》卷35，第498頁。
② 《禮書綱目》卷61，第755頁。
③ 《禮書綱目》卷72，第877頁。
④ 《禮書綱目》卷81，第955頁。
⑤ 《禮書綱目》卷73，第890—891頁。
⑥ 《禮書綱目》卷26，第424—425頁。
⑦ 《禮書綱目》卷48，第623頁。
⑧ 《禮書綱目》卷50，第641—642頁。
⑨ 《禮書綱目》卷37，第511頁。

兼有引蔡沈《集傳》的情況，如《刑辟》"刑制"引《舜典》"帝曰：皋陶，蠻夷猾夏……惟明克允"，下引蔡氏《集傳》"猾，亂。夏，明而大也……大槩當略近之。"①覆按原文，江永對《集傳》的引文實爲節引，這是出於編撰簡省的需要。

江永不僅引據《尚書》，還有《尚書大傳》。相傳爲伏生所傳的這本書問題繁多，"其文或説《尚書》，或不説《尚書》，……與《經》義在離合之間"，"古訓舊典，往往而在"②。作爲第一部闡釋《尚書》的作品，其中包含著漢代的眾多政治社會材料，爲禮書編撰所取材。《綱目》引《大傳》主要有兩種形式。其一是直接引用，豐富禮書的材料來源。其二是用作材料補充、校正，保證禮書材料的正確性。如《喪大祭》"卜宅"，江氏先引《書序》"周公在豐致政，老歸將沒，欲葬成周，公薨成王葬于畢"，再引《尚書大傳》曰："周公生欲事宗廟，死欲聚葬于畢。畢者，文王之墓地，故周公死，成王不葬于周而葬之于畢"③，説明了周公葬于畢的緣由。《地示》"祭山川"，江永引《王制》"天子祭天下名山大川，五嶽視三公，四瀆視諸侯"，下附鄭玄注："視，視其牲器之數"，然後引《尚書大傳》"五嶽視三公，四瀆視諸侯，其餘山川視伯，小者視子男"，且附注云："謂其牲幣粢盛籩豆爵獻之數，非謂尊卑"，作進一步的補充解釋④。《天子諸侯廟享》"祼"引《王制》"諸侯賜圭瓚"條，下附注，又引《尚書大傳》云："諸侯之有德者三，命以秬鬯，不得賜鬯者，資於天子然後祭。"⑤值得注意的是，本章所引《王制》，江氏爲行文需要進行了節略。

江永還利用《尚書大傳》和其他記載比勘，提高應用材料的準確性，如"祀日月"引《尚書大傳》"迎日之辭曰：維某年月上日……某敬拜迎日東郊"作比較，指出"《大戴》禮亦有此辭。"⑥

《詩經》。《詩經》是名物訓詁的絕好資料，也是禮書編撰的上佳材料。傳統的《詩經》研究，除卻《大序》的爭論外，重心都在名物制度。《詩經》的眾多訓注，豐富了典制材料的擇選。在眾多訓注中，毛傳、鄭箋、孔疏，以及朱熹《集傳》最具影響。《綱目》引《詩》很多，包括《詩經》文本、小序，注疏兼用，漢宋兼采，但刪削了孔疏，更加簡潔。

《綱目》對於《詩經》的引用，其特點有三。一是經文用《毛傳》，注解用《集傳》。如《冠昏記》"天子諸侯昏禮"引《召南·何彼穠矣》，用《毛傳》"美王姬"之説；⑦"不改嫁"引《柏舟序》，"歸寧"引《泉水序》，均用《毛傳》⑧。《會同禮》"會同盟約"引《小雅·車攻》，用毛序⑨。《巡禮》引《周頌·時邁》及《般》之《詩序》，亦以毛序爲宗，如"《時邁》，

① 《禮書綱目》卷 72，第 862 頁。

② （清）永瑢等撰：《四庫全書總目》卷 12《尚書大傳提要》，北京：中華書局，1965 年，第 105 頁。四庫館臣以爲"《尚書大傳》於經文之外掇拾遺文，推衍旁義，蓋即古之緯書。諸史著錄于《尚書》家，究與訓詁諸書不從其類。今亦從《易緯》之例，附諸經解之末。"

③ 《禮書綱目》卷 26，第 427 頁。

④ 《禮書綱目》卷 36，第 510 頁。

⑤ 《禮書綱目》卷 42，第 552 頁。

⑥ 《禮書綱目》卷 35，第 504 頁。

⑦ 《禮書綱目》卷 3，第 231 頁。

⑧ 《禮書綱目》卷 3，第 236 頁。

⑨ 《禮書綱目》卷 17，第 348 頁。

巡守告祭柴望也。《般》,巡守而祀四嶽河海也。"①但注解採用《集傳》,如《柏舟》"泛彼柏舟,……不諒人只",下引朱注:"興也,中河,中於河也。……不及父者,疑時獨母在,或非父意耳。"②《車攻》"駕彼四牡",下注:"奕奕,連絡布散之貌。……此章言諸侯來會朝於東都也。"③均用《集傳》。

二是對《毛傳》《鄭箋》多節引。如《弔禮》"哀有喪"引《邶風·谷風》"凡民有喪,匍匐救之",採用鄭《箋》。《天神》"祀天"引《大雅·生民》"卬盛於豆",下注:"木曰豆,瓦曰登。豆,薦菹醢也。於登,薦大羹也。《箋》云:祀天用瓦豆,陶器質也"④,省略了毛《傳》"卬,我",及鄭《箋》"胡之言何也。……何芳臭之誠得其時乎,美之也。"⑤

三是涉及軍禮、通禮制度時多引《詩》相證。如《軍禮·武備》引證《鄘風》、《大雅·皇矣》、《秦風·小戎》有關軍制的記載,論及馬制引《定之方中》毛《傳》"美衛文公"之説⑥。"命將出征"引《詩經·六月》、《采芑》、《江漢》,"田役"引《車攻》序傳,說明先秦軍制情況。在通禮中,"歷數"引《齊風序》,"制國"引《大雅·公劉》、《緜》、《文王有聲》,"職官"引《商頌·長發》,"政事"引《周頌·臣工》、《噫嘻》,"財賦"引《大雅·公劉》、《小雅·甫田》,"學制"引《大雅·靈台》、《文王有聲》、《魯頌·泮水》,"名器"引《曹風·鳲鳩》、《大雅·公劉》、《小雅·采菽》,"卜筮"引《小雅·無羊》,說明相關制度。這同時說明,儒家經書的逸禮和典制記載,可以爲禮書編撰提供幫助,也說明在清季以前,對於《詩經》闡釋,重點在經學的名物制度,而不是文學藝術上的表現。

對於《詩經》及傳注的引用,展現出《禮書綱目》引書的基本特點:漢宋兼採,不分門户。我們知道,朱子務反《毛序》,在兩者觀點發生衝突時,江永往往注明標出。對於經文的訓釋,他擇善而從,不分軒輊。同時,出於編撰需要,江永節引《毛傳》《鄭箋》,這些措施保證了他的禮書編撰能夠取得成功。

《論語》、《孟子》。《論語》《孟子》中有大量的禮制材料,加上二書經由朱子集注,爲明清制舉所欽定,禮書編纂離不開對《論語》《孟子》材料的引用。在注釋方面,除卻朱熹《集注》以外,何晏《論語集解》和趙歧《孟子注》也是禮書編撰的常選對象。江永對於《論語》的引用主要使用朱熹《集注》,這是《綱目》引用《論語》的特點之一。另一個特點是利用《論語》的禮制記載來校正其他典籍的正誤,備一家之說。

如《冠昏記》"不取同姓"引《論語·述而》"陳司敗問:昭公知禮乎?……人必知之",指出魯、吳同爲姬姓,不能結爲婚姻,昭公此舉不知禮,而孔子知錯即改,令人敬仰。江氏在每條引文附引朱熹《集注》,如《饗食燕記》引《八佾》"邦君爲兩君之好,有反坫",下引《集注》"好,謂好會。坫,在兩楹之間,獻酬飲畢,則反爵於其上。"⑦江氏

---

① 《禮書綱目》卷17,第350頁。
② 《禮書綱目》卷3,第236頁。
③ 《禮書綱目》卷17,第348頁。
④ 《禮書綱目》卷35,第496頁。
⑤ 《毛詩正義》卷17-1,(清)阮元校刻:《十三經注疏》,北京:中華書局,2009年,第1冊第1146頁。
⑥ 《禮書綱目》卷49,第627頁。
⑦ 《禮書綱目》卷7,第260頁。

節引所取經文,同時省略朱子按語①。《射義》同引《八佾》"子曰:射不主皮,爲力不同科,古之道也",下附朱注:"'射不主皮',《鄉射禮》文。'爲力不同科',孔子解禮之意如此也。……周衰禮廢,列國兵爭,復尚貫革,故孔子歎之②。江氏引注省卻朱熹所引楊氏注語③。

《綱目》對《孟子》的引用亦復如是。如《士昏禮》"親迎"引《滕文公》"女子之嫁也,母命之,往送之門,戒之曰:往之女家,必敬必戒,無違夫子",下注:"女家,夫家也。婦人内夫家,以嫁爲歸也。夫子,夫也。"④江氏此處節引朱子《集注》,省略了朱熹"女家之女,音汝"的音釋,也刪去了朱子"女子從人,以順爲正道也"的總結,以及後面的段意概括⑤。《巡守》引《梁惠王》"晏子曰:天子適諸侯曰巡狩。巡狩者,巡所守也",下附朱注:"巡所守,巡行諸侯所守之土也。"⑥《喪禮義》全引《孟子·滕文公上》論三年之喪,"自天子達於庶人,三代共之"的材料,也全引朱熹《集注》,包括朱子所引林氏注解⑦,這種全引的情況非常少見。有時,江氏所引《孟子》原意並非所願,則截取其需。如《鍾律義》引《離婁上》"孟子曰:師曠之聰,不以六律,不能正五音。聖人既竭耳力焉,繼之以六律,正五音不可勝用也"⑧,孟子意在説明"不以規矩,不能成方員"的道理,並非爲樂律的考證。

江永一尊朱注,有著現實考慮。因爲《大學》《中庸》《論語》《孟子》編組的四書,在明清時的影響已經超過五經,朱子《集注》也成爲科舉考試的標準解釋。在這樣的背景下,《綱目》對於《通禮·學制》的編撰,採取存目《大學》《中庸》的方式,明確表示"自有朱子章句,今止存其篇目。"⑨

江永對《論語》《孟子》的引據,還有一種情形,將對其他注解的引用排陳於材料中,用作對校,帶有考證的意味。如《補服》"補吊服加麻"引《喪服·記》"朋友麻",下附鄭玄注:"《論語》曰緇衣羔裘,又曰羔裘玄冠,不以吊何朝服之有乎?"⑩"補吊服"章引《春官·司服》經文"凡吊事,弁絰服",下引鄭玄注:"弁絰者,如爵弁而素加環絰。《論語》曰:'羔裘玄冠不以吊。'絰大如緦之絰。其服錫衰、緦衰、疑衰。諸侯及卿大夫亦以錫衰爲吊服。"⑪鄭玄用《論語》引證自己的闡釋,且加比照,江氏的摘引,表示認同鄭玄的做法。類似例子還有《喪大記下》對《春官·大祝》的引據⑫。

《綱目》引《孟子》作校勘,亦如《論語》。如《士昏禮》"婦至"引本經"御衽於奧,媵

---

① 朱熹的闡釋蓋由鄭玄而來,何晏《論語集解》引鄭玄説:"反坫,反爵之坫,在兩楹之間,人君別内外於門,樹屏以蔽之。與鄰國爲好會,其獻酢之禮更酌,酌畢,則各反爵於坫上。"《論語注疏》卷 3,(清)阮元校刻:《十三經注疏》,第 5 冊第 5360 頁。

② (清)江永:《禮書綱目》卷 11,第 299 頁。

③ (宋)朱熹:《四書章句集注》,北京:中華書局,1983 年,第 65—66 頁。

④ 《禮書綱目》卷 12,第 221 頁。

⑤ 《四書章句集注》,第 265 頁。

⑥ 《禮書綱目》卷 17,第 350 頁。

⑦ 《禮書綱目》卷 22,第 384—385 頁。

⑧ 《禮書綱目》卷 82,第 966 頁。

⑨ 《禮書綱目》卷 67,第 819 頁。

⑩⑪ 《禮書綱目》卷 19,第 368 頁。

⑫ 《禮書綱目》卷 27,第 431 頁。

衽良席在東,皆有枕,北止",下附鄭玄注:"衽,臥席也。婦人稱夫曰良。《孟子》曰:'將覷良人之所之。'止,足也。古文止作趾。"①《兵制》"衛兵",江永指出《書序》"虎賁三百人",《孟子》作"虎賁三千人"②。《朝廷禮》"師保",江氏引《尚書·胤征》"每歲孟春,遒人以木鐸徇于路,官師相規,工執藝事以諫,其或不恭,邦有常刑",節引蔡沈《書經集傳》,其中包括《孟子》,"遒人,司令之官。……孟子曰:'責難於君謂之恭。'"③

江氏轉録注疏的節引亦涉及《論語》《孟子》,文多不具述。儘管江氏禮書對《論語》《孟子》相關注疏的引用屬於轉引,但亦代表江氏的學術態度,應視為其對《語》《孟》略帶考證性的評判。

《孝經》。《孝經》在十三經中篇幅最短,"其在經學上論難之繁,亦不亞於他經"④。江永將《孝經》置於曲禮,其引據主要據朱熹《孝經刊誤》分經一章,傳四十章,注解上一仍李隆基注,段末以"按語"的形式列出朱子意見。

江永據朱子《刊誤》分"仲尼居,曾子侍"至"自天子至於庶人,孝無始終,而患不及者,未之有也"為"經"⑤,自此以下分"子曰"共十四章為"傳",分論"至德以順天下"、"要道"、"順天下"、"民用和睦上下無怨"、"孝德之本"、"教之所由生"、"始於事親及不敢毀傷"、"不孝之禍"、"事君"、"天子之孝"、"立身揚名及士之孝"、"閨門之內孝道",最後兩章,朱子以為"不解經而別發一義"⑥。

《綱目》在每"傳"之下附李隆基注。如"仲尼居,曾子侍。子曰:先王有至德要道,以順天下,民用和睦,上下無怨",江永節引李注:"孝者,德之至,道之要也。言先代聖德之王,能順天下人心,行此至要之化,則上下臣人和睦無怨。"⑦但注明舊本和朱子《刊誤》的不同及章旨。如首章注云:"舊本第十三章。朱子曰:此一節解釋至德以順天下之意,當為傳之首章,然所論至德語意亦疏,如上章之失云。"⑧江永對《孝經》採取轉引的形式,如《喪大記上》"筮宅"引本經"命曰:哀子某為其父某甫筮宅,度茲幽宅兆基,無有後艱",下據鄭玄注轉引《孝經》"卜其宅兆而安厝之。"⑨此類孔多,不贅述。

四、總結

江氏《綱目》對儒家經注的引用,展現出漢宋兼采的學術特徵,尤其是在爭議較多的《易經》、《書經》、《詩經》、《論語》、《孟子》上。江氏於《易經》幾乎全部採用《程傳》和《本義》,《尚書》以蔡沈《集傳》為主,不排斥古注,《詩經》採用朱熹《集傳》,並積極調解《詩序》解釋的眾多矛盾。江永僅於三《禮》和三《傳》中全用漢唐注疏。江永在三《禮》

① 《禮書綱目》卷2,第431頁。
② 《禮書綱目》卷48,第623頁。
③ 《禮書綱目》卷61,第750頁。
④ 周予同:《朱熹》第四章《朱熹之經學》,朱維錚編:《周予同經學史論著選集》(增訂版),上海:上海人民出版社,1983年,第165頁。
⑤⑦ 《禮書綱目》卷78,第930頁。
⑥ 《禮書綱目》卷78,第930—933頁。
⑧ 《禮書綱目》卷78,第931頁。
⑨ 《禮書綱目》卷23,第399頁。

的編撰和引據上,摒棄了明清較爲流行的敖繼公《儀禮集説》和陳澔《禮記集説》,這是由於其禮書以朱子《通解》爲底本,同時對晚近諸儒"俟諸異日"的結果。江氏引書以宋儒,尤以朱子爲宗,同時兼采古注。江永的禮書編撰尊崇程朱,亦注重漢魏考證,這種兼收並蓄的引書態度,代表著清代學術由漢而宋的歷史進程。

（作者單位:安徽大學哲學系）

清代安徽定遠爐橋方氏金石書目略考*

雒有倉

清代晚期,國勢漸衰,但金石學趨於鼎盛。道光之後,地不愛寶,常有鐘鼎彝器、碑刻墓誌、錢幣瓦當等有字文物不斷出土,而收藏、著録、考訂金石文字遂成爲時代風尚,有關著作紛紛湧現,流風餘緒延至民國。以方濬益爲代表的安徽定遠爐橋方氏,在這一時期的金石領域獨樹一幟。由於爐橋方氏金石著作多未刊行,部分已刊書稿缺失散亂,不僅作者生平不爲人所知,而且有關著作的版本目録尚需整理研究。本文試對有關問題略作考述,以期方家矚意焉。

一、爐橋方氏金石學者生平事蹟

清代安徽定遠爐橋鎮,相傳爲漢末曹操建爐鑄造兵器之地。明末清初,徽州休寧人方景蕃因躲避家鄉戰亂至此暫住,後於順治八年(1651)舉家遷居爐橋鎮經商。這是爐橋方氏興起的開端。道光年間,爐橋方氏後人方士淦曾説:"予先世家於休寧,五世祖公衍公國初以布衣遷居爐橋,時兵燹之餘,行篋中書劍自隨。高祖兼山公績學篤行,始入定遠籍。曾祖厚齋公邑庠生,敦品誼稱長者。皆以伯祖餘齋公,貴贈如公官。"①這就是説,爐橋方氏出身休寧徽商,從第一代方景蕃(字公衍)遷居爐橋經商、第二代方文(號兼山)入籍定遠轉而治學,到第三代方建極(字厚齋)成爲定遠縣生員、第四代方煒(號餘齋)考中舉人、進士並官任浙江督糧道等職,爐橋方氏經過三、四代人努力,最終完成了從僑寓到土著,從商賈到業儒爲官的轉變。此後,據方氏家譜記載,爐橋方氏科名鼎盛,人才輩出,先後有進士 8 人、舉人 20 人、貢生 102 人、秀才158 人②。其中從政文官多達 132 人,武職 2 人③。特別是方士淦、方士鼐與其子侄方濬頤、方濬師、方濬益以及第三代方燕昭、方燕年兄弟,在功名和學術上都取得了令人矚目的成就,流傳至今的著作多達 96 種④。其中,頗受後人推崇的是方濬益、方焕經等人的金石著作。

方濬益是定遠爐橋方氏家族中最早關注金石的學者,費行簡《近代名人小傳》曾記載:"方濬益字子箴,定遠人,翰林外任廣東督糧道、鹽運使,移兩淮,擢四川臬

---

* 安徽省人文社科基地項目:清代定遠方氏吉金彝器金文研究(SK2012B594)

① (清)方士淦:《啖蔗軒自訂年譜》,王雲五主編《新編中國名人年譜集成》第 10 輯,臺北:"商務印書館",1980 年,第 9 頁。

② (清)方汝紹等:《重修爐橋方氏家譜》六卷,清光緒二十九年刊本。

③ 王振忠:《"無徽不成鎮"圖説-休寧方氏與定遠爐橋鎮》,《尋根》,2002 年第 2 期,第 30 頁。

④ 牛繼清:《爐橋方氏三代著作述略》,《古籍研究》,2013 年第 2 期,第 186—200 頁。

司……藏古玩書畫，多不可紀，著有《夢園書畫録》……好吟詠，有《二知軒詩集》五十餘卷”①。但是，這個記載全誤，所述實爲方濬益族兄方濬頤事蹟，與方濬益本人無關。較爲可信的記載，見於褚德彝《金石學録續補》上卷②：

> 方濬益字子聽，又號伯裕，安徽定遠人。咸豐辛酉進士，翰林院庶吉士，江蘇知縣。好金石，多識古文奇字。節縮衣食以購古器，藏有鳳伯敦、剌鼎、意敦、哉叔朕鼎等數十器，又於鳳臺得餅金十餘品。歸田後貧甚，所畜古器半售予吳愙齋、沈耦園二中丞。

這段記述後來被金天翮録入《皖志列傳稿》中流傳③，但其中有三處明顯錯誤：（1）誤記方濬益爲“咸豐辛酉進士，翰林院庶吉士”。據《明清進士題名碑録索引》和《增校清朝進士提名碑録》等書記載，咸豐時期的進士科先後共五科，即壬子、癸丑、丙辰、己未、庚申，無辛酉科。又按方氏家譜記載，方濬益“堂行九，監生，江蘇候補知縣，歷署南匯、奉賢知縣，以子孝傑官封中憲大夫”④，可知其任官之前爲監生，其後未曾中舉，不可能是進士。在方燕年《硃卷》附録宗親事蹟中，方濬益履歷爲“監生，江蘇候補知縣，賞加同知銜，補用直隸州知州，歷署南匯、奉賢知縣”⑤。《光緒南匯縣志》同載：“方濬益，監生，同治九年署。”⑥《唉蔗軒自訂年譜》補記：“庚申秋……濬益由州判薦升江蘇知縣，加同知銜。”⑦由此可知，方濬益出任南匯知縣是因“薦升”而非進士及第。按當時“非進士不入翰林”慣例，可知其未任翰林院庶吉士。（2）誤記方濬益收藏銅器的數量爲“數十器”。作爲金石學家，方濬益畢生致力於收藏銅器，他曾於1878年自述“既求得商周、兩漢彝器百數十種，又搜輯嘉道以來及近世海内藏器家拓本千餘通，因纂録以續阮文達公《積古齋款識》之後”⑧，可知當時收藏銅器已多達100多件、拓本1000餘種，數量絕不止“數十器”。（3）誤記方濬益晚年“歸田後貧甚”。據現有材料，光緒七至十年（1881—1884）方濬益曾任駐日公使黎庶昌的隨員⑨，其間兒子方孝傑官任刑部主事⑩，歸國後又入張之洞幕府任職，直到光緒二十年（1894）辭官居住在京師海波寺街寓所編訂《綴遺齋彝器款識考釋》⑪，生活相當優裕。此後，其侄孫方燕年回憶説：“光緒戊戌、己亥間（1898—1899），燕年奉先君諱侍母居京師，暇日輒謁公海波寺街寓齋。公坐南窗下，敷冊於案，手矻矻不絕書，即此稿。且書且詢，語他事或起，環行室中。一日，顧燕年曰：‘此書寫成，可四五十卷，今過半，他日汝爲

① 費行簡：《近代名人小傳》，《清代傳記叢刊》202 冊，周駿富輯，臺北：明文書局，1985 年，第 598 頁。
② 褚德彝：《金石學録續補》，民國八年（1919）餘杭褚氏石畫樓印本，第 8 頁。
③ 金天翮等：《皖志列傳稿》，民國十五年（1926）刊本，《中國方志叢書》第 239 號，臺北：成文出版社有限公司，1974 年，第 535 頁。
④ （清）方汝紹等：《重修爐橋方氏家譜》卷四，清光緒二十九年刊本。
⑤ 顧廷龍主編：《清代硃卷集成》第 177 冊，臺北：成文出版社，1992 年，第 47 頁。
⑥ （清）金福曾等：《光緒南匯縣志》，《中國地方志集成·上海府縣志輯》，上海：上海書店，1990 年，第 725 頁。
⑦ 《唉蔗軒自訂年譜》，第 51 頁。
⑧ （清）方濬益：《原編目録前記》光緒四年六月，《綴遺齋彝器考釋》，上海：商務印書館，1935 年，第 1 頁。
⑨ 實藤惠秀：《明治時代中日文化的連系》，陳固亭譯，臺灣：中華叢書編審委員會，1971 年，第 59 頁。
⑩ （清）黎庶昌等：《黎星使宴集合編》，孫點、黃萬機編校，貴陽：貴州人民出版社，1992 年，第 22～23 頁。
⑪ （清）方濬益：《別簡所記二則並附輯録年》，《綴遺齋彝器考釋》，上海：商務印書館，1935 年，第 2 頁。

我校之。'燕年肅立,唯唯。"①可見,方濬益晚年居住在京城寓所,生活無憂,專心著書,並非褚氏所謂"歸田後貧甚"云云。關於方濬益生平事蹟最可信的記載,是方氏自述所謂"濬益幼好古石刻,近尤篤嗜吉金文字"②,以及方燕年的如下敘錄③:

> 族祖父子聽公……諱濬益,一字謙受,又字伯裕。博學,工爲文,精詁訓,善書畫,畫不多作。嘗攝江蘇南匯、奉賢知縣,罣吏議免官。從黎庶昌節使於日本,佐張文襄莫府於武昌。晚歲開復,遂不仕,以子孝傑長孺官刑部主事,就養京師終焉。

從這些記述可知,方濬益自幼喜好石刻,成年篤嗜金石文字,博學多才,工詩文,擅長書法、繪畫,晚年精通訓詁,專心於金文考證,著有《綴遺齋彝器款識考釋》等書。然而,上述材料並未提及方濬益的生卒年月。1925 年容庚先生編錄方濬益生平時,曾說方氏"卒於清光緒二十六年(1900),年六十餘"④。後來,又說方氏"卒於光緒二十五年(1899),年六十餘"⑤。今人多采信容氏後說,認爲方濬益生年不詳,卒於 1899 年。其實,目前流行的這個說法不確。首先,據方氏家譜記載,方濬益"生於道光丙申年三月初四日"⑥,即西元 1836 年 4 月 19 日。其次,方燕年曾說"庚子三月反京師,公已於臘月廿八日逝矣"⑦,可知方濬益病逝在庚子前一年己亥即光緒二十五年臘月廿八日。光緒二十五年按西曆爲 1899 年,但該年臘月廿八日已是西曆 1900 年 1 月 28 日。綜上可知,方濬益的生卒年月爲 1836 年 4 月 19 日至 1900 年 1 月 28 日。

方濬益之後,爐橋方氏家族中出現了一些關注金石的學者,他們對推動當時金石學的發展都有一定的貢獻。然而,由於各種各樣的歷史原因,他們的生平事蹟已經大多湮沒無聞了。茲據目力所及,略作鉤沉如下。

方孝傑(1853—1900)字長孺,廪生,同治十二年癸酉科(1873)拔貢,欽定七品京官,刑部奉天司行走。光緒十一年乙酉科(1885)順天鄉試舉人,刑部主事、四川司行走。光緒二十三年(1897)任職山西商務局,曾參與籌辦修築太原至正定鐵路借款事宜。方孝傑自幼受父親方濬益影響,喜好收藏金石,精通訓詁,曾因正確釋讀楚幣銘文而聞名後世。"此金鈑銘二字印款……出壽州、鳳臺二邑田間,相傳以爲漢淮南王劉安好神仙方士燒丹所遺",自北宋沈括《夢溪筆談》釋爲"劉主"以來,至清代李兆洛《鳳臺縣志》仍沿襲舊說,方濬益認爲"前此以爲漢器者皆誤也,右一字從邑從呈是'郢'字",其"長男孝傑復釋左一字爲'爰',謂即鍰字,古文鈣"⑧。這一見解,與吳大澂"二鍰爲一鈣"之說相合。可惜的是,方孝傑於 1900 年 7 月死於庚子國難,其著作未見存世流傳。

---

① 方燕年:《綴遺齋彝器款識考釋序》,《綴遺齋彝器考釋》,上海:商務印書館,1935 年,第 1 頁。
② 《原編目錄前記》,第 1 頁。
③ (清)方燕年:《綴遺齋彝器款識考釋序》,《綴遺齋彝器考釋》,上海:商務印書館,1935 年,第 1 頁。
④ 容庚:《〈漢緁伃玉印考〉附記》,《北京大學研究所國學門週刊》第 2 卷第 13 期,1926 年,第 15 頁。
⑤ 容庚:《商周彝器通考》,北平:哈佛燕京學社,1941 年,第 252 頁。
⑥ (清)方汝紹等:《重修爐橋方氏家譜》卷四,清光緒二十九年刊本。
⑦ 方燕年:《綴遺齋彝器款識考釋序》,《綴遺齋彝器考釋》,上海:商務印書館,1935 年,第 2 頁。
⑧ (清)方濬益:《綴遺齋彝器考釋》卷二十九,上海:商務印書館,1935 年,第 28 頁。

　　方燕年（1873—?）字祈叔，號鶴人。光緒十四年戊子科（1888）鄉試舉人，次年己丑科會試貢士，光緒十六年庚寅恩科（1890）進士，户部主事候補、總理各國事務衙門章京、山東候補道員，先後督辦山東洋務局、省城學堂、赴日遊學等事務①，後任山東提學使、山東大學堂總辦，著有《蒙學韻言》、《瀛洲觀學記》等。方燕年留意於金石學，深受族祖父方濬益器重，曾受命校訂《綴遺齋彝器款識考釋》，著有《綴遺齋彝器款識考釋序》、《方子聽先生事略》等。

　　方燕庚（1874—?）字希白，庠生，光緒十九年（1893）癸巳科舉人，歷任清內閣中書、農工商部主事、民國中國銀行籌備處主任、安徽民政長公署秘書、寧湘鐵路工程局秘書、蒙藏院司長等職②。方燕庚是方燕年堂弟，曾考訂《綴遺齋彝器考釋》目録，著有《綴遺齋彝器考釋跋》、《寶楚齋彝器圖釋跋》等。

　　方焕經（1875—?），字伯常，齋號寶楚，清廩生，方燕庚堂弟。曾任民國中國銀行總裁孫多森機要秘書③、中孚銀行總理監事、交通部秘書上辦事行走、寧湘鐵路工程局總務科科長等職。方焕經喜交遊，富收藏，曾在壽縣與顧震福、薛宜興等組建謎會，後與方燕年、方燕庚等共同籌措出版方濬益遺著。1933 年，安徽壽縣朱家集李三孤堆楚墓銅器出土後，方焕經多方搜求，收藏有鑄客鼎等數十器，著有《壽縣楚器出土記》、《寶楚齋藏器圖釋》等。

二、爐橋方氏金石著作版本

　　清末至民國初年，爐橋方氏先後編寫了一批卓有成就的金石著作，推動了當時金石學的發展。但這些著作除方濬益《綴遺齋彝器款識考釋》被金文研究者所熟知外，其餘多未刊行。現將爐橋方氏流傳至今的金石著作臚列如下，並對各書的現存版本、來源、異同等略加考察。

　　（1）《定遠方氏吉金彝器款識》一册，方濬益輯拓，民國十四年（1925）上海會文堂書局珂瓃版。此本封面正中題寫書名，左鎸“上海會文堂書局印行”、右鎸“琴石山房藏版”，版權頁題“民國第一乙丑年七月出版”，無作者。全書收録拓本 48 種，素紙，無行格。扉頁篆書“詁籀逤吉金彝器款識”三行九字，右下鈐“友芝審定”篆印。章琢其跋曰：“清金山令方子聽先生著有《吉金録》，聞之稔而未見其本，曩遊湖北，族叔碩卿公藏有是册，蓋方氏手拓者也。”這裏的《吉金録》即指《詁籀逤吉金彝器款識》。方子聽即方濬益，字子聽，一字謙受，書中拓本鈐有“濬益”、“方濬益”、“方濬益印”、“謙受寶藏”、“謙受收藏吉金彝器印”、“方濬益珍藏三代濾物”篆刻印章即爲明證。由此可知，此本原名《詁籀逤吉金彝器款識》，作者爲方濬益，祖本是方濬益收藏銅器銘文集拓裱本。從此書刊印審定印章看，莫友芝擔任金陵書局總編校、揚州書局主校刊在同治四至九年，可知該書初刊在 1865—1870 年間。按章氏跋所述，此書最早由式訓堂主章壽康（字碩卿）收藏，後轉歸侄子章琢其，1925 年“轉貽琴石山人影印出版”。此

① 秦國經主編：《清代官員履歷檔案全編（7）》，上海：華東師範大學出版社，1997 年，第 373 頁。
② 敷文社編：《最近官紳履歷彙編》，《近代中國史料叢刊（45）》，臺北：文海出版社，1970 年，第 95 頁。
③ 桑椹：《歷代金石考古要籍序跋集録》民國編，杭州：浙江古籍出版社，2010 年，第 1331 頁。

本與原本相比,變化有三:一是將書名改爲《定遠方氏吉金彝器款識》,二是增訂目次,三是書末附有章琢其跋。此本目前有二種影印本:一種收録於徐蜀選編《國家圖書館藏金文研究資料叢刊》第十册,書名爲《定遠方氏吉金彝器款識》,作者被誤題爲方焕經藏、章琢其輯,北京圖書館出版社 2004 年出版;另一種收録於劉慶柱、段志洪主編《金文文獻集成》第一三册,書名爲《詁籀廎吉金彝器款識》,作者題爲方濬益撰,綫裝書局 2005 年出版。

　　(2)《石鼓疏證》一册,清稿本,方濬益撰。此本現藏中國科學院國家科學圖書館,每半葉十行二十二字,紅格,白口,單魚尾,四周單邊。封面題"石鼓疏證"四字,無撰人,正文題"定遠方濬益撰"。卷首有"石鼓文疏證序",未寫竟,無落款,其後有家書一封、集琅琊臺刻石七聯,均素紙。正文多塗乙處,書末有另紙貼附金文摹本十五種,內容與本書無關。由此可知,此本決非定本。

　　(3)《方濬益彝器款識》五册,清稿本,方濬益撰。此本書名不知何人所題,容庚稱之爲《綴遺齋彝器款識考釋草稿》,內容除金文外,還有部分玉器、陶器、石刻文字考釋[1]。其中光緒七年(1881)所撰《漢緁伃玉印考》被容庚單篇摘出,刊於《北京大學研究所國學門週刊》1926 年第 2 卷第 13 期。由此可知,此本內容不限於金文考釋,原爲方濬益考釋金石文字的部分手稿。此本原藏於馬衡凡將齋,後歸燕京大學圖書館,現藏於北京大學圖書館。此本另有容庚抄本以及在抄本基礎上輯補而成的《綴遺齋彝器款識考釋稿本》,收録商周秦漢銅器、陶器等共計 470 器,內容分爲七卷[2],未刊,稿本現藏中山大學古文字學研究室。

　　(4)《綴遺齋彝器款識考釋目録》一册,清稿本,方濬益撰。此本爲《綴遺齋彝器款識考釋》初稿的初編目録,前有自序,後有跋,光緒三年(1877)秋編成,光緒六年(1880)冬太湖徐芷帆重鈔,共收録 1740 餘器,"體例沿薛氏之舊,自商以迄晉,各以類爲次第"[3],按商、周、秦、漢、魏晉款識分類編録。此本寫成後,十餘年增删改定過半,1891 年又重訂目録,但重訂目録後來散佚。此本現有二種抄本:一種是民國十四年(1925)容庚抄本,稱爲《綴遺齋款識考釋目録》一册[4],現藏中山大學古文字學研究室;另一種是民國十一年(1922)强敦宦抄本,稱爲《綴遺齋彝器款識目稿》二卷[5],現藏於臺灣圖書館。

　　(5)《綴遺齋彝器考釋》十四册,民國二十四年(1935)商務印書館石印本,方濬益撰。此本每半葉大字十至十二行,二十二字,無格,小字雙行,字數不等,白口,四周單邊。封面、版心題有"綴遺齋彝器考釋"七字,目録、正文題爲"綴遺齋彝器款識考釋"。卷首有《彝器説》三篇考器、考文、考藏,正文收録銅器 1382 件,各器按類編排,摹本皆據原拓本勾寫,先列釋文,後附考證,凡三十卷。此本自同治八年(1869)裒集拓本,光緒十七年(1891)重訂目録,光緒二十年(1894)謄録清稿,以迄方氏病逝(1900),前後

①　容庚:《清代吉金書籍述評(下)》,《學術研究》1962 年第 3 期,第 79 頁。

②　《清代吉金書籍述評(下)》,第 79 頁。

③　(清)方濬益:《綴遺齋款識考釋目録·跋》,容庚 1925 年抄本。

④　《清代吉金書籍述評(下)》,第 80 頁。

⑤　中國古籍總目編撰委員會:《中國古籍總目》史部 8,中華書局、上海古籍出版社,2009 年,第 4845 頁。

歷時 31 年，其間因“尚多疑滯，未敢自信者，故不欲遽繕定本”①，可知其爲清稿而非定本。此清稿由作者之孫方燕超於民國初年交付叔父方孝傅攜至蚌埠，請霍邱裴景福作序暫存其家，後輾轉至上海王秉恩收存。1928 年方燕年取回整理，補編目錄三十卷，實存二十九卷，缺第十五卷。1931 年上海商務印書館準備印行，不料館毀於火，原裴景福、王秉恩、陳承修所作序跋皆毀，所幸印石尚存，1935 年正式印行。此本目前有二種影印本：一種是劉慶柱、段志洪主編《金文文獻集成》第一四冊收録的影印本，綫裝書局 2005 年出版；另一種是臺灣發行的上下冊單行本，臺聯國風出版社 1976 年出版。此本原稿自 1900 年方濬益父子先後辭世後散出，北京大學圖書館現存六十四冊，稱爲稿本②，附録有方燕年《方子聽先生事略》。

（6）《筠清館金石録籖注》一冊，民國抄本，方濬益撰，方燕庚抄録。此本現藏北京大學圖書館，是方濬益對前人金文考釋的考訂。方燕庚跋曰：“公有《手校筠清館金文》，全書眉批、夾註，間復加籖。以視此稿，頗有去取。想見當日，用力之勤。吳氏所録各器，公往往別加考證，然大半不見於此書。”③由此可知，此本原爲方濬益校讀吳榮光《筠清館金文》的批註本，原文寫在吳氏原刻本之上。

（7）《梅花草庵收藏金石文字》一冊，清拓裱本，丁彥臣藏拓，方濬益考釋。此本收録金文拓本 43 種，素紙，無格，書名頁有吳懋孔題簽，卷首鈐“子子孫孫永寶用”、“知音者芳心自同”私印二枚以及篆印“述古閣金石印”、“述古閣董氏金石文字經眼之章”等，拓本鈐“丁氏所藏鐘鼎彝器”篆印。方濬益序云：“此冊爲吳興丁筱農觀察藏器，武定張秋山所拓，郋陽董引之自曆下攜至揚州以歸餘者。”跋曰：“右拓本爲丁小農觀察彥臣所藏器，大都皆得之山左，鑒別頗精，中唯單伯鼎爲後人鑒款耳……小農之器，則盡在此冊。聞其去冬奄忽於德州道署，不知此數十器，能世受否耶！”落款爲“甲戌五月伯裕跋”。由此可知，此本原爲丁彥臣所藏金文拓裱本，同治十二年（1873）丁氏死後由董引之收藏，次年轉歸方濬益，遂得以補録器名、釋文並加考證。此本現藏中山大學圖書館，方氏序後有容庚 1955 年 8 月 24 日所寫“梅花草庵金文一冊，方濬益考釋”題記。

（8）《寶楚齋藏器圖釋》一冊，方煥經藏器，孫壯釋文，民國二十三年（1934）天津大公報館影印本。此本封面隸書書名爲徐世章所題，版心下右刻承印單位，白口，單魚尾，四周雙邊。此本是方煥經所藏金文拓本集録，方燕庚跋曰：“寶楚齋主人得楚器，既以名其齋，屬余釋銘文。余不學，乃請於孫君伯恒，伯恒與同好諸君子爲之考釋，而未敢自是也。余録以示主人，且述伯恒意欲拓傳，商問可否……議定而拓……周君希丁出其心得，竭七十餘日之力始克竣事。”寶楚齋主人方煥經自序曰：“初稿成時，孫伯恒先生閱之，謂較各報所載者差詳，書其《楚器考》於後，伯恒及諸家尚有考釋，亦求得姑舉一二，以俟通人論定。”由此可知，此本原爲方煥經所藏銅器銘文集拓裱本，由周希丁傳拓，後又採録孫壯《楚器考》以及諸家考釋，影印而成。此本對壽縣

①　（清）方濬益：《原編目錄後記》，《綴遺齋彝器考釋》，上海：商務印書館，1935 年，第 2 頁。
②　北京大學圖書館：《北京大學圖書館藏古籍善本書目》，北京：北京大學出版社 1999 年，第 209 頁。
③　方燕庚：《綴遺齋彝器款識考釋跋》，《綴遺齋彝器考釋》，上海：商務印書館 1935 年，第 4 頁。

朱家集李三孤堆所出楚器著録甚詳,其中有十器收入商承祚《十二家吉金圖録》中,稱爲《定遠方氏寶楚齋藏器》,哈佛燕京學社 1935 年出版。

以上八種金石書目,已刊者三種,未刊者五種,共計二十五冊。從内容性質看,可以分爲四種類型:一是金文著録,有《定遠方氏吉金彝器款識》、《寶楚齋藏器圖釋》二種;二是金文考釋,有《綴遺齋彝器考釋》、《方濬益彝器款識》、《梅花草庵收藏金石文字》、《筠清館金石録籤注》四種;三是金石目録,有《綴遺齋彝器款識考釋目録》一種;四是石刻文字考釋,有《石鼓疏證》一種。

三、爐橋方氏金石著作目録

從爐橋方氏八種金石書目看,其著作的特點是多款識而少圖録,以金文著録和考釋爲主,内容體例多經增删改訂,目録不完整。例如,《石鼓疏證》無篇目,《定遠方氏吉金彝器款識》不題作者,《方濬益彝器款識》原無書名,《梅花草庵收藏金石文字》無目次,而《綴遺齋彝器考釋》目録雖經後人補編,仍然存在遺漏、訛誤和錯亂等等。因此,對爐橋方氏金石著作目録進行考察,有助於正確認識其成就與不足。

我們知道,石刻在金石中所占比重較大,而石刻著作的目録體例多種多樣。作爲爐橋方氏唯一石刻著作,《石鼓疏證》採用單字訓釋體例,不分篇名,按各字出現先後順序分列條目,引《説文》及金文訓解,現存有避、車、既、工、馬、駴、同、好、員、獵、斿、麀、鹿、速、之、求諸字考釋。從内容看,這是《車工》的前八句詩,尚不及秦石鼓文十詩之一,且無摹本和釋文,著録體例不完整,然考釋精確,頗有價值。該書另收存 15 種商周銅器銘文摹本,臨摹精細。從紙質看,這些摹本是不同時期臨摹的,其中亞獏鼎銘文摹本有雙勾字形輪廓而未填實筆劃,具體生動的反映了作者精准摹録銘文的方法和嚴謹治學的態度。

衆所周知,金石著作大多以器類爲次第,而器類編排則與金石器斷代、銘文内容認識等密切相關。因此,金石著作的目録往往反映著作者的見識及其著作的價值與成就。《綴遺齋彝器款識考釋目録》是爐橋方氏唯一現存的金石目録著作,由於它是《綴遺齋彝器款識考釋》初稿的初編目録,體例與阮元《積古》相同,共收録 1538 器,"自商以迄晉,各以類爲次第",但器類編排略異,其中與阮氏相同者有鐘、鼎、尊、彝、卣、壺、爵、觚、觶等 38 類,新增疊、盂等 37 類,又改句兵爲瞿,合權、斤爲權量,權量後别立詔版,共計 78 類。這些類目大多與《方濬益彝器款識》相同,可補此書目録之缺佚。另有"重訂目録,自辛卯年(1891)八月兩湖督署幕府起,次年成於兩湖輿圖局"者[①],迄今未見,尚待求索。但從編寫年月看,它是《綴遺齋彝器款識考釋》初稿的重訂目録。從《重訂目録後記》[②]看,該書删魏晉 14 器,收録商周秦漢 1740 餘器,按三代、秦、兩漢分類編録,其中與阮氏相同者有鐘、鼎、尊、卣、敦、壺、爵、觚、觶、角、斝等 37 類,不同者是删彝入敦,又删罍、鎣、戔、剌兵、甋、葆調、泉範類,新增疊、觴、句鑃、

---

① 《别簡所記二則並附輯録年月》,第 3 頁。
② 《重訂目録後記》即《原編目録後記》,從所記目次看,它與《綴遺齋彝器款識考釋目録》不同,據此可知方燕年所謂"原編目録"應爲"重訂目録"。

錞於、塡等 30 類，合計 67 類。這些類目不僅體現著作者在銅器分類、定名以及器名考釋上的見解，而且多見於《綴遺齋彝器考釋》並有遺漏和訛誤，因而可校補該書編次上的錯亂。

《詁籀誃吉金彝器款識》是爐橋方氏成書最早金文著錄著作，收錄拓本多爲當時新出現的金文材料，現今多數已收入《殷周金文集成》，可見其史料價值之重要。個別未收者，如遹鼎銘刻 27 字，不見其他書著錄，更顯珍貴。然而，此書在類目編排上卻較爲粗疏。首先，每個拓本只標器類，沒有器名和釋文，這就使同類器拓本難以區分彼此。其次，器類排列無標準，目次顯得混亂，如鼎、尊、敦、彝、觶、卣、鬲、爵相次，將食器、酒器雜列；戈、觚、瞿、戟、刀、劍、鑒相次，將酒器之觚列入兵器中不合理；鈎、鏡、盂列於最末，但鈎爲戰國器，鏡爲漢代器，盂爲春秋器，這樣的編排順序也與時代先後不合。儘管如此，我們卻不能苛求古人。因爲這種編排法是當時私人集拓成冊的慣例，它可能是按個人藏器之先後排列的。然而，對於後來將此書刊印而補編目錄來說，將刺鼎銘誤入鼎蓋二種、將尊二種誤爲奠二種、將蓋器同銘的觶和卣分列爲觶蓋、觶器、卣蓋、卣器各一種，都是明顯失誤。相比較而言，《寶楚齋藏器圖釋》著錄金文較爲科學合理，收錄的拓本不僅有器名、釋文和考證，而且按食器、酒器、水器、樂器的順序排列，以類相從，又有器物圖形、尺寸大小、出土地點、出土情況等說明，著錄資訊相當全面、科學，體例堪稱規範。當然，這些情況不但是爐橋方氏金文著錄漸趨成熟的反映，而且是當時金石學不斷進步的一個縮影。

除金文著錄外，爐橋方氏有四種著作側重於金文考釋。其中，對同時代人藏器拓本進行釋讀的有《梅花草庵收藏金石文字》，對前人著錄金文進行考證的有《筠清館金石錄籤注》，對當時新出金文資料進行全面著錄和考釋的有《方濬益彝器款識》、《綴遺齋彝器考釋》。從前二書看，其目錄體例都遵從原書，價值主要在銘文釋讀與考證方面；從後二書看，其目錄體例多沿襲阮元《積古》，價值主要在金文考釋及著錄方面。《方濬益彝器款識》是《綴遺齋彝器考釋》初稿，它不僅著錄有拓本來源、收藏情況，而且在銘文考釋上提出了許多新見解，如釋“荆”（5.29）、釋“榮”（5.52）詳實可靠，解決了前人不識其字的疑難；又將“戎”改釋爲“我”（1.93）、“禽服”改釋爲“令取”（2.25），糾正了當時的誤釋。但是，由於此書的用意在於爲續阮元《積古》而作，在目錄體例上沿襲較多而創新較少，尤其是器類編次較隨意，如商器盂次於甗後，周器盂則在甗及簋、簠、豆之前，而卣、敦、彝見於商、周，編次各不相同。這種情況，實際上是該書目錄編排缺乏統一明確原則的反映。

《綴遺齋彝器考釋》是爐橋方氏成就最高的著作，歷來被視爲清代金文研究的集大成著作，“其所錄極豐，鑒別亦精，使學人得此一編而可不煩外求”①。該書成就最突出的是金文考釋，其“考釋翔實，熟於經史，於地理、官制、人物和文字通假尤能詳徵博引，並校正《積古》《筠清》《愙齋》等書之失”②，楊樹達曾列舉有卓見者數十條，謂其成就“與吳大澂在伯仲之間，在金文著作中，固不失爲要籍也”③。我們認爲它在銅器

---

① 顧頡剛：《當代中國史學》，南京：勝利出版公司，民國三十六年（1947），第 31 頁。
② 《清代吉金書籍述評（下）》，第 80 頁。
③ 楊樹達：《讀〈綴遺齋彝器考釋〉》，《積微居小學述林》，北京：中華書局，1983 年，第 276—277 頁。

收藏與研究、金文著錄、金文考釋三方面都有重要貢獻,其中金文考釋成就表現在證成經說、糾繆匡誤、另創新解、創通大例、考證名物制度等方面①。事實上,該書首先在目錄體例上有所創新,它借鑒阮元《積古》體例而"今略變之,曰三代器,曰秦器,曰兩漢器,魏晉不與焉"②,又刪彝入敦,新增罍、盆、甕、霝、卮、錞、鐓等器類,"纂集彝器款識,專以書勢辨時代之先後爲可據也"③。其次,在銘文摹錄、辨拓、識讀上有較大創獲。該書除對拓本來源、收藏情況、字數多少著錄外,還採用先雙勾字形輪廓再填實筆劃的方法製作摹本,矜慎不苟,力求客觀反映銘文字形的本來面貌。尤其是對字跡模糊不清的銘文通過不同拓本比較,觀察掌握字形筆劃結構方面的變化規律,分析辨識字形,糾正了《積古》、《捃古》、《筠清》等書的許多釋讀錯誤。然而,由於最終未能定稿,該書存在的不足也較明顯。首先,由於時代局限及主客觀因素限制,該書在銘文考釋上難免有穿鑿之説,特別是族氏銘文和器名誤釋,如將⊠誤釋爲"子孫"(3.3)、醜誤釋爲"紒首坐形勺尊匩"(14.19)、⊠誤釋爲"鬲"(16.19)、史誤釋爲"手執中形"(17.5)、壺誤釋爲"登"(25.6)等,不僅導致了器名錯誤,而且造成了器物分類混亂。其次,由於該書按"三代器款識"編錄,時代不分商、周,器類與卷次編排除前二卷外,皆非作者原定,鐘、鼎、敦、盤、簠、簋、甗、卣、壺、匜、盉、觚、尊、爵、觶等順序排列及卷次有錯亂,如鼎類卷五當爲卷三、卷三爲卷四、卷四爲卷五,而尊之次爲卣、壺之次爲盤、角之次爲觶、觶之次爲爵、爵之次爲觚、觚之次爲敦④、卣之次爲罍、罍之次爲壺等。再次,由於書稿遺失散亂,該書內容不完整,收錄器物的種類與數量缺佚較多,其中最明顯的是第十五卷遺失,秦漢器全部缺佚,所收 1382 器比原編目錄 1740 器缺佚 358 器。該書刊印前,方燕庚曾校出缺佚器 124 種⑤。該書刊印後,方朕年又補遺鼎類二卷 101 器,容庚補遺敦、卣等類五卷 250 器,補遺秦權、量、詔版等類 80 器,兩漢鐘、鼎、鑪、區、鬲、鋗等類 140 器⑥,賈連敏再補遺三代 36 器,合容氏校補秦漢器等共計 45 類 588 器⑦。這些校補之作至今未刊,由此可見此書缺佚之嚴重。

我們知道,《綴遺齋彝器款識考釋》是清代晚期最爲重要的金文考釋著作,所收錄金文大多屬於首次著錄與考釋,有些是對前人誤釋的辨正,其價值極爲重要。但從上述校補拾遺著作來看,其中有些仍缺摹本或釋文,有些考釋不全,有些僅存器名或類目,仍需與馬衡所藏原稿本參校、輯補,做更進一步整理研究工作。如果能將上述成果早日結集出版,這不僅對認識爐橋方氏金石著作價值至關重要,而且對研究清代金石學乃至清代學術史,都具有十分重要的意義。

(作者單位:淮北師範大學歷史與社會學院)

---

① 雒有倉、張春雷:《晚清學者方濬益的金文著作與成就》,《安徽文獻研究集刊》第 6 卷,合肥:黃山書社,2014 年,第 89—94 頁。

② 《原編目錄後記》,第 2 頁。

③ (清)方濬益:《彝器説中一考文》,《綴遺齋彝器考釋》卷首,上海:商務印書館,1935 年,第 5 頁。

④ 《綴遺齋彝器款識考釋跋》,第 3 頁。

⑤ 《綴遺齋彝器款識考釋跋》,第 1—3 頁。

⑥ 《清代吉金書籍述評》(下),第 79 頁。

⑦ 賈連敏:《〈綴遺齋彝器款識考釋〉與〈綴遺齋稿本〉的整理與研究》,中山大學碩士論文 1990,第 100 頁。

天水西縣還是天水隴西縣

原　康

一

趙憬(736—796),唐代宗寶應(762—763)中入仕,德宗建中(780—783)間至給事中,貞元八年(792)與陸贄同拜中書侍郎、同中書門下平章事,十二年(796)卒。兩《唐書》及其它相關文獻對其籍貫的記載有差異,《舊唐書·趙憬傳》:"趙憬,字退翁,天水隴西人也。總章中吏部侍郎、同東西臺三品仁本之曾孫。"①《新唐書·趙憬傳》則作"渭州隴西人"②。趙憬曾祖父爲趙仁本,高宗朝(650—683)宰相,《舊唐書》本傳云"陝州河北人也"③。《新唐書》無傳,《宰相世系表》所敘趙氏世系作:"趙氏出自嬴姓。……秦使嘉子公輔主西戎,西戎懷之,號曰趙王,世居隴西。天水西縣。公輔十二世孫融,……融七世孫瑤(仁本、憬爲瑤之後)。"④

上述對趙仁本、趙憬籍貫的記載,計有天水隴西、渭州隴西、陝州河北、天水西縣四種説法,這些不同的説法各自出於何處? 哪種説法是正確的呢?

趙憬的最早傳記資料,是權德輿(759—818)爲其所撰神道碑——《唐故正議大夫守門下侍郎同中書門下平章事成紀縣開國男賜紫金魚袋贈太子太傅貞憲趙公神道碑銘並序》(以下簡稱《趙憬碑》),稱:"公諱憬,字退翁,天水西人。"⑤這應該是《舊唐書·趙憬傳》的史源之一。

《宰相世系表》的主要史源是林寶所撰《元和姓纂》,岑仲勉在《元和姓纂四校記再序》中説"《新表》者,《元和姓纂》之嫡子也"⑥,並進一步舉證説明"《新表》本自《姓纂》"。《元和姓纂》"趙姓"條作:"趙,帝顓頊伯益,嬴秦之後……王遷,爲秦所滅,子代王嘉。嘉子公輔,主西戎,居隴西郡。"⑦下有:"天水西縣。公輔十三代孫名融,後漢右扶風、大鴻臚……"。其後又載:"陝郡河北縣。狀稱後漢大鴻臚趙融後。七代孫

---

①　《舊唐書》卷一三八《趙憬傳》,北京:中華書局,1975年,第3775頁。

②　《新唐書》卷一五〇《趙憬傳》,北京:中華書局,1975年,第4811頁。

③　《舊唐書》卷八一《趙仁本傳》,第2759頁。

④　《新唐書》卷七三下《宰相世系表三下》,第2980頁。

⑤　(唐)權德輿撰:《新刊權載之文集》,《續修四庫全書》第1309冊,據《四部叢刊》影印清嘉慶朱珪等刻本影印,上海:上海古籍出版社,1995年,第114頁。

⑥　(唐)林寶撰,岑仲勉校記,郁賢皓、陶敏整理,孫望審訂:《元和姓纂(附四校記)》,北京:中華書局,1994年,第64頁。

⑦　《元和姓纂(附四校記)》,第996頁。

瑤,後魏河北太守,因居焉。瑤六代孫仁本,同三品、左丞,生誼、諫。誼,左司郎中;孫景(憬),門下侍郎、平章事。"①由此來看,陝郡河北縣趙氏自認東漢趙融後代,所以《趙仁本傳》與《元和姓纂》中所言陝州(郡)河北縣應是指趙仁本家族現居地,而《舊唐書》本傳與《趙憬碑》中的天水隴西縣、天水西縣則是稱趙氏郡望。

今按:隴西縣,隋文帝開皇(581—600)間改武陽縣而來,屬渭州,在州治。隋煬帝大業三年(607),渭州改隴西郡。入唐,復爲渭州。因此,《新唐書》本傳之"渭州隴西縣",疑是依據唐代區劃設置及統屬修改而成。

二

既然趙仁本、趙憬家族自認先祖爲東漢趙融,那麼趙融及後代、族人的籍貫就成了解決問題的關鍵。

趙融,最早見於《三國志·魏書·張楊傳》裴松之注引《靈帝紀》,言其於靈帝中平五年(188)任"西園八校尉"之一的"助軍校尉"②。此後,《後漢書·何進傳》、《後漢書·孝靈帝紀》及《袁紹傳》章懷太子李賢注引樂資《山陽公載記》均記此事。《三國志·魏書·袁紹傳》裴注引《九州春秋》所載趙融諫袁紹不禮遇鄭玄事。上述諸處均未及趙氏里貫,稱"天水西縣"最早見於《元和姓纂》。

趙融後人有隋趙芬,《文館詞林》所收碑銘稱:"公諱芬,字士茂,天水上邽人也。……十一世祖融"③,《元和姓纂》:"天水西縣。……融曾孫密,晉南蠻校尉。生疑。茂,隋左僕射、蒲州刺史,生元恪……"岑仲勉"四校記"云:"茂當指芬,芬字士茂,或《姓纂》原文既舉其名,復舉其字,故下文稱芬兄士亮也。"④唐初所修《隋書·趙芬傳》亦作:"趙芬字士茂,天水西人也。"⑤其同族趙煚也稱"天水西人"⑥。

漢魏六朝,趙姓名人大多出自天水,如西漢名將趙充國"隴西上邽人"⑦,東漢趙壹"漢陽西縣人"⑧。天水郡,西漢武帝元鼎三年(前114)分隴西置,東漢明帝永平(58—75)中,改名漢陽,魏復名天水⑨。上邽、西兩縣相鄰,西漢同屬隴西郡,東漢則歸屬漢陽郡。

---

①　《元和姓纂(附四校記)》,第1014頁。

②　《三國志》卷八《魏書·二公孫陶四張傳》,北京:中華書局,1959年,第251頁。又《三國志》卷五八《吳書·陸遜傳》所載吳蜀夷陵之戰中,有蜀將名曰趙融。今按:天水趙融東漢末已先後任助軍校尉、大鴻臚等職,應當與此蜀將不是同一人。

③　(唐)許敬宗編,羅國威整理:《日藏弘仁本文館詞林校證》卷四五二《大將軍趙芬碑銘一首並序》,北京:中華書局,2001年,第151頁。

④　《元和姓纂(附四校記)》,第997頁。

⑤　《隋書》卷四六《趙芬傳》,北京:中華書局,1973年,第1251頁。

⑥　《隋書》卷四六《趙煚傳》,第1249頁。

⑦　《漢書》卷六九《趙充國傳》,北京:中華書局,1962年,第2971頁。

⑧　《後漢書》卷八〇下《文苑下·趙壹傳》,北京:中華書局,1965年,第2628頁。

⑨　按:《晉書》卷一四《地理志》爲"晉復名天水",其後校勘記云"晉"應爲"魏"。北京:中華書局,1974年,第435、445頁。另胡阿祥《宋書州郡志彙釋》"略陽太守"條下"編者按"有詳細說明。合肥:安徽教育出版社,2006年,第247頁。

　　檢現存唐宋間文獻，言某某爲"天水隴西人"者不少：《陳書》卷一六："趙知禮字齊旦，天水隴西人也。"①《隋書》卷七四："趙仲卿，天水隴西人也。"②《曲江集》卷一八："公諱某，天水隴西人也。"③《冊府元龜》卷八六八："趙景慈，天水隴西人也。"④岑仲勉在《隋書求是》中對"天水隴西人"有自己的看法："《趙昄傳》天水西人也。……唯《陳書》一六《趙知禮傳》、《隋書》七四《趙仲卿傳》則云天水隴西人，據《元和姓纂》，天水西縣是趙姓郡望，若隴西、天水，同是郡稱，不能連敘，作'隴西'者誤。"⑤岑氏認爲趙知禮、趙仲卿傳所言"天水隴西"爲誤。又據《元和姓纂》，《曲江集》中的"公"是指趙慶逸⑥，《冊府元龜》中的"趙景慈"當爲"趙慈景"之訛⑦，其二人一爲趙芬曾孫⑧，一爲趙昄族侄⑨，卻與趙芬、趙昄郡望不合，如此則趙融一系之"天水西縣"與"天水隴西縣"二者中必有一誤。

　　西縣的建置很早，西漢時即有，屬隴西郡，《漢書·地理志》："西。《禹貢》嶓塚山……莽曰西治。"⑩東漢改屬漢陽，《後漢書·郡國志》："西故屬隴西。有嶓塚山，西漢水。"⑪晉以後，西縣的沿革廢置稍顯混亂。《晉書·地理志》載天水郡統縣六，上邽、冀、始昌、新陽、顯新、成紀，沒有西縣。後世學者大都認爲西縣又名始昌，《後漢書·隗囂傳》李賢注："西，縣名，屬漢陽郡，一名始昌，城在今秦州上邽縣西南。"⑫《太平寰宇記》："(清水縣)始昌城，一名西城。按城即漢爲西縣城也，今廢，在縣西南。"⑬《讀史方輿紀要》："西縣城……。晉改爲始昌縣，屬天水郡，後魏時改置楊廉縣，後周廢。"⑭《隋書地理志考證》："又《隋書·趙昄》、《趙芬傳》並云：天水西人也。按兩漢西縣故城在今秦州西南百二十里，晉置天水郡於此，而西縣廢。當是魏、周間復立，隋復廢之。"⑮《北周地理志》："按西縣，晉改爲始昌縣，後魏廢。《地形志》黃瓜縣下有始昌城，是始昌廢入黃瓜，非改置陽廉縣也。……此天水西人者，言趙氏郡望。漢趙充國天水西縣人，自此趙氏遂多以天水爲郡望也。非魏周世尚有西縣。蓋廢於西魏北周

　　①　《陳書》卷一六《趙知禮傳》，北京：中華書局，1972 年，第 223 頁。
　　②　《隋書》卷七四《酷吏·趙仲卿傳》，第 1696 頁。
　　③　(唐)張九齡：《曲江集》卷一八《故許州長史趙公墓志銘並序》，《四庫全書》第 1066 冊，據《文淵閣四庫全書》本影印，上海：上海古籍出版社，1987 年，第 201 頁。
　　④　(宋)王欽若等編纂，周勳初等校訂：《冊府元龜》卷八六八《總錄部》一一八《好客》，南京：鳳凰出版社，2006 年，第 10114 頁。
　　⑤　岑仲勉：《隋書求是》，上海：商務印書館，1958 年，第 89—90 頁。
　　⑥　《元和姓纂(附四校記)》，第 999 頁。
　　⑦　《元和姓纂(附四校記)》，第 1003 頁。
　　⑧　《元和姓纂(附四校記)》已將其世系辨明，爲趙芬生元楷，元楷生崇基，崇基生慶逸。第 997—999 頁。
　　⑨　《元和姓纂(附四校記)》中其世系爲趙超宗生仲懿，仲懿生昄。超宗弟令勝，孫懷訥，生慈景。第 1002—1003 頁。
　　⑩　《漢書》卷二八下《地理志下》，第 1610 頁。
　　⑪　《後漢書》志二三《郡國五》，第 3517 頁。
　　⑫　《後漢書》卷一三《隗囂傳》李賢注，第 530 頁。
　　⑬　(宋)樂史撰，王文楚等點校：《太平寰宇記》卷一五〇《隴右道一》北京：中華書局，2007 年，第 2902 頁。
　　⑭　(清)顧祖禹撰，賀次君、施和金點校：《讀史方輿紀要》卷五九《陝西八》，北京：中華書局，2005 年，第 2836 頁。
　　⑮　(清)楊守敬：《隋書地理志考證》，武漢：湖北人民出版社、湖北教育出版社，1997 年，第 125 頁。

之世。"①

顧祖禹、楊守敬、王仲犖諸人均認爲西縣在晉時改稱始昌縣,但對此後始昌縣廢置沿革的看法卻不同。楊氏因郡望言魏、周間有西縣,當誤;顧氏所據當是《水經注·漾水注》:"今西縣幡塚山,西漢水所導也,……東南流逕西縣故城北。秦莊公伐西戎,破之。……王莽之西治矣。……置楊廉縣焉。……始昌峽,《晉書地道記》②曰:'天水,始昌縣故城西也,亦曰清崖峽。'③……故《地理志》云:'西縣有鹽官。'是也。"④王氏所據爲《魏書·地形志》:"黃瓜(縣),真君八年置。有始昌城。陽廉(縣),有鄧松山。"⑤二人因史料側重不同,故有不同結論。

其他相關文獻中,晉至隋間,西縣、始昌縣二名都有出現,要者如:《晉書·李特載記》:永康元年(300)至太安元年(302)"於是六郡人推特爲主,特命……始昌令閻式……"⑥《華陽國志·大同志》:太安二年(303)"獲太守武陵龔恢。恢往爲天水西縣令……"⑦《宋書·氐胡傳》:苻堅死(385)"(楊定)乃將家奔隴右,徙治曆城,城在西縣界,去仇池百二十里……求割天水之西縣、武都之上祿爲仇池郡,見許。"⑧西縣、始昌二名並行,抑或實爲兩縣,尚難考實。

雖然關於西縣的建制沿革在西晉之後較爲混亂,但在此之前並無疑惑,以郡望好稱魏晉之前地名來看,"天水西縣"的説法是沒有問題的。

相反,作爲縣名的"隴西"則出現得相對較晚。《隋書·地理上》:"隴西,舊城内陶,置南安郡。開皇初郡廢,改爲武陽,十年改名焉。"⑨《元和郡縣圖志》:"隴西縣,本漢獂道縣也,屬天水郡。後漢末於此置南安郡,隋開皇元年廢郡,移武陽縣名於郡理,屬渭州,八年改武陽爲隴西。"⑩《太平寰宇記》:"隴西縣……隋開皇十八年改爲武陽,尋爲隴西縣"⑪。三處隴西縣改名的具體時間有差,但前後也僅十年。要之,隴西縣之名最早出現在隋開皇年間則無疑義,在此之前,無隴西縣,且其地當屬渭州隴西郡而不屬秦州天水郡。因此,"天水隴西縣"的説法並不成立,"天水隴西人"也都有誤。如趙知禮卒於陳文帝天嘉六年(565),早於隋朝始設隴西縣,自然有誤;趙仲卿雖在隋朝,然隴西縣不屬天水,亦誤;趙慶逸、趙慈景二人自然當從趙昺、趙芬傳爲"天水西人"。

————————

① 王仲犖:《北周地理志》,北京:中華書局,1980年,第143頁。按,趙充國應爲天水上邽人。

② 按,據劉知幾所説,王隱《晉書》"咸康六年(340),始詣闕奏上。"劉知幾撰,浦起龍通釋:《史通通釋》卷一二《古今正史》,上海:上海古籍出版社,2009年,第325頁。

③ 此處斷句應爲"天水始昌縣故城西也,亦曰清崖峽",關於此句的校勘問題,歷來多有爭議,本文從胡適《楊守敬審判全趙戴三家〈水經注〉的錯誤》一文之説。《胡適全集》卷一五,合肥:安徽教育出版社,2003年,第43—45頁。

④ (北魏)酈道元著,陳橋驛校證:《水經注校證》卷二〇《漾水》,北京:中華書局,2007年,第478—479頁。

⑤ 《魏書》卷一〇六下《地形志下》,北京:中華書局,1974年,第2611頁。

⑥ 《晉書》卷一二〇《李特載記》,第3026頁。《資治通鑒》繫於惠帝永寧元年(301),第2713頁。

⑦ (劉宋)常璩撰,劉琳校注:《華陽國志校注》卷八《大同志》,成都:巴蜀書社,1984年,第641頁。

⑧ 《宋書》卷九八《氐胡傳》,北京:中華書局,1974年,第2405頁。

⑨ 《隋書》卷二九《地理志上》,北京:中華書局,1973年,第814頁。

⑩ (唐)李吉甫撰,賀次君點校:《元和郡縣圖志》卷三九《隴右道上》,北京:中華書局,1983年,第984頁。

⑪ 《太平寰宇記》卷一五一《隴右道二》,第2921頁。

三

綜上,趙憬應當是"天水西人",而不是"天水隴西人"。其實,清代學者於此就有所察覺,惜未深究根由。羅士琳(1789—1853)等《舊唐書校勘記》:"天水隴西人也。'聞本'無'隴'字,張氏宗泰云:'隴西在渭水,而天水乃泰(秦)州郡,至西桌(縣)則在興元府,去天水遠矣,未知所由誤。'"①查今傳"聞人本"《舊唐書》作"天水隴西人",但"隴西"兩字並排刻在一個字的位置②,"百衲本"《舊唐書》中《趙憬傳》是用"聞人本"影印,"隴西"兩字情況相同,這種情況的唯一可能就是修版時的剜改。顯然,"聞人本"初刻此處僅有一字,就是"西"字,校刊修版時認爲缺漏,剜去原字,改爲"隴西"兩字。羅士琳所見"聞人本"無"隴"字,當是初印本,保持了原貌,現傳"聞人本",則是修版之後的再印本。張宗泰(1750—1832)雖意識到"天水隴西"之説有矛盾,指出隴西縣不在天水郡,但卻將天水西縣與漢中西城混爲一談,距離解決問題尚差數武之遥。羅士琳等則僅有版本文字異同的説明,未做進一步考證。

《趙憬碑》爲現存最早史料,原本不誤(《文苑英華》所引亦不誤③),《舊唐書·趙憬傳》亦本不誤。"聞人本"之再印本可能因"西縣"廢棄較早,從而據《新唐書》"渭州隴西"改爲"天水隴西",可謂以訛傳訛。至於今人校點《權德輿詩文集》,於《趙憬碑》中加一"隴"字,云"據《全唐文》補"④,反改不誤爲誤,尤其可歎。

另外,《文苑英華》收録趙慶逸墓誌作"天水隴西人"⑤,而《全唐文》所收該文卻作"天水隴城人"⑥,應當是因天水無隴西,遂改爲"天水隴城",以致錯上加錯。此例正可作爲趙憬籍貫問題的佐證。

現代學者還注意到了其他文獻中"天水隴西"説的錯誤,賀次君在《元和郡縣圖志》"秦州"序的校勘記中説:"今按:'《史記·秦本紀》"邑之秦",徐廣曰:"今天水隴西縣秦亭也",即此志所本,疑上脱據書名或人名。但徐廣晉人,晉無隴西縣,漢隴縣亦廢,則隴西、隴縣俱未是。'"⑦王文楚在《太平寰宇記》"秦州"校勘記中也説:"按徐廣,晉人,晉無隴西縣,縣於隋改武陽縣置,所云當非。"⑧兩人都明確指出了晉無隴西縣,不當有"天水隴西縣"的説法,卻沒有得出確切結論。

古人行狀、家傳、碑銘,不稱籍貫而稱郡望,會造成很多問題:或者因歷代行政區劃的沿革變化而導致混亂;或因始遷久遠,口耳相傳,記憶不免有所誤差;或因冒認望族、刻意攀附而首尾難稽。這也是我們研究歷史時需要時刻注意的問題之一。

(作者單位:淮北師範大學歷史與社會學院)

---

① (清)羅士琳等撰:《舊唐書校勘記》卷四七,《二十五史三編》第 6 冊,長沙:嶽麓書社,1994 年,第 772 頁。

② 《舊唐書》,明嘉靖十七年聞人詮刻本,日本內閣文庫藏。

③ (宋)李昉等編:《文苑英華》卷八八六《碑四十三》,北京:中華書局,1966 年,第 4666 頁。

④ 權德輿撰,郭廣偉校點:《權德輿詩文集》,上海:上海古籍出版社,2008 年,第 212 頁。

⑤ 《文苑英華》卷九五五《誌二十一》,第 5023 頁。

⑥ (清)董誥等編:《全唐文》卷二九三《張九齡十一》,據嘉慶十九年內府原刊本影印,北京:中華書局,1983 年,第 2969 頁。

⑦ 《元和郡縣圖志》卷三九《隴右道上》,第 1003 頁。

⑧ 《太平寰宇記》卷一五〇《隴右道一》,第 2910 頁。

《五代會要·喪葬篇》訛誤辨正 *

顧春軍

歐陽脩在《新五代史》中慨歎曰:"五代,干戈賊亂之世也,禮樂崩壞,三綱五常之道絶,而先王之制度文章掃地而盡於是矣!"①五代動盪,很多史料散逸,宋代歐陽脩編撰的《新五代史》,對於制度史的記載尤爲簡略:"五代史料缺乏,諸史所存典章制度之記載更覺簡略。《新五代史》只'司天'、'職方'二考,不少重要制度議論均略而不詳,甚至刪除不載。《舊五代史》今僅存輯本,五代一段典章制度賴王溥是編收集舊聞,得以保存,故《五代會要》爲極重要之材料書。"②所以,四庫館臣以爲:"讀五代史者,又何可無此一書哉。"③研究五代之典章制度,《五代會要》的重要性不言而喻。

《五代會要·喪葬篇》是對文武官員及百姓喪葬禮儀的規定,是研究五代喪葬制度的重要文獻資料,《五代會要》的撰寫者王溥,是兩代四朝宰相,熟稔典章制度;作爲史學大家,"溥刀筆家子,而好學終始不倦。"(《宋史·王溥傳》卷二百四十九)但百密一疏,《五代會要》喪葬篇卻犯了一個很"幼稚"的錯誤。《喪葬篇上》有如下記載:

> 准元和六年十二月刑部兼京兆尹鄭元狀奏:"條流,文武官及庶人喪葬,三品已上明器九十事,四神十二時在內,不得過二尺五寸,餘人物並不得過一尺,……不得以鞍馬爲儀,其明器任以瓦木爲之,不得超二十五事,四神十二時並在內,每事不得過七寸,舁止十人。"④

我們知道,後唐的很多典章制度,是照搬唐代的,考察上述奏議,就是當時的御史中丞盧文紀,向後唐朝廷建議,採納元和六年十二月唐朝刑部兼京兆尹鄭元的奏議,來規範官方及民間的喪葬禮儀,此"狀奏"前有"准"字,說明此事得到了後唐朝廷同意。奏議的起草者是唐代元和年間的鄭元,檢索唐代史料,元和年間擔任過刑部侍郎兼京兆尹的鄭元只有一位,而且在元和四年就去世了,《舊唐書》有傳:

> 鄭元,舉進士第,累遷御史中丞。貞元中爲河中節度使杜確行軍司馬。確卒,遂繼爲節度使,入拜尚書左丞。元和二年,轉戶部侍郎、兼御史大夫、判度支。三年春,遷刑部尚書,兼京兆尹。九月,複判度支,依前刑部尚書、兼御史大夫。

---

* 本文为"廣東省哲學社會科學"十三五"規劃 2016 年度學科"共建項目,"五代十國墓誌研究"(課題編號 GD16XLS03)的階段性研究成果。

① (宋)歐陽脩撰,(宋)徐無黨注:《新五代史》卷十七,北京:中華書局,1974 年,第 188 頁。
② 柴德賡:《史籍舉要》,北京:北京出版社,2002 年,第 304 頁。
③ (清)永瑢等撰:《四庫全書總目》卷八一,北京:中華書局,1965 年,第 694 頁。
④ (宋)王溥:《五代會要·喪葬上》卷八,上海:上海古籍出版社,2006 年,第 136—138 頁。

元性嚴毅,有威斷,更踐劇任,時稱其能。元和四年,以疾辭職,守本官,逾月卒①。

《舊唐書·憲宗紀》記載:"五月丙午朔。辛酉,刑部尚書鄭元卒。"②那麼,鄭元卒於元和四年五月,當無問題。這樣就有了矛盾:《舊唐書》稱鄭元元和四年就死了,而《五代會要》則聲稱,鄭元在元和六年還向朝廷上過奏議,其中有一個記録必然是錯誤的。那麼,考察清楚王溥生平、《五代會要》史料來源,就可以辨析問題所在了。

關於《五代會要》的作者王溥,《宋史》是這樣記載的:"溥好學,手不釋卷,嘗集蘇冕《會要》及崔弦《續會要》,補其闕漏,爲百卷,曰《唐會要》。又采朱梁至周爲三十卷,曰《五代會要》。"③也就是說,王溥續修了《唐會要》,獨立編寫了《五代會要》,四庫館臣這樣評價王溥及其續修的《唐會要》:

> 唐會要一百卷,宋王溥撰。溥字齊物,並州祁人。漢乾佑中,登進士第一。周廣順初,拜端明殿學士。恭帝嗣位,官右僕射。入宋,仍故官,進司空同平章事,監修國史,加太子太師,封祁國公,卒謚康定。事蹟具宋史本傳。初,唐蘇冕嘗次高祖至德宗九朝之事,爲會要四十卷。宣宗大中七年,又詔楊紹復等次德宗以來事,爲續會要四十卷,以崔鉉監修。段公路北戶録所稱會要,即冕等之書也。惟宣宗以後記載尚缺,溥因復采宣宗至唐末事續之,爲新編唐會要一百卷④。

四庫館臣說:"惟宣宗以後記載尚缺,溥因復采宣宗至唐末事續之,"考:唐宣宗李忱於會昌六年(846 年)即位,也就是說,唐宣宗之前的記録部分,是由蘇冕、楊紹復、崔鉉等人完成;那麼,《五代會要》喪葬篇中"准元和六年十二月刑部兼京兆尹鄭元狀奏"這類早于唐宣宗三十年的文獻,非王溥撰寫那就必定無疑了。按照《唐會要》卷三十八記載,鄭元的奏章則是在元和三年,而非元和六年:

> 元和三年五月。京兆尹鄭元修奏:"王公士庶喪葬節制,一品、二品、三品爲一等,四品、五品爲一等。六品至九品爲一等。凡命婦各准本品,如夫、子官高,聽從夫、子。其無邑號者,准夫、子品。廕子孫未有官者,降損有差。其兇器悉請以瓦木爲之。"是時厚葬成俗久矣,雖詔命頒下,事竟不行⑤。

四庫館臣認爲:"(《唐會要》)今僅傳鈔本,脱誤頗多。"校注者以爲:文中的"鄭元修",就是《舊唐書》記載的鄭元。按照《舊唐書》記載:"元和四年,以疾辭職,守本官,逾月卒。"那麼,鄭元於元和六年向朝廷獻喪葬奏章之事,就根本沒有可能了。再考察《唐會要》元和三年五月"條之後所載內容,實則爲《五代會要》採擷:

> 六年十二月,條流文武官及庶人喪葬:"三品以上,明器九十事,四神、十二時在內,園宅方五尺,下帳高方三尺,共置五十舁。挽三十六人……所造明器,並令

① (後晉)劉煦等撰:《舊唐書·鄭元傳》卷一百四十六,北京:中華書局,1975 年,第 3968 頁。
② 《舊唐書·憲宗紀》卷十四,第 427 頁。
③ (元)脱脱等撰:《宋史》卷二百四十九,北京:中華書局,1985 年,第 8801 頁。
④ (清)永瑢等撰:《四庫全書總目》卷八一,北京:中華書局,1965 年,第 694 頁。
⑤ (宋)王溥撰,牛繼清校正:《唐會要校正》卷三十八,西安:三秦出版社,2012 年,第 597 頁。

用瓦,不得過七寸。以前刑部尚書、兼京兆尹鄭元修,詳定品官葬給。素有章程。歲月滋深,名數差異,使人知禁,須重發明制,庶可經久。伏以喪葬條件明示所司,如五作及工匠之徒捉搦之後,自合准前後敕文科繩,所司不得更之。喪孝之家,妄有捉搦,只坐工人,亦不得句留,令過時日。"敕旨:"宜依。"①

"條流"就是規定的意思,如《通典·職官二二》:"周建六官,各有徒屬,雖尚文去質,吏眾事繁,然而條流不紊,職非重設。"②很明顯,這是由朝廷頒發的一個規章制度;本條最後一段,則提醒閱讀者,本規章制度的頒佈,是基於鄭元之前的提議已經荒廢,所以需要重新確定:"以前刑部尚書、兼京兆尹鄭元修,詳定品官葬給。素有章程。歲月滋深,名數差異,使人知禁,須重發明制,庶可經久。"最後一句:"敕旨:'宜依。'"則提醒我們:這是一道經過皇帝同意的"敕旨。所以,我們可以斷定,按照唐朝的中書省、門下省的職責,這個敕旨當是由中書省草擬,門下省同意,並經過皇帝簽署,成爲規章的一個制度——這與鄭元元和三年的奏章有關,但卻並非鄭元所撰寫,卻是明白無誤的。

《五代會要》喪葬篇照搬了《唐會要》喪葬篇部分內容,文字雖略有不同,但大多是傳抄中發生的訛誤。(這也提醒校對者,《唐會要》和《五代會要》可以互校。)按常理說,王溥熟稔唐及五代典章制度,爲何在一個重要文獻材料上,卻出現了明顯互相抵牾的說法?

我以爲錯誤的發生有兩種可能性:一種可能,當王溥依據《唐會要》,裁剪編寫《五代會要》的時候,沒有認真考辯,而所摘抄的文字和鄭元的奏議又混淆在一起,王溥想當然地把兩段文字嫁接在一起;另一種可能,那就是上奏議給後唐皇帝的御史中丞盧文紀,他在摘抄史料的過程中出錯了,王溥雖然知道這種錯誤,但爲了"秉筆直書",也只能將錯就錯。遺憾的是,我們現在既不能找出盧文紀的原文,更難以窺探王溥撰寫《五代會要》時的心態;但作爲後來的學者,一定要知道這種錯誤的存在,以免被其誤導。

（作者單位:珠海城市職業技術學院）

---

① 《唐會要校正》卷三十八,第 597 頁。

② (宋)杜佑撰:《通典·職官二二》卷四十,北京:中華書局,1988 年,第 1107 頁。

千秋功過　孰與評說

——董逌真是小人嗎？

王宏生

董逌字彥遠，東平人，曾任秘閣正字、校書郎，因得罪蔡攸補外任郡守，靖康圍城中以禮部員外郎充事務官，權國子祭酒，率太學諸生詣南京勸進，遷宗正少卿、起居舍人、江東提刑、中書舍人、充徽猷閣待制，以病乞外，卒[1]。董逌著有《廣川書跋》十卷（存）、《廣川畫跋》六卷（存）、《廣川易學》二十四卷（佚）、《廣川詩故》四十卷（佚）、《廣川藏書志》二十六卷（佚）、《錢譜》十卷（殘）、《登科記》十卷（佚）及《謝除正字啟》一篇（存）等。

一　寂寞身後名

董逌《宋史》無傳，其事蹟僅零星散見於一些筆記史料中，故後世于其爲人鮮有評論。《晦庵先生朱文公集》卷五一《答董叔重》云：

> （問）近見一書，名《廣川家學》，蓋董逌彥遠所爲。所論亦稍正，不知有傳授否？其爲人如何？如曰："心者，性之所寓也。所貴於養心者，以性之在心也。"……
>
> （答）……董氏有《詩解》，自謂其論《關雎》之義暗與程先生合，但其他文澀難曉。《集傳》中論京師之屬，頗祖其說。又據黃端明行狀說，圍城中作祭酒，嘗以偽楚之命慰諭諸生。他事不能盡知也[2]。

董逌卒于宋高宗建炎三年（1129）七月至建炎四年（1130）正月間，朱熹生於建炎四年九月。數十年間，董逌生平即已湮缺不明。陳振孫《直齋書録解題》卷一〇云："《廣川家學》三十卷，中書舍人董弅令升撰。述其父逌之學。"[3]則《廣川家學》一書系董弅所撰而非董逌，但其內容則是董逌的學術思想。董叔重稱"其學亦稍正"，董逌《詩解》（當即爲《廣川詩故》）論《關雎》之義合于程頤[4]，朱熹《詩集傳》頗祖其說。二人對董逌並無貶低之意，但朱熹提到董逌曾任張邦昌偽楚之職。

《四庫全書總目》卷一一二《廣川書跋》提要云：

> 《廣川書跋》十卷，宋董逌撰。逌字彥遠，東平人，題曰"廣川"，從郡望也。逌

---

[1] 關於董逌生平，可參見拙文《董逌生平考略》，《古籍研究》第 61 輯，第 221—226 頁。

[2] 見朱熹《朱子全書》，上海古籍出版社、安徽教育出版社 2002 年版，第二十二冊，第 1366—1367 頁。

[3] 陳振孫撰，徐小蠻、顧美華點校《直齋書録解題》，上海古籍出版社 1987 年版，第 310 頁。

[4] 按程頤有《經說》，疏解包括《詩》在內的八種儒家經典。

政和中官徽猷閣待制①。王明清《玉照新志》載宋齊愈獄牘稱“司業董逌在坐”，則靖康末尚官司業。曾敏行《獨醒雜志》稱建炎己酉逌從駕，則南渡時尚存。丁特起《孤臣泣血録》並記其受張邦昌偽命爲之撫慰太學諸生事，則其人蓋不足道②。

因董逌曾奉張邦昌偽命撫慰太學諸生，《四庫全書總目》認爲“其人蓋不足道”，貶低的意思就很明顯了。

余嘉錫《四庫提要辨證》云：

> 又《會編》卷八十七云：“三月二日，差禮部員外郎董逌充事務官。”則董逌蓋以員外郎權司業。又卷九十五云：“二月八日丁亥，國子監祭酒董逌率太學生奉表赴南京勸進。”《繫年要録》卷四略同。……則逌在圍城中已遷祭酒，不止司業矣。《會編》卷一百一十一右正言鄧肅劄子云：“事務官者，金人已有立偽楚之語，朝廷集議，恐不能如禮，遂至結十友作事務官，講冊命之儀，搜求供奉之物，無所不至，使邦昌安然得爲揖遜，以事美觀，皆事務官之力也。”《要録》卷七略同。逌實事務官之一人，則其附張邦昌之罪有不止爲之撫慰太學諸生者。……《書跋》卷五有《太尉楊震碑跋》云：“當震之發大難，奮大義，直指利害，夫豈不謂然，處亂世汙俗，闇主在上，奸臣乘此以醜正，況女謁孽豎，有一於此，然不得自見，協是相濟③，乃欲明目張膽，以直道行於世，吾知震之死非不幸也。觀其門生故吏，可謂衆矣。而高舒、楊倫輩方且率天下而禍仁義，以抗言爲直，以犯難爲義，以殺身爲仁，至摩礪激訐以進斷者爲得事君之道，其觸機投阱，以陷患害，相趣而不顧，卒成黨禍，而漢以亡。夫爲名節者，本以存身，吾見其身之禍，求以治國家，而國家卒以亡矣，蓋行仁義而不知其道者也。其後陳蕃、竇武乃欲焚社鼠，而覬幸一日無事，皆殺身成名之説也，可不悲哉！”逌當衰亂之世，竊禄於朝，惟以存身爲念，到爲張邦昌效奔走而不知恥，又強爲之説以自解免，遂以殺身成仁者爲非，且指古來忠直之士爲率天下而禍仁義，觀其持論，可謂小人無忌憚之尤者矣，豈止於不足道也哉④。

在余嘉錫眼中，董逌是“小人無忌憚之尤者”，令天下人爲之切齒痛心。余氏對董逌批評如此不留情面，一針見血，其原因大致有三：其一，董逌曾任張邦昌偽楚事務官、國子祭酒之職；其二，董逌受張邦昌偽命爲之撫慰太學諸生；其三，董逌跋《太尉楊震碑》批評楊震、高舒、楊倫等“以抗言爲直，以犯難爲義，以殺身爲仁”，“行仁義而不知其道”，巧言利口，強爲己辯。所論言之鑿鑿，董逌小人之名，似永無翻案之日。

---

① 據李心傳《建炎以來繫年要録》卷二五，董逌官徽猷閣待制在建炎三年（1129）七月，《四庫全書總目》稱“逌政和中官徽猷閣待制”有誤。余嘉錫先生對此有詳細考辨，參見余嘉錫《四庫提要辨證》，中華書局 2008 年版，第 791—792 頁。

② 永瑢等《四庫全書總目》，中華書局 1981 年版。

③ 原注：“兩句疑有誤字。”

④ 余嘉錫《四庫提要辨證》，第 792—793 頁。

二　坎坷生前事

董逌是不是小人，其言行還得放在特定的歷史環境中加以考察。

王明清《揮麈前録》卷三云：

> 宣和中，蔡攸提舉秘書省。夏日，會館職於道山，食瓜。居安令坐上徵瓜事，各疏所憶，每一條食一片。坐客不敢盡言，居安所徵爲優。欲畢，校書郎董彦遠連徵數事，皆所未聞，悉有據依，咸嘆服之。識者謂彦遠必不能安，後數日果補外①。

蔡攸字居安，蔡京长子。按《宋史·徽宗本紀》，政和七年（1117）五月辛卯，“命蔡攸提舉秘書省並左右街道籙院”②。陳桱《通鑑續編》卷一二、徐乾學《資治通鑑後編》卷九九所載皆同，則蔡攸提舉秘書省在政和七年，而非宣和中。時董逌任秘閣校書郎，秩從八品。《宋史·蔡攸傳》云：“京再入相，加龍圖閣學士兼侍讀，詳定《九域圖志》，修《六典》，提舉上清寶籙宮，秘書省兩街道録院、禮制局。道、史官僚合百人，多三館雋遊，而攸用大臣子領袖其間，懵不知學，士論不與。”③蔡攸不學無術，卻要故作淵博，只有董逌不畏權勢，絲毫不留情面，結果被外放。此次外放，前後近十年，直到靖康元年（1126）左右才重返京城任職。董逌所爲，並不像是一個肆無忌憚、趨炎附勢的無恥小人。

徐夢莘《三朝北盟會編》卷八三云：“（靖康二年三月二日）差事務官。是日差給事中馬壽隆、中書舍人李熙靖、左諫議大夫洪芻、兵部尚書呂好問、工部侍郎何昌言、軍器監王紹、吏部員外郎王及之、禮部員外郎董逌、户部員外郎李犍、工部員外郎李士觀、刑部員外郎呂勤、倉部員外郎曾憶、光禄少卿黃堂傳、作郎顏博文充事務官。”④據此，靖康二年（1127）三月二日，董逌等十四人爲事務官，董逌由禮部員外郎充，禮部員外郎秩正七品。所謂“事務官”，右正言鄧肅剳子云：“事務官者，金人已有立偽楚之語，朝廷集議，恐不能如禮，遂至結十友作事務官，講册命之儀，搜求供奉之物，悉心竭力，無所不至。使邦昌安然得陽揖遜，北面而拜者三，南面而拜者二，揮涕就位，以事美觀，皆事務官之力也。”⑤又云：“及偽楚一立，則爭拜其庭，略無難色。有願爲事務官者，以講偽帝之禮；有願爲奉使者，以結天下之心；有閑爲宮觀而下爲庶官者，皆彈

---

　　①　王明清《揮麈録·前録》，中華書局 1961 年版，第 29 頁。

　　②　脱脱等《宋史》，中華書局 1997 年版，第 398 頁。

　　③　脱脱等《宋史》，中華書局 1997 年版，第 13731 頁。

　　④　徐夢莘《三朝北盟會編》，上海古籍出版社 1987 年版，第 626 頁。李心傳《建炎以來繫年要録》卷三、《靖康要録》卷一二亦載此事。二書“馬壽隆”作“韋壽隆”，《宋史·徽宗本紀》宣和四年有“國子祭酒韋壽隆”，“韋壽隆”亦見於章如愚《群書考索年集》卷二七，王應麟《玉海》卷一一三，張侃《張氏拙軒集》卷五等，當作“韋壽隆”爲是。又《建炎以來繫年要録》所載無王及之、董逌、李犍三人，而《靖康要録》“禮部員外郎董逌”誤作“禮部員外郎董週”。

　　⑤　鄧肅《栟櫚集》，影印文淵閣《四庫全書》本，卷一二。李心傳《建炎以來繫年要録》卷七、徐夢莘《三朝北盟會編》卷一一一所載略同。

冠而起，爭爲禁從……"①則知事務官之職在擁戴張邦昌爲帝，講究僞帝之儀，爲金人搜求供奉之物，故鄧肅深以爲恥。高宗即位，事務官自然在清算之列。鄧肅劄子又云："且陛下登九五之位，天下欣躍，如獲再生。朝廷不聞有先時而爲事務官者，及僞楚之立，而十友紛然如水就下，此其情尤可惡也。然當時詭秘姓名，人不盡知，今乞詢元提舉官呂好問，則十人之跡無所逃矣。"靖康二年充事務官者共十四人，而真正借想立僞楚之機得以擢升者十友而已，而十人事蹟，還賴當時事務官之一呂好問得以詳悉。

據《宋史·呂好問傳》，張邦昌稱帝，呂好問勸其"姑塞敵意而徐爲之圖"，金人欲取康王，呂好問遣人以書勸其遠避，金人撤離，説服金人不復留兵，又派人迎康王。高宗即位，稱"宗廟獲全，卿之力也"。傳云："侍御史王賓論好問嘗汙僞命，不可以立新朝。高宗曰：'邦昌借號之初，好問募人齎白書，具道京師內外之事。金人甫退，又遣人勸進。考其心跡，非他人比。'皇帝親自爲其辯解。《宋史》評云："呂好問處艱難之際，其跡與宗尹同，而屈己就事，以規興復，亦若勝非之處苗、劉，其心有足亮云。"②將其與斡旋于苗傅、劉正彥兵變中的朱勝非並提。《宋史·李熙靖傳》載李熙靖堅拒張邦昌使直學士之命，"憂憤廢食，家人進粥藥寬譬之，終無生意。故人視其病，相持啜泣，索筆書唐王維所賦'百官何日再朝天'之句，明日遂卒。"③此事亦見載于《宋史·忠烈傳》。呂好問、李熙靖行跡不一，皆不失爲忠良之臣。

《靖康要録》卷一二云："敵有文字來，限三日立張邦昌，不然，下城盡行焚戮。都人震恐，有自殺者。"④董逌之充事務官，恐怕事有不得不然者。丁特起《靖康孤臣泣血録》言當時太學"多有疾故死亡者，迨春尤甚，日不卜死數人，至十餘人"，撫諭太學諸生勢在必行，無論奉誰之命。《宋史·呂好問傳》載："金人既行，好問趣遣使詣大元帥府勸進。"⑤而李心傳《建炎以來繫年要録》云建炎元年四月國子祭酒董逌率太學諸生詣南京勸進，董逌顯然受呂好問之命。稽之諸史，當時事務官洪芻、何昌言、王紹、王及之、李擢、顏博文等皆遭貶謫，呂好問亦自乞外任，而董逌獨未貶謫。鄧肅劄子有云："伏蒙陛下謂臣在圍城之中，固知姓名，令臣具奏。臣謹取臣所撰二格，以按叛臣之罪，爲陛下盡陳之。"⑥鄧肅、呂好問皆在圍城之中，知悉靖康之亂的整個過程。董逌能在大規模的清算中不被貶謫，似乎也可以説明董逌與十友之趨炎附勢，苟且偷生不盡相同。

《四庫全書總目》卷一一二《廣川書跋》提要云："逌在宣和中與黄伯思均以考據賞鑒擅名。"《廣川書跋》各跋或記述考據、或評騭鑒賞，罕有論及政治與道德者，《太尉楊震碑並陰》可以算是例外，全文如下

　　漢既衰敝，士玩于俗，容悦偷懦，不知名義所處。震於此時拔然自振流俗間，以直節峻行激發污濁，天下矯首鄉風，知名節爲重，持祿保寵有願死而不忍爲者。

①⑥　鄧肅《栟櫚集》卷一二。
②　脱脱等《宋史》，第 11332—11333 頁。
③　脱脱等《宋史》，第 11229 頁。
④　李心傳《建炎以來繫年要録》卷三所載略同。
⑤　脱脱等《宋史》，第 11331 頁。

孔子曰：“志士仁人，無求生以害仁。”世士者知守此以相尚，不知介特之操，道在一隅。未盡道則以名節爲敝者，緊震實發之，後世蓋循其道以至者。夫聖人不能爲時，時至能勿失之。然時因天之所爲，故人不得擅而有之矣。當震之發大難，奮大義，直指利害，夫豈不謂然？處亂世污濁，暗主在上，奸臣乘此以醜正，況女謁孽豎有一於此，然不得自見，協是相濟，乃欲明目張膽以直道行於世，吾知震之死者非不幸也。觀其門生故吏可謂眾矣，而高舒、楊倫輩方且率天下而禍仁義，以抗言爲直，以犯難爲義，以殺身爲仁，至摩礪激訐以進斷者，爲得事君之道。其觸機投阱以陷，患害相趨而不顧，卒成黨禍，而漢以亡。夫爲名節者本以成身，吾見其身之禍，求以治國家，而國家卒以亡矣。蓋行仁義而不知其道者也。嘗見道家者流以儒爲説，其一人曰：“仁義愛身後名。”一人曰：“仁義殺身成名。”最後者曰：“仁義使我身名並全。”餘謂愛其身者類楊朱，不顧其身者類墨翟，顧身名兩全者列禦寇之所以自處也，此豈仁義者之道哉？盡道行之，吾知死無地矣。且區區以求全者則惑乎其後，陳蕃、竇武乃欲焚社鼠而覬幸一日無事，皆殺身成名之説也，可不悲哉①！

據范曄《後漢書·楊震傳》，震字伯起，明經博覽，無不精詣，時稱“關西孔子”，官至太尉。因數忤權貴，抗言直疏，被貶歸故里。震慷慨謂其諸子門人曰：“死者士之常分。吾蒙恩居上司，疾奸臣狡猾而不能誅，惡嬖女傾亂而不能禁，何面目復見日月！”②飲鴆而卒。董逌對楊震節操讚譽有加，對其殺身成仁則心存異議。董逌認爲，即使聖人也不能創造時局，只不過善於把握機會。如果時局不利，不能盡行儒家道義，未必一定要殺身成仁，保持高尚的節操而不同流合污，也是儒家道義的一個重要方面。董逌反對“愛身後名”、“殺身成名”、“身名並全”諸家思想，認爲只要根據儒家道義行事，就不會至於無計可施的絕境。汲汲于殺身成名之説是可悲的。董逌的思想，無疑與孔子所謂“志士仁人，無求生以害仁，有殺身以成仁”③不盡相合，但並非全無道理。

李心傳《建炎以來繫年要録》卷七云：建炎元年七月，鄧肅、王賓等奏偽命臣僚，呂好問力求外任，上疏曰：“昨金人圍閉，邦昌僭號之時，臣若閉門避事以潔其身，實不爲難，況臣於邦昌未入城之際曾乞致仕。重念臣世受國恩，異於眾人，親受賢者之責，身任宗社之重。故忍恥含垢，逭死朝夕，不避金人滅族之禍，遣人衝圍齎書于陛下，而又畫謀奉迎。幸而天佑神助，得睹今日中興之業，則臣之志願畢矣。”④呂好問忍辱負重，委曲求全，徐圖大業，其間辛苦不足爲外人道，並非只是爲個人狡辯。呂好問的經歷，也可以算是董逌“盡道而行，吾知無死地矣”的最好詮釋。董逌與呂好問同爲事務官，又受呂好問之命詣南京勸進，他們在思想上亦有相合之處，或即爲呂好問之同黨。

董逌曾在張邦昌偽楚任事務官、國子祭酒等職，曾奉偽命撫諭太學諸生，率諸生到南京勸進，這些並不能證明董逌是背信棄義，賣主求榮。

---

①　董逌《廣川書跋》，見盧輔聖主編《中國書畫全書》，第一册第 783 頁。

②　范曄撰，李賢等注《後漢書》，中華書局 1997 年版，第 1766—1767 頁。

③　《論語·衛靈公》。

④　李心傳《建炎以來繫年要録》，中華書局 1956 年版。

三　蓋棺論已定

關於董逌的爲人，或許對其生平較爲熟悉與董逌同時代人的評價更爲客觀公允。楊士奇《歷代名臣奏議》卷一四三載御史中丞張守《論差李公彥李正民權官不當劄子》云：

> 又伏見中書舍人有闕，祖宗故事，差起居舍人兼權，又闕，即差它官。今董逌爲右史，而差左司員外郎李正民權中書舍人，臣所未論。使正民賢於逌，即當便用正民爲中書舍人，不然即是董逌不學無文也。逌不學無文，則不當擢爲右史。若曰逌不可權攝邪？而逌亦久以文學著稱，士論亦未以爲不可也……近舍董逌而遠取李正民，未必薄于董逌，然人不能無疑，而逌亦無以自安。恐非以禮處人之意也，亦恐祖宗故事自是廢矣。"①

張守稱"久以文學著稱，士論亦未以爲不可也"，認爲董逌無論學術還是人品都是無可挑剔的，爲董逌不能依祖宗故事爲中書舍人鳴不平。

李心傳《建炎以來繫年要録》卷二三云："建炎三年五月戊寅朔，上次常州，詔知樞密院事兼御營副使張浚爲宣撫處置使，以川陝、京西、湖南北路爲所部。……始除浚招討使，左司員外郎兼權中書舍人李正民言川陝吾境，不當以招討名，請用唐裴度故事。上是其言，浚乃改命。"②李正民由左司員外郎權中書舍人在建炎三年（1129）五月之前。

李心傳《建炎以來繫年要録》卷二五云："（建炎三年秋七月庚子）中書舍人董逌充徽猷閣待制。逌爲宗正少卿，官省而罷，旋入西掖，至是才踰月也。"注云"逌，益都人。初見建炎元年三月，今年五月戊子除江東提刑，其除舍人日曆題名皆失之。""西掖"是中書省的別稱。董逌充徽猷閣待制在七月二十四日，其爲中書舍人則在建炎三年六月間，與李正民爲中書舍人時間極爲相近，相當於對董逌未能因故事爲中書舍人事件的補救，也是對董逌爲人的充分肯定。

李正民《董逌徽猷閣待制與郡制》云：

> 敕：入持從橐，出領藩符。惟時邇臣，宜膺異數。具官某博學而多識，殫見而洽聞。誦甘泉之遺儀，如指諸掌；記南宫之故事，不忘於心。早擢秀于士林，遂飛英於儒館。薦更郡寄，復歟郎潛。浸陟九卿之聯，乃躋二史之列。遽以疾諗，丐於外遷。宜升次對之班，俾遂偃藩之逸。往祗朕命，勿替厥修。可③

《董逌知信州制》云：

> 敕：次對西清，持從臣之橐；承流列郡，分刺史之符。諒匪時髦，孰膺寵數。具官材猷博敏，學問淹該。出典藩垣，惠昭民譽；入更省寺，望著朝端。宜陟近

---

① 楊士奇《歷代名臣奏議》，影印文淵閣《四庫全書》本。
② 此事亦見於熊克《中興小紀》卷六。
③ 曾棗莊、劉琳主編《全宋文》，上海辭書出版社、安徽教育出版社 2006 年版，第 163 冊第 38 頁。

班，俾膺郡寄。往繼循良之治，廣宣德意之孚。可①。

《董逌贈官制》云：

　　敕：朕待遇臣工，務全終始。遽起淪亡之歎，可無褒贈之恩？具官早負時名，亟躋儒館。嗜學至老而不厭，所聞既博而愈精。未嘗枉道以徇人，故每進寸而退尺。晚記言于柱史，浸聯華于從班。方俾分符，俄聞易簀。宜優加於恤典，仍峻陟于文階。庸示盡傷，並推餘澤。尚其靈爽，歆此寵休。可②。

據李正民諸制所言，董逌才思敏捷，學問淹博，早負時名，無論在朝還是在外任職，都聲譽卓然。制稱“未嘗枉道以徇人，故每進寸而退尺”，對其爲人節氣讚譽之情溢於言表，而且是在董逌去世之時，以制詞作官方的評價。

　　大約在董逌去世十年之後，特贈正奉大夫。張嵲《徽猷閣待制董弅故父逌可特贈正奉大夫制》云：“具官某故父某，學問博洽，馳騁千載以還；文辭縱橫，獨高當世之譽。備先朝之法從，頗著盡規；蓄余慶于後人，終然濟美。文階三品，極納祿之至榮；營魄九原，尚焄蒿之如在。可。”③對董逌文章學術讚譽有加。如果董逌真是“小人無忌憚之尤者”，恐怕不會有此殊榮。

　　綜上所述，董逌身處兩宋之際，任僞職，受僞命，對楊震之殺身成仁頗有微辭，這些都不足以判定董逌爲小人。而與董逌同時之張守、李正民等對其人品的評價，更接近於歷史事實。

（作者單位：福建師範大學文學院）

---

①　曾棗莊、劉琳主編《全宋文》，第 163 冊第 53 頁。
②　曾棗莊、劉琳主編《全宋文》，第 163 冊第 70 頁。
③　見張嵲《紫微集》卷一八，影印文淵閣《四庫全書》本。據李心傳《建炎以來繫年要錄》，紹興十年（1140）八月，起居舍人兼實錄院檢討官兼侍講張嵲試中書舍人，紹興十一年（1141）二月中書舍人兼侍講、實錄院同修撰張嵲罷。董逌贈正奉大夫即在紹興十年八月至紹興十一年二月間。

曲聖魏良輔非南昌進士考[*]

唐　宸

　　在明代文獻中存在兩位同時代的魏良輔:一位曲家魏良輔,號尚泉(一作上泉),流寓太倉、昆山一帶;另一位進士魏良輔,字師召,號此齋,是江西南昌人,爲進士出身。自從明末沈寵綏《度曲須知》提出"嘉、隆間有豫章魏良輔者,流寓婁東、鹿城之間"(即太倉、昆山一帶)的觀點之後,很多學者都將二者視爲同一人,並對其流寓原因提出了各種推測。

　　蘇興先生提出:"(進士魏良輔)官史不載,鄉志不錄,大約是由於某種原因,這位左布政使晚年流寓婁東鹿城之間,隱於市井,與優人曲師爲伍,便被家族兄弟和鄉人所恥道。"[①]蔣星煜先生認爲:歷年江西方志均無進士魏良輔傳略,因此"魏良輔可能是犯了法出走或被放逐出來的,地方志因此不能光耀鄉里,所以不爲立傳;太倉人對他出身不了解,也無從介紹,留下了這一個空白點。……從中進士到犯罪被流放大約經過五年至十年時間,在嘉靖十五年左右他就開始在太倉南關從事昆山腔的研究工作了;他學習北曲可能在中進士以前就已開始。"[②]隨後,謝巍先生根據《沙田魏氏宗譜》考證進士魏良輔是"南昌府新建縣沙田鄉魏村人,……生於弘治二年己酉(1489)九月十五日亥時,卒於嘉靖四十五年丙寅(1566)四月初九日亥時,得年七十八歲",推測他"嘉靖二十七年告老後,因故鄉發生疫癘,也就沒有回去。爲踐行改革南曲的夙願,而到正在太倉任蘇松兵備道的魏良貴(引者注:進士魏良輔胞弟)邸中同住,這年他正六十歲,從此就在太倉潛心研究南曲,革新昆腔了。"[③]三位先生都將兩位魏良輔視爲同一人。

　　顧篤璜先生最先提出反對,他通過查考《明實錄》等文獻,摘錄出進士魏良輔在嘉靖年間的數次遷轉經歷,並認爲曲家魏良輔大約也是江西南昌人,但和進士魏良輔不是同一人[④]。沈沉先生則指出沈寵綏《度曲須知》的記載往往自相矛盾,有時說"吾吳魏良輔"、"昆山魏良輔",有時又說"豫章魏良輔",並不可靠[⑤]。徐朔方先生強調:"《南詞引正》至遲在嘉靖二十六年已經完成,而根據謝巍同志的查證,當官的魏良輔這時還在山東左布政使任上,他要到嘉靖二十七年才寓居太倉。……(沈寵綏之說)

　　*　項目:安徽省高校人文社科研究重點項目(SK2017A0023)、安徽大學博士科研啓動經費項目(J01003235)。

　　①　蘇興:《關於魏良輔》,《江海學刊》1962年第12期,第36頁。
　　②　蔣星煜:《魏良輔之生平和昆腔的發展》,初刊《戲劇藝術》1978年第1期,第128頁;後載《中國戲曲史鈎沉》,中州書畫社1982年9月版,第47—50頁。
　　③　謝巍:《魏良輔身世略考》,《中華文史論叢》1983年第3輯(總第27輯),第322頁。
　　④　顧篤璜:《關於魏良輔——與蔣星煜同志討論》,《戲劇藝術》,1979年第1期,第109—110頁。
　　⑤　沈沉:《魏良輔辨》,《藝術研究資料》第5輯,杭州:浙江省藝術研究所,1983年,第292—303頁。

似乎可以作爲曲家魏良輔即當官的魏良輔的佐證，但即使魏良輔是江西人，也不一定就是那當官的魏良輔"①。近來流沙、曾永義等人也持類似意見②。

上述反對意見並沒有徹底解決這一公案，最關鍵的問題就是進士魏良輔的晚年經歷仍然是個迷，他究竟是否寓居太倉，尚需要更有説服力的證據。程輝輝先生撰文總結學界對魏良輔生平問題的爭論（以下簡稱"程文"）③，並提出曲家魏良輔是樂籍中人這一假設，筆者對此非常贊同。程文提出了兩條文獻側證：一、毛奇齡《西河詞話》記載曲家魏良輔在萬曆間攜琴入洞庭，而此時進士魏良輔早已辭世；二、成書於嘉靖二十六年的《南詞引正》表明曲家魏良輔在戲曲上已取得成就，而當時進士魏良輔尚在外地爲官。這兩則材料，實際上之前的學者們都曾提及，但説服力仍嫌不足：其一，毛奇齡是清朝人，且詞話非嚴格意義上的史料；其二，明代士大夫在爲官同時精通戲曲者大有人在。此外，《南詞引正》與曲家魏良輔所著《曲律》的關係其實是一個很複雜的問題，本文於此不能詳論。程文還説："以魏良輔是樂户的視角回看學術界的'官員説'，若講曲家魏良輔和嘉靖五年進士魏良輔是同一個人，也有一定道理，像蔣星煜先生推測進士魏良輔做官後很可能因犯事被罷免再去搞音樂和戲曲，從樂户的特徵看也能説得通。可能的解釋就是他先當官後被打入樂籍，唯此才能打通官員和樂户如隔幾重天的社會地位。"程文對於兩位魏良輔是否同一人亦未能完全確定。

筆者認爲，曲家魏良輔存世文獻較少，若要論定曲家魏良輔和進士魏良輔並非同一人，就必須詳細考證進士魏良輔的晚年經歷。換言之，如果能發現進士魏良輔晚年並未流寓太倉的文獻鐵證，這一公案便可以得到完全解決。本文擬通過查考可靠歷史文獻，對此一公案進行詳細考證。

一、進士魏良輔之弟良貴任職太倉的時間

進士魏良輔是江西南昌府新建縣（今屬南昌市）人，新建魏氏是江西官宦世家，"其先居南昌之灌城鄉龍沙里"，魏良輔祖父魏默，成化元年（1465）舉人，任光澤知縣④。默生榮、槩、槊、棐⑤。魏榮（1469—?），字喬儀，別號狷齋⑥，國子生，弘治十八年

---

① 徐朔方：《曲家魏良輔不是那當官的魏良輔》，《戲曲研究》，1985 年第 16 期，第 177—179 頁。

② 曾永義：《魏良輔之"水磨調"及其〈南詞引正〉與〈曲律〉》，《文學遺產》，2016 年第 4 期，第 136—137 頁。

③ 程輝輝：《曲家魏良輔是樂籍中人説——兼談樂籍群體、教坊體制對昆曲和傳統曲牌的意義》，《中國音樂學》，2013 年第 3 期，第 29—35 頁。

④ （明）熊祐：《魏水洲先生行略》，魏良弼《水洲文集》卷六附錄，明萬曆刻本。

⑤ 《弘治十八年進士登科錄》魏榮履歷："魏榮，貫江西南昌府新建縣，民籍，國子生，治《詩經》。字喬儀，行一，年三十七，八月初十日生。曾祖子興，知縣。祖重宏。父默，知縣。母熊氏。慈侍下。弟槩、槊、棐。娶熊氏。江西鄉試第六十五名，會試第一百七十七名。"載寧波：天一閣博物館編《天一閣藏明代科舉錄選刊·登科錄》，寧波出版社，2006 年。

⑥ （明）楊廉：《狷齋爲魏喬儀郎中賦》，《楊文恪公文集》卷九，明刻本；（明）方良永《狷齋記》，《方簡肅文集》卷五，清《文淵閣四庫全書》本。

進士，累官至右布政使①。榮生良佐、良輔、良貴②。魏槩(？—1539 或 1540)③，號牧庵，生良弼、良政、良器、良俊。進士魏良輔有良佐、良貴二位親兄弟和良弼、良政、良器、良俊四位堂兄弟。良佐生平不詳，良貴在履歷中稱爲散官，似無功名，而良俊的情況應與良佐相去不遠。至於良弼、良政、良器三人都師事王守仁，被稱爲"江西三魏"，三人皆有功名，尤其是良弼仕宦通達，但與本文關係不大，故不贅考。

　　魏良貴(1503—?)，字師孟，一字師保，號及齋、杉谷，弘治十六年九月二十七日生④。曾受學於舒芬、王守仁之門。嘉靖十四年中進士。隨後九年他歷任大理寺左評事⑤、寺副⑥、寺正⑦。二十三年至二十七年間任寧波知府⑧。二十七年知府任滿，張時徹(1500—1577)作文送行説："(魏良貴)晋秩山東按察司副使，備兵太倉。"⑨考成書於嘉靖二十七年的《太倉州志》卷三"兵備道職官紀"曰："魏良貴，字師孟，江西南昌人。嘉靖二十七年。見任。"⑩"見任"是現任之意，可知魏良貴是在嘉靖二十七年擔任"整飭蘇松等處兵備山東按察司副使"一職(即俗稱的"蘇松兵備"，駐太倉州)，以副使領兵備是當時官制常例。《明實録》同年十二月載："戊辰，福建海賊林成等流劫至南直隸界，蘇松兵備副使魏良貴檄太倉州署印同知周鳳岐等集兵捕之，擒斬三十餘人。事聞，詔賚良貴銀幣。"⑪這是魏良貴到任後不久便立軍功受賞賜的記録，同時也證明他到任太倉是在嘉靖二十七年無誤。那麼，他在太倉任上停留了多長時間呢？通過查考發現，魏良貴在嘉靖二十八年曾監試蘇松武舉鄉試⑫，三十年二月爲當地著名學者王鏊的著作《震澤紀聞》作序，序中自署"中憲大夫、山東按察司副使、前進士新建魏良貴"⑬，可見他擔任副使至少至三十年二月。據嘉靖《河南通志》，他於三十一年轉任河南右參政⑭，則他離開太倉當在三十一年初，這與當時兵備副使通常任期

　　① 　(明)張時徹：《明故福建布政使司右布政使狷齋魏公遺愛祠碑》，載其《芝園集》定集卷四十，明嘉靖刻本；康熙《新建縣志》卷廿四"名臣"魏榮傳，清康熙十九年刻本。

　　② 　《嘉靖十四年進士登科録》魏良貴履歷："魏良貴，貫江西南昌府新建縣，民籍，縣學生，治《詩經》。字師孟，行九，年三十三，九月二十七日生，曾祖仲鋐。祖默，知縣，贈文林郎。父榮，福建右布政使。母熊氏，封孺人。永感下。兄良佐，散官；良輔，刑部員外郎。娶李氏。江西鄉試第三十四名，會試第二百七十二名。"載寧波：天一閣博物館編《天一閣藏明代科舉録選刊·登科録》，寧波出版社，2006 年。

　　③ 　(明)熊祐：《魏水洲先生行略》："(魏良弼)己亥、庚子連遭大覲。"己亥、庚子分别爲嘉靖十八、十九年，則良弼之父母魏槩、夏氏均卒于此二年間。

　　④ 　《嘉靖十四年進士登科録》魏良貴履歷。

　　⑤ 　《明□軍錦衣指揮使高公榮配淑人左氏合葬墓志銘》："大理寺左評事新建魏良貴篆"，載中國文物研究所編《新中國出土墓志》"北京一"下册，北京：文物出版社，2003 年，第 220 頁。

　　⑥ 　(明)顧夢圭：《方伯魏公遺愛碑》："壬寅(1542)春，公之子大理寺副良貴奉敕廬囚於閩。"載《疣贅録》卷三，清雍正七年刻本。

　　⑦ 　同治《新建縣志》卷四十："(魏良輔)嘉靖進士，由大理寺正出知寧波府。"清同治十年刻本。

　　⑧ 　嘉靖《寧波府志》秩官表"知府"，明嘉靖三十九年刻本。

　　⑨ 　(明)張時徹：《送魏及齋叙》，《芝園集》定集卷三十，明嘉靖刻本。

　　⑩ 　嘉靖《太倉州志》卷三，明嘉靖二十七年初刻、崇禎二年重刻本。

　　⑪ 　《明實録》嘉靖二十七年十二月條。

　　⑫ 　(明)饒天民：《嘉靖二十八年蘇松武舉録》，明嘉靖刻本。

　　⑬ 　(明)王鏊：《震澤紀聞》卷前，明嘉靖三十年刊本。

　　⑭ 　嘉靖《河南通志》卷十二"職官"之"右參政"，明嘉靖三十五年刻本。

二、三年相符①。隨後他歷任山東按察使②、山東右布政使③、廣東左布政使④。三十七年閏七月⑤,升南京都察院右僉都御史、提督操江,但立即遭到御史徐仲揖彈劾罷官。時任工部尚書的雷禮(1505—1581)在《國朝列卿紀》中記載道:"(魏良貴)三十七年任右副都御史、督江防。本年回籍聽勘。"⑥時任山東按察司副使的著名學者王世貞(1526—1590)也留下了與雷禮相同的記載⑦。雷禮、王世貞二人俱爲魏良貴同僚,他們根據官方檔案所作的這些記録應是可靠的。"回籍聽勘"是返回原籍聽候有司勘問之意,魏良貴被彈劾後的具體情形已不可知,但我們再未看到他起復原職、重返仕途的記録。

綜上所述,魏良貴居官太倉的時間是嘉靖二十七年至三十一年初。

二、進士魏良輔的晚年行跡

進士魏良輔(1489—1566),字師召,號此齋⑧,新建縣人,弘治二年九月十五日亥時生⑨。正德十一年(1516)鄉試中舉,嘉靖五年中進士,授户部主事。七年(1528)出爲蕪湖榷使⑩,友人陸粲(1494—1551)贈詩曰:"魏子昨捧分司檄,與我青瑣門相逢。朱袍皂帽氣逌逸,佩刀左右盤雙龍。……多君俊邁今無匹,四十爲郎頭正黑。"⑪"四十爲郎"與進士魏良輔當時四十歲相符,這説明《沙田魏氏宗譜》所載進士魏良輔生卒年是可信的。檢《明實録》及有關方志,進士魏良輔隨後歷任湖廣按察使司僉事分巡下江防道(駐蘄州)⑫、刑部廣東司員外郎、雲南按察使司僉事⑬、湖廣布政使司右參議等職。二十三年九月,升廣西按察司副使專轄右江(駐賓州)⑭,張時徹(1500—1577)作文送行⑮。後又歷任湖廣左參政分守上荆南道⑯、湖廣右布政使。三十一年九月,

---

①　謝忠志先生説:"(兵備副使的任期)嘉靖前、中期任期趨於穩定,多爲二至三年。"參見其《明代兵備道制度》,《明史研究叢刊》版,第 57 頁。

②　道光《濟南府志》卷二十六"秩官"之"提刑按察使",清道光二十年刻本。按,康熙《濟南府志》記載與此相同,但康熙志有不少缺頁,故引道光志。

③　《明實録》嘉靖三十三年十二月條:"壬辰,……升山東按察使魏良貴爲山東右布政使。"

④　《明實録》嘉靖三十五年三月條:"庚辰,升河南右布政使陳仕賢、山西右布政使閔煦、山東右布政使魏良貴俱爲左布政使,仕賢:浙江;煦:本司;良貴:廣東。"

⑤　張德信:《明代職官年表》,黃山書社 2009 年 12 月版,第 3436 頁。按,符驗《留臺雜記》誤解《南京都察院志》卷三表格,將其系入三十五年,誤。

⑥　(明)雷禮:《國朝列卿紀》卷七十七,明萬曆徐鑒刻本。

⑦　(明)王世貞:《弇山堂别集》卷六十二,清《文淵閣四庫全書》本。

⑧　(明)魏良弼:《此齋賦》,載《水洲先生文集》。

⑨　生卒年依據謝巍《魏良輔身世略考》所引《沙田魏氏宗譜》,筆者未寓目原書。

⑩　嘉慶《蕪湖縣志》卷七,清嘉慶十二年重修,民國二年重印本。

⑪　(明)陸粲:《陸子餘集》卷八,清《文淵閣四庫全書》補配清《文津閣四庫全書》本。

⑫　光緒《黃州府志》卷十一下"職官志",清光緒十年刻本。

⑬　《明實録》嘉靖十六年十月乙亥條:"升刑部廣東司員外郎魏良輔爲雲南按察司僉事。"

⑭　《明實録》嘉靖二十三年九月癸卯條:"升湖廣布政使司右參議魏良輔爲廣西按察司副使。"

⑮　(明)張時徹:《贈魏此齋遷廣西副使叙》,《芝園集》定集卷二十八,明嘉靖刻本。

⑯　光緒《湖南通志》卷一百十六"職官",清光緒十一年刻本。

升山東左布政使①,時年已六十四歲。山東方志載有歷任左布政使職名表,他的繼任
者是婺源人汪大受,汪大受於三十二年由江西按察使升山東左布政使,三十三年二月
卸任②。可見他的前任、進士魏良輔在三十一年九月升任山東左布政使後居官的時
間很短暫,不久便致仕了。他的致仕時間當在三十一年九月至三十二年初之間(在當
時升一級致仕是常見的恩賞)。至於他致仕後的經歷,學界一直眾説紛紜。不過,筆
者從蘄州當地方志中發現的二則珍貴史料或有助於解決這個謎團,乾隆《蘄州志》魏
良輔傳(此傳系抄録康熙《蘄州志》,但康熙志爲殘本,故引乾隆志)云:

> 擢山東左布政,致仕歸,移籍廣濟③。

乾隆《廣濟縣志》魏良輔傳曰:

> 魏良輔字師召,號此齋,新建人,以進士歷江防道僉事、駐蘄州。升山東左布
> 政,致仕,以州民見思,遂與弟良儒家廣濟鄭公塔側。良儒,字榮宗,號鵠山,與從
> 兄弟良弼、良器、良政共事王文成,後俱成進士,獨良儒以明經老④。

按照蘄州當地史志的連貫記載,進士魏良輔升爲山東左布政使後便致仕,定居於他曾
經爲官過的湖北蘄州廣濟縣(現已撤縣建市,易名武穴市,距離進士魏良輔家鄉新建
縣僅百餘公里)。至於魏良儒其人,從文中所述來看很可能是進士魏良輔堂叔魏槃或
魏棐之子。

　　綜合本節考證,進士魏良輔於嘉靖三十一年九月至三十二年初之間致仕,移居湖
北蘄州廣濟,而此時他的兄弟良貴已不在太倉任上。謝巍先生認爲他"嘉靖二十七年
告老後到正在太倉任蘇松兵備道的魏良貴邸中同住",蘇興先生認爲他"晚年流寓婁
東鹿城,隱於市井",蔣星煜先生認爲他"嘉靖十五年左右就開始在太倉南關從事昆山
腔的研究工作",徐朔方先生認爲他"嘉靖二十七年寓居太倉",皆不能成立。

三、曲家魏良輔絕非進士魏良輔

　　曲家魏良輔,字尚泉(一作上泉),寓居太倉南關。明代文獻多記載他曾將女兒嫁
給戍卒張野塘,時間應在萬曆初年前後,記述此事最爲詳細的當屬松江名士宋徵輿
(1618—1667)的《瑣聞録》:

> 弦索之入江南,由戍卒張野塘始。野塘河北人,以罪謫發蘇州太倉衛,素工
> 弦索。既至吳,時爲吳人歌北曲,人皆笑之。昆山魏良輔者善南曲,爲吳中國工,
> 一日至太倉,聞野塘歌,心异之,留聽三日夜,大稱善,遂與野塘定交。時良輔年
> 五十餘,有一女,亦善歌,諸貴爭求之。良輔不與,至是遂以妻野塘。……野塘既

---

①　張德信:《明代職官年表》,第3424頁。

②　張德信:《明代職官年表》,第3426頁。又,《明實錄》嘉靖三十三年二月條:"升山東左布政使汪大受爲
都察院右副都御史、巡撫湖廣。"可見汪大受于三十三年二月卸任山東左布政使。

③　乾隆《蘄州志》卷七,清乾隆二十年刻本。

④　乾隆《廣濟縣志》卷六,清乾隆五十八年刻本。

得魏氏，並習南曲，更定弦索音節，使與南音相近……①

今不妨以此爲關鍵點對進士魏良輔的家族婚姻情況也進行考證。通過廣泛查考發現以下三則關鍵史料：

其一，鉛山費氏族譜載進士費堯年娶進士魏良輔之女爲妻：

> 魏氏，唐衢公配，南昌大中丞魏及齋公女，累贈夫人，葬百花亭②。

"唐衢公"即費堯年（1537—1607），字熙之，號唐衢，江西鉛山縣（今屬上饒市）人，是著名內閣首輔費宏（1468—1535）的侄孫，嘉靖四十一年中進士，累官至南京太僕寺卿，是官場炙手可熱的人物。

其二，林文俊（1427—1536）《送逸軒王君歸槎溪序》載進士魏良輔的另一位姻親爲太學生王鎬：

> 豐城之西有溪曰槎溪，邑巨姓王氏世居其上，詩禮相承，爲江以西文獻舊家者數百年於此矣。王之族有曰習韜君，其號爲逸軒，……謂其子鎬曰："……汝其卒業太學，毋以吾爲念。"鎬奉命惟謹，既來京師，介其姻魏進士良輔征言爲君贈③。

江西豐城（今豐城市，與新建縣接壤）人王鎬和進士魏良輔很可能年齡相仿，二人應是兒女親家。

其三，帥機（1537—1595）所撰《袁宜人墓志銘》載進士魏良輔之孫魏應盛娶蘄州知州袁伯嵩之女蘭英：

> 守君名伯嵩，別號□□，續娶□氏。生男□□，如宜人所出矣；女一：蘭英，適新建左方伯魏公良輔之孫應盛，及期產歿④。

袁伯嵩字宗鎮，江西豐城人，嘉靖二十八年舉人，三十八年任徐聞知縣，四十年至四十四年間任蘄州知州⑤。這說明進士魏良輔自嘉靖三十二年左右移家蘄州後，一直居住到袁伯嵩蒞任的四十至四十四年，與其聯姻，最終於四十五年去世。

從上述三則史料來看，進士魏良輔的子孫輩皆與江西世家大族聯姻，他的一位女兒嫁給了內閣首輔的侄孫，而他在晚年長期定居蘄州時更是和地方最高長官結成姻親。那麼，從未去過太倉、五十多歲尚在湖廣、廣西等地爲官的他，是不可能出現在太倉並將另一個女兒（如果有）嫁給"以罪謫發蘇州太倉衛"、身份低下的戍卒張野塘的。

最後，現存明清文獻中留存下來的進士魏良輔佚文如《無題》"桃花紅引踏春山"

① （明）宋徵輿：《瑣聞録》，載鄭振鐸編《明季史料叢書》，聖澤園，1934 年。
② （明）費元禄：《甲秀園集》卷二十四"族譜"，明萬曆刻本。
③ （明）林文俊：《方齋存稿》卷六，清《文淵閣四庫全書》本。
④ （明）帥機：《陽秋館集》卷三，清乾隆四年刻本。
⑤ 光緒《黃州府志》卷十一下"職官志"，清光緒十年刻本。

詩①、《修黃堂旌陽殿記》②；酬和文獻如羅欽順《送魏良輔秀才還新建》四首③、陸粲《送魏師召之蕪湖》、張時徹《贈魏此齋遷廣西副使叙》、謝少南《魏此齋大參招游玄風圃》和《康盤峰少參經略懷遠賦贈十韻並呈魏此齋大參》④，均無隻言片語提及他擅長聲腔、愛好戲曲（詩文不贅引）。説他早年愛好北曲、晚年又鑽研聲腔，也是沒有任何文獻根據的。

綜上所述，沈寵綏《度曲須知》所謂"嘉、隆間有豫章魏良輔者，流寓婁東、鹿城之間"的説法，明顯混淆了同時代、不同籍貫身份的兩位魏良輔，不足爲據。曲家魏良輔並非南昌進士魏良輔。昆腔的發展壯大固然得益於文人士大夫群體的推動，但它的産生却與樂籍群體、教坊體制更加密不可分。謹以拙文抛磚引玉，請諸位方家指正。

（作者單位：安徽大學文學院）

---

①　萬曆《桃源縣志》卷下，明萬曆四年刻本。

②　(清)金桂馨：《逍遙山萬壽宫志》卷十八，清光緒四年刻本。

③　(明)羅欽順：《整庵存稿》卷二十，清《文淵閣四庫全書》本。

④　(清)汪森：《粤西詩文載》詩載卷十七、卷二十，清《文淵閣四庫全書》本。

《杜甫全集校注》的編撰過程與體會

張忠綱

蕭滌非主編、張忠綱終審統稿的《杜甫全集校注》的編撰前後歷時三十六年，凝結了三代學人的心血，由人民文學出版社於 2014 年 1 月出版，全書 680 萬字，煌煌 12 巨冊。該書出版後，引起強烈反響，連得大獎①，獲得了廣泛的讚譽。中央文史館館長、北京大學袁行霈教授評價説：“這是清代《錢注杜詩》《杜詩詳注》《杜詩鏡銓》之後，杜甫全集及研究成果的又一次深度整理和全面總結。歷經三十六個寒暑，蕭滌非先生、張忠綱教授兩代學人帶領的校注組，滿懷對杜詩赤誠的摯愛，歷盡曲折艱辛，依然堅持不懈，對‘詩聖’杜甫的作品進行全面搜羅、嚴謹比勘、精細注釋和集評，是對集大成式詩人作品進行的集大成式整理。該書校勘審慎，注釋詳明，評論切當，就規模宏大和體例完備而言，均超越前人，標誌著杜甫研究達到了一個新的高峰，堪稱當代集部整理的典範之作。”（首屆宋雲彬古籍整理獎頒獎辭）中國唐代文學研究會會長、復旦大學陳尚君教授説：“全書對杜甫全部存世詩文作了校勘、編年、注釋、彙評、備考等幾項工作，並附録《杜甫年譜簡編》、《傳記序跋選録》、《諸家詠杜》、《諸家論杜》、《重要杜集評注本簡介》等。以上諸端，都達到很高學術水準。”此書“文獻之豐備，校勘之精審，注釋之周詳，考斷之穩妥，確能代表當代別集整理新注之最高水平，是一部總結一千多年來杜甫研究的集大成著作，在杜甫研究史上具有里程碑意義。”（《杜甫研究的里程碑著作——〈杜甫全集校注〉初讀記》，載《文匯報》2014 年 4 月 14 日）正如許多專家指出的，《杜甫全集校注》的出版是中國出版界的一件盛事，該書是目前看到的杜甫集注裏面最好的版本，是現代出版的一部標誌性著作，代表了當代杜甫研究的一個新臺階，能夠帶動今後很長時間內杜甫研究的深入開展。這部書的背後還有更深層次的意義，它標誌著當代學人一直在守護著中華文化的傳統，一直在維護著延續著中華文化的血統。

作爲主要撰稿者和終審統稿人，在此簡要地介紹一下此著的撰寫過程與感受，既是留史料於天地間，也是爲今後類似研究工作提供一些經驗參考。

一、編撰始末

1976 年底，“文革”剛剛結束，全國出版工作座談會制定了整理出版“中國古代大

---

① 2016 年 10 月，《杜甫全集校注》先後榮獲山東省第三十次社會科學優秀成果特等獎並一等獎和第二屆全球華人國學大典國學成果獎；2017 年，又榮獲首屆宋雲彬古籍整理圖書獎和第四屆中國出版政府獎提名獎。

作家集”的規劃,確定的大作家集共有十五種,杜甫集爲其一。1978年初,人民文學出版社約請蕭滌非教授主編《杜甫全集校注》,並在山東大學組建《杜甫全集》校注組。校注組成立後,制定了校注體例,要求以嚴謹科學的態度,力求集前代治杜成果之大成,吸收現當代研究成果,精審慎取,參酌己見,撰成一部編錄謹嚴、校勘審慎、注釋詳明、評論切當、附錄完善的帶有集校集注集評性質的新校注本。

鑒於“校注”任務之艱鉅,校注組活動伊始,即開展了兩項基礎性工作:一是沿杜甫當年行蹤,訪遺采風,做實地考察;一是廣搜版本,摘錄文獻。1979年5月至7月,已是73歲高齡的蕭先生率領校注組成員先後到河南、陝西、四川、重慶、湖北、湖南等地,對杜甫的行蹤遺跡進行了實地考察。之後,又先後三次分別去魯西、魯南、陝北、隴右、平江一帶進行了補充考察,加深了對杜詩的理解,並收集到不少重要資料,後撰成《訪古學詩萬里行》一書,由人民文學出版社於1982年出版。

古人云:注詩難,注杜尤難。注杜之所以難,原因有二:一是杜詩本身博大精深,難窺其奧。宋人即云:“詩自風雅而下,惟工部爲宗,其淵深浩博,後人莫窺涯涘,有謂工部胸中凡幾國子監。”(《黄氏補千家集注杜工部詩史·董居誼序》)加之唐五代以後,有關杜詩評述及研究文獻資料汗牛充棟,難以計數。一是杜詩注釋版本太多,不少善本孤本星散各地,尚在秘藏,不易獲見。所以我們在深入研讀杜詩的同時,從兩個方面進行了有關杜甫資料的搜集工作。

一是各人根據編寫任務的分工,廣泛閱覽杜甫及其以後的詩文別集、總集、詩話、筆記、史書、地志、類書、叢談、雜著等書,輯錄其中有關杜甫生平事蹟及其作品的研究資料,力求其全,分門別類予以整理,做成卡片,以備檢索。由於《古典文學研究資料彙編·杜甫卷》上編《唐宋之部》已於1964年由中華書局出版,故唐宋時期的資料主要依據該書。但該書只是輯錄“有關杜甫生平事蹟及其作品思想、藝術總的評論的資料”,而對杜甫某一作品、某一詩句的具體評論,尚須我們再事檢索。至於宋代以後的資料,則須我們廣事搜求。凡涉及到杜甫的隻言片語,不管有用與否,都搜錄整理,做成卡片。像《四部叢刊》和《四部備要》這樣重要的叢書,都要通讀。這兩部書都沒有句讀,蕭先生讓都加上句讀,再認真抄寫,不能出錯。另外,書中涉及到前人引用的有不準確或錯誤的地方也要指出來改正。這項工作是貫穿校注全過程的,一直到定稿爲止。

一是對杜集版本、評注本,於海內外廣事搜求,翻拍複印,披閱摘錄。如1979年6月,我們借在成都進行實地考察的機會,承蒙杜甫草堂紀念館(1985年更名爲成都杜甫草堂博物館)的大力支持,查閱了38部杜詩,複製了10部,其中最珍貴的是宋刻本闕名編《草堂先生杜工部詩集》,此爲海內孤本,但係殘本,只殘存六卷。該書爲李一氓1964年在北京購得而贈送給杜甫草堂紀念館的。李氏跋云:“《草堂先生杜工部詩集》,宋本,半葉十行,行二十字,白文無注。書名不載公私紀錄,爲極罕見之本。或傳清內庫所藏,曾有人收得零頁云。現殘存第十四卷(一至十三葉)、第十六卷(一至五葉;十七至二十一葉)、第十七卷(全)、第十八卷(全)、第十九卷(一至二十二葉)、第二十卷(十一至十三葉),共六卷八十七葉而已。……書中匡字缺筆(十六卷十九葉;十九卷一葉)、慎字缺筆(十八卷十五葉;十九卷十三葉),依缺筆,約可斷爲淳熙刊本;

依紙質字體，約可斷爲建陽刊本。……成都杜甫紀念館所藏杜詩，僅一宋本《草堂詩箋》。忽見此本於北京中國書店，急代收之。事爲北京圖書館所悉，驚爲異本，曾謀迫讓。書原有錯簡，特爲重裝。"該書編輯體例與今存所見之杜集版本迥異，頗顯雜亂，而正文下有少量校語，詩題下大多標注作年。計有詩 381 首，另有殘詩 3 首，附錄他人唱和詩 7 首。李一氓重裝本封面有"南宋草堂杜集殘本　陳毅署簽"十二大字，並蓋有"陳毅之印"。扉頁有朱德、何香凝、陳毅、康生、陳叔通、郭沫若、齊燕銘、阿英、李初梨、徐平羽等題詞。《杜甫全集校注》是以商務印書館影印之《續古逸叢書》第四十七種《宋本杜工部集》爲底本，而以宋元刻本參校。校注開始，人民文學出版社就爲我們提供了由王利器、舒蕪諸先生於上世紀六十年代據杜工部集十一種宋、元刊本和明抄本所作之校勘記，給全書的校勘工作打下了極好的基礎。由於《草堂先生杜工部詩集》對杜集校勘極具價值，故我們將其與 1981 年江蘇廣陵古籍刻印社翻刻劉世珩 1913 年影宋本《王狀元集百家注編年杜陵詩史》、1982 年中華書局影印出版的宋刻本郭知達編《新刊校定集注杜詩》列入參校版本，這樣就使杜集的校勘更加完備。我們搜集到的稀有杜詩版本還有北京圖書館（今國家圖書館）收藏的明抄本宋趙次公注《新定杜工部古詩近體詩先後並解》，北京大學圖書館收藏的明周甸撰《杜釋會通》，吉林省圖書館收藏的明薛益撰《杜工部七言律詩分類集注》，山東師範大學圖書館收藏的清趙星海撰《杜解傳薪》原稿抄本和南京圖書館收藏的《杜解傳薪摘抄》刊本等。

1985 年前後，美國耶魯大學的博士生車淑珊女士來山東大學從蕭滌非先生進修。車淑珊女士的博士論文是寫杜甫的，爲此她特地到中國大陸訪學。我們請她從耶魯大學圖書館複製有關杜甫資料，她寫信去，圖書館很快就把複印資料郵寄過來，大多是港臺和海外研究杜甫的著作。她到日本訪學時，又爲我們複製了元代董養性所撰《杜工部詩選注》，此書國內早已不見原本，實爲海外孤本，彌足珍貴。

在有關單位以及諸多專家同好的大力支持下，我們群策群力，歷經六載，於公私書錄所載及未載，而今尚存之杜集版本，幾搜羅殆盡。計得清季辛亥以前著述二百餘種，近人著述、海外譯本數百種。我們又分工查閱各地方志和古今書目，編成《杜集書目提要》，由齊魯書社於 1986 年 9 月出版，尚早於周采泉所著《杜集書錄》。該書收錄有關杜詩書目凡 890 種，起自稍後於杜甫的樊晃《杜工部小集》，止於 1984 年的今人著述，內容豐富翔實，頗具參考價值。這些都爲我們的校注工作打下了良好的基礎。

爲保證《杜甫全集校注》的編撰質量，集思廣益，更好地做好杜集校注工作，我們於 1979 年 5 月印發《杜甫全集校注〉例言》（徵求意見稿），在徵求了一些單位和個人的意見之後，7 月又修訂爲《〈杜甫全集校注〉體例》（徵求意見稿）。8 月，由人民文學出版社古典文學編輯室將修訂稿印發全國有關單位和專家徵求意見。徵求意見函發出後，先後收到意見及建議信函百餘件。如程千帆、吳世昌、姜亮夫、王起、啟功、王利器、姚奠中、朱金城、聶石樵、鄧魁英、莊維石等著名學者都來函提出寶貴意見。這些意見和建議，對於我們完善校注體例和搞好校注工作都大有裨益，有的建議已被吸收到我們的體例和校注工作中。

根據校注體例，我們每人按自己的分工開始具體的校注工作，並選出若干樣稿送人民文學出版社古編室，請他們印發徵求意見。經與各方面聯繫協商後，我們決定於

1984 年 5 月在杜甫故里召開《杜甫全集校注》樣稿討論會。4 月上旬發出會議邀請函。在一切準備就緒後,由山東大學、人民文學出版社和鞏縣杜甫故里紀念館聯合召開的《杜甫全集校注》樣稿討論會,於 1984 年 5 月 3 日至 10 日在河南省鞏縣杜甫故里舉行。出席討論會的,有山東大學黨委副書記戈平,人民文學出版社總編輯屠岸,河南省委宣傳部副部長林英海,鞏縣縣委書記牛甲辰,鞏縣杜甫研究學會會長楊立柱,知名學者殷孟倫、蔣維崧、王利器、周振甫、舒蕪、馮鍾芸、陳貽焮、成善楷、安旗、聶文郁、耿元瑞等。還有成都杜甫草堂負責人楊銘慶,杜甫後裔杜思智,加拿大不列顛哥倫比亞大學亞洲學系教授葉嘉瑩女士以及有關高等院校、科研單位、出版社和《杜甫全集》校注組的同志,共七十餘人。《杜甫全集校注》主編蕭滌非先生主持了會議。在開幕式上,蕭先生致辭:"今天大家看到的這個《杜甫全集校注》(徵求意見稿),是從初稿中選取了一部分由人民文學出版社印發的,共計十一題十六首詩,包括各種詩體,算是作為樣稿,供大家討論研究,廣泛徵求大家的意見。希望各位專家學者,在閱讀樣稿後,對徵求意見信中所開列的幾個方面的具體內容,當然不止於這幾個方面,凡是有關杜集校注的體例和細目,提出寶貴的意見。我們的樣稿還不成熟,算是'拋磚引玉',希望大家各抒高見,予以指正,我們竭誠歡迎。杜甫詩云:'文章千古事,得失寸心知。'各位對杜詩都是深有研究的,個中甘苦,自然深知;詩中真意,自當神會。希望大家知無不言,言無不盡,暢所欲言,各抒己見,真正把我們的討論會開好,達到預期的目的。"

與會同志對杜集之體例、要求、規模、繁簡、文風諸方面進行了周悉審慎的討論,廣泛地發表了意見,並在小組討論的基礎上作了大會發言。大家對《杜甫全集》校注組所已經取得的初步成果,一致表示肯定和讚揚,而對其不足之處也提出了不少寶貴意見。大家對校注本的體例和規模基本上予以肯定,對《〈杜甫全集校注〉體例》中提到的要"編寫出一部編錄謹嚴、校勘審慎,注釋詳明、評論切當的帶有集注集評性質的新校注本"這樣一個編輯指導方針,表示贊同。許多同志要求這部書既要集大成,又要成為一家言,應該把集眾說與樹己見很好地統一起來;許多同志指出,雖然是帶有集注集評性質的,但不要成為資料的堆砌,而是要有選擇,有鑒別,有判斷,有主見,應該是"全而精,詳而明";有的同志滿懷激情地說,整理杜甫的文學遺產,整理和總結前人研究杜甫的成果,編出一個《杜甫全集》的新校注本,體現出中華人民共和國的學術水平,這是時代賦予我們的任務。完成這項任務,不僅是對當代讀者負責,也是對子孫後代負責;不僅是對中國人民負責,也是對世界人民負責。我們應該有一種緊迫感,加快步伐,完成這項"千秋大業"。

實際上,徵求意見、集思廣益的工作是貫穿杜集校注始終的,這只要將最初的設想與最後出版的定本比較一下,就不難發現它們漸趨完備的演進過程。

1989 年底,我們給出版社送去六卷校注謄清稿。因蕭先生年事已高,為使先生早日看到杜集出版,我們特地與人民文學出版社協商,能否爭取在一九九一年底先出版《杜甫全集校注》第一冊(包括"前言"和第一、二卷詩),出版社基本同意了我們的意見。想不到 1991 年 4 月 5 日蕭先生因病住院,15 日下午 5 時 10 分,先生竟溘然長逝。

　　蕭先生逝世後，編纂工作雖一度停滯，但鄭慶篤、焦裕銀和張忠綱都完成了各自承擔的四卷校注稿。鄭慶篤、焦裕銀、張忠綱、王佩增還參編了《全唐詩廣選新注集評》（遼寧人民出版社 1994 年 8 月出版）、《中華大典·文學典·隋唐五代文學分典》（1994 年交稿，江蘇古籍出版社 2000 年 12 月出版）、《全唐五代詩》（1994 年交稿，陝西人民出版社 2014 年 10 月出版）的杜甫部分。張忠綱所帶的博士生，有八個人的博士論文都是關於杜甫的選題。他和他的研究生先後出版了《杜甫詩話校注五種》（書目文獻出版社 1994 年 7 月出版）、《杜甫與六朝詩歌關係研究》（安徽教育出版社 2002 年 5 月出版）、《杜甫詩話六種校注》（齊魯書社 2002 年 9 月出版）、《山東杜詩學文獻研究》（齊魯書社 2004 年 5 月出版）、《清代杜詩學史》（齊魯書社 2004 年 10 月出版）、《杜甫詩選》（中華書局 2005 年 1 月出版）、《杜甫與先秦文化》（泰山出版社 2006 年 6 月出版）、《杜甫集》（鳳凰出版社 2006 年 11 月出版）、《杜詩語言藝術研究》（齊魯書社 2007 年 5 月出版）、《杜甫與儒家文化傳統研究》（齊魯書社 2007 年 8 月出版）、《清代杜詩學文獻考》（鳳凰出版社 2007 年 9 月出版）、《杜詩學研究論稿》（齊魯書社 2008 年 6 月出版）、《新譯杜甫詩選》（臺北三民書局 2009 年 2 月出版）、《杜甫與宋代文化》（重慶大學出版社 2011 年 6 月出版）、《百年杜甫研究之平議與反思》（人民出版社 2014 年 7 月出版）等著作。其中最有代表性的，是《杜集敘錄》（齊魯書社 2008 年 10 月出版）和《杜甫大辭典》（山東教育出版社 2009 年 3 月出版）。《杜集敘錄》收錄了古今中外有關杜甫著作 1261 種，是目前收錄最多最全的；《杜甫大辭典》包括作品提要、名句解析、語詞成語、家世交遊、地名名勝、版本著作、研究學者等七大類，所收詞目共 7680 餘條，250 萬字，是對自唐迄今杜甫研究的一個總結。這些都爲最後完成《杜甫全集校注》做了前期準備。

　　2009 年初，鑒於《杜甫全集校注》是山東大學承擔的國家重點科研項目，須有始有終地完成，在時任校長徐顯明推動下，決定重新啟動"校注"工作，成立了由副校長陳炎、文史哲研究院院長傅永軍、副院長宋開玉組成的"山東大學《杜甫全集校注》工作協調領導小組"，由文史哲研究院具體組織實施，並制訂了"山東大學關於完成《杜甫全集校注》的意見"和"山東大學《杜甫全集校注》終審統稿工作方案"。因原由首都師範大學廖仲安等承擔的十五、十六兩卷，因李華去世和其他原因，至今未做；原由王佩曾承擔的十三、十四兩卷，因其於一九九四年去世，只完成了草稿，亟須增訂；因原七、八兩卷詩和文賦兩卷的承擔者未按期交稿，中途退出，亟須重作。故又聘請宋開玉、趙睿才、綦維、孫微四位博士完成校注工作。經山東大學、人民文學出版社、校注組成員等各方面共同努力，確定《杜甫全集校注》後期工作，由"山東大學《杜甫全集校注》工作協調領導小組"統一組織，張忠綱任全書終審統稿人。《杜甫全集校注》在已有基礎上順利啟動。在山東大學和人民文學出版社的併力支持下，校注組諸成員全力以赴，校注工作進展甚速。張忠綱結合近年杜詩研究的新進展，對彙集的初稿逐卷剔釐補訂，詳加審改。又經五年努力，《杜甫全集校注》終克告竣。

　　歷經 36 年漫長歲月，三代學人接力完成的《杜甫全集校注》，終於 2014 年 1 月由人民文學出版社出版。4 月 20 日，在北京召開了《杜甫全集校注》新書發佈暨出版座談會。10 月 15 日，張忠綱將《杜甫全集校注》手稿捐贈國家圖書館。至此，這項浩繁的學術工程圓滿完成。

二、特點與成就

《杜甫全集校注》採用編年體例,又因杜甫傳世之作,以詩爲主,故詩文分編而先詩後文。詩之編年,主要參照注杜全集最晚出本,即清人楊倫《杜詩鏡銓》。對《鏡銓》編次有異議者,則參伍他本而調整之。文二卷置詩後,賦及進賦表爲一卷,餘文爲一卷,均按作年先後編次。至他集互見、可考訂之僞作、近人發見而尚待辨證者,均別置卷末,不入正集。全書共收録杜詩 1455 首,文賦 28 篇。

總的來看,《杜甫全集校注》有以下幾個方面的特點:

第一,體例完備,校勘精審。

《杜甫全集校注》的體例最爲完備周詳,卷前有《前言》、《凡例》及《引用杜集評注本簡稱及方式》。每篇作品都包括題解、注釋、集評、備考、校記五部分。"題解"部分説明寫作時間、地點、人事背景、提示內容要點等。"注釋"部分,包括釋詞、本事、典故、史實、輿地、詞語出處、句意詩旨,並兼及詩人遣詞造語之匠心。杜詩注本繁多,宋人已稱"千家注杜"。本書力求兼採眾説之長,去蕪存菁,闡釋詩旨,做到"詞語明而詩義彰"。"集評"部分,依次列舉前人有關全詩或全文旨意、藝術技法、風格異同等等具有參考價值之評論,以及有代表性之異解,可備一説者。"備考"部分,輯録涉及該篇作品之有關資料及異説別解,以爲研究杜詩之參考。"附録"部分,包括《杜甫年譜簡編》、《傳記序跋選録》、《諸家詠杜》、《諸家論杜》、《重要杜集評注本簡介》等,以便讀者閱讀之參考。書末附有全書篇目索引,以篇目音序排列,頗便查檢。

全書的體例設計體現了尊重前賢研究,博採約取,集古今大成,體現當代學術需求的自覺意識。校注以商務印書館影印之《續古逸叢書》第四十七種《宋本杜工部集》二十卷爲底本,此本爲宋代王洙、王琪所編定,爲今日傳世杜集之最早者,此後杜集補遺、增校、注釋、批點、集注、編年、分體、分類、分韻之作,皆祖此本。參校十三種宋元刻本和一種明抄本宋趙次公注《新定杜工部古詩近體詩先後並解》(殘存二十六卷),又以《太平御覽》(商務印書館影宋本)、《文苑英華》(中華書局影宋本一百四十卷、影明刊本八百六十卷)、《樂府詩集》(文學古籍刊行社影宋本)、《永樂大典》(中華書局影印本)等最佳影印本中所徵引者參校。因此《杜甫全集校注》充分利用了存世的全部宋元杜集古本,體現了校注者在宋人基礎上努力還原杜甫作品本來面目的學術努力。全書對杜集文本校勘之準確與異文之備存數量,遠超前人的所有工作。特別可貴的是,《校注》於底本與參校本入選尺度嚴格,絕無好多寬濫之病,且儘量尊重底本,不輕易改字。如《登白馬潭》,明清杜詩注本多作《發白馬潭》,校注指出作"發"字於"宋元諸槧無徵",應爲後人所改。但底本文字有疑者,則經詳確考證而改之。如《陪李北海宴歷下亭》云:"東藩駐皂蓋,北渚凌清河。""清河",《宋本杜工部集》卷一校語:"一作青荷。"此後注本多從"清河",惟錢謙益從"青荷"。《錢注杜詩》卷一:"青荷對皂蓋,所謂'圓荷想自昔'也。一作'清河',注云:指濟水也。或云當作'清荷',荷,濟別名也。不如從'青荷'爲長。"錢注是對的,但未深究原委。舊注皆云"清河"即濟水,實欠考。

清河,古河名,戰國時介於齊趙兩國間,源出今河南内黄南,下游不詳。而濟水稱爲清河,則始自杜佑《通典・州郡二》:"今東平、濟南、淄川、北海界中,有水流入於海,謂之清河,實菏澤、汶水合流,亦名濟河。蓋因舊名,非本濟水也。"清初精通地理、擅長考據的閻若璩"討論濟瀆,積至五載",而他得出的結論是:"自漢至隋、唐,惟有濟水,杜佑始有清河之名。宋南渡後,始有大小清河之分。于欽《齊乘》以大清爲古濟水,而以小清爲劉豫所導,後人皆沿其説,其實非也。以《水經注》、《元和志》、《寰宇記》諸書考之,濟水最南,漯水在中,河水最北。今者小清所經自歷城以東如章丘、鄒平、長山、新城、高苑、博興、樂安諸縣,皆古濟水所行;而大清所經自歷城以上至東阿,固皆濟水故道,而自歷城東北如濟陽、齊東、青城諸縣,則皆古漯水所行;蒲臺以北則古河水所經。蓋唐宋時河行漯川,其後大清兼行河、漯二川,其小清所行則斷爲濟水故道也。"(《潛丘劄記》)須知,閻若璩這段話是爲訂正《大清一統志》的謬誤而寫給皇帝看的,所以他在這段話前冠以"臣按"字樣,自然是十分慎重的,當是可信的。杜佑後於杜甫,《通典》書成之日,杜甫死已三十餘年,距杜甫寫此詩近六十年。新編《辭海》"清河"條亦云:"古濟水自鉅野澤以下別名清水,宋後遂通稱清河,一名北清河。金元後又稱大清河,下游改道如今黄河。"這樣的話,杜甫那時更不會稱濟水爲"清河"了。舊注多從"清河",甚至有的説:"北渚即北海郡,清河乃濟河郡,北渚與清河蓋相近也。"更是大謬。杜詩常取首聯對仗。這首詩雖是古詩,但首二句對仗工整,"東藩"對"北渚","駐"對"凌","皁蓋"對"青荷",方位對,顔色對,至爲工巧。"東藩"即指北海郡,如果"北渚"又指北海郡,那豈不是重複嗎? 其實,這裏的"北渚"就是歷下亭所在的位置。"渚"爲水中高地,"凌"爲凌空、凌虚之"凌",歷下亭高踞水中,四周青荷環繞,景致絶佳,於是才引起下文所説的幽興。所以校注認爲:"清河",《宋本杜工部集》既説"一作青荷",必有所本,當從"青荷"爲是。此番考辨,可發千年之覆。而對歷下亭歷史演變的考證,亦發前人所未發。又如《諸將五首》之一"曾閃朱旗北斗閑"句,因觸杜甫家諱,宋人多有考訂,本書據宋人趙令畤《侯鯖録》卷七、胡仔《苕溪漁隱叢話》前集卷二十引《蔡寬夫詩話》俱引薛向家藏五代本、張耒《明道雜志》引北宋王仲至家古寫本,皆作"殷"字,又詳引南宋周必大《二老堂詩話》云:"世言杜子美詩兩押'閑'字,不避家諱。""七言詩'曾閃朱旗北斗閑',雖俗傳孫覿《杜詩押韻》亦用二字,其實非也。""此'北斗閑'者,蓋《漢書》有'朱旗絳天',今杜詩既云'曾閃朱旗',則是因朱旗絳天,斗色亦赤,本是'殷'字,於斤切,盛也;於顔切,紅也。故音雖不同,而字則一體。是時宣祖(按:趙匡胤之父名弘殷,廟號宣祖)正諱'殷'字,故改作'閑',全無義理。今既祧廟不諱,所謂'曾閃朱旗北斗殷',又何疑焉!"故改底本"閑"字爲"殷",恢復了古本的原文。書中類似的校勘成果極其豐富,這充分保證了全書的學術質量。

第二,別擇精審,考按合理。

宋人謂杜詩"無一字無來處",歷代注家大多廣徵遠引,務求博雅,有的甚至僞造箋注,如"僞王注"、"僞蘇注",有的則附會史實,務爲穿鑿。《杜甫全集校注》在校注中參考了散存於國内外公私圖書館、博物館、高等學校和研究機構的重要杜集版本近300 種,可謂盡集前賢精粹,然刪削別裁,條次分明。由於秉持了"精審慎取,參酌己見"的注釋原則,使得《校注》既能做到集大成,又能在守正中不斷出新。這一原則通貫全書,使得全書勝義迭出,精彩紛呈。如《望嶽》首句"岱宗夫如何",舊注均語焉不詳,而《校注》引清人翁方綱《石洲詩話》及今人徐仁甫《杜詩注解商榷》的説法,對"夫"字的意義和作用做了補充説明,而"夫"字神理全出,足以補舊注之闕。又如《贈比部蕭郎中十兄》:"有美生人傑,由來積德門。"《詩·鄭風·野有蔓草》:"有美一人。"蕭郎中爲甫從姑之子,故此指甫從姑。"人傑",人中之豪傑也。《史記·高祖本紀》:漢高祖劉邦曰:"夫運籌策帷帳之中,決勝於千里之外,吾不如子房(張良字);鎮國家,撫百姓,給饋餉,不絕糧道,吾不如蕭何;連百萬之軍,戰必勝,攻必取,吾不如韓信。此三者,皆人傑也,吾能用之,此吾所以取天下也。"此指蕭郎中。仇兆鰲《杜詩詳注》引《桓玄傳》:"劉裕風骨不恒,蓋人傑也。"與蕭無涉。"積德",謂向來行善。《史記·周本紀》:"后稷,別姓姬氏。后稷之興,在陶唐、虞、夏之際,皆有令德。""古公亶父復修后稷、公劉之業,積德行義,國人皆戴之。"又云:"西伯積善累德,諸侯皆嚮之。"而《新唐書·宰相世系表一下》云:"蕭氏出自姬姓,帝嚳之後。""漢有丞相鄭文終侯(蕭)何。"故曰"由來積德門"。仇注引《開皇神告録》曰:"隋開皇末,有老翁詣唐高祖,從容置酒,語及時事,曰:'公積德之門,負至貴之表。'"不確。亦與蕭氏無涉。由此可見杜詩用事之精切,不浪下一字,真可謂"無一字無來處"也。又如《秋野五首》其一:"盤飧老夫食,分減及溪魚。""分減"一詞,杜甫之前亦曾出現過。如《東觀漢記》載:"(孔)奮篤于骨肉,弟奇在雒陽爲諸生","每有所食甘美,輒分減以遺奇。"又《陳書·姚察傳》:"察每崎嶇艱阻,求請供養之資,糧粒恒得相繼。又常以己分減推諸弟妹,及至故舊乏絶者皆相分恤,自甘唯藜藿而已。"但其分減的對象只是親人故舊。又"分減"在實叉難陀所譯《大方廣佛華嚴經》卷二十一中出現三次,謂菩薩行十種施,"分減施"爲其一:"何爲菩薩分減施? 此菩薩稟性仁慈,好行惠施,若得美味,不專自受,要與眾生,然後方食。凡所受物,悉亦如是。"(今按:實叉難陀[652—710]爲武則天時人,所譯《華嚴經》爲八十卷,以別于東晉時佛馱跋陀羅所譯《華嚴經》六十卷本。因新譯八十卷本文義最爲暢達,品目也較完備,又有當時皇帝武則天寫的序大加鼓吹,故在漢地流傳最盛。杜甫出生時,已是實叉難陀所譯《華嚴經》完成十三年後,而到杜甫寫《秋野五首》時,此本《華嚴經》已流播於世近七十年了。)杜詩本此,極切其意。而所謂"棗熟從人打"、"藥許鄰人劚"、"拾穗許村童"、"減米散同舟,路難思共濟"、"築場憐穴蟻"、"願分竹實及螻蟻,盡使鴟鴉相怒號"云云,皆此仁人情懷。於此,亦可見佛教思想對老杜的影響。如此闡釋,舊注皆不及此。此類尚多,不煩贅述。

"集評"、"備考"兩項,集歷代評議,備諸相左觀點,綱舉目張,幾乎全面網羅了千餘年來人們有關杜甫作品的各種意見,解決了古來杜注中各種未能妥善處理的諸多問題。如《聶耒陽以僕阻水》詩後於"備考"中附關於"狄相孫"、"方田驛"以及"飫死耒陽説"的討論;《回棹》詩後附"關於編年之異説";《江閣臥病走筆寄呈崔盧兩侍御》後附關於"江閣"、"崔、盧二侍御"及"錦帶"的解釋;《長沙送李十一銜》後録洪邁、胡應麟有關李杜齊名的釋讀;《風疾舟中伏枕書懷三十六韻奉呈湖南親友》後附録"關於詩之編年"、"關於宗文之死"、"關於'公孫仍恃險,侯景未生擒'二句所指"三項備考。全書附録備考有數千例之多,將有關杜詩歷來爭議的主要觀點和證據都列舉出來,足資學者參考。

　　第三，駁正舊注訛誤，充分吸收最新研究成果。

　　近三十年來，杜甫研究取得了長足的進展，可謂碩果累累，新見紛呈，特別是對杜甫詩文所涉人名、史實的考辨，更是杜集校注所應汲取的。本書主要依據張忠綱主編《杜甫大辭典》（山東教育出版社 2009 年版）及新近重要發現，最大限度地吸收了杜甫研究的最新成果，糾正舊注訛誤，並依此對杜甫詩文的編年做了重新調整和編次。如根據新出土的韋述《大唐故正議大夫行儀王傅上柱國奉明縣開國子賜紫金魚袋京兆韋府君（濟）墓誌銘》，重新考定了《奉寄河南韋尹丈人》、《贈韋左丞丈濟》、《奉贈韋左丞丈二十二韻》諸詩的編年，對杜甫受困長安時期的情況有了更準確的反映。又如原卷八《所思》："鄭老身仍竄，台州信所傳。爲農山澗曲，臥病海雲邊。世已疏儒素，人猶乞酒錢。徒勞望牛斗，無計斸龍泉。"題下原注："得台州鄭司户虔消息。"楊注將此詩繫於上元二年（761）。以前學術界認爲鄭虔卒於廣德二年（764）。但據新發現的鄭虔外甥盧季長所撰《大唐故著作郎貶台州司户滎陽鄭府君（虔）並夫人琅琊王氏墓誌銘并序》云："無何，狂寇憑陵（指安史之亂），二京失守，公奔竄不暇，遂陷身戎虜。初脅授兵部郎中，次國子司業。國家克復日，貶公台州司户。非其罪也，國之憲也。經一考，遘疾於台州官舍，終於官舍，享年六十有九，時乾元二年九月廿日也。"（吳鋼主編《全唐文補遺·千唐誌齋新藏專輯》，三秦出版社 2006 年版）詩云"台州信所傳"，是作於虔歿之前。詩又云"無計斸龍泉"，是又在華州棄官之後，當作於乾元二年秋流寓秦州時。故此詩不當置於上元二年虔死之後，而應移入卷五《有懷台州鄭十八司户虔》詩後。再如原卷十一《將赴荆南寄別李劍州》："使君高義驅今古，寥落三年坐劍州。但見文翁能化俗，焉知李廣未封侯？路經灔澦雙蓬鬢，天入滄浪一釣舟。戎馬相逢更何日？春風回首仲宣樓。"舊注多編在廣德二年（764）春閬州作，亦未考出李劍州爲誰。李劍州，即李昌巙。據《舊唐書·杜鴻漸傳》載："永泰元年（765）十月（《舊唐書·代宗紀》、《資治通鑒》均作"閏十月"），劍南西川兵馬使崔旰殺（劍南）節度使郭英乂，據成都，自稱留後。邛州衙將柏貞節（即柏茂琳）、瀘州衙將楊子琳、劍州衙將李昌巙等興兵討旰，西蜀大亂。"又《資治通鑒·唐代宗大曆元年》載："（八月）以柏茂琳、楊子琳、李昌巙各爲本州刺史。"自大曆元年至三年首尾爲三年，故詩云"寥落三年坐劍州"。"路經灔澦雙蓬鬢"、"春風回首仲宣樓"云云，正謂自己即將乘船東下荆南，特寄詩向劍州刺史李昌巙告別。故此詩當作於大曆三年（768）正月在夔州未出峽時，應移入卷十八中。又如原卷十二《石硯詩》："平公今詩伯，秀發吾所羨。奉使三峽中，長嘯得石硯。"仇兆鰲注："黄鶴依梁氏編在雲安詩内，以詩有'奉使三峽'句也。"（《杜詩詳注》卷十四）此説非是。此詩題下原注："平侍御者。"舊注亦未考出平侍御爲誰。平侍御，即平洌。天寶六載（747）在監察御史任。七載二月，撰《唐濟源令房琯遺愛頌》。而杜甫與房琯爲至交。據《安禄山事蹟》卷上、新舊《唐書·安禄山傳》、《安慶緒傳》，洌天寶中爲安禄山幕僚；據顏真卿《東方先生畫贊碑陰記》，天寶十二載，洌以殿中侍御史、河北採訪使、東平王判官身份至德州；又據《新唐書·安慶緒傳》，安慶緒天和元年（757），以洌爲宰相。故洌"奉使三峽"必在天寶中，而不在永泰年間雲安詩中，舊注編年均誤。故將此詩移入卷二天寶詩中。

　　又舊注作者，大多對杜甫行蹤遺跡未做全面而系統的實地考察，故昧於地理，編次失當者,時而有之。如杜甫湖南詩,舊注如《杜臆》、朱注、仇注、楊注等,都將《入喬口》、《銅官渚守風》、《雙楓浦》、《發潭州》等詩,置於《宿鑿石浦》、《過津口》、《次空靈岸》、《宿花石戍》、《次晚洲》諸詩之後,其實是前後顛倒了。校注組根據實地踏勘的成果對相關諸詩的編次做了重新調整,澄清了千百年的沿襲之誤。

關於杜甫文賦兩卷的校注問題,歷來注本多缺而不錄,錄而不注。錢謙益、朱鶴齡、張溍、仇兆鰲等的注本亦很簡略,而楊倫《杜詩鏡銓》則照錄張溍《讀書堂杜工部文集注解》二卷。這次校注對杜甫文賦兩卷的注釋,可說是一千多年來最詳盡精確的,有不少新見和新解。如《唐故德儀贈淑妃皇甫氏神道碑》的作年問題。碑曰:"有女曰臨晉公主,出降代國長公主子榮陽鄭潛曜,官曰光祿卿,爵曰駙馬都尉。""甫忝鄭莊之賓客,游竇主之園林。以白頭之嵇、阮,豈獨步于崔、蔡。而野老何知,斯文見託;公子泛愛,壯心未已。不論官閥,游、夏入文學之科;兼敘哀傷,顏、謝有后妃之誄。"黃鶴《年譜辨疑》云:"(天寶四載乙酉)爲開元皇帝皇甫淑妃作墓碑云:'公主戚然謂左右曰:自我之西,歲陽載紀'云云,'於是下教有司,爰度碑版。'案《爾雅》:自甲至癸,爲歲之陽。妃以開元二十三年乙亥十月癸未朔薨,其月二十七日葬于河南縣龍門之西北原,故至今年乙酉爲歲陽載紀矣。"舊注多從之。按:鶴云實誤。此《碑》中"自我之西,歲陽載紀"之語,乃是臨晉公主所説。而"自我之西",誠如朱注:"自東都歸西都。"(《杜工部文集》卷二)則"歲陽載紀"不應從皇甫淑妃去世之開元二十三年算起,而應從臨晉公主下嫁鄭潛曜之時算起。據獨孤及《鄭駙馬孝行記》(載《毗陵集》卷十七),臨晉公主于開元二十八年下嫁鄭潛曜,往下推十年,則此碑文當作于天寶九載(750)。

似這類依據最新研究和實地考察調整的篇目,約佔全集的五分之一。

《杜甫全集校注》的編撰工作,過程曲折,複雜艱難,實非親歷者不能知。當年尚爲年輕學子者,今多已成耄耋老翁矣。尤令人痛徹心肺的,原先參與校注者十一人,除一人中途退出外,竟有五人先逝。杜甫詩云:"訪舊半爲鬼,驚呼熱中腸。"(《贈衛八處士》)身歷此境,情何以堪!注杜之艱難曲折,猶似老杜艱苦備嘗之經歷。注杜是煉獄,可以磨煉人的意志,可以提升人的道德情操,可以檢驗人對學術的赤誠。艱難玉成。現終以煌煌六百八十萬言的巨著問世,"詩卷長留天地間",亦足可告慰前賢,敬饗讀者。

(作者單位:山東大學儒學高等研究院)

歆兹術藝，別出新著

——《晉唐佛教文學史》述評

邱蔚華

　　陳允吉先生在爲李小榮教授的博士學位論文《變文講唱與華梵宗教藝術》作序中說他"歆兹術藝，別出新題"[①]。此處，陳先生之所以肯定《變》著之"新"，是就這部著作所探討的論題是前人尚未檢討或檢討不深，而李教授卻獨闢蹊徑，發前人之未發而論的。筆者以爲，用陳先生此語來評價《晉唐佛教文學史》也同樣適合。中國傳統宗教文學史的研究中，儘管佛教文學研究成果在廣度和深度都遠比道教文學多，但將研究成果體系化的佛教文學史專著迄今爲止就僅李小榮教授的新著《晉唐佛教文學史》一部，而道教文學史的首部研究專著早在 1992 年就已出版[②]。故而，對整個中國佛教文學史的體系化研究領域而言，此書的出版，就如同唐人齊已《早梅》詩所云"前村深雪裡，昨夜一枝開"的那傲然綻放的第一支梅，顯得動人而珍貴！

　　有道是"開券有益"。細繹《晉唐佛教文學史》全書，不難發現此著學術新見迭現、謀篇佈局出新、環詮妙解獨耽，乃作者匠心獨具之力作，給予筆者諸多啓發。具言之：

一、學術新見迭現——宏中見慧，微中知新

　　如前所述，國內學術界至今爲止尚未正式出版一部體系化、理論化的中國佛教文學史專著，故而該著的出版，多少彌補了這一缺憾。雖然這還不是一部佛教文學通史著作，然而也正是因爲這點，成就了該著論題出新的特點。易言之，所謂"題"新，正在於它是首部中國古代佛教文學斷代史。關於文學斷代史的修撰，虞建華先生曾指出："它既要提供出一個認識作家和作品的大框架，又能通過切片觀察和分析加深對整個文學史的理解，具有微觀和宏觀兩方面的視野和優勢。"[③]雖然俞氏在這裡是針對美國文學斷代史的修撰來談的，但是用它來評價《晉唐佛教文學史》在學術上，尤其是中國佛教文學史研究之域的創新無疑是切中肯綮的。具體説來，主要表現在以下三方面：

　　一是以"佛教文學"關鍵字的重梳與界定架構作家與作品的大框架。

　　該著通過論題中最核心的關鍵字即"佛教文學"的內涵梳理來構建作家、作品的平臺。誠如作者認識到的那樣，"由於中國佛教文學學科的建立尚處於起步階段，故

---

　　① 陳允吉：《佛教與中國文學論稿》，上海：上海古籍出版社 2010 年版，第 609—610 頁。

　　② 此即詹石窗：《道教文學史》，上海：上海文藝出版社，1992 年版。

　　③ 俞建華：《20 世紀二、三十年代美國文學斷代史研究之我見》，《外國文學研究》，2014 年第 5 期，第 25—29 頁。

對其内涵的界定衆説紛紜,莫能定論。"①因此,作爲一部研究從晉至唐的中國佛教文學專著,"佛教文學"内涵的界定就成了繞不開的學術話題。李小榮教授整合借鑒日本加地哲定、中國臺灣丁敏、大陸孫昌武、高華平、普惠等諸位先生的理論成果,提出"最狹義佛教文學而言,指佛經中的文學經典;最廣義則指一切與佛教有關的文學作品"②。其中,所謂"一切與佛教有關的文學作品",包括三個層面的對象,即晉唐文學史的生成"場域"、晉唐佛教各類文體及典型教派的文學作品以及晉唐佛教文學傳播過程中與其他藝術形式的結合與聯繫。這樣就從研究對象的内涵與外延的宏觀論述中構建起晉唐佛教文學史作家與作品的大框架,顯示出作者獨到的學術智慧。

　　二是"史觀"與"理論"相結合的撰述範式溝通了學術與思想的橋樑。

　　一部好的文學史,不僅論述要有清晰的"史"的脈絡和觀點,還要有與之相適應的理論加以支撑。"史觀"與"理論"相結合的文學史撰述範式是這一著作的又一突出特點。

　　作爲一部佛教文學斷代史,其"史觀"首先表現爲對這部文學史的時間起始的界定,對此,該著開篇即云:"從中國佛教的歷史進程看,東晉是佛教中國化的起點……唐五代則是後世中國佛教代名詞——禪宗成立和定型的階段。恰好這一段的佛教文學史,也是中國佛教文學產生乃至逐漸成熟的歷史。"③此論洵是。晉唐佛教文學史既是中國佛教文學發展之源頭,也是其走向成熟、完善之階段,論著選擇這一時段的佛教文學作爲透視整個中國佛教文學史的特殊視窗,其意義不言自明。其次是對作家、作品的分類與整合。這很大程度上既是作者的文學史觀在具體運用中的滲透與反映,也是其對文學文本的個性化解讀。易言之,作者將具體的文本分門別類地闡讀時貫之以自己獨有的"史觀"和"理論"。就"史觀"而論,作者將晉唐文學史的一些文化歷史語境不作爲背景專門介紹,而是把文學"史"的脈絡"融會貫通於具體的佛教文學作品的闡釋中,化有形爲無形"④,從而突破一般文學史單一的以時爲序敘述佛教文學發展過程的局限,對從晉至唐的作家、作品分別按文學史的生成"場域"、各文體的文學發展史、典型教派文學的宗派特徵與發展歷程及其流播與影響等主題分類和歸整,這種縱橫交錯、主題突出的研究視角在彰顯晉唐佛教文學發展脈絡的歷史縱深感的同時,又在横向比較中展現文化·文學·歷史的彼此互動與影響,突出其學術的問題意識。就"理論"而言,誠如撰者所言,"大凡一部有特色的文學史一般都有貫穿始終的理論架構支撑"⑤,因此,選擇什麼樣的"理論"架構支撑自己對"文學史"的敘述,説到底是撰者對代表這一階段的文學甚至文化的"文本"理解。該著引進布爾迪厄的"場域——習性——資本"三位一體文學理論和舒爾茨的"場所理論",將其貫穿在晉唐佛教文學史的各種文學現象和文學作品的闡述中。比如,作者對文士參與譯

①　李小榮:《晉唐佛教文學史》,北京:人民出版社 2017 年版,第 26 頁。
②　同上,第 27 頁。
③　同上,第 1 頁。
④　同上,第 43 頁。
⑤　同上,第 33 頁。

場的文學解讀①就是布氏文學場與權力場關係理論的具體運用；又如，作者在《晉唐佛教詩歌》一節敘述晉唐修道詩時，分析支遁、慧遠及南北朝世俗文人的修道詩"多和特定的修道、弘道場合相聯繫"②，並對與這些場域聯繫的八關齋詩、懺悔詩、受戒詩等逐一舉證③，亦是布氏場域、資本理論在文學創作上的反映；再如，作者認爲佛教文學的場所有自然場所、文化場所和心靈場所之分④，並在具體的文本作品分析中有所側重（如佛教詩歌三者兼述，佛教小説與散文則重述文化場所）⑤，其實就滲透了舒氏的"場所理論"。此類例證在書中俯首即拾，不一而足。

　　由上觀之，"史觀"的運用滲透與"理論"的建構闡發使這部著作不僅在宏觀上具有宏闊融通的學術視野，而且在微觀上抉示出幽微深刻的思想理論。從這一意義而言，《晉唐佛教文學史》堪稱是一部"有學術的思想，有思想的學術"（王元化語）之力作。

　　三是文化語境的宏觀分析與文學審美的微觀透視相參融的文本闡讀深化了文學史的理解。

　　文學史即文學的歷史，包括文學的各種歷史現象及其規律，且首先指向作家和作品。文本作品離不開作家的創作，作家的思想與審美意識受一定的文化歷史語境的影響，並反映在其作品中。從這個層面上説，文本作品往往是某種歷史文化語境、文化觀念的獨特表現形式。因此，文化語境的宏觀分析與文學審美的微觀透視相參融的文本闡讀路徑對作品的有效還原無疑是大有裨益的。而這一闡讀模式幾乎貫穿到整部《晉唐佛教文學史》的文本闡讀中。現僅就該著對學術界尚未系統展開研究的佛教散文的闡讀來略作分析。

　　對晉唐佛教散文的解讀，慣常的思路是按歷史發展的時間順序和作家生卒年的先後敘述佛教散文的發展歷程。然而，《晉唐佛教文學史》不然。它打破了按文學發展的時間順序泛泛而談的常規思路，而是充分肯定其在中國散文史上的地位後，選擇最能反映佛教文化特色的文本有的放矢地解讀：在佛經序跋記作品的解讀中，既還原出佛典流播的歷史語境，又對其思想內容、名相之變、文體變異等作細緻的文學性分析⑥；在論説文作品的解讀中，既注重其在晉唐散文諸體中創作之盛的成因分析，又探討其文學思想內容、藝術技巧特色⑦；在通過敘述碑銘墓誌等文體內容與藝術的演繹過程中，向我們展示了佛教寺院史到宗派史的變遷⑧；通過誄碑塔銘等文體的作品解讀中勾勒出僧尼獨特的行實與生活環境⑨。綜觀撰者對所選擇的晉唐佛教散文文本的闡讀，不難看出，其闡讀的視野既是開放式的，又是聚焦式的。所謂開放式，是指

---

①　李小榮：《晉唐佛教文學史》，北京：人民出版社 2017 年版，51 頁至第 57 頁。
②　同上，第 178 頁。
③　同上，第 174 至第 181 頁。
④　同上，第 42 頁。
⑤　同上，第二至四章。
⑥　同上，第 294 頁至第 313 頁。
⑦　同上，第 314 頁至第 336 頁。
⑧　同上，第 337 頁至第 346 頁。
⑨　同上，第 346 頁至第 372 頁。

撰者將佛教散文與佛教文化乃至其生成的整個歷史語境相聯繫；所謂聚焦式，即是撰者對佛教散文作品在文化語境分析的基礎上對作品進行文學本位的闡讀。很顯然，這種文化語境分析與文學審美透視相參融的文本闡讀路徑與單純的文學本位的解讀方式相比，視野更宏闊融通，闡讀也更爲深入細緻。

　　總之，通過以上論析不難看出，《晉唐佛教文學史》無論在研究範疇、學術思想，還是作品闡讀的研究方法上都融合了宏觀論析和微觀透視的研究視野，具有諸多新見，體現了撰者敏銳的問題意識和創新能力。

二、謀篇佈局出新——辨梳脈絡，舉要刪蕪

　　李小榮教授曾指出編撰中國佛教文學史須遵循"源流、體用、本末和作家、作品、文體三位一體"的四原則①。的確如此，在《晉唐佛教文學史》一書中，撰者特別注重厘清文學發展過程中的源流、體用、本末關係和檢討作家、作品、文體三者間的互動與關聯，因此其整個篇章結構以此四者爲中心，對晉唐佛教文學史展開論述，從而顯示出意脈清晰，重點突出，無複贅瑣碎之感，此之正所謂"辨梳脈絡，舉要刪蕪"。茲舉源流關係的辨梳略析如下：

　　對於晉唐佛教文學的"源"，從不同角度審視，其具體內涵所指並不相同。從時間層面而言，"源"指的是源頭，即佛教中國化後中國佛教文學發展之初，即東晉佛教文學②。從空間層面而言，"源"是指佛教入土中原之前的印度佛教文學。從內容層面而言，"源"多是淵源之意，可指作家思想、審美、思維模式等與佛教之淵源；亦可指作品的文體、題材、創作方法、藝術手法等與佛教的種種淵源。既有"源"，必有"流"。對於時間層面蘊含的東晉佛教文學的"源"而言，則受其影響和滋乳的同期或後世佛教文學可謂之"流"；對於空間層面的印度佛教文學而言，佛教中國化後產生的中國佛教文學就是"流"；而對內容層面的"源"即佛教文化而言，則由其影響而產生的中國佛教文學作品則可謂之"流"。可見，晉唐佛教文學"源"與"流"關係極其複雜，如何厘清並敘述這一關係，顯然離不開結構的合理安排和脈絡的有序展開。從撰者自述其著的結構框架特點或可找到這一難點的突破口：

　　"在撰寫晉唐佛教文學史時，筆者首先要厘清的是兩個基本思路：一者課題之研究固然與中國古代文學史、中印文化（學）交流史、中國佛教（傳播）史、中國社會生活史、晉唐士人心態史有關，但它絕不是各學科的簡單疊加，而是綜合運用……篇章設計，不求四平八穩、面面俱到，而是採用若干大專題的形式，突出重要和重大的學術問題。二者晉唐佛教史、晉唐文學史、晉唐佛經翻譯文學雖是本研究的前提和基礎，但筆者不想採取一般文學史的寫作範式，將它們作爲背景予以專門介紹，而是融會貫通於具體的佛教文學作品的闡釋中，化有形爲無形，如

---

① 李小榮：《論中國佛教文學史編撰的原則》，《學術交流》，2014年第8期，第175—177頁。
② 該著對晉唐佛教文學史的時間起始的界定對此作了説明。詳見該著第1頁。

同鹽化于水而知其味。"①

上引文中,撰者所述的晉唐佛教文學史研究相關學科之淵源種種及其研究前提與基礎之諸項,顯然包括了筆者前文所述的時間、空間、内容等層面的"源"的意涵;其所謂的若干重大學術問題和具體的文學作品則可視爲由以上種種"源"導出的"流"。故而,該著在謀篇佈局上的一個獨特之處就在於它突破了以往文學史寫作把"源"(尤其是歷史語境意義上的"源")作爲背景專章介紹的常規思路,而把"源"融化到"流"即晉唐佛教文學作品的闡釋和重大問題的檢討中:即開篇總論晉唐佛教文學史生成的"場域",繼而以文體爲線索,對晉唐佛教詩歌、小説、散文各分一章專門檢討,接著又以典型教派的文學爲對象,分章檢討淨土宗和禪宗文學的教派特色,然後突出佛教文學"綜合性"的特徵,專章檢討晉唐佛教文學流播過程中與其他藝術形式相結合的具體表現,呼應開篇總論,最後進行簡短的結論。顯然,在這樣的結構框架中,不僅凸顯出晉唐佛教文學中最重要的學術問題,刪去了枝蔓性、不重要的問題,而且圍繞這些重要問題將複雜的源流關係分門別類地安放在對應的章節中,從而形成一個脈絡清晰、問題集中的論述邏輯。比如該著第一章對譯場、講堂、論場等晉唐佛教文學生成史的"場域"("源")進行全面梳理與考察的同時,揭橥了這些"場域"與相關的文學活動或生成的文學文本("流")之間的淵源。再比如該著第六章開篇不僅檢討禪宗史統文學的具體書寫("流"),而且深入分析生成的原因("源");而在"宗門歌偈"一節中,則先檢討這一詩體的形式來源("源"),再對這一詩體的詩歌作品作文學本位的分析("流")。又比如該著第七章在解讀晉唐佛教文學"如何從較爲單一的文學場走向綜合的藝術場,轉向的依據何在"②這一問題時,其實就是對"源"與"流"之間的轉換及其轉換的條件等問題的隱性申述。

顯然,這一謀篇佈局使晉唐佛教文學源流關係的梳理既進行橫向的切面研究,同時又對每一文學現象展開歷史的動態考察,因而脈絡清晰,主次分明,詳略得當,具有"辨梳脈絡,舉要刪蕪"的特點。這特點也表現在其他許多重要問題如體用、本末及作家、作品、文體三位一體等的把握與檢討中。另外,值得指出的是,該著雖對晉唐佛教文學的源流、體用、本末及作家、作品與文體三位一體的關係作橫向切面研究和縱向歷史考察,但對這四者並非平均布排,均衡下力的,總體來説源流關係和作家、作品與文體三位一體的關係是論著的重心,其次是體用與本末,這一主次上的區分、詳略上的安排恰好也是其獨具匠心之處。茲限於篇幅,此不復贅。

三、環詮妙解獨耽——徹照窮搜·探幽發微

《晉唐佛教文學史》不僅學術新見迭出,謀篇佈局出新,而且對晉唐時期的佛教文學現象與文學作品的詮釋盡可能全面,解讀常獨特新穎,具有"環詮妙解獨耽"的特色。就全書而言,筆者以爲其"環詮妙解"主要分兩個層面:一是該著對晉唐佛教文學

---

① 李小榮:《晉唐佛教文學史》,北京:人民文學出版社 2017 年版,第 43 頁。
② 同上,第 492 頁。

的一些重要學術問題特別是學術界尚未給予足夠研究的問題進行全面而深入地檢討；二是該著將研究遺施個案，對晉唐佛教文學具體的作家作品深入細緻地闡讀，從而對這些問題和作品形成自己獨特的理解和識見。必須指出的是，不論學術問題之全面深入檢討，還是作家作品的細讀與闡釋，都與撰者扎實的文獻功底與不凡的解讀能力有密切的關係。所謂扎實的文獻功底，是就撰者掌握、閱讀並運用豐富而詳實的文獻資料申述重要學術問題的能力；不凡的解讀能力則指其對佛教文學作品的解讀會通考論，結合實證與辭采，"寓義理于考據文章"①，以此揭櫫並傳達作品深邃幽微的義理，可謂之"徹照窮搜，探幽發微"。以下就上述兩個層面略析如次：

就晉唐佛教文學的重要學術問題層面而言，如前所述，著作採用若干專題的形式結構篇章，故而全書七章，實際上就探討了七個重要的學術問題，即晉唐佛教文學史的生成"場域"、晉唐佛教詩歌、晉唐佛教小説、晉唐佛教散文、晉唐淨土宗文學、唐代禪宗文學、晉唐佛教文學的綜合性等。這七大專題對晉唐佛教文學關注的角度雖不同，但就研究方法而言卻一致：即問題的展開和論述有著堅實的文獻基礎，在全面搜集、閱讀、整合材料的基礎上探討新問題。如其論述晉唐佛教文學史的生成"場域"這一問題，從論題看，"場域"一詞很容易讓人想到前述布爾迪厄的"場域"論。事實也確實如此，畢竟"場域"論是該著的整個理論架構。但它又有不同，除了理論意義外，在這一專題裡它還具體指向整個晉唐佛教文學與寺廟這一特定場域的種種淵源，換言之，撰者將學術界未引起足夠研究的寺廟文學納入到佛教文學的研究中。爲了説明寺廟文學的獨特價值，作者首先細分出寺廟文學生成的十六個"場域"，然後對它們名稱的由來、變更、重要的佛教活動、參與成員及其作用以及這些要素影響下產生的文學活動、文學文本等，在大量詳實豐富的文獻材料的支撐下逐一考述。關於這一點，我們通過寺廟文學生成場之一的"譯場"之名的考略或可更加具體地感知。

筆者對該著"譯場名稱考略"的文獻材料使用情況作了一粗略統計②，其文獻大致分三種五類：

1. 譯場內涵界定類文獻兩則

2. 譯場最早出現時間的文獻記録六則

3. 譯場功能演繹文獻十二則，按其對應的意義可分三類：

（1）組織體系性意義的"譯場"文獻約有八則

（2）空間場所意義上的"譯場"文獻有兩則

（3）寬泛意義上的譯場（即凡譯經處皆爲譯場）文獻兩則

從以上統計結果不難看出，作者在論述"譯場"這一寺廟文學的生成場域時，僅考略"譯場"之名的相關文獻就達十八則之多，可謂"徹照窮搜"。值得注意的是，作者對這些文獻並非單純羅列堆砌，也非泛泛而談，而是探微發幽，從內涵闡釋文獻的解讀，到譯場最早出現時間的文獻推衍，再到考述譯場功能演繹導致的意義演變等各方面，都深入細緻地加以解讀，從而形成對"譯場"這一寺廟文學生成場的全面而獨特的闡

---

① 陳允吉：《唐音佛教辨思録》，上海：上海古籍出版社 1988 年版，第 286 頁。

② 參李小榮：《晉唐佛教文學史》，北京：人民文學出版社 2017 年版，第 48—51 頁。

釋。像這樣把問題的研究建立在充分詳實的文獻材料上，在《晉唐佛教文學史》中其例甚多，不備舉。

就晉唐佛教文學史作家作品的闡讀層面而言，這部新著也可謂"環詮妙解獨耽"，但此處的"環詮妙解"表現得最爲突出的是作者特別善於就作品某一内容、特點、風格等既進行追根溯源（淵源）的闡述，又予以鉤深致遠（影響）的揭櫫。而不論追根溯源還是鉤深致遠，都與作者對相關材料徹照窮搜並深入解讀以探微發幽有著密切的聯繫。茲以謝靈運山水意象與佛教般若空觀之關係爲例略加分析。其文如下：

　　　"而謝氏通般若學、涅槃學、念佛三昧法門等，所以這幾方面的佛理在山水作品中都有充分的表現：其山水意象常染有濃厚的般若空觀之色彩，他喜歡用'空'字來形容自然景物或概述其本質，像《遊嶺門山》之'空館盈清思'、《登池上樓》之'臥痾對空林'、《過白岸亭》之'空翠強難名'、《過瞿溪山飯僧》之'空林響法鼓'、《石門新營所住四面高山，迴溪石瀨，修竹茂林》之'洞庭空波瀾'、《入彭蠡湖口》之'九派理空存'①等，可以説，般若空觀幾乎貫穿了謝氏山水文學創作之始終。若溯其源頭，則和支遁'即色游玄'的般若空觀關係甚密②。論其影響，則對唐代王維、劉長卿等人在山水詩好用'空山'意象有所啟示。"③

上引文中，撰者爲説明"般若空觀幾乎貫穿了謝氏山水文學創作之始終"，列舉了六首謝靈運詩，並從源頭和影響進一步申述。對源頭的檢討，作者提供了兩方面的文獻支撐：一是學術界當前已有的代表性成果，④二是該著前文對支遁"'即色游玄'的山水觀照"⑤所進行的深入檢討爲此節内容奠定了堅實的文獻、理論基礎。至於影響揭示，作者並未止步於"對唐代王維、劉長卿等人在山水詩好用'空山'意象有所啟示"的空泛之談，而是在後文論及相關詩人的詩中禪理時對此深入解讀⑥。尤其是其考述並揭櫫王維詩"空山"意象對支遁"即色游玄"的藝術結構、謝靈運詩以"空"描述自然之本性的承繼與突破⑦，都是建立在堅實的文獻解讀基礎上的。

當然，撰者解讀晉唐佛教文學作品時，對追根溯源與鉤深致遠並不總同時兼顧，有時也只是二者居於其一的。但是，讓大量的文獻"説話"卻是撰者闡釋文學作品與文學現象一直恪守的治學之道。如他對王維詩與大乘中道觀關係的闡讀⑧就很能説明這一點。在文中，撰者從三個層次論述了這一問題：一是申述中道思想的佛典依據，即作者分別引龍樹菩薩所造《中論》卷四《觀四諦品》之四句偈、《大智度論》卷八〇之"假名即中道"説、《中論》卷一《觀因緣品》開篇偈之"中道"的具體表現即"八不"論等文獻對中道思想加以闡釋；二是"中道"的"八不"論對應的現代哲學概念的具體内

---

①　顧紹柏校注《謝靈運集校注》第 59、63、90、174、191 頁。
②　參熊紅菊、劉運好"'即色游玄'對謝靈運山水審美之影響"，《北方論叢》2012 年第 6 期，第 18—22 頁。
③　李小榮：《晉唐佛教文學史》，北京：人民文學出版社 2017 年版，第 138—139 頁。
④　該著通常把這一類文獻放到註腳中標示。
⑤　李小榮：《晉唐佛教文學史》，北京：人民文學出版社 2017 年版，第 128—129 頁。
⑥　詳參上書第 147—167 頁。
⑦　詳參上書第 147—148 頁。
⑧　詳參上書第 148—149 頁。

容與山水詩的聯繫；三是用十首王維詩、一則蘇軾詩論文獻從動靜互攝、非有非無、詩畫關係等方面分類闡析王維詩與大乘中道觀的内在聯繫。顯然，在這一論述邏輯層次中，第一層次屬追根溯源（即王維詩中道觀的佛教義涵與表現），第三層屬王維詩與中道觀之淵源的個案舉證。除第二層次起溝通連接一、三層次的作用無需文獻佐以論述之外，不論第一層還是第三層，作者都特重文獻推衍與考證，通過實證把握並表述王維詩的大乘中道義理。

此外，必須指出的是，作者徹照窮搜相關的文獻史料，發掘前人所未發之義的研究路徑有時甚至會具體到作品某個詞的詞義、所指、出處等的準確理解與把握上。如其考述杜甫《秋日夔府詠懷》詩中的"七祖禪"的具體所指就頗見文獻功力：

"歷來爭議較大者，是'七祖禪'的具體所指，大致分成三派意見：一者南宋宗鑒集《釋門正統》卷八'慧能'條指出'嵩山普宗（寂）立秀爲六祖，自稱七祖，故杜詩云'門求七祖禪'[①]，此顯然指北宗之七祖普寂，贊成者有清人朱鶴齡、今人吕澂、陳允吉及日人柳田聖山等著名學者。二者指南宗七祖神會，如注杜大家錢謙益、仇兆鼇、楊倫及郭沫若等，但其説存在一個致命缺陷，即老杜一生行跡與神會並無交集。三者指南嶽懷讓，此説浦起龍《讀杜心解》首倡之，張培鋒力證之，以爲最深刻恰當[②]。不過，在杜甫生活的時代，南嶽懷讓並無七祖之稱。懷讓被稱爲禪宗七祖，可能遲至宋初，臨濟宗僧楚圓（986—1039）所集其師善昭（947—1024）語録爲《汾陽録》三卷，卷下載有《唐六祖後門人立讓大師爲七祖頌》七首，第七首所頌對象即讓大師[③]。明達觀真可（1543—1603）《紫柏尊者別集》卷四所附《禮佛儀式》有句曰：'南無七祖讓尊者！'[④]則知懷讓固定爲七祖之禮拜對象，是相當晚的事情了。因此，個人比較贊成杜詩中的'七祖'，是北宗七祖普寂。"[⑤]

由上可知，作者對"七祖禪"的具體所指，不僅重視前賢時彦的研究成果，而且更爲重要的是他絕非人云亦云，而是立足原始文獻，在廣泛而深入的校讀中作出合理的推衍。

卓有創新的專著，往往難以面面俱到，也不可能對其關涉的問題逐一闡發。該著也不例外。如，該著對北朝佛教文學史、佛教賦以及佛教文體與世俗文體的互動等問題雖予以一定程度的關注，但有待進一步拓展和深入。

綜上所述，以上所論《晉唐佛教文學史》所具有的學術新見迭出、謀篇佈局出新、環詮妙解獨耽等，是就其學術價值、材料與問題的結合與運用在篇章結構上的獨特性及其對文本闡讀具體路徑等方面的考量。此三者概而要之，即關涉到學術、材料與問題三要素在文學史書寫中的具體把握。關於學術、材料與問題三者之間的治學關係，

---

① 《大藏新纂卍續藏經》第 75 册，第 357 頁上。
② 張培鋒《杜甫"身許雙峰寺，門求七祖禪"新考》，《文學遺産》2006 年第 2 期，第 46—53 頁。另，冉雲華《禪宗第七祖之爭的文獻研究》（《中國文化研究所學報》第 6 期，第 417—437 頁）對七祖所指有更詳細的梳理，可參看。
③ 《大正藏》卷四七，第 625 頁上-中。
④ 《大藏新纂卍續藏經》第 73 册，第 428 頁下。
⑤ 李小榮：《晉唐佛教文學史》，北京：人民文學出版社 2017 年版，第 189—190 頁。

陳寅恪先生曾論述如下：

> "一時代之學術，必有其新材料與新問題。取用此材料，以研求新問題，則爲
> 此時代學術之新潮流。治學之士，得預此潮流者，謂之預流(借用佛教初果之
> 名)。其未得預者，謂之未入流。"①

陳寅恪先生這裡提的"新材料"、"新問題"是主要就運用敦煌文獻研究佛教文化而説
的。但筆者以爲，若從已有文獻發現新問題、作出新闡釋，賦予研究對象新的學術價
值，則不論材料還是問題都具有了全新之義，那麽在此基礎上取得的成果亦屬"預流"
之作，而《晉唐佛教文學史》屬此作之列當之無愧。

(作者單位：龍巖學院文學與傳媒學院)

---

① 陳寅恪：《金明館叢稿二編》，北京：三聯書店 2001 年版，第 266 頁。

一部別樣的斷代專體文學史

——讀《唐五代文編年史》

韓震軍　相　文

唐五代是中國文章發展變化的一個重要歷史階段。這一時期,文章創作理論趨於成熟,體裁樣式日臻完備,各種風格爭相競放,先後出現了以燕許、韓柳爲代表的一批古文大家,和數量可觀的垂範後世作品。作爲民族文化的瑰寶,唐五代文章與詩歌一樣閃爍著耀眼奪目的光彩。但較之唐詩研究而言,唐文的豐厚遺存仍待進一步發掘和繼承。受不同唐文觀念影響,已有的研究範圍相對狹窄,即便在斷代的唐代文學史中,唐文多居於詩歌的從屬地位,其價值和意義未得到足夠的重視。在這種背景下,關於唐五代文的探討,特別是從材料出發對這一時期文章演變規律的揭示,當前學界迫切需要加強。近日,黃山書社出版的《唐五代文編年史》正是這樣一部因應了時代需求的著作。《唐五代文編年史》由吳在慶、丁放先生主編,在亢巧霞、曲景毅、林宜青、羅立剛等幾位境内外活躍於唐文研究的中青年學者通力合作下,歷時近十年完成,共計五大卷,二百五十二萬字,是國家出版基金項目、國家社科基金重大招標課題、教育部文科基地重大項目成果。《唐五代文編年史》立足於唐五代駢、賦、散文進行逐年逐月編寫,記敘相關的時事政治、科舉考試、文化藝術、宗教哲學等活動,既勾勒同類文體的縱向演進,又闡釋不同體裁的相互影響,縱橫捭闔,避免了單一的紀事彙編,是一部別樣的斷代專體文學史。

《唐五代文編年史》是一部集理論性與資料性於一體,全面、立體地呈現了唐五代三百多年文的發展演進過程。董乃斌先生評價傅璇琮先生主編的《唐五代文學編年史》時説:“其内容的構成大不同於一般流行的文學史,沒有那些文學史中佔據大部分篇幅的分析性、評價性、議論性文字,而完全是以豐富翔實的原始資料按年月編排而成,用一句俗話來説,就是這部書全都是‘乾貨’、‘實料’,而杜絶了任何空言。”(《文學遺產》2000 年第 5 期《論文學史範型的新變》)作爲《唐五代文學編年史》的姊妹篇,《唐五代文編年史》完全可以用這句話來評價,同時還應加上“其於唐五代文章史研究多有創獲”一句。因爲本書的主編吳在慶先生此前參與了《唐五代文學編年史》編撰工作,熟悉如何選擇、組織材料,如何更好地繼承這一避免空言的學術傳統;副主編丁放先生數十年如一日,辛勤地耕耘在唐文學園地,有著守正出新的成功經驗。具體來説,《唐五代文編年史》有如下特點:

一、專體編年　全面深入

《唐五代文編年史》主要是從唐五代文中選擇有代表性的文章進行編年。早前成書的《唐五代文學編年史》雖也編入部分重要的唐五代文,但主要是著重詩歌部分的編年。作爲《唐五代文學編年史》的姐妹篇,《唐五代文編年史》專選唐五代文章編年,較之前者更加全面細緻深入。

　　編者從宏觀的角度來闡釋"文"的概念,使得《唐五代文編年史》不但重視具有文學性的賦、駢文,而且對諸如碑銘文、策文、判文、表、狀、筆、啟、詔敕、制誥等實用性文章也保持足夠的關注度。按照現代對"文"的定義,古代的碑文、詔敕制誥等實用性文章缺乏文學性,似乎應該被剔除在文之外。但是,研究古代文以今律古的大忌。同時,這類文章並非毫無價值。對歷史上的唐人而言,它們屬於文學的範疇;對今人而言,它們具有文學和史料雙重價值,透過這些篇章,學者能夠瞭解唐五代時期的社會風貌、歷史文化、政治制度、文人的生存狀態等各個方面。《唐五代文編年史》能夠撇開偏見,綜合選取各類文體中富有代表性的文章進行編年,調和了現代與古代關於"文"概念的矛盾,實現了文學性與資料性的統一。如《初唐卷》631 年 9 月,"二十七日,魏征、虞世南等奉敕撰成《群書治要》五十卷,上之。魏征有《群書治要序》,於序中批評'競采浮豔之詞,爭馳迂誕之説',反對唐初浮華之文風,太宗作《答魏征上群書治要手詔》褒之。"唐太宗下詔褒揚魏征等人所上之書,必然使得天下文人以魏征《序》中所宣導的文風爲榜樣,對初唐文壇要求變革文風具有導向作用。因而,此條編年具有文學性。再如《五代十國卷》909 年 12 月條,"羅隱遷鹽鐵發運使,尋寢疾,十三日卒於杭州,時年七十七。次年正月,沈崧有《羅給事墓誌》文。"當學者研究羅隱時,查看此條編年後,就能通過沈崧的《墓誌》來瞭解羅隱的生平經歷。因而,此條編年具有工具性。此外,將唐代出現的新體式——傳奇也包攬於"文"的視野下,正是編者"大文學史觀"的體現。

　　《唐五代文編年史》對一般文學史具有補充的性質,因爲它能比較全面地反映出一般文學史中甚少提及的文章大家的文學貢獻。傳統文學史一直注重詩歌,這就造成了我們所熟知的文學家大都是詩人。以文章揚名後世的,除了韓愈、柳宗元等幾位古文大家,其他恐寥寥無幾。然而,在唐五代這三百五十多年的時間裏,產生了很多不甚擅長寫詩,卻擅長寫文的文人,如張説、蘇頲、孫逖、蘇味道、李嶠、賈至、李華、權德輿、李德裕等。通過翻閲《唐五代文編年史》,可以看出他們的文章在當時文壇頗有影響力。《盛唐卷》759 年有關權德輿條,編者指出"於貞元、元和間執掌文柄,名重一時,劉禹錫、柳宗元皆投文門下,爲文尚氣尚理,弘博雅正,溫潤周詳,公卿侯王、碩儒名士之碑銘、集紀,多出其手……時人奉爲宗匠。"《盛唐卷》761 年有關孫逖條,編者明確指出"其文章成就理應得到充分重視。"一般文學史大多略過這類文人,不提及他們的文學貢獻,但當學者在研究"文"這一文學樣式時,卻怎樣也繞不開他們。此外,很多文人亦是全能型人才,他們不但精通詩歌的創作,而且也寫下了很多文章名篇。傳統文學史大都只強調他們的詩歌價值,卻忽視了他們在文方面也有著不俗的成就。如陳子昂、張九齡、白居易、元稹等人,他們詩文均精,但研究者卻多論述其詩,其文被摒棄在研究視野之外。《中唐卷》800 年 2 月有關白居易條,編者指出:白居易科舉時,因精通古文爲李逢吉所欣賞。"此時科舉所試仍是限韻之賦,然白居易之賦則文不浮華,頗爲厚實有物,其策文與文章亦如此,行文樸實曉暢,多是古文體式,故其爲李逢吉所賞恐亦因此之故。"由此可見,《唐五代文編年史》一書以文爲專體編年,能夠全面詳實地補充一般文學史不重視文的缺陷,爲後來古文研究者提供豐富的資料。

二、搜羅完備　選録客觀

現存紙質文獻以及新、舊出土的唐五代碑誌所呈現的唐五代文可謂繁富衆多,《唐五代文編年史》盡力網羅,並在此基礎上,從思想性、藝術性出發,公允銓擇,盡可能客觀深入地展現唐五代各類各體文章的内容、樣式及其發展脈絡與流變。

《唐五代文編年史》搜集資料繁多,堪稱完備,總體而言是對唐五代時期人和事的網羅。對於人,凡是新舊《唐書》、新舊《五代史》上提及的文學人物,凡是《全唐文》和各家别集裏能夠編年的作者,都在著録之列;對於事,如《資治通鑒》、《唐大詔令》、《唐會要》、《登科記考》、金石碑文、敦煌遺書、各種文人筆記、以及《文苑英華》等大型類書提及的唐五代時期的有關於文的史實,經過考辨後也加以吸收運用。此外,對歷代的研究成果,包括當代的文人年譜、作品集系年、箋注、重要論文成果、專著、新出土碑誌等涉及到唐五代文的部分也加以辨別後合理吸收。

《唐五代文編年史》在資料搜集完備的基礎上,客觀地展現了"駢文"、"古文"、"傳奇"等文學樣式在唐五代三百五十多年的時間裏的獨特發展脈絡。文的發展變化與詩歌並不同步,盛唐時詩歌已經發展成熟,而有關文體文風的改革才開始。翻看《初唐卷》、《盛唐卷》中所編年的文章,會發現奏章表雖多有散體,但是駢體仍佔據主要地位。初唐四傑的文章,雖然有新變化,但是造句對偶、詞藻華麗等駢文的特點還顯而易見。陳子昂提倡風雅興寄,是唐代前期文風轉變的關鍵。盛唐以李白、王維爲代表的"詩人之文"雖有别於一般駢文,但並未成爲主流。《唐五代文編年史》還顯示,天寶年間,李華、蕭穎士等人雖然提倡古文,但並未形成風潮。中唐時,楊綰和賈至都提出了廢詩賦、去帖經而重義旨的科舉改革意見。《中唐卷》763 年條下,"癸酉,太常少卿楊綰上疏,請停進士、明經考試,復古鄉里舉選察秀才孝廉之制"、"賈至本年四十六歲,遷尚書左丞,《議楊綰條奏貢舉疏》當作於本年。"由此可見,從初唐到中唐一百多年的發展,散體文已被普遍接受。在此基礎上,韓愈、柳宗元提出文以明道,才能形成聲勢巨大的古文運動浪潮,從而實現散體取代駢體,佔據文壇主流。《中唐卷》798年,"韓愈與張籍約本年秋有書往還,論爲文之道,張籍批評韓愈'尚駁雜之説','爲博塞之戲'。韓愈本年之《與馮宿論文書》述及自己亦有'時時應事作俗下文字,下筆令人慚'之作。"799 年,"柳宗元二十七歲,在京師爲集賢殿正字。撰柳公行狀及諡議,贊其爲學略章句之煩亂,爲文去藻飾之華靡。"但到晚唐時,古文逐漸走向衰落,駢文捲土重來,根據《晚唐卷》顯示,令狐楚、李商隱、溫庭筠、段成式大力提倡四六文,將駢文廣泛用到書信、公文等各種體式上。

此外,從《唐五代文編年史》中,也能看出唐代傳奇的發展的脈絡。《中唐卷》791年,"顧況在饒州,約本年爲戴孚《廣異記》作序,述小説源流"。《初唐卷》618 年,"王度撰《古鏡記》成"。《盛唐卷》722 年有關張鷟條,"《朝野僉載》六卷、《龍盤鳳髓判》四卷及《遊仙窟》流傳至今"。《中唐卷》779 年,"陳玄佑約本年作《離魂記》"。781 年,

"沈既濟作《任氏傳》,⋯⋯作《枕中記》"。789 年,"李朝威約本年作《柳毅傳》"。795
年,"白行簡撰《李娃傳》"。⋯⋯《晚唐卷》933 年杜光庭條,載其有《虯髯客傳》。唐傳
奇發靭於初、盛唐,興盛於中唐,衰於晚唐的發展流變情況一覽無遺。總而言之,《唐
五代文編年史》以作家、作品、重大歷史事件爲點,以作家之間相互交遊連點成線,以
時間爲軸,將唐五代文的發展脈絡立體地呈現出來。

三、考究博細　繫年有據

　　《唐五代文編年史》一書中,有部分文章的繫年乃取自學術界的各種研究成果,更
有作者盡力經過自己的考訂而系年的文章。對於後者,編者囿於體例,爲避免繁冗瑣
碎,博細的考究文字盡可能簡潔,但結論信而有徵。如據何格恩《張曲江詩文事蹟編
年考》,定張九齡 727 年在洪州刺史任上所撰《故安南副都護畢公墓志銘並序》一文中
的"畢公"即畢守恭;據郁賢皓《李白叢考·李白與元丹丘交遊考》(陝西人民出版社,
1982 年),繫李白《冬夜於隨州紫陽先生餐霞樓送煙子元演隱仙城山序》於 734 年;據
蔣方《唐人綦毋潛生平中幾個問題的考辨》,(《湖北大學學報》,1990 年第 4 期),繫房
琯《龍興寺碑序》、綦毋潛《龍興寺碑銘》於 734 年;據陶敏《〈景龍文館記〉考》(《文史》
48 輯,中華書局,1999 年),認爲武平一在 741 年前後去世,有《景龍文館記》十卷;據
傅璇琮主編《唐五代文學編年史》(遼海出版社,1998 年)、陳尚君《李翱卒年訂誤》
(《中華文史論叢》1981 年第 1 輯),定李翱生於 772 年;據吳在慶《杜牧集繫年校注》
(中華書局,2008 年)所考,定杜牧《阿房宮賦》作於 827 年;據劉學鍇、余恕誠《李商隱
詩歌集解》(中華書局,2004 年),定李商隱生於 812 年;據浦江清《花蕊夫人宮詞考
證》(收《浦江清文錄》,人民文學出版社,1989 年),指出花蕊夫人可能爲前蜀王建之
小徐妃,《花蕊夫人宮詞》或爲其所作。由此可見,編者既注重對原始資料的挖掘,又
充分吸取學術界的最新成果。

　　針對某一問題學界有不同觀點的,編者能夠擇善而從,作出恰當的取捨。如《盛
唐卷》715 年關於劉晏生年的判斷,學界有據《新傳》,考其生於開元四年(716),有據
《舊傳》考其生於開元三年(715)。《唐五代文編年史》細緻甄辨,進一步指出:"然據
《新唐書·玄宗紀》所載,開元十一年玄宗未曾有封泰山之舉,封泰山事在開元十三年
十一月,則《新傳》所載互有抵觸。另《新唐書·德宗紀》:'(建中元年七月)殺忠州刺
史劉晏。'知劉晏卒於建中元年無誤。《新傳》所載既互有抵觸,今姑取《舊傳》'年六十
六'之說逆推,知劉晏當生於開元三年。"《盛唐卷》725 年 4 月,"唐玄宗爲尊集賢諸學
士,令人畫十八學士像"。編者參考了以下諸多學界成果:曲景毅《詩國高潮的前
奏——簡論開元前期張說及其周圍的詩人群體創作》(《文學遺產》2008 年第 4 期);
日本學者池田溫《盛唐之集賢院》,(《北海道大學文學部紀要》第 19 輯第 2 期,收入
《唐研究論文選集》,中國社會科學出版社,1999 年);鄭偉章《唐集賢院考》,(《文史》
1983 年第 19 輯);趙永東《唐代集賢殿書院考論》,(《南開學報》1986 年第 4 期);劉健
明《唐玄宗時期的集賢院》,黃約瑟、劉健明合編《隋唐史論集》(香港大學亞洲研究
中心,1993 年),從而做出了"集賢院既是文化機構又是參政機構,是唐代文人政治

形成的標志,張説身爲知院事,尤爲稱揚渲染,集賢院能人薈萃,充分發揮高等文士的智囊作用。同時,集賢院常宴飲賦詩,以張説爲首的諸學士創作凡數百首"的編年按語。

此外,有些選入文章無可靠資料旁證,難於確切繫年,經過考究,編者或並存諸説,或儘量繫於大致的相關年份,態度慎重而嚴謹。如《盛唐卷》715年岑參生條,"按:學術界關於岑參生年有爭議,聞一多《岑嘉州繫年考證》認爲715年,陳鐵民、侯忠義《岑參集校注·岑參年譜》認爲717年,姑存疑。"《盛唐卷》734年5月,"李林甫於開元二十二年五月戊子爲相,則張九齡奏劾李林甫事當在此前,故知《奏劾林甫》當作於開元二十二年五月前,唯作年難確考,姑繫於此。"《五代十國卷》950年5月,竇文靖《請道團集差散從官敕》、《諸州公事先申廉使敕》,依據文意當是一篇文章,《唐文拾遺》卷一〇析爲兩篇,編者未知何據,仍然從之。952年徐鉉有《宓子賤塚碑》條,"……白水塘役亦賴此次徐鉉在江北一帶活動範圍較大,且其流放地離宓子賤塚不遠,其文極有可能就作於此時,姑繫於此。"

四、綱目並舉　恰用體例

按照中國傳統編年史書,以時繫事,能夠反映出文章創作的時代背景,但是在描述牽涉人物較多的文學流派、複雜環境下的文學思潮嬗變時,往往難以集中呈現。正如朱熹所説:"然一事之尾或散出於數十百年之間,不相綴屬,學者病之。"(朱熹《跋通鑒紀事本末》)編年體式使得名篇名著、歷史事件、文人交往等按照時間的順序零散分佈,讀者難以從整體上認識到唐五代文發展的脈絡與特點。對於這個局限,編者以綱統目,恰當使用編纂體例。綱即每條先以概括性文字簡介的介紹本條目的內容,目即對綱的詳細解釋和補充。爲了避免敘述的零散化,編者對於重大歷史事件、重要篇目、重要人物的目中,做出重要補充。如《盛唐卷》728年"張説、徐堅同在集賢院,評論眾珠英學士及後進之文"條,"張説從文辭、風骨、滋味等方面對這十位作家逐一進行評論,以通達的態度肯定其優長,卻又中肯的指出了後六位文士的不足之處,頗顯出文壇領袖特有的風範。"通過這些按語,盛唐文壇中張説的特殊地位、巨大影響力就能夠完整地展現出來。

以唐德宗貞元十一年(795年)的編年爲個例分析,從二月到十二月,列出了17條綱,另有5條月份不明,共計22條。依次是崔玄亮等人登進士第,試《立春日曉望三素雲詩》,蔡廣成、劉明素等應隱居邱園、不求聞達科,歐陽詹博學宏詞科登第;宋元方撰《魏府君(揩)墓誌銘並序》;諸州准例薦不求聞達蔡廣成等人,授試官,量才敘用;韓愈再來長安,連上時宰三書,不見用,有《答崔立之書》;裴延齡譖陸贄,陸贄等被貶出京;韓愈至何陰,作《感二鳥賦》;韓愈至河陽,作《畫記》;崔元翰卒,有集,權德輿作序;白行簡撰《李娃傳》;口賁撰作《于府君(庭秀)墓誌銘並序》;韋夏卿修復獨孤及所辟勝跡東山,撰文記之;德宗有《委常參官各舉才德高遠者詔》;韓愈過偃師屍鄉田橫墓,作《祭田橫墓文》;橫海節度使程懷直爲下所逐,德宗以程懷信爲留後;歐陽詹歸東都應博學宏辭科試,獻書徐泗濠節度使張建封求援引;李嗣真撰《潁川陳府君(造)墓誌銘並序》；閻濟美撰《閻君（說）墓誌銘並序》；元稹代人草《論裴延齡表》、《又論裴延齡表》，論裴延齡譖陸贄事；柳宗元爲王氏兄弟唱和詩作序；劉禹錫過吏部試，授太子校書；李翱獻文於楊於陵，求薦引；張建撰《崔朝請去思贊並序》。

這一年文的收穫頗豐。編年史寫進了三十幾位與文學相關的人物，其中韓愈佔據 4 條綱，歐陽詹佔據 3 條綱，加上獨孤及、柳宗元、劉禹錫，他們大都提倡古文。在這一年，是古文運動即將到來的積蓄期，提倡復古的主力健將已經開始初顯名聲；唐德宗放任藩鎮，裴延齡譖陸贄事，説明此時朝廷外有藩鎮之憂，内有權力爭鬥，政局黑暗。

當然，本書也還有進一步完善的空間。文學的發展往往是諸種文體相互影響的結果，完全避開其他樣式，只注重“文”的考察，會給人以片面之感。如談及韓愈古文，其詩歌創作是否也要適當兼顧？不然其“以文爲詩”的詩歌創作方法又該如何解釋？再如談及白居易的文章，也繞不開其提倡的“新樂府”詩歌創作理論。類似的問題，相信作者均曾有過思考。但如何在有限的篇幅内，又不喧賓奪主地呈現它們的關聯，的確不易。

（作者單位：安徽師範大學中國詩學研究中心）

沈潛考索，精益求精
——評周興陸教授《世説新語彙校彙注彙評》

任小青

繼《唐賢三昧集彙評》後，復旦大學中文系周興陸教授輯注的《世説新語彙校彙注彙評》（下文簡稱《世説》"三彙本"）於 2017 年 6 月，再次由鳳凰出版社推出面世。作爲教育部人文社會科學重點研究基地復旦大學中國古代文學研究中心"古代文學名著彙評叢刊"之一種，此書由上中下三卷組成，共計 130 餘萬字，在規模上不可不謂之宏闊。自"世説學"研究史來看，《世説新語》甫一問世，即有敬胤、劉孝標等爲之作注，此後箋注、評點更是層出不窮，特別是民國以來的《世説》研究可以説是異彩紛呈、各有千秋。如劉盼遂《世説新語校箋》（1939 年）、李詳《世説新語箋釋》（1942 年）、程炎震《世説新語箋證》（1942 年）、余嘉錫《世説新語箋疏》（1983 年）、徐震堮《世説新語校箋》（1984 年）、楊勇《世説新語校箋》（2006 年）等，諸家各有優長，此處不一一論列。尤值得一提的是朱鑄禹先生的《世説新語彙校集注》（上海古籍出版社 2002 年）。作爲《中華要籍集釋叢書》之一，朱著蒐集了《世説新語》的多種版本及有關論著，除校勘各本、彙集眾注外，尚以眉批形式輯録各家評點，故可認定此書已基本具備"三彙"的雛形，但遺憾的是，此書評點"簡擇刪汰，遂有遺珠之闕乃至傳訛之失"[1]。對此，劉強頗不滿足，自言"先後寓目《世説》舊本數十種，而於評點本特加留意，且將前人評點逐條輯録以爲研究之資，諸如王世貞《世説補》本、王世懋批點本、凌氏鼓吹本、李贄批點本等，皆一一過録，遂有網羅古今批注評點彙於一帙意"[2]，《世説新語會評》即是其成果。顯然，劉著之意在補朱著之失，而形成專門的《世説》"會評本"。照此來看，彙校、集注、會評皆出，《世説》研究在文獻輯注方面幾可稱得上相當完備了。那麼，周之"三彙本"如何在此基礎上予以推進、突破，其特色與著力點又表現在哪些方面？

一　元刻本補刻性質的考辨及其作爲參校本的列入

此前的《世説》箋注、校勘本，或提及元刻本卻語焉不詳、或根本未曾涉及。如余嘉錫《世説新語箋疏》於"凡例"中臚列了南宋的三種刻本、唐本殘卷，並以王先謙重雕紛欣閣本爲底本，參以影宋本、袁本、沈寶硯本對校，不曾言及元刻本[3]。楊勇《世説新語校箋》，則以日本前田氏藏宋本（即董弅刻本）、唐本殘卷爲底本，參以劉應登批

---

① 劉強《世説新語會評·自序》，鳳凰出版社 2007 年版，第 6 頁。
② 《世説新語會評·自序》，第 5 頁。
③ 周祖謨等整理，余嘉錫箋疏《世説新語箋疏·凡例》，中華書局 1983 年版，第 1 頁。

《世説》等八種版本參校①。這裏雖然提到了劉應登批本，但翻檢楊書就會發現並無一處涉及元刻本，多以袁本、宋本爲校，至多籠而統之地以“各本”（即包括了劉本的以上八種版本）來草草應付。事實上，他所參證的劉本，不過是明代淩濛初刊本所録劉批而已。這一點可從他對元刻本的態度中看得分明，其言：“劉辰翁批點本謂‘元板八卷’……或係因襲隋唐《志》前説，或據舊録轉載，皆未可知”②，對元刊本存在與否頗有懷疑之意。朱鑄禹先生對劉本刻書年代作出考證，這一點已爲學界所接受。但朱先生雖不否認元刻本的存在，但其所依劉本，是據民國六年楊士琦鉛印本引録。這就是説，他本人未睹元本之貌。於是，他武斷地以爲“劉應登至元二十四年刻本原書已佚。明代淩濛初鼓吹本中所存的劉應登眉批較各本爲多，故此淩濛初鼓吹本當最接近劉本。各大圖書館目録中未見淩刻鼓吹本，幸有楊士琦鉛字本複印了淩本，得以保存全貌。”③其後劉強作《世説新語會評》依據的也是明刻本④。因之，大凡提及元刻本的，實則皆以淩刻本爲準。那麽，元刻本究竟現存與否？它與淩刻本之間的關係又是怎樣？劉辰翁批點本與劉應登本的關係又是如何？這些都是後續研究繞不開的問題。

　　今賢潘建國先生據清季振宜《季滄葦藏書目》所載，元板《世説》今存世者有兩部，各藏於日本內閣文庫與臺北“國家圖書館”，潘先生委託友人複印原本，對其作出考訂，使得元刻本納入“世説學”研究有了開拓性的進展。潘先生分別從“元刻本之底本與分卷”“元刻本正文之版本校勘價值”“元刻本之劉孝標舊注及劉應登批注”⑤等方面對元刻本的校勘及批點價值做出闡發，肯定了元刻本比爲時人尊崇的宋槧“董本”在刊刻與校對方面更爲細緻、認真，如此便可糾正今人箋注《世説》依據他本所出現的誤讀、誤釋現象。同時，潘先生還對元刻本大加刪削劉孝標舊注的情況與原因作出分析，以及對劉應登批注在“疏通文意”“考釋語詞”“發表評論”等方面的成績予以表彰，同時指出元刻本“誤讀訛誤”所致淩刻本的錯上加錯。另外，由上文可知今人輯録劉應登批注的直接來源就是淩刻本，而淩本在移録其批注時又存在誤録、遺漏甚至張冠李戴的現象。如《言語》第 93 則，劉辰翁批語曰：“小兒學語，體格未成，漫雜書袋，面目可憎”⑥，淩濛初本“漫雜”寫作“利錐”⑦。《言語》第 95 則末有劉應登批注“此言其哭之狀如此”⑧，淩刻本脫漏此條⑨。《賞譽》第 153 則，“言因物象如此，而想其精神也”⑩本爲劉應登批注，但淩刻本在移録時錯置於“劉會孟”（辰翁）名下。⑪ 劉強《會

---

① 楊勇：《世説新語校箋》，中華書局 2006 年版，第 1 頁。
② 楊勇：《〈世説新語〉書名、卷帙、版本考》，《〈世説新語校箋〉論文集》，臺北正文書局 2003 年版，第 45 頁。
③ 朱鑄禹：《世説新語所見版本概況（行款及序跋、附録詳目）》，《世説新語彙校集注》，上海古籍出版社 2002 年版，第 17 頁。
④ 劉強：《世説新語會評·例言》，鳳凰出版社 2007 年版，第 2 頁。
⑤ 潘建國：《〈世説新語〉元刻本考——兼論劉辰翁評點本實是元代坊肆偽托》，《文學遺產》，2009 年第 6 期。
⑥ 周興陸：《世説新語彙校彙注彙評》上冊，鳳凰出版社 2017 年版，第 265 頁。
⑦ 淩濛初：《世説新語鼓吹》，見魏同賢、安平秋編《淩濛初全集》第七冊，鳳凰出版社 2010 年版，第 74 頁。
⑧ 《世説新語彙校彙注彙評》上冊，第 268 頁。
⑨ 《世説新語鼓吹》，第 75 頁。
⑩ 《世説新語彙校彙注彙評》中冊，第 845 頁。
⑪ 《世説新語鼓吹》，第 254 頁。

評》亦因襲淩刻本致誤。

理清了元刻本的著録情況及元刻本與淩本之間的關係，確是潘氏的一大創獲；然而對於劉辰翁評點真實性的問題，潘先生卻歸於元代坊肆偽托。對此，周興陸教授頗不信服，特撰《元刻本〈世説新語〉補刻劉辰翁評點真偽考》予以辨正，確立了劉辰翁評點《世説》的真實性。而其意義不僅僅在於爲文獻層面"三彙本"輯録劉辰翁評點的成立提供了依據；而且就劉辰翁評點劉應登刪注本，在義理上的闡發也尤爲精到。可以説，劉辰翁評點本恰可補劉應登本之失；同樣的，劉辰翁評點多是就劉應登刪注本所發，其針對性很強；脱離劉應登本，劉辰翁評點就顯得難以立足。明乎此，元刻本補刻劉辰翁評語，以及淩刻本轉録二劉評注的關聯性也就變得清晰可見了。"三彙本"在考證基礎上，首次將元刻本全面納入到校勘本的範圍，這實在是"世説學"研究史上的一大突破。

二　體例規劃所體現出的統籌思想與求實之風

著書立説，發凡起例，必須周密謹嚴，不可草率。選擇何種版本爲底本，哪些版本爲參校本？校、注、彙三者在版本選擇上如何斟酌量度？如何將校注與評點做好性質區分？都是需要著者審慎考慮的問題。

其一，底本的選擇對校勘而言，有著很重要的意義。一般要求"較古而完整且少訛誤者，即古、全、善三者兼備。"①就求"古"一點來講，《世説》唐寫本殘卷無疑是最古的本子了，此本在面貌上當最接近《世説》原本，但惜乎其爲殘卷，不滿足"全"的要求，故而只能作爲參校本考慮。接下來，較古的本子就是宋紹興八年董弅刻本，此本符合"全"的標準，今人校勘《世説》也多采此本作爲底本。"三彙本"在底本的選擇上卻迥乎時賢，以明代袁褧的嘉趣堂刻本爲底本。考慮到"明清時期國內通行的是袁褧嘉趣堂本系統，許多校勘、注釋和評點都是依據此本。"周教授指出"現在作'三彙'工作，如果轉而采用董刻本，必然造成大量的異文現象，而且許多注評就顯得無的放矢了。"②接著，他舉例説明問題，《言語》第 94 則劉孝標注引張資《涼州記》曰："天錫，字公純嘏。"王世懋批曰："世乃有三字字，不可曉。後過江，爲人所笑，乃減一字。"周按，所謂"三字字"指字"公純嘏"。通行本（包括董刻本）均去"公"字，作"字純嘏"。③ 試想，如果以董刻本爲底本彙録批語，王世懋的批語就不可理解了。而劉強在《會評》中就表示了他的疑惑，其按語云："此評語殆不可解，姑録於此，待考。"④故而，選擇袁刻本爲底本的出發點不止於校注方面的考慮，對匯評的觀照更是體現出了輯著者統籌部署的良苦用心。如此規劃，在學術資料性上，更容易把那些有獨到見解、集眾説較有系統、有時代領域約束的罕見資料彙集保存下來。從這個意義上來看，以袁本爲底本的識力無疑是深刻而高遠的，既立足文獻本身的學術價值，還具有科學的研究精神，這

---

① 王叔岷：《斠讎學》，中華書局 2007 年版，第 105 頁。
② 周興陸：《輯著〈世説新語〉"三匯本"感言》，《文匯報》，2017 年 11 月 24 日，第 W10 版，第 1 頁。
③ 《世説新語彙校彙注彙評》上册，第 266 頁。
④ 《世説新語會評》，第 86 頁。

不能不説是對"善"的恰當注解。

其二,"三彙本"在注評輯録方面嚴格遵守學術基本規範,體現了當代學者求真務實的作風。考慮到注解的彙録性質,周先生力求把前賢對《世説》的注箋網羅進來,其意義一者在於幫助讀者對字句、文意的理解,一者還在於把歷來的研究成果予以呈現,以供後學參考。當然,其匯録是兼具揀擇取舍的,並非一概收入;然一旦收録則力求準確、規範。同屬輯著類,朱鑄禹《世説新語彙校集注》一書在引録前人成果時,存在"竊取果實"之嫌。據劉強考釋,朱著至少有百數十條按語,皆從程炎震《世説新語箋證》而來①,是舉的確有失體統。尊重前人成果,如實輯録,無疑是學術積累的必經階段,而通過彙注體例,學者也更容易透視該領域的研究現狀,以做出進一步的拓展。

其三,校注、彙評、參證三分的編排體例,合理優化了評注材料的歸屬方向。最容易產生分歧的是,對匯評之評的界定。這裏的彙評之評,當然指的是彙集前人的"評點"。但評語與圈點又不完全等同。評點的形式是多樣的、內容也是複雜的。據吳承學所説:"文學評點中的總評、評注、行批、眉批、夾批等方式,是在經學的評注格式基礎上發展起來的。"②這意味著評點之評,涵蓋了校注與評論,甚爲錯綜蕪雜,並非如今日文藝批評那樣專從審美內涵、道德意蘊等方面立論。既然如此,今人在輯録、整理、歸類時是否應該像古人那樣,以眉批形式標注,抑或凡是批語一概置於彙評當中?

"三彙本"按校、注、評等形式分門別類處理歷代的世説學材料,材料的針對性,顯得眉目清楚。如《德行》第 3 則,針對劉孝標舊注引《泰別傳》中泰曰"奉高之器,譬諸泛濫,雖清易挹"一語,劉辰翁的批語云:"不濁易見,不清難知,故是能言。"又曰:"本語云奉高'清而易挹',四字有味,不宜去。"③如果列入彙評,則不知所云。周先生一條歸置於"校注"節目中。其理由是"元刻本劉應登刪去此注,故劉辰翁云"④,顯然,此條評驚的出發點是不滿於劉應登對劉孝標舊注的刪除,屬於版本學意義上的對注本精緻的講求,與對整則或片語的評論還不一樣。是故將其歸爲校注類,方纔可以理解的。再如《德行》第 1 則,有劉應登批注曰:"謂陳欲便看孺子,而主簿欲從其候入廨後",此條明顯是對正文"群情欲府君先入廨"一句的解釋,故而周先生將其劃歸校注一類。如此安排的用意很明顯,"彙評"之評所彙輯的是對整則軼聞軼事帶有總論性質的評語。如果是就單句發論,自然被歸於其所對應的原文或原注。這樣處理的一個好處是針對性極強,且與古人隨文"圈點"的用意若合符契,避免了一刀切與評注混淆所致的摸不清頭腦的弊端。另外,周先生在校、注、評之外,還另列了"參證"這一名目,意圖或是將相同事跡的不同載志情況予以説明,或是對人物與事跡的真偽與文字脱誤現象做出考證。總之,這種編排方式,既照顧到了文獻采集的全面性,同時也兼重批注之間的聯屬關係。平心而論,頗可稱得上是一部體大慮周、淹會貫通的力著。

---

①　劉強:《一則以喜,一則以憾》,《讀書》,2003 年第 9 期。
②　吳承學:《評點之興——文學評點的形成和南宋的詩文評點》,《文學評論》,1995 年 1 月版,第 24 頁。
③④　《世説新語彙校彙注彙評》上册,第 10 頁。

三　珍貴資料收輯兼具文獻學與文藝學價值

翻檢"三彙本"目録，最讓人稱歎的是興陸先生將大量的前人序跋題識蒐集一處，在數量上頗爲可觀，凡82人94則。尤其是對日本《世説》研究成果的搜羅、舉要與利用，充分地體現在"三彙本"的校注、彙評及序跋輯録方面，無論如何周先生"彌綸群言"的初衷是不能漠視的。能夠將如此繁雜的資料網羅歸並，其用力之勤，功夫之深不言自明。問題是，輯録如此衆多的序跋題識意義何在？兹舉數例以見其端緒。

一者索檢題序，既可以明瞭有哪些人對《世説》有過收藏，又可窺見時人對《世説》版本存在的一些看法。如董弅《〈世説新語〉跋》對唐初史臣率意竄改晉人舊語就表示不滿。又如楊慎《世説舊注序》云："劉孝標注《世説》，多引奇篇奧帙，後劉須溪删節之，可惜！"這裏，楊慎感慨舊注不得復見，批評劉辰翁對《世説》舊注進行了删改。然據周先生考證，真正做出删削的是劉應登，而非劉辰翁。所以，能夠看出從明人開始就已經將元刻本中劉應登的删注誤認爲是劉辰翁所爲。而這要比錢曾《讀書敏求雜記》中"此書經須溪淆亂卷帙，妄爲批點，殆將喪斯文之一端也歟"的批評要早得多。又如周天球《〈世説新語〉題識》中述及其《世説》一書乃是文徵明轉贈，可知此本的收藏情況。特別是淩濛初《〈世説新語鼓吹〉序》交代其感慨：自王世貞《世説補》盛行以來，劉義慶舊本不得流傳的窘境，遂提出"以其《世説》亂《世説》，不可；以其《世説》爲《世説》，可"[①]的觀點，苦心孤詣，於劉義慶舊本《世説》在明代以後的傳播可謂勞苦功高。另周心如《〈世説新語〉識語》明言"壬午歲偶得嘉靖吳郡袁氏所刊原本，如獲重寶，因詳加讎校，重付梓人，以公同好"[②]，據此可知周心如紛欣閣本與袁褧嘉趣堂本屬於一個版本系統。再有葉昌熾《〈世説新語〉題識》首次對劉應登删注《世説》，給以"十無一二"，"隨文訓釋，無所發明"的評價。諸如此類的信息，或交代刊刻原因，或對不同版本的流傳作出評價，不一而足。因此，這些序跋題識的有效輯引，於"世説學"研究很有文獻參證價值。

再者，序跋題識亦直接或間接地傳達了著者的批評取向。"三彙本"《總序》部分，黃霖先生特就評點及彙評在文獻及理論上的價值作出高度肯定。認爲"彙評的理論價值，在於它能集各家之説於一處"，"在客觀上形成了對批評對象的一種個案批評鏈，方便人們在縱橫比較中認知曆史，認知真諦，認知方向"；同時，彙評實際上成了"有關名著、有關作家、有關問題的一部接受史、闡釋史"；另外還"豐富與發展了中國古代文學批評的内涵"[③]。實際上，不僅彙評有此效能，序跋題識的彙集也有異曲同工之妙。如劉應登《〈世説新語〉序》稱賞《世説新語》"雖典雅不如《左氏》《國語》，馳騖不如諸《國策》，而清微簡遠，居然玄勝"；王世貞《〈世説新語補〉舊序》對《世説》語言、章法等方面的造詣更是闡析深刻，"或造微於單辭，或微巧於雙行，或因美以見風，或

---

① 同上，第1649頁。
② 同上，第1667頁。
③ 周興陸《世説新語彙校彙注彙評》上册，鳳凰出版社2017年版，第12頁。

因刺以通贄,往往使人短詠躍然,長思而未罄"①。序跋與評點互文,可以參見,以示評者旨趣。當然,亦有論者針對《世説》中所記載的奇聞異事與清談之風,警示讀者當從中汲取什麼、舍棄什麼。如管大勳《重刻〈世説新語〉序》在開頭肯定了《世説》"簡核有嫭",孝標注文"旁采互征"的前提下,卒章仍不忘揭櫫"捃摭奇僻,耽嗜玄遠,尋□□□忘刺,拾其似而遺其真"②道理。這很能説明後人對《世説》思想接受中的評判與揚棄。此外,以"味"或"風流"品評《世説》者,也不在少數。如鄧原嶽對《世説》所載軼事及其語辭頗爲歎賞,稱其"如山之骰,澤之臘,以餳飣八珍三俎間,有餘味矣。"③王思任亦以"清味自悠""啖之唯恐不繼"④形容之。黄汝亨稱其"風流獨擅",但盧世㴿又言"不敢僅以'風流'二字加諸《世説新語》",察乎時人以"巧書"定義《世説》,且後來出現的以"補世説""續世説"一類補作亦求巧好奇,以致"巧之過而流弊出",於是"其原始精神,幾爲埋沒"⑤,是故嚴氏提出"風流"不足以揭示《世説》精神。就"風流"範疇的解釋而言,其中明顯浸透了題識之人的現實關懷。

周先生在附録部分還對《世説新語》佚文做了一番考證。據其考察,雖然南宋以後,《世説新語》已經定型刊刻,但此前流行的眾多抄本多有逸出今本文字者,但那些散見於當時類書、別集、筆記中的文字在今本定型後,便隨之湮没。是故,他對劉義慶本《世説新語》在後世的誤引現象作出深入分析,對 84 則疑出《世説新語》的佚文,一一考證,認爲存在三種致誤原因。如第 3 條,《太平御覽》卷四引作出於《世説》,明人董斯張《博物志》卷一八亦引作出《世説》,周先生根據《世説》體例,認爲"不應出於《世説》正文,或爲孝標注文。"⑥又如第 7 條,《白氏六貼》卷一引《世説》云:"胡廣本姓黄,以五月五日生,惡之,甕盛棄江中。胡公見,收養爲己子",又分別見於《太平御覽》卷二一、卷三六一、卷七五八,周先生按語引淩揚藻《蠡勺編》中汪由敦《送泉集》言,逗露出"今《世説》不載此條,疑元獻嫌其乖疏,削去之"⑦的意思。董弅本《世説》曾經晏元獻手校,故宋本《世説》成爲定型,刪去此條實屬可能。周先生坦言:"此前,日本學者古田敬一曾輯録過《世説新語》佚文,葉德輝、趙西陸都曾做過補輯。此次輯佚在復核前人輯佚成果的基礎上,作若幹刪除和補輯。"⑧這即是説,對於前人輯録拾遺成果,並未一味信從,而是再三考訂,表現出精益求精的治學精神。

結　語

百萬餘言的煌煌巨著,凝聚了周先生十餘載的艱辛與心血。他常教育學生"做學問不能趕浪頭,重要的是能立定腳跟,肯下工夫",平實的語言中寄託了他對學生的諄

① 《世説新語彙校彙注彙評》下册,第 1639 頁。
② 同上,第 1640 頁。
③ 同上,第 1644 頁。
④ 同上,第 1645 頁。
⑤ 同上,第 1659 頁。
⑥ 同上,第 1607 頁。
⑦ 同上,第 1609 頁。
⑧ 同上,第 1606 頁。

諄教誨，其實這何嘗不是他自身治學的信條。"三彙本"的出世就是他遵履"工夫"二字的最好證明。而其"工夫"之精之細，尤體現於他強烈的問題意識與考證工夫。仔細搜檢其學術成果便會發現，無論是單篇論文，還是學術專著，他對文獻考索工夫的重視都特別明顯。周先生治"中國文學批評史"的一個特點就是觀點皆源自大量的文獻考證，如其花費大量筆墨考證《唐詩正聲凡例》非出於高棅之手，所牽涉的就不僅僅是辨偽的問題，而是觸及到了對高棅詩學思想的認識。這種研究所體現的正是"文獻學與文藝學"相結合的治學思路。顯然，在他看來，文獻是基礎、是準備，故而編著"三彙本"看似立足於文獻輯著，實則其意義亦在批評。當然，"三彙本"因爲是初版，尚有粗糙之處。如第 24、25 頁注釋符號的錯誤；第 80 頁劉辰翁評語"不合彈人"，"應"錯寫爲"合"；又第 336 頁，王世懋評語"此清言始禍"，同時出現於"校注"與"彙評"中，但"校注"中"始禍"寫作"始祖"，楊士琦本作"始禍"，凌濛初本作"始祖"，故而這裏還須對版本做仔細校對。然瑕不掩瑜，無論如何"三彙本"編録謹嚴、校勘審慎、注釋分明、材料豐富，很可稱得上是迄今爲止"世説學"研究領域最爲詳贍的文獻彙編類著述了。

（復旦大學中文系）

一部戲曲史的世紀沉浮
——論辻聽花及其戲曲研究的學術史意義

胡　瑜

　　一段被遺忘的往事，能夠在今日被重新提起，往事中所包含的歷史涵義在今日必然具備某些特殊意義。這正如意大利歷史學家克羅齊所提出的命題———一切歷史都是當代史，"歷史"之作爲研究的物件，總是按照研究主體在當下的立場與觀念被"別具用心"地安排進研究的視野與格局中。因此，與其説"歷史"呈現了客觀的真實，不如説是研究者將有關"歷史"的言説，當作了一種對於當下現象的解釋。沉寂了將近一個世紀之久的日本報人辻聽花及其戲曲研究，近十來年開始逐漸進入部分學者的研究視野，並開始在國外的古典戲曲研究概況與戲曲研究學術史的流變之考察中新增了若干議題，這不僅開拓了相關研究的視野，也成爲重新審視戲曲研究學術史的現代進程與當前走向的一次契機，而辻聽花及其戲曲研究進入當代研究視野的緣起與過程本身，其實也是考察二十一世紀戲曲研究學術史發展趨勢的一個獨特視角。

一、從熱鬧到沉寂：《中國劇》出版初期的接受狀況考察

　　在被中日學界集體遺忘之前[①]，辻聽花及其戲曲研究曾是中國京津滬劇壇中最爲活躍的一部分。辻聽花，原名辻武雄（1868—1931），日本熊本縣人。1913 年，辻聽花開始了在《順天時報》長達二十年之久的戲劇專欄作家生涯。期間，所撰文章累計超過六千篇，內容主要涉及劇評、劇評筆戰、劇場營業、優伶等。1920 年 4 月 28 日，《中國劇》由北京順天時報社初次出版，頃刻間便告售罄。在隨後四年中曾四次加版，算得上是當時最爲暢銷的戲曲史。值得一提的還有，這部著作擁有 50 餘篇的序言與題詞，撰寫者多爲當時社會知名人士，其中包括陳寶琛、章炳麟、姚華、熊希齡、曹汝霖、梁士詒、袁寒雲、馮叔鸞、林紓、汪笑儂、歐陽予倩等。序言、題詞中不乏譽美、恭維之詞，但亦有如近現代戲劇改革家歐陽予倩從研究的學術價值角度所給予的評價："先生斯作，姑無論其內容如何，要足以愧吾文藝界矣。"[②]這是對於該書開創之功的肯定，也包括了對於國人投身戲曲研究的期待。

　　辻聽花不惟知名於中國，還成爲中日民間戲劇交流的重要橋樑，如芥川龍之介、

　　本文爲安徽省社科規劃青年項目（AHSKQ2014D117）的階段性成果。

　　①　參周閱《辻聽花的中國戲曲研究》（《中國文化研究》2010 年秋之卷）中所言："無論是中國的戲曲學界還是日本的中國學界，聽花及其著述都未能充分進入學者的視野。"

　　②　歐陽予倩：《中國戲曲·序》，（日）辻聽花《菊譜翻新調：百年前日本人眼中的中國戲曲》，浙江古籍出版社，2011 年版，第 160 頁。

波多野乾一等即在他的引領下成爲戲曲愛好者①。此外,青木正兒與辻聽花的一段交往也是頗值得關注的。上世紀二十年代,年輕的青木在遊學北京時,由於景仰辻聽花而前往拜訪。青木並未對《中國劇》作出直接的評價,但從兩人之間發生的有關京劇與昆曲孰優孰劣的爭論,可知青木是熟諳於辻聽花的戲曲觀念與研究的。1931年,《中國近世戲曲史》甫一問世,青木即寄贈辻聽花,然而收到的卻是由辻聽花兒子寄回的信件,內有聽花的訃告與他生前答覆青木贈書的信箋。青木沒有透露信箋的具體內容,只言"一時悵然難禁"②。

據么書儀先生説,她曾於 2002 年與田仲一成先生談到辻聽花,後者的評價是"辻聽花的書算不得研究"。么先生由此總結,時至今日,中日兩國學者集體"淡忘"辻聽花的原因,是由於"《中國劇》的內容,在今天看起來是過於'簡略'了。而且,他的《中國劇》的結構,在今天看起來,也沒有超出研究'戲曲史'學者的基本常識"③。可見,無論是在二十世紀的二三十年代——其時正是辻聽花及其研究最爲活躍的時期,還是遲至二十一世紀初始,中日兩國的學術界始終未將《中國劇》一書納入學術陣營。從歐陽予倩、青木正兒等人的隻言片語中,可以推斷他們或多或少從辻聽花的戲曲史述的模式、觀念中受到啟發,但畢竟這種靈感、思想的相互交會,在考辨學術史的傳承時是很難被鑿鑿言之的。

報人之爲辻聽花的主要職業與身份,或許能夠提供另外一個審視《中國劇》的著作動機與價值意義的角度。就目所能及的資料來看,1927 年可以説是《中國劇》逐漸淡出歷史視線的時刻。儘管該年的《順天時報》仍刊載了《中國劇》的售書廣告,卻並未有再版的消息發佈,或可認爲市場熱情已有所降低。另外值得關注的是,就在這一年,辻聽花在《順天時報》上發起了一項更具轟動效應的活動——票選"五大名伶新劇奪魁"的活動,而"這次活動的最大影響就是爲梅蘭芳、程硯秋、尚小雲、荀慧生四人獲得'四大名旦'的稱號奠定了基礎,四大名旦的出現也標志著中國京劇表演藝術由生角爲主向旦角爲主轉移"④。憑藉著"明星效應",辻聽花所組織的票選活動不僅極大地轟動了當時的戲曲界,也讓今人在追溯民國京劇史時對他也多有提及,例如陳義敏的《辻聽花與中國京劇》(《中國京劇》1998 年第 2 期)、吳修申的《辻武雄——近代日本研究京劇的第一人》(《百年潮》2005 年第 5 期)、甘大明的《戲海聽花——日本報人辻聽花的京劇情結》(《中外文化交流》2011 年第 10 期)、王興昀的《1927 年〈順天時報〉五大名伶新劇奪魁投票史料》(《戲劇文學》2012 年第 3 期)。

儘管"票選活動"較之《中國劇》似乎更多地被納入了歷史的記憶庫中,但是這兩件事情在實質上其實是一致的,即它們都是《順天時報》與供職於其中的辻聽花所策劃的帶有商業性質的文化活動。尤其從該書規模巨大的序言、題詞寫作群可以看出,辻聽花在該書 1925 年版的"凡例"中即坦言曾特別邀請一些社會名人爲之撰寫序言

① (日)芥川龍之介:《中國遊記》,陳生保、張青平譯,北京十月文藝出版社,2006 年版,第 189 頁。
② (日)青木正兒:《有關辻聽花先生的回憶》,《菊譜翻新調:百年前日本人眼中的中國戲曲·附錄三》,第 193 頁。
③ 么書儀:《清末民初日本的中國戲曲愛好者》,《文學遺產》,2005 年第 5 期。
④ 吳修申:《辻武雄——近代日本研究京劇的第一人》,《百年潮》,2005 年第 5 期。

與題詞,通過"名人效應"爲該書造勢,從而獲取更大的經濟效益。從《中國劇》到"票選名伶",既是報社出於商業目的策劃的活動之階段性呈現,也在客觀上導致了辻聽花在現代報業的商業運作體制氛圍中,是很難將《中國劇》的研究深入、完善下去的。

二、被遺忘後的重拾:辻聽花《中國劇》的"沉"與"浮"

隨著辻聽花的去世,《中國劇》也開始了長期的沉默。二十世紀五十年代,中村忠行曾撰《中國戲曲評論家辻聽花先生》一文,但其中僅以一個"愛好者"、一個"戲迷"來介紹聽花的身份。① 至上世紀八九十年代,在中日兩國學界矚目於以京都學派爲代表的日本戲曲研究成就之時,辻聽花及其研究更是被徹底地遺落了。張傑先生曾分別撰文《王國維和日本的戲曲研究家》(《杭州大學學報》,1983 年第 4 期)與《簡論日本近代的中國戲曲研究》(《社會科學戰線》,1984 年第 2 期),在當代較早致力於從國際比較的視野來觀照戲曲研究在新時期的學術走向問題。他以戲曲學科的開山始祖王國維與日本學者間的交流爲鋪墊,其中將 1907 年至 1920 年代末作爲日本戲曲研究的第三階段,此時恰恰是東京大學與京都大學分別成爲日本研究戲曲的重鎮與主流,湧現出了一批影響頗著的學者。在有關這一階段的論述中,張先生略微提到了1917 年由日本東方時論社出版的今關天彭的《中國戲曲集》及 1922 年波多野乾一所著《中國劇五百番》,並認爲"它們對普及戲曲有一定的推動作用"。但不知何因將辻聽花的《中國劇》遺漏不提,或可見出辻聽花被歷史遺忘之程度。王麗娜編著的《中國古典小說戲曲名著在國外》(學林出版社 1988 年),介紹了日本戲曲研究者,包括狩野直喜、鹽谷溫、青木正兒、岩城秀夫、波多野太郎,視線所及則均爲日本高校知名學者。1990 年代以後,中日兩國在戲曲研究領域的交流互動越趨頻繁,然而,無論是中國還是日本的學術界,對於日本戲曲研究的成績,所津津樂道的多爲以東京大學、京都大學的學者群體爲主的研究成果。如日本學者中村忠行的《日中文學交流之我見》②、傳田章《日本的中國戲曲史》③等文皆圍繞學院派的研究理路與學術建構娓娓而談。

中國方面,2000 年,江蘇教育出版社出版了孫歌等學者編著的《國外中國古典戲曲研究》,是書視野開闊、體例嚴明、論述精闢,但其中涉及日本戲曲研究概況時並未介紹辻聽花、波多野乾一等人的"普及性"著作,使人略感遺憾。即便在進入二十一世紀之後,中日學界對於日本戲曲研究的主要聚焦點,仍然是學院派的研究。如童嶺《漢唐經學傳統與日本京都學派戲曲研究芻議》(《戲劇》,2009 年第 2 期)、全婉澄《久保天隨與中國戲曲研究》(《文化遺產》2010 年第 4 期)、全婉澄《狩野直喜與中國戲曲研究》(《廣州大學學報(社會科學版)》2010 年第 5 期)、周閱《青木正兒與鹽谷溫的中國戲曲研究》(《中國文化研究》2012 年夏之卷)等文。

同時,也是在 2000 年,《二十世紀國外中國文學研究》開始嘗試將辻聽花納入到

---

① 周閱:《辻聽花的中國戲曲研究》。

② 劉柏青、張連第、王鴻珠主編:《日本學者中國文學研究譯叢:古典文學專輯·第五輯》,吉林教育出版社,1990 年版。

③ (日)傳田章:《日本的中國戲曲研究史》,《文學遺產》,2000 年第 3 期。

二十世紀戲曲研究的學術史框架中，並結合辻聽花所處的時代背景，給出了客觀公允的評價：

> 明治大正以後，日本的中國戲曲研究獲得令人矚目的發展……西方比較文學研究的方法引起人們的注意，有些學者把中國戲劇作爲比較研究的物件，主張提倡中國戲曲研究。辻武雄《中國劇》是從中國戲劇的實際演出方面來研究的普及性讀物，"比照文學"的宣導者、評論家、翻譯家坪內逍遙爲之作序……辻武雄主張中國問題之研究與解決，必須由中國"國民性"入手，説"所謂國民性者，予確信由中國劇中，可以窺之一二，且因之可以洞見歷史上所缺之秘事，及社會裡面之情態也。"①

是論言簡意賅，既實事求是地直指《中國劇》之爲"普及性讀物"，卻又從近代西學東漸的學術史歷程著眼，肯定了它在戲曲研究中紹介了"比較研究"、"民俗研究"的現代學術視野的功勞。

翌年，陳維昭先生撰文《20 世紀戲曲史述的幾大模式》時，將《中國劇》與民國初年宣之的《戲曲五十年劇史》（《七襄》，1914 年第 1、2 期）、王夢生的《梨園佳話》（上海商務印書館 1915 年）一同歸入"劇場觀念模式"，並且指出：

> 20 世紀戲曲史述真正具有現代性的劇場觀念模式最早是由日本人撰寫的。……《中國劇》具有普及的性質，對中國古代戲曲史上一些重大問題並未作深入的考證、探討，因而該書雖然對青木正兒、周貽白、徐慕雲等的戲曲史著述的格局（實質上是關於"戲曲"的觀念）產生影響，但並不爲中國的戲曲史家所稱引，絲毫不爲中國的戲曲史家所注意②。

陳先生對於《中國劇》的歷史評價，與《二十世紀國外中國文學研究》中的觀點，同中有異。相同之處是，兩者皆對於該著述的"普及性讀物"、並非純學術的論著之身份、形態共同表現出了歷史性的同情與寬容。不同之處是，陳先生的著力點在於對二十世紀戲曲史撰述範式的梳理與反思，由此決定了他在文中更爲關注《中國劇》所開創的劇場史的撰述模式，並且指出隨後出現的青木正兒、周貽白、徐慕雲等人的戲曲史著作，在有關"戲曲"的觀念上接受了辻聽花的影響。

2005 年，么書儀先生在《清末民初日本的中國戲曲愛好者》中結合二十世紀初期戲曲史研究的時代背景與學術氛圍，較爲詳細地介紹了辻聽花的報人身份特徵及其《中國劇》在戲曲通史的體例上之歷史創獲，曰："的確可以稱得上是一部全新的'戲曲史'，它有自己規定的、'戲曲史'應該涵蓋的範圍……或者説，它的對於中國'戲曲史'的架構設置上，表現了令人耳目一新的開創。""戲曲通史的開創者"——這可謂是當代學界對於辻聽花最高的評價了。爲了得出這一結論，么書儀先生在文中首先追溯了近代由西方而日本再至中國的文學史、戲曲史之現代觀念的傳播路線，並舉出了1910 年林傳甲《中國文學史》、1918 年謝無量《中國大文學史》在 20 世紀初的學術史

① 夏康達、王曉平主編：《二十世紀國外中國文學研究》，天津：天津人民出版社，2000 年版，第 40 頁。
② 陳維昭：《20 世紀戲曲史述的幾大模式》，《戲曲研究》，2001 年，第五十七輯。

上的“肇始之功”“極盡開拓之能事，爲後人提供參資”等例子，認爲《中國劇》的學術意
義同樣不能受到忽略。但是，“開拓者”的身份認可僅僅是在歷史發生的占得先機上
對辻著予以肯定，至於《中國劇》對現代意義上的戲曲學科的形成有何理論貢獻，卻尚
未言及。

　　2009 年，復旦大學出版社推出“研究生學術入門手册”系列，其中有康保成先生
撰寫的《中國戲劇史研究入門》。這部緣起于引領學術新人走進治學門檻的著作，事
實上是近年來對於戲曲研究之學科特色的全面而系統的介紹，因而也是一部闡述學
術史之流變與動向的專著。其中有“日本的中國戲劇史研究”專節，在介紹青木正兒
與吉川幸次郎“重古典、重案頭”的“京都學派”之外，指出與之同時還存在另一“劇種
史研究流派”，屬於這一流派的有波多野乾一及其《京劇二百年之歷史》、辻聽花的《中
國劇》、永池德一的《中國的戲劇》、印南高一的《中國的影戲》等。關於這一流派的特
點，是書介紹説：“如果説‘京都學派’有王國維的影子的話，那麼這一流派就與齊如山
的路子相近。他們既關心京劇的歷史，更關心當代的京劇演出。”此外，著者不僅詳盡
地介紹了《中國劇》的結構與内容，還進一步關注了該作在跨學科上的建樹：“雖然各
子項目的論述都比較簡單，但已初步具有了‘戲劇人類學’或‘戲劇社會學’研究的
框架。”

　　此外，《二十世紀國外中國文學研究》、《20 世紀戲曲史述的幾大模式》、《清末民
初日本的中國戲曲愛好者》與《中國戲劇史研究入門》中有關辻聽花及其研究的或略
或詳的價值認定，均體現出了從學術史研究的高度，諸如辻聽花及其研究在戲曲通史
研究局面的開創上、在戲曲藝術特性與劇場及劇種特殊形態的觀照上、在跨越文化與
學科的局限的現當代學術視野的引入中均作出了恰切而富有啟示意義的結論也爲後
來出現的相關研究提供了更爲明確的切入點與較爲全面合理的格局安排。2010 年，
在《中國文化研究》秋之卷中刊登的周閲先生的《辻聽花的中國戲曲研究》，即在上述
研究之基礎上，將辻聽花及其戲曲研究進行了更爲細緻與深入的專門研究。其中，亦
將聽花的學術貢獻概括爲“確立了戲曲研究的‘通史’觀念”。又，認爲聽花肯定戲曲
的藝術價值、在研究中體現出了比較研究與跨文化的意識是尤其值得重視的。指出
聽花的“研究視野與研究方法，都有突破學界成規與束縛的獨到之處”，“是日本近代
中國學中具有創始之功的組成部分”。統觀近十年學界對於辻聽花的關注，從開始時
在現代學術史的梳理中的略爲提及，到在晚清戲曲變革中審視“日本戲曲愛好者群
體”的相關活動與歷史意義，再至將辻聽花及其研究作爲專門的研究物件，這一系列
活動的演變無疑説明了辻聽花在當代學界受到了越來越多的關注與重視。

三、開放的當代學術視野與《中國劇》新版的發行

　　回顧 1920 年代前半期辻聽花及《中國劇》的接受狀況，時人説：“聽花先生昔著
《中國劇》一書，朝野人士，手各一編，印刷已至五版。”[①] 可見受衆群體規模之大。但

---

① 汪俠公：《中國戲曲・序》，第 160 頁。

在瞬間的成名之後，也幾乎是在瞬間即轉入長時期的銷聲匿跡。沉寂中的往事，之所以能在二十一世紀伊始被重新提起，並受到越來越多的矚目，關鍵原因即在於當前學界正處於一個重于學術史的梳理與反思的繁榮期，注重構築跨文化、跨學科的戲曲研究格局，實現對於戲曲藝術的多元化與綜合性的整體統觀。在王國維的《宋元戲曲史》問世之後，在上世紀的二三十年代學界掀起了戲曲史寫作的第一次高潮，其中不乏包括青木正兒《中國近世戲曲史》、盧前《明清戲曲史》、周貽白《中國戲劇史略》等名著。

及至世紀末，學界又經歷了一次戲曲史的寫作高潮。投身其中的學者包括張庚、郭漢城、周妙中、余秋雨、陸萼庭、胡忌、張發穎、謝柏梁、譚帆、廖奔、郭英德等。在此寫作熱情下，通史、斷代史、專門史的寫作模式紛呈；同時，大陸地區與海外學術之間交流也越趨頻繁，跨文化與跨學科成爲學術發展的必然趨勢；而國內文學研究領域所興起的"重寫文學史"的熱潮，共同促進了有關戲曲研究的學術史反思。即如上述陳維昭先生的論文《20世紀戲曲史述的幾大模式》即是其中一例。

此外，康保成先生還曾大力呼籲在"全球化"浪潮洶湧澎湃的大背景下，中國戲劇史的研究不應劃定狹隘的學科界限，不能太以自己爲中心，應把中國戲劇史當成一門不分國界的學問[1]。陳平原先生在回顧百年中國戲劇研究史時，概括了三種典型的研究路向：居於主流地位的是由王國維開創的文學性研究；吳梅影響力所及的曲律研究；齊如山、周貽白、董每戡對於劇場與表演的研究[2]。上文曾提到康保成先生在《中國戲劇史研究入門》中指出辻聽花及波多野乾一的戲曲研究與"齊如山一派"的路數相近，彼時尚未明確概括"齊如山一派"爲何，而在陳平原先生這裡則將其明確概括爲以劇場、表演爲主要研究物件的中國戲劇研究的三種路向之一。可見，當前學術思想的演變與推進速度之快。正是在這樣一種開放與自信、成熟而從容的學術背景下，非學院派身份的報人辻聽花，及其普及性、商業性濃厚的《中國劇》才能走進研究者的視線，並在戲曲史撰述的現代進程中被譽爲風氣與范式的開拓者。

言及辻聽花在當代學界逐漸受到的關注，要以浙江古籍出版社於2011年12月之出版《菊譜翻新調：百年前日本人眼中的戲曲》爲一大高潮。同時，該社還計畫將辻聽花的劇評結集爲《劍堂聽花錄》，列入出版計畫，令人期待。同樣被列入該社出版計畫的還有波多野乾一的《京劇二百年史》，該書與《菊譜翻新調》被冠以相同的副標題——"百年前日本人眼中的戲曲"。儘管出版方並未明言爲何將這三本書作爲系列先後出版，但是由"菊譜翻新調"書名的涵義，及三本書存在的共同之處，可以知道出版方或將《中國劇》更多地視爲民國京劇史料之一種。但是，在編輯體例的安排上，又體現出有關《中國劇》的學術定位。即如在"編輯説明"中指出《中國劇》"在當時稱得上是一部全新的'戲曲史'。它對'戲曲史'的規定及其所呈現的視角和方法，迥異於中國傳統觀念和當時劇評家的視野，給時人帶來耳目一新的感覺"。儘管"全新的'戲曲史'"這一評價未若么先生的"中國第一部戲曲通史"矚目，或許這是出於編輯出版

---

[1]　康保成：《以開放的心態從事中國戲劇史研究》，《中山大學學報(社會科學版)》，2006年第2期。
[2]　陳平原：《中國戲劇研究的三種路向》，《中山大學學報(社會科學版)》，2010年第3期。

時的慎重考慮,與么先生在學術論文中旗幟鮮明的表述不能等同視之。此外,又在附録部分選録了相關的三篇文章,分别爲青木正兒的《有關辻聽花先生的回憶》、芥川龍之介的《與辻聽花先生看戲》與么書儀的《報人辻聽花和他的〈中國劇〉》,可以説這樣的編輯體例恰體現了出版方從史料文獻與學術研究兩方面來肯定《中國劇》的歷史價值。當然,更重要的是,《中國劇》在當代的整理出版,既是對此前學界的相關研究的呼應,也必將進一步推動辻聽花在當代的研究與接受。而有關辻聽花的研究,還將促使學界對近代以來海内外有關戲曲的研究形態、觀念意識與學術價值作出更爲全面的搜羅與整理,最終能夠立於一定高度去俯瞰學術演變之全景。

（作者單位：安慶師範大學文學院）

《古籍研究》徵稿啓事

一、《古籍研究》創刊於 1986 年,現已出版 66 卷。在學界同仁的大力支持下,已成爲古籍整理與研究領域有較大影響的學術陣地。本刊每年出版兩期,歡迎學界同仁惠賜稿件。

二、本刊主要刊發與古籍整理和研究相關的各種專門性論文。書評和研究綜述亦適量刊載。來稿内容必須原創,不存在版權問題。

三、本刊歡迎電子投稿,請將稿件 WORD 文檔投至本刊專用郵箱 gujiyanjiu@aliyun. com。如稿件中造字、圖表等不能正常顯示,須同時投寄 PDF 檔或紙質稿。請勿一稿多投,勿寄個人。

四、來稿請遵從本刊格式規範,並請在文末注明作者姓名、單位名稱、職稱、詳細通訊地址、電子郵箱和電話,以便聯繫。

五、本刊稿件由相關領域專家匿名評審。稿件被採用者,將發給錄用通知。如稿件寄達後六個月内未收到本刊採用通知,可自行處理。來稿一般不退。

六、本刊不向作者收取任何版面費、審稿費等費用。來稿刊出後,本刊即奉上薄酬,同時寄贈樣刊兩册。

七、本刊通訊地址:安徽省合肥市肥西路 3 號安徽大學文學院《古籍研究》編輯部。郵編:230039。

《古籍研究》編輯委員會
2018 年 4 月

《古籍研究》稿件要求及格式規範

1. 來稿要求一般不少於 4000 字,題目不超過 20 個字,副標題不超過 18 個字。

2. 來稿文字須用繁體漢字,橫排,標點符號和計量單位須符合最新國家規範和標準。

3. 來稿請按如下順序排版:論文標題,作者姓名,正文,作者簡介,聯繫電話和電子郵箱。

4. 來稿若屬課題研究成果,請在首頁用腳注標明課題名稱和課題號。示例如下:

   國家社會科學基金重大項目:現存元人著作(漢文部分)總目提要(12&ZD157)

5. 本刊文後不列參考文獻,注釋一律採用腳注形式,以阿拉伯數字順序編碼,圈碼(①②……)標引。古代文獻的作者請在朝代外加圓括號。譯著須標明原著者國籍,並在國籍外加方括號。引文出處要求按順序依次準確標明:作者、書(篇)名、出版地或刊物名稱、時間及頁碼。示例如下:

   著作:

   ① 錢鍾書:《管錐編(一)》,北京:三聯書店,2007 年,第 36 頁。

   ②(元)陶宗儀:《南村輟耕錄》,北京:中華書局,1959 年,第 181 頁。

   ③[古羅馬]瑪克斯·奧勒留:《沉思錄》,梁實秋譯,南京:譯林出版社,2012 年,第 10 頁。

   論文:

   ④ 章培恒:《〈桃花扇〉與史實的巨大差別》,《復旦學報》(社科版),2010 年第 1 期,第 15 頁。

   ⑤ 任繼愈:《朱熹與宗教》,《皓首學術隨筆·任繼愈卷》,北京:中華書局,2006 年,第 26 頁。

   ⑥ 程毅中:《古籍數字化須以古籍整理為基礎》,《光明日報》,2013 年 4 月 30 日,第 6 版。

文章多次引用同一論著,第一次出現時用上述格式標注,再次出現時只需標注書(篇)名和頁碼,示例如下:

   ⑦《管錐編(一)》,第 38 頁。

《古籍研究》編輯委員會

2018 年 4 月